Manfred Schnell
Wikinger am Wegesrand

Manfred Schnell studierte Geschichte, Geographie, deutsche Sprache und Philosophie. Statt Lehrer zu werden, arbeitete er nach dem Staatsexamen ein paar Jahre als Kraftfahrer, Fremdenführer, Dachdecker etc. Anschließend wurde er Journalist, u. a. als Redakteur für Hamburger Abendblatt und Bild-Zeitung. Dann stellte er sich auf eigene Füße und ist mittlerweile seit über 30 Jahren selbständig. Auf vielen Reisen war er bevorzugt in nördlichen Ländern unterwegs, in Neufundland ebenso wie in Irland, Großbritannien, Norwegen, Schweden, Dänemark und seit 1989 auch an der gesamtdeutschen Ostseeküste. Überall dort also, wo einst Wikinger lebten. Die Ergebnisse seiner Spurensuche an Nord- und Ostsee-Küsten sind in diesem Buch dargestellt.

Manfred Schnell

Wikinger am Wegesrand

Historische Plätze
der europäischen Wikingerzeit
in Deutschland, Dänemark
und Südschweden

Bibliografische Information der Deutschen Nationalbibliothek:
Die Deutsche Nationalbibliothek verzeichnet diese Publikation in der
Deutschen Nationalbibliografie; detaillierte bibliografische Daten sind im
Internet über www.dnb.de abrufbar.

© 2018 Manfred Schnell
Alle Rechte vorbehalten

Zweite, erweiterte und überarbeitete Auflage

Satz und Umschlag: QXworx
Herstellung und Verlag:
BoD – Books on Demand GmbH, Norderstedt
Printed in Germany

ISBN 978-3-7431-2471-4

Inhalt

	Unter nordischem Himmel	7
	Freibeuter, Händler & Bauern	10
	So sahen die Wikinger ihre Welt	22
	Gebrauchsanweisung	24
	Übersichtskarten der wikingerzeitlichen Plätze	26
I.	Holstein und Mecklenburg	33
II.	Pommern	44
III.	Schleswig	64
IV.	West-Schleswig	87
V.	Nordfriesland	102
VI.	Süd-Jütland	108
VII.	West-Jütland	131
VIII.	Limfjordsland	144
IX.	Ost-Jütland	158
X.	Central-Jütland	181
XI.	Himmerland	201
XII.	Nord-Jütland	214
XIII.	Fünen	223
XIV.	Süddänische Inseln	238
XV.	Süd-Seeland	252
XVI.	Nord-Seeland	269
XVII.	West-Schonen	286
XVIII.	Süd-Schonen	304
XIX.	Ost-Schonen und Blekinge	319
XX.	Museen über die Wikingerzeit	330
	Herrscher zur Wikingerzeit	338
	Erläuterungen	343
	Literatur	350
	Orts- und Platzverzeichnis	356
	Nachweis der Abbildungen	360

Sie waren von allem etwas:
Bauern, Entdecker und Kolonisatoren.
Die verwegensten Seefahrer
und gefürchtetsten Krieger ihrer Epoche.
Piraten und Kaufleute.
Helden, Händler und Halunken.
Fleißige Handwerker und intelligente Organisatoren.
Totschläger und geniale Künstler.
Berserker und kühle Rechner.
Krasse Individualisten und Staatsverächter,
aber gehorsame Söhne ihrer Sippe.

Rudolf Pörtner (1912–2001)
in seinem Klassiker „Die Wikinger-Saga"
von 1971

Unter nordischem Himmel

Sie galten als die wilden Blonden aus dem Norden, und ihren christlichen Zeitgenossen erschienen sie wie die „Geißel Gottes". Über dreihundert Jahre lang, vom 8. bis ins 12. Jahrhundert hinein, schwärmten die Wikinger aus ihrer skandinavischen Heimat hinaus an alle Küsten Europas. Sie verbreiteten Angst und Schrecken, mischten den ganzen Kontinent auf und ordneten ihn völlig neu. Mit Folgen, die noch heute auf der Landkarte ebenso nachwirken wie in den Köpfen der modernen Europäer. Denn der schlechte Ruf der Wikinger hat sich in den vergangenen 1000 Jahren kaum geändert.

Bis heute ist „Wikinger" ein Reizwort geblieben, abschreckend, zugleich aber auch verlockend. Bereits Anfang der 1990er Jahre wurde eine Ausstellung des Europarats über „Wikinger, Waräger, Normannen" in Paris, Berlin und Kopenhagen zum Kassenschlager. Seitdem sind viele neue Ausstellungen eröffnet und Museen modernisiert worden, es gibt Wikinger-Erlebniscenter, Wikingermärkte, Wikingerspiele, Wikinger-Segeltörns. Viele spektakuläre Ausgrabungsfunde in den vergangenen Jahren haben das Interesse befeuert. Auch die neuerliche Ausstellung „Viking", gestartet in Kopenhagen, dann in London und 2014/2015 in Berlin, bescherte erneut Besucher-Rekorde.

Wurde damit das Bild von den Wikingern verbessert? Kaum. Die Besucher solcher Events lockt weniger der Wunsch nach sachlicher Aufklärung, sondern mehr die Sucht nach Unterhaltung und – angesichts der heutigen durchorganisierten Zivilisation – das wohlige Schaudern über die ungehemmte Wildheit der Wikinger.

Andererseits reicht auch ein Gang durchs Museum mit vielen Fundstücken aus der Wikingerzeit nicht aus, um zu verstehen, warum die Menschen damals solche Aufregung bescherten. Und die Lektüre von Büchern erweitert zwar das Wissen über Wikinger, aber nicht automatisch das Verständnis, warum sie so waren.

Man muss schon selbst an die Plätze reisen, wo die Wikinger lebten, man muss einen Eindruck davon gewinnen, wie sie lebten, nämlich ungleich härter als wir heute, man muss selbst den Boden unter den Füßen fühlen, den Duft von Gras und Kiefern atmen, den Wind in den Haaren spüren, den Hauch vom Salz der See auf den Lippen schmecken, man muss selbst das Tosen der Brandung hören und den Schrei der Möwen, die Augen zusammenkneifen gegen die helle Sonne unter dem hohen blauen Himmel des Nordens.

Wie jede vergangene Kultur haben auch die Menschen der Wikingerzeit ein ganz anderes Verständnis von der Welt gehabt als wir heute. Sie haben die Landschaft, in der sie lebten, anders empfunden, sie haben die Kräfte der Natur, die ihr Leben bestimmten, anders erlebt, anders verstanden. Und sie haben ihre Empfindungen auch ganz anders ausgedrückt als wir.

Durch all das, was sie taten, haben die Wikinger uns eine Menge hinterlassen. Nicht nur Schmuck, Handwerkszeug, Waffen und Kleidungsstücke, die wir heute in Museen wieder finden, sondern auch Runensteine, Gräber und Hügel, Steinsetzungen, Burgwälle, befestigte Wege, Häuser, Hafenanlagen. Zeugnisse der Wikingerzeit also, die fest an ihren Platz in der Landschaft gebunden und nicht in ein Museum zu transportieren sind; abgesehen von den Runensteinen, die sich gelegentlich als erstaunlich beweglich erwiesen haben.

Viele dieser Plätze haben außer ihrer materiellen auch noch eine andere Dimension bewahrt: In ihnen drückt sich etwas von dem aus, was in den Köpfen und Herzen der damaligen Menschen los war. Gräber wie die Schiffssetzungen etwa oder Runensteine wurden stets an bestimmten Stellen in der Landschaft errichtet, an Plätzen, die einen besonderen Überblick boten oder eine besondere Atmosphäre hatten und meist auch heute noch haben. Dem kann man noch nachspüren. Man kann an solchen Plätzen Zweierlei finden: etwas zum Ansehen oder Anfassen und etwas, was sich darin ausdrückt – eine Idee, ein Gedanke, ein Glaube.

Deshalb können solche alten Plätze in der heutigen Landschaft Schnittstellen sein zwischen vergangenen Zeiten und der anfassbaren, erlebbaren Gegenwart. Das hat seinen Wert: Die Wikingerzeit war die Epoche des großen Glaubenswechsels, von einer Welt voller germanischer Götter hin zum alleinigen christlichen Gott, und mit dem Glauben änderte sich auch die Art zu leben und die Welt zu verstehen. Damit bieten Spuren aus dieser Zeit die Chance, Zugang zu einer Welt zu finden, die ansonsten längst versunken ist.

Genau darauf zielt dieses Buch: An Stätten zu führen, wo noch Spuren der Wikinger zu finden sind, wo etwas von ihnen zu spüren oder zumindest noch zu ahnen ist. Selbst wenn nichts Greifbares, nichts Sichtbares mehr vorhanden ist, bietet die Atmosphäre eines Platzes immer noch die Möglichkeit, einen Eindruck davon zu gewinnen, wie die Wikinger ihre Welt erlebten. Wer sich darüber hinaus sachlich informieren will, findet in diesem Buch auch Angaben über Museen mit Funden und Informationen aus der Wikingerzeit.

Die Auswahl der Plätze ist auf die Landschaften an der westlichen und südlichen Ostsee beschränkt, wohin es viele Deutsche im sommerlichen Urlaub für zwei oder drei Wochen zieht. Dieser Raum bildet einen wesentlichen Teil der einstigen Heimat der Wikinger. Er umfasst das heutige Dänemark und den südlichen Teil Schwedens, der von der Wikingerzeit an bis in die Neuzeit Teil des dänischen Reiches war, dazu Schleswig-Holstein, Mecklenburg und Pommern mit der Insel Wolin, die heute zu Polen gehört.

Beschrieben werden nahezu alle Plätze, von denen bekannt ist, dass sie in der Wikingerzeit eine Rolle gespielt haben, sei es als Siedlung oder Handelsplatz, als Burgwall, Verkehrsweg oder Schiffssperre, als Herrscher- oder Bischofssitz, Opfer- oder Begräbnisplatz, als Heiligtum oder als Gedenkstätte in Form eines Runensteins. Außerdem werden moderne Erlebniscenter mit aufgeführt, die informative Einblicke in die Welt der Wikinger bieten.

Einen großen Teil der wikingerzeitlichen Relikte machen die Runensteine aus, Gedenksteine mit Inschriften, die Wichtiges mitzuteilen hatten – über die Toten, zu deren Ehren sie errichtet wurden, und über diejenigen, die sie aufstellen ließen. Sie stehen heute meist in oder bei Kirchen, in deren Umgebung sie gefunden wurden. In der Regel folglich nicht mehr unmittelbar an ihren Originalplätzen, aber nicht allzu weit entfernt, also noch im Rahmen einer gewissen Kontinuität ihrer Standorte. Die Umsetzung auf kirchliche, also religiös bestimmte Plätze macht deutlich, wie die christliche Kirche seinerzeit die Runensteine einschätzte – als bedingt vom Glauben, eben heilig, wenn auch unchristlich heidnisch.

Nicht aufgeführt sind einige Runensteine, deren Inschriften so verstümmelt sind, dass nicht mal mehr ein lückenhafter Text rekonstruiert werden kann. Unberücksichtigt bleiben außerdem bis auf wenige Ausnahmen Runensteine, die in Museen oder an entfernte Orte geschafft wurden und daher keine Beziehung mehr zu ihrem originalen Platz in der Landschaft haben. Dazu gehören besonders die Sammlungen im Dänischen Nationalmuseum, aber auch Steine im Museen Moesgård bei Aarhus und Kulturen in Lund.

Am Schluss dieses Buches werden Erläuterungen über Begriffe aufgeführt, die immer wieder auftauchen. Wer zeitliche Zusammenhänge genauer wissen will, findet Aufschluss in einer Übersicht der Herrscher und Könige zur Wikingerzeit. Ein Literaturverzeichnis rundet das Angebot an Informationen ab: Die aufgeführten Werke bieten alles Wissenswerte über Geschichte, Glauben und Gebräuche der Wikinger, über Raubzüge und Handel, an Land oder auf See.

Nehmen Sie sich Zeit, machen Sie auf Ihrer Reise in den Norden den einen oder anderen Stopp. Lassen Sie die Atmosphäre des Platzes auf sich wirken, lesen Sie auf den folgenden Seiten, was sich hier abgespielt hat, was die Wikinger gemacht oder was sie hinterlassen haben. Vielleicht verstehen Sie die Landschaft und die Kräfte, die in ihr wirken, hinterher anders, vielleicht kommen Sie auch auf ganz andere Gedanken darüber, wie die Welt funktioniert.

Freibeuter, Händler & Bauern

Skandinavier auf Raubfahrt

Der Begriff „Wikinger" hat eine zwiespältige Bedeutung. Besonders in Deutschland wird er in der Regel wie eine Volksbezeichnung für die Skandinavier des frühen Mittelalters gebraucht. Zugleich wird damit meist ein sehr einseitiges Bild verbunden – das von Raufbolden und Piraten, die nichts anderes im Sinn hatten, als Beute zu machen.

Dieses Wikingerbild hat zwar seinen Reiz, ist aber ebenso falsch wie alt. Es geht auf die zeitgenössischen Opfer der Wikinger-Überfälle zurück, auf Christen. Denn über die Ereignisse haben von Anfang an fränkische oder angelsächsische Geschichtsschreiber ausführlich berichtet, also Kleriker, denn nur die konnten lesen und schreiben. Noch heute bedeutet das englische Wort „clerk" Schreiber. Allerdings schrieben sie eben stets mit dem Schrecken der Betroffenen und vor allem mit der christlichen Abscheu gegenüber allem Heidnischen.

Das altnordische Wort „vikingr" kann mit dem nordischen „wik" zusammenhängen, was Bucht bzw. Handelsort bedeutet, oder auch mit dem lateinischen „vicus" für Gehöft. Auf jeden Fall bezeichnet der ursprüngliche skandinavische Wortgebrauch keine Volkszugehörigkeit, sondern einen Zustand: Ein Wikinger war ein Skandinavier, der sich auf „wiking" befand, auf Raubfahrt – also ein Freibeuter, ein Pirat. Denn Reichtum, besonders in Form von Silber und Gold, galt den heidnischen Bewohnern Nordeuropas als Zeichen göttlicher Gunst und steigerte Ansehen und soziale Stellung. Darauf war jeder Mann scharf.

Von Norwegen bis ins Mittelmeer

Im Bestreben, Reichtum zu erlangen oder zu vermehren, schlossen sich dänische, norwegische oder schwedische Abenteurer, Häuptlinge und Schiffseigner zu Mannschaften zusammen, nahezu mit genossenschaftlichem Charakter, und unternahmen in größeren Verbänden Plünderungsfahrten. Ihr Aktionsradius reichte von Nord-Norwegen bis weit hinein ins Mittelmeer, nach Unteritalien, Sizilien und sogar bis Konstantinopel. Über die Flüsse stießen die Wikinger mit ihren flachen Langschiffen ins Landesinnere vor, bis nach London, Paris, Mainz oder Hamburg, und überfielen zahllose Städte, Klöster und Kirchen. Das war die eine Seite.

Beute-Machen war jedoch nicht das Einzige, was die Wikinger im Sinn hatten, sie ließen sich auch nieder, wurden Kolonisten. Sie nahmen weite Teile von England und Irland in Besitz und errichteten dort ihre Königreiche. Sie siedelten in Friesland und in der Normandie, hinterließen ihre Spuren im Frankenreich, zwischen Elbe und Rhône, in Spanien und Süditalien, sie errangen die Herrschaft über die Orkney- und die Shetland-Inseln und den größten Teil der Hebriden. Sie gründeten die Reiche von Nowgorod und Kiew, siedelten auf den Färöer-Inseln und auf Island, Inseln im Nordatlantik, die bis dahin unbesiedelt gewesen waren. Und sie kolonialisierten sogar Grönland, von wo aus sie Neufundland in Nordamerika erkundeten – 500 Jahre vor Kolumbus. Das war die andere Seite.

Warum die Wikinger ziemlich unvermittelt zu Piratenfahrten aufbrachen oder ihrer Heimat ganz den Rücken kehrten, ist nicht eindeutig geklärt. Als Motive kommen Klimaveränderungen und gestiegene Wasserstände von Nord- und Ostsee in Frage, die zumindest für einige skandinavische Küsten nachzuweisen sind. In manchen Gegenden war es vielleicht auch Überbevölkerung, wie sie von mittelalterlichen Autoren angeführt wird. Eine wichtige Rolle spielte zudem das skandinavische Erbrecht, das Teilung von Besitz vermied und somit viele Nachkommen leer ausgehen ließ, die sich dann anderweitig schadlos halten mussten. Und schließlich war es auch einfach Abenteuerlust und Gier nach Gold und Silber, worin manche modernen Historiker die wahre treibende Kraft sehen.

Auf jeden Fall gingen die Wikinger Schwierigkeiten und Kämpfen nicht aus dem Weg, und hatten sie sich einmal entschlossen, dann gab's kein Zaudern. Ihre Angriffe basierten in der Regel auf dem Überraschungsmoment: Unerwartet tauchten die Schiffe am Horizont auf, landeten am Strand, die Wikinger tobten von Bord, raubten, erschlugen jeden, der sich in den Weg stellte, und verschwanden wieder. Vieles von der reichen Beute, die sie dabei machten, haben Archäologen in wikingerzeitlichen Siedlungen, Gräbern oder in Form vergrabener Schätze wieder aufgefunden.

Normannen und Waräger

Die Ziele der skandinavischen Aktivitäten orientierten sich an der jeweiligen Heimat. Die Dänen drangen von Jütland aus nach Schleswig-Holstein vor, machten die friesische Küste unsicher und eroberten England. Sie verleibten West- und Südschweden und zeitweilig auch Teile Südnorwegens ihrem Königreich ein. Noch weit über die Wikingerzeit hinaus, bis ins Jahr 1658, waren die südschwedischen Landschaften Halland, Schonen und Blekinge Teile des dänischen Reiches. In Britannien kollidierten die Dänen allerdings mit den Norwegern, die sich nach direkter Fahrt übers Meer auf den Shetland- und Orkney-Inseln niederließen, in Nordbritannien samt den Inseln der Hebriden und auch in Irland.

Nordfrankreich entwickelte sich durch die Norweger unter ihrem Anführer Rollo, der eigentlich Hrolf hieß, zur norwegischen Einflusszone, zur Normandie, der Heimat der Normannen. Zwei Jahrhunderte später eroberten sie von dort aus das dänisch geprägte

England. Die Schweden schließlich hatten die südliche und östliche Ostsee vor der Haustür, und über die Flüsse Wolga und Dnjepr stießen sie weiter nach Süden vor, gründeten die Handelsplätze von Staraja Ladoga und Nowgorod, etablierten das Reich von Kiew.

Von den Franken wurden die skandinavischen Freibeuter in der Regel „Normannen" genannt, eben Nordmänner, wobei den meisten zeitgenössischen Geschichtsschreibern bekannt war, dass sich hinter diesem Sammelbegriff Dani (Dänen), Suenoes (Schweden), Norvegi und andere Völkerschaften des Nordens verbargen. Von den Sachsen wurden sie als „Ascomanos" bezeichnet, Eschenmänner, wegen ihrer Speere aus Eschenholz.

Bei den Slawen hießen die Wikinger „varjagi", woraus in Deutsch „Waräger" wurde, oder auch „Rus". Die Bezeichnung „Rus" stammt vom finnischen Wort „Ruotsi" ab, das die Schweden bezeichnete, und bedeutete eigentlich „Ruderer". Später entwickelte sich daraus der Begriff „Russen", womit also ursprünglich keine Slawen, sondern Nordländer gemeint waren. Die Bedeutung des Wortes „Waräger" ist unklar, mag sein, dass es mit dem nordischen Wort „var" für Treueid zusammenhängt. Zumeist werden als Waräger jene Skandinavier bezeichnet, die sich als Elitesoldaten in die Dienste der russischen Fürsten und der byzantinischen Kaiser verpflichtet hatten.

In Würdigung ihrer tatsächlichen Eigenarten unterscheidet man außerhalb Deutschlands meist etwas genauer zwischen den Normannen und den Wikingern. „Normannen" sind Nordmänner, Angehörige der skandinavischen Völker, auch dann noch, wenn sie weitab der nordischen Heimat siedelten, wie eben in der Normandie oder in Süditalien. Als „Wikinger" hingegen gelten jene Skandinavier, die auf Beutefahrt waren; keine Bezeichnung für ein Volk also, sondern für Seeräuber, für Freibeuter aus Skandinavien.

Heiden und Missionare

Allen skandinavischen Völkern war gemeinsam, dass sie in einer Zeit des großen Umbruchs lebten, den sie allerdings selbst entscheidend mit hervorgerufen hatten. Sie waren Piraten und Händler zugleich, Eroberer und Kolonisten – und vor allem eines: Heiden. Ihre Welt war voller Götter, großen und kleinen, denen sie überall begegneten, in Bäumen und Bergen, in Quellen, Flüssen und Meeren, in Winden und Tieren. Die Auseinandersetzung der Wikinger mit christlich-abendländischen Gepflogenheiten, ob mit oder ohne Gewalttätigkeiten, stellte die Weichen für die weitere Entwicklung ganz Europas.

Ihre Erfolge verdanken die Wikinger ohne Zweifel ihrer Bereitschaft zum Risiko, ihrer Cleverness und ihrer ungestümen Kraft, mit der sie über Opfer und Gegner herfielen. Woher sie diese Kraft bezogen, darüber wird noch heute spekuliert. Mag sein, dass ihr naives

Vertrauen auf den Beistand der Götter sie beflügelte. Götter, die nicht im fernen Himmel thronten, sondern den Menschen in Quellen, Bäumen und Bergen nahe waren und ihnen in Lust und Frust so ähnlich wie Geschwister. Kriegsgott Odin zum Beispiel trickste mit Kraft und List jeden Gegner aus, nahm sich aber andererseits auch ehrerbietig wie ein Familienangehöriger der gefallenen Helden an.

Mag zudem sein, dass jener Glaube die Wikinger beflügelte, nur der werde selig, der im Kampf sein Leben ließ. Mag sein, dass sie so ungestüm dreindreschen konnten, weil ihnen ihr Leben nicht viel wert war, da es doch im Helden-Himmel von Walhall so angenehm und edel zuging, dass man die raue Gegenwart auf Erden ohne Bedauern hinter sich ließ. Das würde erklären, warum die Wikinger sich schließlich dem Christentum zuwandten, das ja nicht unähnliche Vorstellungen vom wahren Leben im Jenseits vermittelt und ebenso wie die Wikinger auch an einen Untergang dieser Welt glaubt.

Die Botschaft der christlichen Missionare, die zumeist von Hamburg aus in den Norden aufbrachen, stieß mithin nicht auf gänzlich taube Ohren, erforderte jedoch viel Phantasie und Überzeugungsarbeit. Denn die Wikinger hatten zu ihren Göttern ein klar geregeltes Dienstleistungsverhältnis: Man opferte einem bestimmten Gott, und der leistete Beistand. Wenn das nicht funktionierte, rief man einen anderen zur Hilfe.

In diese tolerante Rollenverteilung war der christliche Gott, der keine anderen Götter neben sich duldet, nur schwer zu integrieren. Die ersten Missionare wie Willerich oder Ansgar mussten sich glücklich schätzen, wenn sie nicht verjagt wurden. Einige Kirchenmänner bezahlten ihren Versuch, den Wikingern Bräuche wie Tieropfer, Vielehe, Blutrache, Aussetzen unerwünschter Kinder und dergleichen mehr auszutreiben, sogar mit dem Leben.

König und Kirche

Besonders einer Eigenschaft verdanken die Wikinger für ein paar Jahrhunderte ihre beherrschende Rolle in der Weltgeschichte: ihrem Sinn fürs Praktische und Nützliche. Sie sackten alles ein, was sie gut gebrauchen konnten, ob Piratenbeute, Handelsware oder Ideen, und sie nutzen jeden Vorteil, jede Chance, die sich ihnen bot. Auch die, wie man am besten zu Ansehen und Macht kommt. Sie fanden genügend Vorbilder im abendländischen Europa, wie christliche Könige sich der handfesten Unterstützung durch die Kirche bedienten, um ihre Herrschaft zu etablieren oder auszuweiten.

Die skandinavischen Herrscher erkannten sehr schnell, welche Möglichkeiten ihnen der gut organisierte Apparat der christlichen Kirche bot. Der dänische König Harald Klak („der Verzagte") zum Beispiel, der mit Konkurrenten um die Herrschaft rangeln musste, reiste im Jahr 826 mit großem Gefolge zu Kaiser Ludwig dem Frommen nach Mainz und ließ sich in der St. Alban Kirche taufen, um auf diese Weise politische und militärische Rückendeckung gegen seine dänischen Rivalen zu erhalten. Er bekam, was er wollte, und in seinem Gefolge zog der Mönch Ansgar, später als „Apostel des Nordens" berühmt geworden, mit nach Jütland, wo er vermutlich in Ribe eine christliche Schule einrichten durfte.

Auf diese Weise gingen von Anfang an Königtum und Kirche Hand in Hand. Denn im Christentum galt die Macht des Königs als von Gott gegeben. Die königliche Autorität wurde damit erheblich aufgewertet, die Entstehung von Königreichen und Königssippen kräftig gefördert und zugleich auch die Christianisierung vorangebracht. In der Regel verlief die Einführung des neuen Glaubens eher friedlich, da manche grundlegende christliche Vorstellungen den Wikingern nicht völlig fremd waren. Der neue Glaube musste ihnen jedenfalls in den Grundzügen nicht mit Gewalt aufgezwungen werden, man brauchte nur Geduld. Waren die Könige gewonnen, sorgten die dafür, dass ihr Volk nachfolgte, damit sie selbst von der Kirche und vom mächtigen christlichen Kaiser unterstützt wurden.

Der Stammvater einer langen Reihe von dänischen Königen, auch des heutigen Königshauses, Gorm der Alte, hatte fürs Christentum nichts übrig, aber er jagte die Missionare, wie den Erzbischof Unni von Hamburg-Bremen, der an Gorms Hof in Jelling weilte, nicht aus dem Land. Die Kirchenmänner hatten Geduld und Erfolg: Gorms Sohn Harald, genannt „Blauzahn", einer der wichtigsten Herrscher der Wikingerzeit, ließ sich als König taufen und rühmte sich auf dem Runenstein im jütischen Jelling, Dänemark und Norwegen gewonnen und die Dänen zu Christen gemacht zu haben.

Haralds Enkel Knud der Große, der König von Dänemark und von England zugleich wurde, saß bereits so fest auf dem christlichen Thron, dass er mit Billigung des Papstes seine eigene Kirchenpolitik betreiben konnte: Er stärkte den Einfluss englischer Missionare gegenüber den deutschen Erzbischöfen von Hamburg-Bremen, denen der Papst ursprünglich die Missionierung des gesamten europäischen Nordens übertragen hatte. Natürlich waren die erst mal frustriert.

Herrscher und Volk

Die frühen wikingerzeitlichen Herrscher waren eher Häuptlinge oder Heerführer als Könige. Ihre Herrschaft erstreckte sich selten über fest umrissene Territorien, sondern mehr über Familien- und Sippenverbände. Die Macht war zumeist unter mehreren Oberhäuptern aufgeteilt und zwischen ihnen heftig umkämpft. Die Oberhand gewann, wer über die stärkere Anhängerschar verfügen konnte, die er durch entsprechende Beutezüge gewinnen und bei Laune halten musste. Brachte er nicht den gewünschten Erfolg, wurde er abgesetzt, vertrieben oder sogar umgebracht.

Durch diese Machtkämpfe wurden die Beteiligten oftmals ins Exil getrieben. Die verbliebenen Herrscher hingegen waren ständig von heimkehrenden Rivalen bedroht, die durch ihre Wikingerzüge zu Reichtum gelangt waren oder, wie Harald Klak, fremde Unterstützung erhielten. So wurde die Lage in Dänemark nach unruhigen Zeiten mit einem blutigen Bürgerkrieg erst wieder stabiler, als die Macht um 900 von einer Dynastie übernommen wurde, die vermutlich aus dem schwedischen Exil zurückgekehrt war. Jedoch musste auch sie ein paar Jahrzehnte später Gorm dem Alten weichen, dem Begründer der Jelling-Dynastie, die vermutlich ebenfalls aus dem Ausland heim kam.

Die Bevölkerung gliederte sich in zahlreiche lokale Gemeinschaften, die ihre eigenen Angelegenheiten in regelmäßig abgehaltenen Versammlungen regelten, dem Thing. Das waren Treffen aller freien waffenfähigen Männer einer Gemeinschaft. In der Praxis wurden sie allerdings von den führenden Köpfen beherrscht, aus deren Kreis wiederum einzelne sich als Oberherren profilierten, denen sich die anderen unterwarfen.

Solche Oberherrschaften konnten sich weit über lokale Grenzen hinaus erstrecken und sich auch über Generationen hin halten. Auf diese Weise entstand letztlich sogar das dänische Königtum: Dank seiner starken Flotte herrschte es schließlich nicht nur über die Dänen, in Jütland, auf Seeland und den Inseln, sondern als Oberherrschaft auch über regionale Herrscher im Süden von Schweden und Norwegen. Ein Großreich also.

Die Wikinger lebten ohne Zweifel in einer Klassengesellschaft. Landbesitzer, wozu auch die freien Bauern gehörten, standen oben in der Hierarchie, ganz unten rangierten die Unfreien, fälschlich auch als Sklaven bezeichnet. Unfreie waren rechtlose Dienstleute, die zwar nichts zu sagen, aber in der Regel auch nichts zu leiden hatten. Sie konnten sich sogar freikaufen, und Freie wiederum konnten auch unfrei werden, zum Beispiel wenn sie Schulden nicht einlösen konnten. Anders als die wikingischen Unfreien waren besonders Christen und Ausländer, die man auf Raubzügen erbeutet hatte, echte Sklaven und als solche ein geschätztes Handelsgut. Der Volksname der Slawen stammt übrigens vom Begriff „Sklave" ab.

Zur Oberschicht gehörten außer den Landbesitzern die führenden Soldaten im Heer eines Königs oder eines überörtlichen Landbesitzers. Vor allem diese Personen sind es, die auf den vielen erhaltenen Runensteinen erwähnt werden. Status und Privilegien dieser Oberschicht kommen auch in ihren reich ausgestatteten Gräbern zum Ausdruck. Denen verdanken wir heute einen Großteil unseres Wissens über Kultur und Weltanschauung der Wikinger. Von den armen Habenichtsen hingegen fehlt in der Regel jede Spur.

Schiffsbauer und Seefahrer

Rauben und plündern, das hängt den Wikingern bis heute an. Aber es war nur ein Teilaspekt ihrer Aktivitäten. Die Skandinavier der Wikingerzeit waren hervorragende Schiffsbauer und Seefahrer, und ihre Raubzüge waren immer Schiffsfahrten. Sie navigierten mittels Beobachtung von Meer und Himmel und Tiefen-Lot, vermutlich auch mit Kalkspatkristallen und der Polarisierung des Sonnenlichts.

Bereits in den Jahrhunderten vor der Wikingerzeit entwickelten die Nordmänner seetüchtige Segelschiffe, mit denen sich auch große Distanzen übers Meer zurücklegen ließen. Das Segel war allerdings nicht ihre Erfindung, diese technische Neuerung übernahmen sie im 8. Jahrhundert aus dem Westen und Süden Europas.

Die Wikingerschiffe wurden in Klinkerbauweise auf einem durchgehenden Kiel gebaut, d. h. die Rümpfe bestanden aus überlappenden Planken, die mit Eisennieten zusammengehalten und meist mit Tierhaar wasserdicht gemacht wurden. Dazu hochgezogene Steven an Bug und Heck, Rahsegel, die am Mast frei beweglich waren, seitlich angebrachtes Steuerruder, paarweise angeordnete Riemen zum Rudern, ein Mast, der auch während der Fahrt abgebaut werden konnte – diese Schiffe wurden auch mit den tückischen Wellen der Nordsee fertig, und dank des geringen Tiefgangs taugten sie auch noch für flache und schmale Flüsse.

Selbst ein Transport über Land war möglich, indem man die Schiffe über untergelegte Rundhölzer voran schob. Da die Wasserstände zur Wikingerzeit höher waren als heute und damit auch die Flussläufe weiter ins Land hinein reichten, waren viele Orte, die heute im Landesinneren liegen, damals per Schiff erreichbar.

Der skandinavische Begriff „Storskip", Langschiff, galt einem langen, schnell segelnden Kriegsschiff. Als „Drachen" wurden Schiffe der Könige bezeichnet, wahrscheinlich wegen des drachenförmig geschnitzten Bugs, und „Snekke" war ein schnelles Langschiff. Gegenstücke zu diesen windschnittigen Piraten- und Kriegsschiffen waren dickbauchige Handelsschiffe namens „Knorr". Originale und seetüchtige Nachbauten von Wikingerschiffen werden im Wikingerschiffsmuseum Roskilde vorgeführt, sogar zum Mitrudern für Besucher.

Händler und Bauern

Dank ihrer Schiffe waren die Skandinavier der Wikingerzeit nicht nur erfolgreiche Freibeuter, sondern sie entwickelten sich auch zu geschäftstüchtigen Fernhändlern, die alle Waren der damaligen Welt quer durch Europa verhandelten, von A wie Amulette über Keramik, Pelze und Waffen bis Z wie Zangen. Zwar war ihr Schwerpunkt der heimatliche Ostseeraum, etwa zwischen den großen Umschlagplätzen Haithabu/Schleswig, Aarhus, Birka bei Stockholm, Wolin in der Odermündung und Staraja Ladoga an der Wolga, aber die Handelsrouten reichten über Friesland bis nach England, bis an Rhein und Rhône, nach Sizilien, Konstantinopel und in den Orient hinein.

Eine wichtige Rolle im frühmittelalterlichen Europa spielte der Handel mit Sklaven, über den allerdings weniger bekannt geworden ist als über andere Handelsgüter. Sklaven waren schon in der Antike als billige Arbeitskräfte begehrt, die Wikinger setzten also fort, was üblich war und bereits seit dem 6. Jahrhundert von den Franken vorexerziert wurde. Die Nordmänner machten auf ihren Beutezügen gezielt Gefangene, die dann als Sklaven verhökert wurden: Christen aus dem Westen verkauften sie in die islamische Welt des Mittelmeerraums und in den heimischen Norden, heidnische Slawen aus dem Osten lieferten sie als Sklaven an Christen im Westen.

Besonders nachdem Konzile der Christenwelt den Handel mit christlichen Sklaven verboten hatten, blühte der wikingische Handel mit slawischen Arbeitskräften, und zwar so sehr, dass sich die spätere Volksbezeichnung „Slawe" aus dem älteren Begriff „Sklave" entwickelte. In Skandinavien selbst allerdings verwischten sich bereits während der Wikingerzeit die scharfen Grenzen zwischen Sklaven, also Unfreien, die außerhalb des Rechts und auch außerhalb des engeren Familienverbandes standen, und den Freien. Es wurde gang und gäbe, Sklaven mit einem eigenen Stück Land in die Freiheit zu entlassen, denn dann musste man sie weder beaufsichtigen noch ernähren.

Nicht nur Seefahrer und Händler waren die Skandinavier, sondern auch kreative Handwerker, fleißige Fischer und Bauern. Sie stellten wunderbaren Schmuck aus Silber und Bronze her, sie erfanden den Streichbrettpflug, mit dem der Boden nicht nur geritzt wurde, sondern die Erdschollen richtig gewendet werden konnten, wovon heute noch Spuren in Lindholm Høje in Nordjütland zeugen. Die Skandinavier waren wagemutige Kolonisten, wie die Siedlungen auf Grönland und Neufundland beweisen. Sie erwiesen sich als ausgezeichnete Baumeister, wovon die dänischen Rundburgen, die norwegischen Stabkirchen und die Domkirchen wie die in Roskilde, in Lund oder im nordenglischen Durham zeugen.

Männer und Frauen

Die Wikingergesellschaft war keine reine Männergesellschaft. Es kam vor, dass bei den Raub- und Kriegszügen der Männer, die auf „wiking" gingen, Frauen mit dabei waren, allerdings nur in Ausnahmefällen. Und laut Schilderungen in den Sagas soll es auch „Schildmaiden" gegeben haben, also Frauen, die ihre Männer im Kampf unterstützten. Aber grundsätzlich war Kämpfen und Plündern nun mal nicht die Hauptbeschäftigung der Skandinavier zur Wikingerzeit. In erster Linie waren sie alle Bauern, und deshalb hatten sie, wo immer sie auch waren, einen Hof zu bewirtschaften, um überleben zu können. Das geht einfach nicht ohne Frauen.

Offiziell hatte der Mann zwar die Vormundschaft über die Frau, und sie konnte weder beim Thing mitreden noch sich selbst vor Gericht vertreten. Aber sie hatte das Recht, ihren Erbteil zu beanspruchen, auch mit einer öffentlichen Runeninschrift, wie etwa Asfrid auf dem Sigtryggstein in Haithabu. Und sie konnte die Auflösung der Ehe verlangen, wenn ihr Mann seinen Pflichten nicht nachkam oder ihr gegenüber nicht ehrerbietig oder gewalttätig war.

Als Bäuerin hatte sie grundsätzlich die Schlüsselgewalt auf dem Hof, sie hielt das Haus in Ordnung, und wenn ihr Mann auf Raubfahrt abwesend oder verstorben war, herrschte sie über das gesamte Anwesen samt allen, die dazu gehörten, sogar mögliche Konkubinen inbegriffen. Die Frau wachte über die Vorräte, erzog die Kinder und war auch für die medizinische Betreuung zuständig.

Wie sehr Frauen Respekt und Verehrung zuteil wurde, beweisen die berühmtesten Grabfunde der Wikingerzeit: In vielen prachtvoll ausgestatteten Gräbern waren nicht Männer bestattet worden, sondern Frauen. So insbesondere im berühmten Bootsgrab von Oseberg am Oslofjord in Norwegen, aber ebenso in Haithabu und Bienebek an der Schlei oder auch in der Ringburg Fyrkat in Jütland. In diesen wie in anderen Orten sind Frauen aufwändig in Wagenkästen bestattet und mit wertvollen Beigaben bedacht worden.

Frauen konnten sogar Krieger sein, wie ein Grabfund von 1878 auf der schwedischen Insel Birka im Mälarsee offenbarte, allerdings erst 149 Jahre später. Der dort gefundene Leichnam galt lange Zeit als mächtiger Wikingerführer, bis 2017 an der Universität Stockholm überraschend geklärt wurde, dass der mit voller Kampfausrüstung samt Pferd bestattete Krieger in Wahrheit eine Kriegerin war – eine mächtige Wikingeranführerin. Frauen konnten offensichtlich in der nordischen Gesellschaft hohe Ränge bekleiden.

Und das nicht nur als Kämpferinnen: In Frauengräbern von russischen Wikingersiedlungen, im Bereich von Nowgerod bis Kiew, hatte man den Verstorbenen typische Händlerbeigaben, wie Waagen und Gewichte, mit ins Grab gegeben. Sie waren folglich als Kaufleute tätig gewesen. Auch in dieser Hinsicht konnten Frauen einen gleichberechtigten Platz in der Gesellschaft einnehmen.

Runen und Steine

Im Gegensatz zum christlichen Abendland hatten die Wikinger keine Schriftkultur, aber ihre Gesellschaft war weder geschichtslos noch schriftlos. Geschichten über Menschen, Götter, Land und Meer wurden in Familie und Sippe oder bei Versammlungen erzählt und mündlich weitergegeben; immerhin so genau, dass sie noch Jahrhunderte später in Island, das von Norwegern besiedelt worden war, aufgezeichnet werden konnten. Und bedeutsame Ereignisse konnten schriftlich dokumentiert werden – mittels der Runen.

Mit dem Runen-Alphabet, nach den ersten von insgesamt 16 Zeichen „futhark" genannt, wurden zum Beispiel Eigentumsvermerke fixiert, sie dienten zugleich aber auch magischen Zwecken. Darauf weist noch die Bedeutung des Wortes „Runen" hin, das mit dem deutschen „raunen" verwandt ist und soviel bedeutet wie „Geheimnis". Denn die Fertigkeit, solche Runen lesen zu können, hatte nicht jeder, sie war auf bestimmte Bevölkerungsschichten beschränkt.

Runen waren keine Erfindung der Wikinger, sondern viele germanische Völker verwendeten sie. Die Form der Runen, senkrechte Linien kombiniert mit schrägen, verrät noch, dass sie ursprünglich zum Einritzen in Holz gedacht waren. Die meisten der rund 5000 erhaltenen Inschriften sind heute jedoch auf Runensteinen zu finden. Sie standen in der Regel an Stellen in der Landschaft, wo sie die Aufmerksamkeit von Vorüberziehenden auf sich ziehen sollten. Sie hatten also etwas bekannt zu machen, ähnlich wie Anzeigen.

In Dänemark und auch in Schweden sind die meisten Runensteine allerdings nach der Wikingerzeit zum Kirchenbau verwendet worden, folglich stehen sie heute in den Kirchen oder auf den Friedhöfen. Größere Sammlungen von Runensteinen sind im Zuge des wachsenden historischen Bewusstseins seit dem 17. Jahrhundert in Museen zusammengetragen worden, besonders im Dänischen Nationalmuseum in Kopenhagen und im Museum Kulturen in Lund.

Runensteine waren keine Grabsteine, sondern Gedenksteine. Sie wurden aufgestellt, um persönliche Taten oder Eigenschaften einer Person zu verkünden. Sie erinnerten an einen Toten, verfolgten gleichzeitig aber auch einen öffentlichen Zweck: Sie waren eine Kombination aus Todesanzeige und Bekanntmachung von Ansprüchen überlebender Angehöriger oder Gefährten, insbesondere, wenn Fragen von Erbschaft, Nachfolge oder Zuständigkeit geklärt werden mussten. Das war besonders wichtig, wenn jemand fern der Heimat starb, was durch Handelsfahrten und Plünderungszüge der Wikinger zwangsläufig häufig vorkam.

Recht und Ordnung

Das Bild der Wikinger als Seeräuber und Freibeuter traf insgesamt auf nicht mehr als geschätzte 5 Prozent der Skandinavier zu. In der übergroßen Mehrheit waren sie friedliche Bauern und Händler. Erbarmungslos jedoch waren sie alle gegen Sünder in den eigenen Reihen. Mit Dieben und Mördern ging man nicht zimperlich um, erst recht nicht mit Vergewaltigern, wenn sie sich an Wikinger-Frauen vergangen hatten – sie wurden gesteinigt oder im Sumpf versenkt. Je nach Art der Tat und dem sozialem Status des Delinquenten kamen als Strafen auch die Zahlung von Blutgeld oder die Verbannung in Frage, etwa bei politisch motivierten Morden.

Die Urteile über Kriminelle und Ehrlose wurden nicht von einsamen Richtern entschieden, sondern vom Rat der freien, waffenfähigen Männer, dem Thing. Diese Volksversammlungen für regionale Landschaften waren keine Erfindung der Wikinger, sondern Brauch seit germanischen Zeiten. Sie tagten in der Regel zweimal im Jahr, im Frühjahr und im Herbst, konnten jedoch bei Bedarf auch häufiger einberufen werden.

Das Thing war multifunktional – ein soziales, politisches, rechtliches und religiöses Ereignis zugleich: Es erließ Gesetze, legte Streitigkeiten um Landbesitz bei, entschied über den Umgang mit den Göttern ebenso wie über Krieg und Frieden, sprach Recht über Diebstahl und Gewaltverbrechen.

Die Zusammenkunft fand unter freiem Himmel an traditionellen Orten statt, auf besonderen Thingplätzen. Häufig waren das niedrige Hügel, so dass die Redner erhöht stehen und von allen gesehen werden konnten. Jeder Freie durfte sein Anliegen vortragen oder Stellung nehmen, und die Beratungen dauerten, wenn es sein musste, Tage oder sogar Wochen. An den Thingplätzen fanden sich jeweils die Bewohner einer Landschaft, einer ganzen Region zusammen; bekannt sind u. a. Viborg für Jütland, Odense für Fünen, Ringsted für Seeland und Lund für Schonen.

Gegen die Entscheidungen des Thing gab es kein Rechtsmittel, keine zweite Instanz, allerdings gab es in einem Rechtsstreit für den Sieger auch keine Hilfe, das Urteil zu vollstrecken. Fehlte die Macht zur Durchsetzung, dann blieb es beim bloßen Urteilsspruch. Wer jedoch für schwere Vergehen geächtet und vom Thingt aus der Gemeinschaft ausgeschlossen wurde, der hatte nur noch wenig Chancen: Niemand durfte Ausgestoßenen helfen, sie gingen ins Exil, und mancher ging jämmerlich in der Wildnis zugrunde.

Start und Ende der Piraterie

Zwei Daten markieren in der offiziellen Geschichtsschreibung die Epoche von Wikingern und Normannen sogar auf den Tag genau. Beide betreffen nicht die skandinavische Heimat, sondern das bevorzugte Ziel der Raub- und Eroberungsfahrten: England. Beide Male ging es um Ereignisse, die typisch für die jeweilige Zeit waren: Am Anfang stand der Überfall wikingischer Piraten, am Ende die Schlacht zweier skandinavischer Herrscher um ein Reich.

Der erste von den Chronisten aufgezeichnete wikingische Überfall am 8. Juni 793 galt dem Kloster Lindisfarne auf einer Gezeiteninsel vor der englischen Nordostküste, damals eines der berühmtesten

Heiligtümer der Christenheit. Das Kloster wurde von norwegischen Wikingern geplündert und niedergebrannt, viele der Mönche wurden getötet. Dieser Überfall gilt als der historische Auftakt für zahllose Unternehmungen gleicher Art, obwohl es die auch schon vorher gegeben hatte.

Keine drei Jahrhunderte später endete die turbulente Zeit der Raub- und Eroberungsfahrten offiziell mit der Schlacht bei Hastings an der englischen Südküste, am 14. Oktober 1066, in der Skandinavier gegen Skandinavier antraten: Normannenherzog Wilhelm von der Normandie, dessen Vorfahren aus Norwegen stammten, besiegte das wikingisch-englische Heer unter Harold Godwinsson, den letzten englischen König dänischer Abstammung. Harold fiel, Wilhelm der Eroberer wurde König.

Fortan orientierte England sich nicht mehr nach Skandinavien, in die alte Heimat der Nordmänner, sondern nach Frankreich, die neue Heimat der Normannen, wo sie sich erst zwei Jahrhunderte zuvor unter ihrem Anführer Rollo festgesetzt hatten. Mehrere Versuche von dänischen Königen, England wieder zurück zu erobern, scheiterten. Die Wikinger hatten sich etabliert, sie lebten jetzt in fest umgrenzten Reichen. Das Zeitalter der Wikinger als Piraten, Fernhändler und Kolonisatoren war vorüber, jedenfalls in der üblichen Betrachtungsweise der Historiker.

Mit Waldemar war alles vorbei

Tatsächlich aber sind die Grenzen der Wikingerzeit nicht ganz so eng zu sehen. Viele Entwicklungen hatten lange vor dem Überfall auf Lindisfarne begonnen, wie etwa Funde früher nordischer Keramik in Groß Strömkendorf bei Wismar beweisen. Und auch nach Hastings gab es noch zahllose Raufereien, in England und Schottland ebenso wie in Skandinavien. Sie dürfen getrost alle noch zur Zeit der Wikinger gezählt werden. Dabei ging es nicht nur um Piraterie im Kleinen, nicht nur um Gold und Gut, sondern auch noch um ganze Königreiche.

Erst im Jahr 1153 führte der norwegische König Øystein den letzten überlieferten Raubzug nach England, und 1157 begann mit König Waldemar dem Großen, der sich als Sieger im Bürgerkrieg um den Thron durchsetzte, die Zeit Dänemarks als mittelalterliche Großmacht.

So sahen die Wikinger ihre Welt

Anfangstext der Ynglinga Saga, die ein Teil der „Heimskringla" ist, einer geschichtlichen Darstellung des alten norwegischen Königstums. Sie wurde um 1230 verfasst vom isländischen Dichter, Historiker und Politiker Snorri Sturluson. Die Ynglinga Saga schildert die sagenhafte Vorgeschichte Skandinaviens.

Der Weltkreis, den das Menschenvolk bewohnt, ist durch Meeresbuchten vielfach gegliedert. Große Meere reichen vom Ozean in die Länder hinein. Bekanntlich erstreckt sich vom Nörvasund (Gibraltar) ein Meer bis zum Jorsalaland (Jerusalemsland = Heiliges Land). Von diesem führt eine lange Bucht nach Nordosten. Sie heißt das Schwarze Meer und trennt zwei Erddrittel. Das östliche heißt Asien, und das westliche nennt man Europa. Aber nördlich vom Schwarzen Meer erstreckt sich Großschweden (Groß-Svitjod = Russland). Einige halten Großschweden für nicht kleiner als Groß-Serkland (Sarazenenland = Nord-Afrika). Andere finden es ebenso groß wie Groß-Bláland (dunkles Land = Mohrenland = Schwarzafrika).

Der Nordteil Großschwedens ist wegen des Frosts und der Kälte unbevölkert, wie ja auch der Südteil von Bláland (Mohrenland) öde ist durch Sonnenbrand. Weit ausgedehnte Landschaften gibt es in Großschweden, Völker mancherlei Art mit vielerlei Sprachen. Riesen leben da und Zwerge, auch Mohren gibt es da. Völker verschiedener, wunderlicher Art bewohnen es sowie wilde Tiere und Drachen von fürchterlicher Größe.

Aus dem äußersten Norden indessen, von den Bergen, die jenseits der bewohnten Erde liegen, ergießt sich ein Strom durch Großschweden, dessen Namen ist Tanais (Don). Vordem nannte man ihn Tanakvisl oder Wanenkvisl, der zum Ozean durchs Schwarze Meer strömt. Das Land zwischen den Don-Mündungen ist als Wanenheim oder Wanenland bekannt, und der Strom trennt die beiden Erdteile: Im Osten Asien, im Westen Europa.

Das Land Asiens östlich von Tanakvisl hieß Asenland oder Asenheim, und die Hauptstadt ist Asgard. In dieser Burg lebte ein Hövding (Häuptling) namens Odin, und dort war auch eine große Opferstätte, und Brauch war's, dass zwölf Opferpriester die obersten Goden (Prieter) darstellten, die die Opfer zu leiten hatten und unter den Männern Recht sprachen. Man nannte sie Diar oder Drottnar, ihnen musste alles Volk dienen und Verehrung erweisen.

Ein großer Kriegsmann war Odin, und weit wanderte er umher, manches Reich wurde ihm untertan; und er war so siegreich, dass er in jedem Streit die Oberhand gewann. So kam es, dass die Menschen meinten, er müsse seiner Natur nach in jeder Schlacht den Sieg gewinnen. Seine Gewohnheit war's, wenn er seine Mannen zu Kampf oder Fahrt losschickte, ihnen voher die Hände aufs Haupt zu legen und sie zu segnen. Nun glaubten sie, eine glückliche Fahrt zu haben.

Bei seinen Leuten war es Brauch, sobald sie auf See oder zu Lande in Not waren, seinen Namen anzurufen. Dadurch meinten sie stets Rettung zu finden, denn dort, wo er war, fanden sie, läge auch all ihre Hilfe. Oft zog Odin sehr lange von daheim fort, sodass er manches Jahr auf Wanderungen zubrachte.

Zwei Brüder hatte Odin: Ve und Vili. Sie führten die Herrschaft in seiner Abwesenheit. Einst, als Odin weit gewandert war und lange ausblieb, glaubten die Asen, er käme nicht wieder. Da teilten seine Brüder das Erbe, Odins Gattin Frigg aber nahmen sie gemeinsam zur Frau. Bald danach kam Odin jedoch zurück und nahm seine Gemahlin wieder in Besitz.

Ein hoher Bergrücken zieht sich von Nordost nach Südwest, der Großschweden von anderen Reichen trennt. Südlich des Gebirges ist es nicht weit zum Türkenland (Reich der Seldschukken), und dort hatte Odin große Besitzungen. In jener Zeit zogen römische Hövdinge weit in der Welt umher und unterwarfen alle Völker: Viele Könige flohen vor diesen Kriegsunruhen aus deren Besitzungen. Weil aber Odin zukunfts- und trollkundig war, wusste er, das seine Nachkommen im nördlichen Teil der Erde herrschen würden.

Da setzte er seine Brüder Ve und Vili über Asgard und zog mit allen Diar und vielem anderen Mannsvolk fort, zuerst westwärts nach Gardarike (Reich der Städte = Russland) und dann südwärts nach Saxland (Sachsen = Norddeutschland). Nachdem er dort ein großes Königreich unterworfen hatte, setzte er seine Söhne als Herrscher ein. Danach zog er nordwärts zur See und nahm seinen Wohnsitz auf einer Insel, der Ort heißt jetzt Odinsöy (Odense) auf Fünen.

Dann sandte er die Jungfrau Gefion über den Sund nach Norden aus, um neues Land zu suchen. Sie kam zu König Gylfi (in Schweden), der gab ihr ein Stück pflügbares Land. Danach ging sie nach Jötunheim und empfing dort vier Söhne von einem Riesen. Diese verwandelte sie in Ochsen, spannte sie vor den Pflug und ließ sie das Land nach Westen in die See ausweiten, Odense gegenüber. Dieses Land nannte man Seeland, und dort lebte sie von nun an.

Skjöld, ein Sohn Odins, nahm sie zur Frau, und sie wirtschafteten dann in Lejre. Dahinter aber blieb ein Wasser übrig oder ein See: der Mälarsee. Die Fjorde des Mälarsees aber entsprechen den Vorgebirgen Seelands.

Gebrauchsanweisung

Orte

Die Beschreibung der wikingerzeitlichen Plätze beginnt mit der Siedlung Hamburg, die seit früher geschichtlicher Zeit das Tor zum europäischen Norden ist. Von hier aus geht es in drei Richtungen in die Welt der Wikinger (siehe Übersichtskarten ab Seite 26):
• Nach **Osten** entlang der südlichen Ostseeküste von Holstein über Mecklenburg und Pommern bis nach Polen.
• Nach **Norden** über den Landesteil Schleswig von Schleswig-Holstein und Nordfriesland auf zwei Routen durch Jütland – im Westen entlang der Nordseeküste und im Osten entlang der Ostseeküste.
• Nach **Nordosten** über die dänischen Inseln inklusive Fünen und Seeland nach Südschweden, nach Schonen und Blekinge.

Regionale Gliederung

Alle beschriebenen Plätze sind nach Regionen gegliedert, die sich an der Entwicklung der jeweiligen Landschaften orientieren. Innerhalb der Regionen sind die Orte nicht alphabetisch geordnet, sondern werden in ihrer nachbarschaftlichen Abfolge von Süden nach Norden bzw. von Westen nach Osten aufgeführt, also entsprechend der allgemeinen Reiserichtung. Damit werden regionale Zusammenhänge deutlicher.

Die aufgeführten Orte an der südlichen Ostseeküste, in Holstein, Mecklenburg, Pommern und Polen, waren überwiegend keine Wikinger-Siedlungen, sondern slawische Gründungen. Zumeist waren es Handelsplätze, in denen neben den Slawen auch zahlreiche Skandinavier lebten, nur eben nicht als Krieger oder Piraten, sondern als Händler. Diese Orte hatten zu ihrer Zeit herausragende Funktionen in der Welt der Wikinger.

Praktische Infos

Für alle Plätze erklärt ein kurz gefasster **Wegweiser**, wie sie zu erreichen sind. Die Beschreibungen sind **erprobt, aber ohne Gewähr** für die dauerhafte Richtigkeit der Angaben. Innerhalb Dänemarks gibt es Hinweise auf die offizielle Marguerit-Route, d. h. landschaftlich schöne Strecken, deren Verlauf durch kleine Schilder mit dem Margeriten-Symbol an den Straßen gut gekennzeichnet ist. Bei allen Plätzen wird auf vorhandene **Service**-Einrichtungen wie Informationstafeln, Ausstellungsgebäude, Cafeterias etc. hingewiesen.

Für Museen, Touristbüros, Kirchen etc. wird die Telefonnummer aufgeführt, falls Sie sich nach aktuellen Öffnungszeiten o. ä. erkundigen wollen, und gegebenenfalls auch die entsprechende Internet-

Adresse. Die **Vorwahl aus Deutschland** nach Dänemark ist 0045, nach Schweden 0046, nach Polen 0048, und aus dem Ausland hat Deutschland die Vorwahl 0049. Auf Eintrittskosten wird hingewiesen, Preise sind nicht angegeben, da sie sich ständig ändern. Die Angabe von Telefonnummern, Öffnungszeiten und besonders auch Internet-Links ist **ohne jegliche Gewähr**, denn sie unterliegen sehr häufig Änderungen.

Runensteine

Viele der beschriebenen Plätze gelten Runensteinen. Die sind 1000 und mehr Jahre alt und nicht immer in bestem Zustand erhalten. Abgesehen davon wurden sie in den nachfolgenden Generationen nicht sorgsam behandelt, da sie den Christen als heidnische Symbole galten. Häufig wurden Runensteine als Baumaterial benutzt und für die jeweiligen Zwecke passend behauen. Die Inschriften der Runensteine werden in *kursiver* Schrift und deutscher Übersetzung wiedergegeben, eingefasst durch die Anführungszeichen » und «.

Kirchen

Die meisten Runensteine stehen heute vor oder in Kirchen, und die sind im protestantischen Norden, anders als in katholischen Gegenden, nicht immer zugänglich. Wenn die dänischen und südschwedischen Kirchen tägliche Öffnungszeiten haben, dann in der Regel etwa von 10 – 16 Uhr. Weitere Infos gibt's für Dänemark möglicherweise unter dem Link *www.korttilkirken.dk/alfabetisk.htm* (in Dänisch). Dort sind alle Kirchen des Landes aufgelistet.

Häufig ist auch der Küster oder jemand anderes aus der Kirchengemeinde mit Arbeiten auf dem Gelände beschäftigt und öffnet auf Wunsch die Kirche, falls sie geschlossen ist. Man ist Besuchern gegenüber sehr entgegenkommend. Telefonnummern für eine vorherige Anmeldung werden, soweit nötig und bekannt, angegeben. Auskunft über dänische und schwedische Kirchen finden Sie im Internet unter dem Namen des Ortes mit dem Zusatz „kirke" bzw. „kyrka".

Ortsnamen mit einem Stern *

verweisen auf wikingerzeitliche Plätze an anderer Stelle innerhalb des Buches. Ein alphabetisches Register am Ende führt alle beschriebenen Plätze auf und hilft zur schnellen Orientierung.

Übersichtskarten der wikingerzeitlichen Plätze

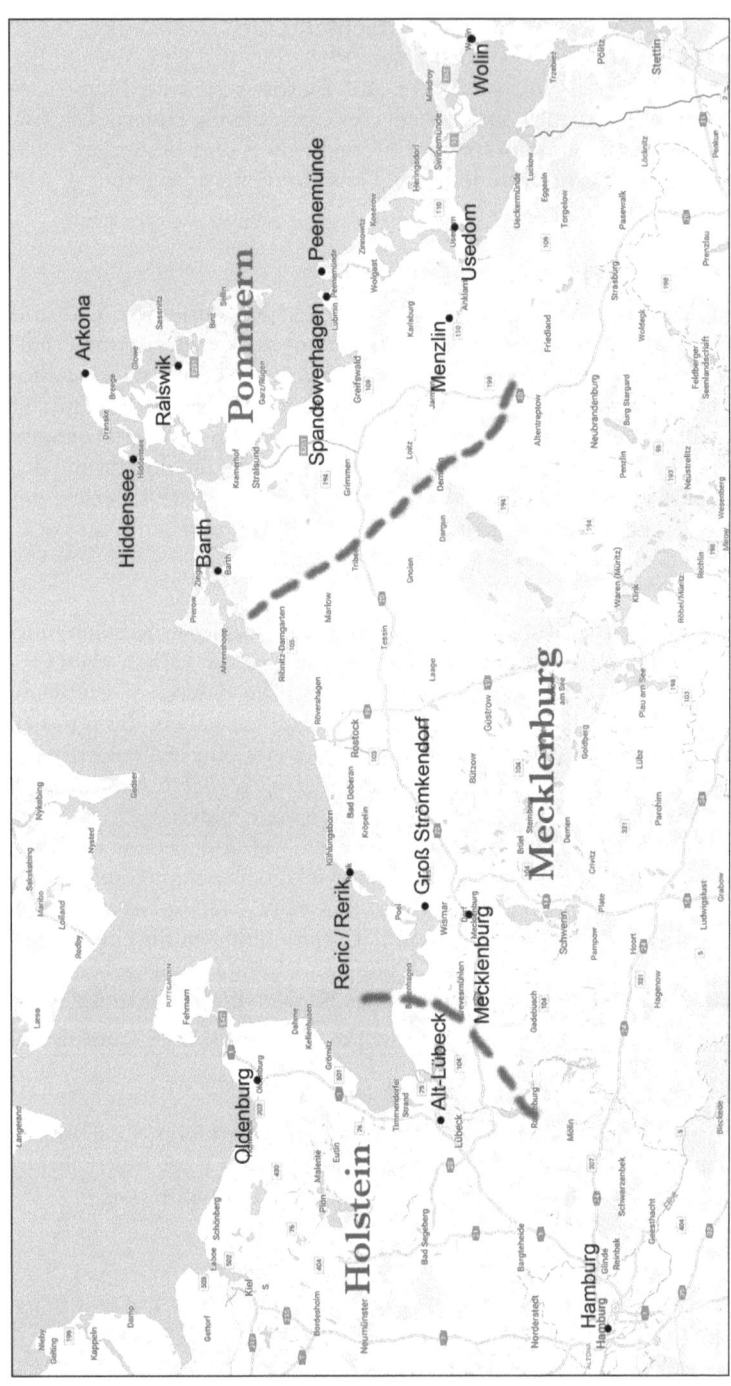

Übersichtskarten der wikingerzeitlichen Plätze 27

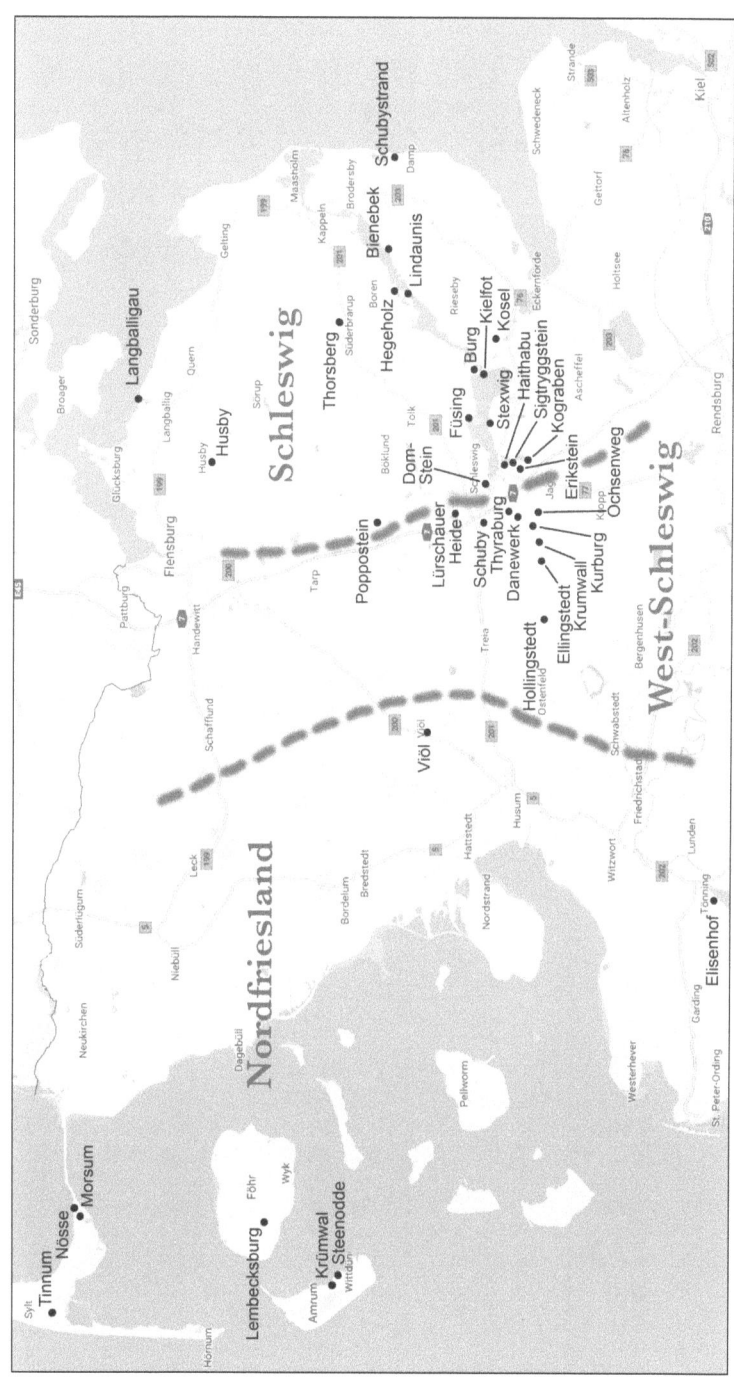

Übersichtskarten der wikingerzeitlichen Plätze

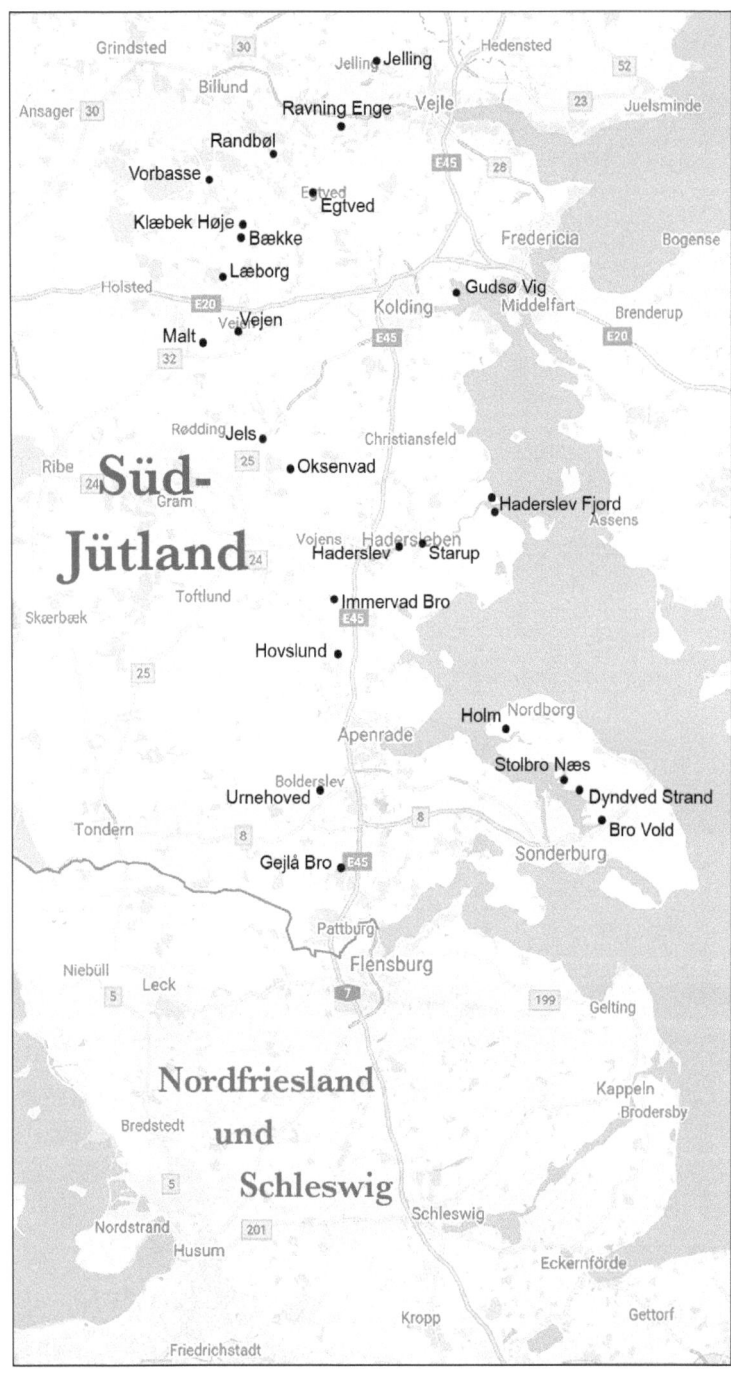

Übersichtskarten der wikingerzeitlichen Plätze 29

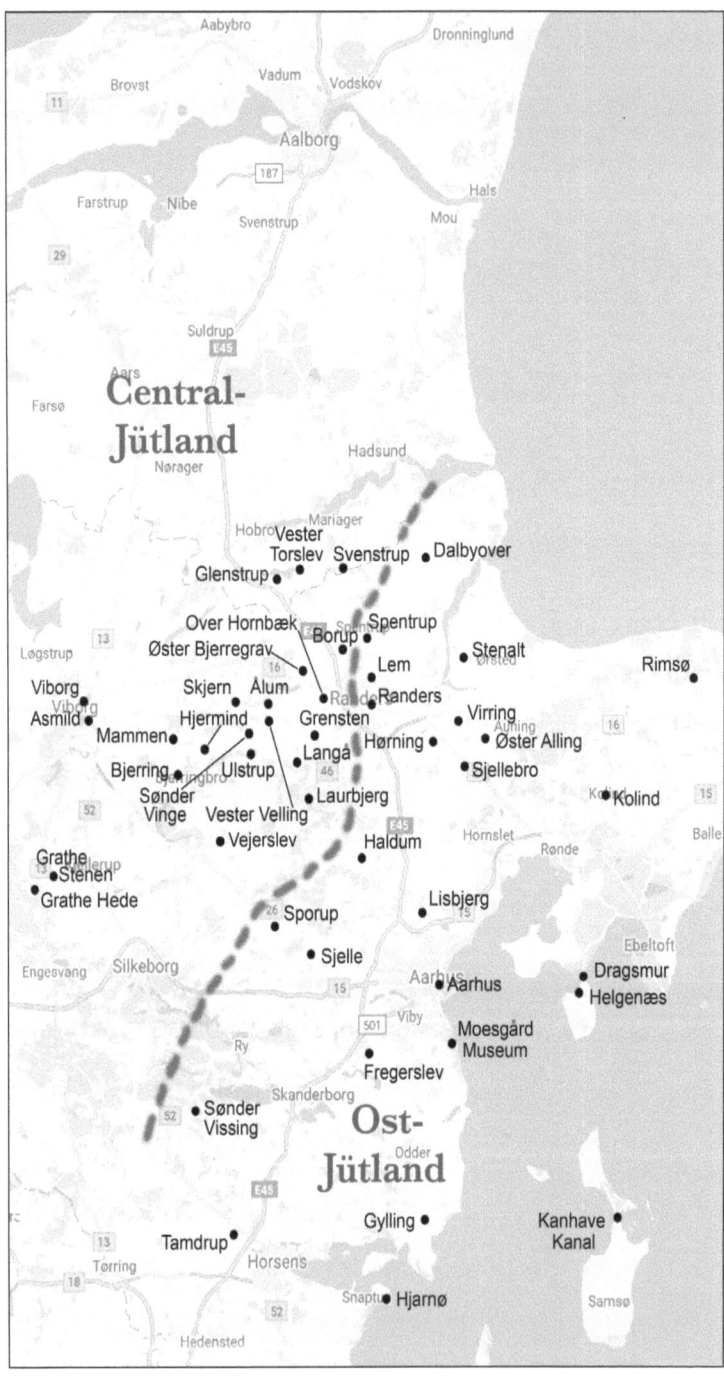

Übersichtskarten der wikingerzeitlichen Plätze 31

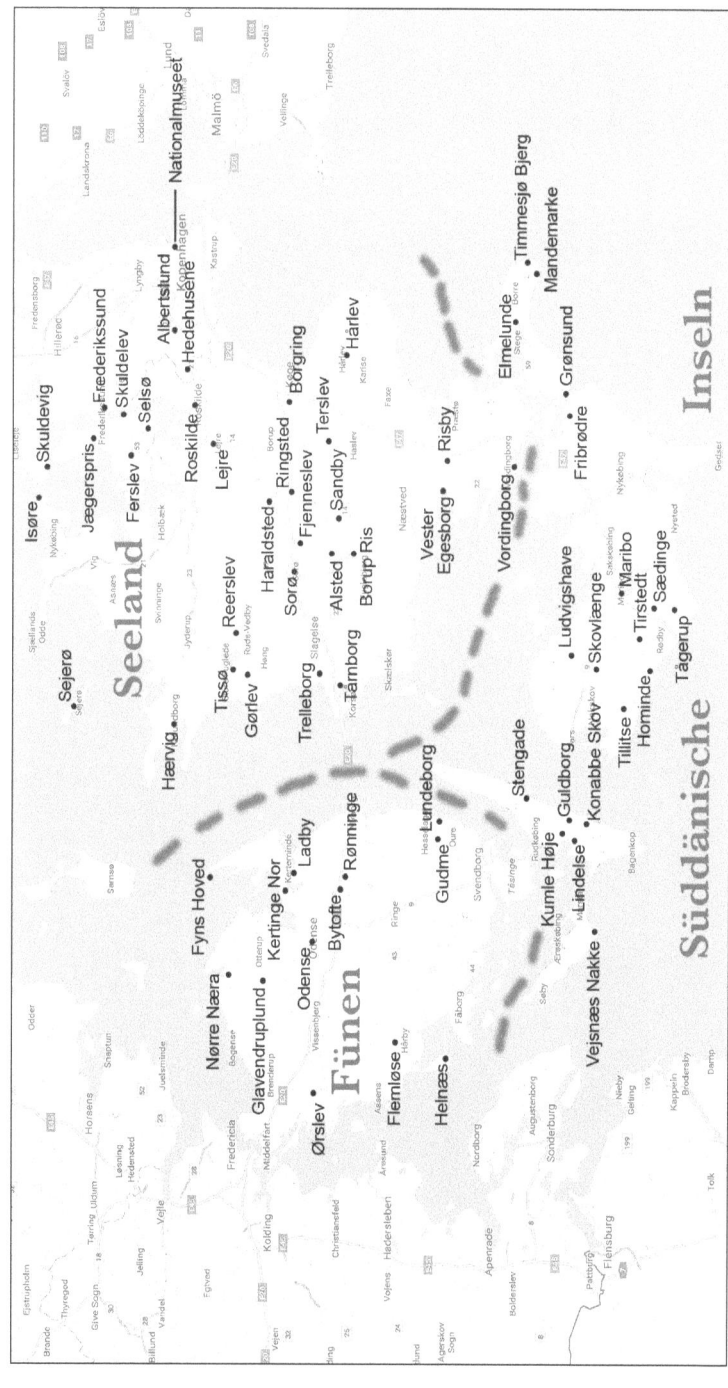

32 *Übersichtskarten der wikingerzeitlichen Plätze*

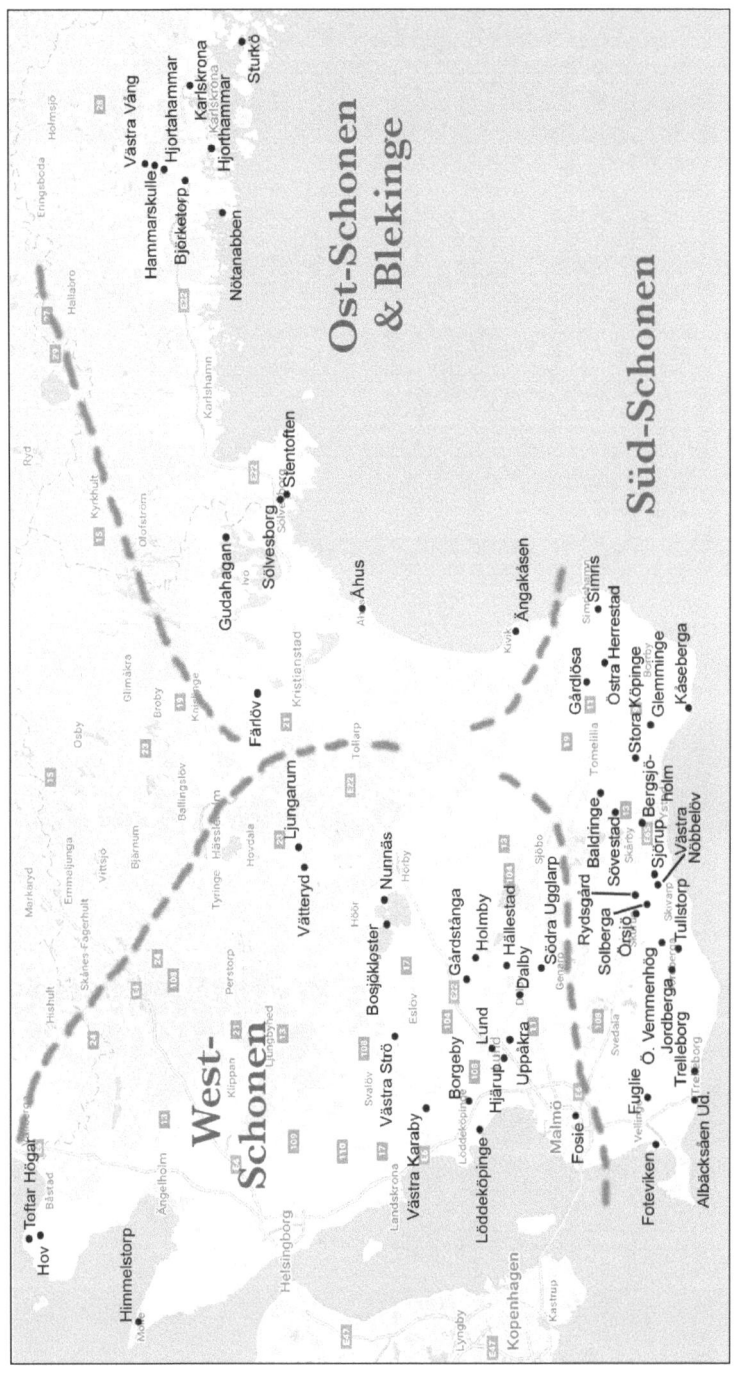

I. Holstein & Mecklenburg

Hamburg
Bischofssitz & Handelsplatz

Keine Siedlung der Wikinger, sondern Ausgangspunkt für ihre Christianisierung und zugleich Opfer ihrer Überfälle. Von der Elbe aus machten sich Priester und Bischöfe auf den Weg nach Norden zur Missionierung der Heiden. Bereits im Jahr 810, noch auf Veranlassung von Kaiser Karl dem Großen, wurde in der Siedlung auf dem trockenen Geestsporn zwischen den Flüssen Elbe und Alster die erste Kirche gebaut.

Im Umkreis dieser Kirche entstand um 817 das Kastell Hammaburg als Grenzbefestigung gegen Dänen und Wenden. „Ham" bedeutet soviel wie erhöhte Befestigung, ein Hinweis auf die Lage am Rand zur niedrigeren, feuchten Marsch. Die Anlage soll ca. 130 x 130 m groß und mit 5 bis 6 m hohen Wällen, Palisaden und Gräben versehen gewesen sein. Westlich vor der Burg siedelten sich Händler an, meist friesischer Herkunft.

Im Jahr 831 erhob Kaiser Ludwig der Fromme von Aachen aus die Hamburger Marienkirche zum Erzbistum Hamburg als Missionszentrum für den gesamten Norden, also inklusive Skandinavien. Erster Bischof wurde der damals 30jährige Benediktiner-Mönch Ansgar (801 – 865), der von Papst Gregor IV. ein Jahr später sogar zum päpstlichen Legaten ernannt wurde. Er gilt auch im einst heidnischen Dänemark bis heute als „Apostel des Nordens".

Ansgar stammte aus Frankreich, aus der Umgebung von Amiens. Er war dort im Kloster Corbie ausgebildet worden, hatte zusammen mit anderen Mönchen das Tochterkloster Corvey an der Weser gegründet und wurde 826 Leiter der Klosterschule. Als er Bischof wurde, war er bereits seit Jahren im Norden tätig. Er hatte den Dänenkönig Harald Klak („der Verzagte") besucht und auch den berühmten Handelsort Birka, nahe dem heutigen Stockholm. Dort hatte er eine Missionsstation errichtet und eine Kapelle, später konnte er auch in „Sliaswik" (gemeint ist Haithabu*) eine Kirche bauen lassen.

Über ein Jahrzehnt blühten Diözese und Mission von Hamburg aus, dann war's auf einen Schlag vorbei. An einem Hochsommertag des Jahres 845 überfielen dänische Wikinger unter König Horik I. (eher ein Häuptling) die Stadt. 600 Schiffe sollen am Ufer von Elbe und Alster aufgelaufen sein, berichtet später Erzbischof Rimbert, der Nachfolger Ansgars, in seiner Geschichte über Ansgars Leben.

Eine Phantasie-Zahl, da die Normannen zur Eroberung Englands nicht mal 300 Schiffe brauchten. Aber auch 60 Schiffe wären schon viel gewesen. Wie überall stürmten die Wikinger Siedlung und Burg, rafften aus Kaufmannshütten und Kirche zusammen, was sie tragen konnten. Die Bewohner (um die 1000 waren es wohl) zerstoben in alle Winde, wer blieb, wurde niedergemacht oder verschleppt, die Stadt ging in Flammen auf, auch die hölzerne Kathedrale des Bischofs. Ansgar und seine Mannen konnten gerade noch die Reliquien retten, dann flüchteten sie mit Booten über die Elbe und weiter über Land nach Süden bis nach Ramelsloh in der Nordheide. Dort bot ihnen eine begüterte Frau Zuflucht und ermöglichte sogar noch die Gründung eines Klosters.

Der Überfall selbst hatte ein denkwürdiges Nachspiel. Bereits im März 845 waren Wikinger unter dem legendären Anführer Ragnar Lodbrog (d. h. „Lodenhose") über Paris hergefallen und hatten die Stadt eingeäschert. Die fränkischen Truppen waren so demoralisiert, dass sie nicht mehr kämpfen wollten, weshalb Westfranken-König Karl der Kahle den Rückzug der Wikinger aus seiner Hauptstadt mit 7000 Pfund Silber erkaufen musste. Diesen immensen Schatz soll Ragnar seinem dänischen König Horik übergeben haben, und der erlaubte sich eine gönnerhafte Geste: Er zweigte eine Wagenladung Silber ab und ließ sie im Herbst des Jahres 845 nach Paderborn schaffen, wo sie Kaiser Ludwig dem Deutschen als Entschädigung für den Überfall auf Hamburg übergeben wurde.

Dieser Überfall von 845 war nicht der einzige, aber der folgenschwerste. Politisch war Hamburgs Schicksal damit vorerst besiegelt. 847 hob die Synode der Bischöfe in Mainz das Hamburger Bistum als lebensunfähig auf. Eine neuerliche Synode stellte es zwar sofort wieder her, verband es jedoch mit dem Bistum Bremen und machte daraus das Erzbistum Hamburg-Bremen, mit Ansgar als erstem Erzbischof. Dessen Sitz war jetzt allerdings nicht mehr im unsicheren Hamburg, sondern in sicherer Entfernung an der Weser.

SERVICE
Schauraum **Bischofsturm**, Kreuslerstraße / Ecke Speersort, St. Petri-Hof, Untergeschoss der Filiale „Dat Backhus", D-20095 Hamburg.
Geöffnet Mo.–Fr. 7–19 Uhr, Sa. 10–13 Uhr. Eintritt frei.
Info: Archäologisches Museum Hamburg *amh.de/archaeologie/*
Hamburg Tourismus, D-20355 Hamburg, Wexstraße 7
www.hamburg-tourism.de Hotline Tel. 040-300 51 701, täglich 8–20 Uhr
Auskunft über **Stadtverkehr** (Hamburger Verkehrsverbund),
Tel. 040/19 449, täglich 7–20 Uhr. *www.hvv.de*

WEGWEISER
Am einfachsten sind öffentliche Verkehrsmittel. Für U-Bahnen, S-Bahnen und Busse im Hamburger Verkehrsverbund (HVV) gibt es an den Fahrkarten-Automaten Tages- oder spezielle Touristen-Tickets. Mit dem Auto brauchen Sie viel Geduld bei der Parkplatzsuche. Gute Chancen haben Sie in den ausgeschilderten Parkhäusern. Oder versuchen Sie es auf gut Glück zwischen Ost-West-Straße und Mönckebergstraße.

Erst 1035 verlegte Erzbischof Bezelin Alebrand seine Residenz wieder an die Elbe. Er ließ in Hamburg eine Befestigung mit Turm und Bischofspalast errichten und den Grundstein für eine steinerne Kirche legen. Die entwickelte sich zum beherrschenden Mariendom, den die nicht sehr frommen Hamburger allerdings nach der Reformation verkommen ließen und schließlich 1805 abrissen. Der Name „Dom" blieb für das Jahrmarktstreiben, einst um die Kirche, heute auf dem Heiligengeistfeld am Rand des Rotlichtviertels St. Pauli.

Die Hamburger Händler bewiesen nach dem Wikinger-Überfall mehr Zähigkeit als die Kleriker, sie kehrten sofort zurück, bauten Buden und Hütten wieder auf, und Handel und Wandel erblühten aufs Neue. Die Stadt wuchs. Ihr Rückgrat bildete ein schmales Gewässer, das spätere Reichenstraßenfleet (das bereits 1877 zugeschüttet wurde), mit Schiffsländen auf beiden Seiten. Hier war der erste Hafen Hamburgs, dessen Spuren bei Ausgrabungen in der Kleinen Bäckerstraße und am Alten Fischmarkt gefunden wurden.

Sichtbares Überbleibsel aus der Zeit der Wikinger ist das Fundament des Turms von Erzbischof Bezelin aus dem Jahr 1036. Es wurde beim Bau des Gemeindehauses St. Petri 1962 am Speersort entdeckt und ist heute im Schauraum unter dem Gebäude zugänglich. Weitere Grundzüge der wikingerzeitlichen Stadt können nur noch in der Phantasie wiederbelebt werden: Den Verlauf des ersten Hafens markieren die Große und Kleine Reichenstraße.

Das Kastell Hammaburg wird im Bereich des ehemaligen Parkplatzgeländes zwischen Schopenstehl und Domstraße vermutet, wo Archäologen in den 1980er Jahren und erneut 2005/2006 gegraben haben. Das jüngste Ergebnis frustrierte: Die Befestigungsanlagen auf dem Platz entstanden einer C^{14}- Datierung zufolge erst im ausgehenden 9. und 10. Jahrhundert, als es die zerstörte Hammaburg bereits nicht mehr gab.

Oldenburg
Burganlage & Handelsplatz

Ein slawischer Fürst war's, der einst in dieser Kleinstadt im östlichen Holstein residierte. Hier stand die Hauptburg des slawischen Stammes der Wagrier, denen die ganze Gegend den Namen Wagrien verdankt. Aus dieser Zeit ist die ca. 4 ha große Wallruine nördlich des Markplatzes geblieben, die noch bis zu 16 m über die Niederung aufragt. Vor der Burg entwickelte sich ein überregionaler Handelsplatz, an dem auch skandinavische Händler beheimatet waren.

Die Burganlage, von den Slawen „Starigard" genannt, d. h. „Alte Burg", reicht zurück bis ins 7. Jahrhundert. Sie wurde mehrfach zerstört, u. a. auch bei Slawen-Aufständen. 1149 legten Dänen im Krieg gegen den Holsteiner Grafen Adolf II. Burg und Siedlung in Schutt und Asche, und nach der letzten Eroberung 1261 wurde die Burg nicht wieder aufgebaut. Heute führt eine moderne Straße hinein.

Burg und Siedlung von Starigard waren am Landübergang über den Oldenburger Graben entstanden, einer Rinne, die durch Schmelzwässer von Gletschern während der Eiszeit geschaffen worden war. Es entstand eine Wasserverbindung zur Ostsee, die von Westen nach Osten die Halbinsel Wagrien durchschnitt. Heute ist sie verlandet, aber vor Jahrhunderten gab es sogar Hafenanlagen, die allerdings noch immer nicht genau lokalisiert werden konnten.

Zur Wikingerzeit war der flache Wasserlauf für solche Boote schiffbar, wie sie von Wikingern und Slawen gleichermaßen benutzt wurden. Die Hauptausfahrt in die Ostsee wird im Westen beim heutigen Weißenhaus vermutet, die andere ist bei Dahme. Eine der überlieferten Handelsrouten führte von Starigard zum legendären Jumne, also nach Wollin*, das spätere Vineta.

Die Burganlage bestand aus einem kleineren Ringwall im Westen, der mutmaßlichen Herrenburg, und einer nach Osten gelegenen größeren Vorburg. Der Wall ist in mehreren Phasen ausgebaut worden, zum Teil aus Holzkästen, die mit Erde aufgefüllt wurden, und er hatte zeitweise einen gedeckten Palisadengang. Die starke Befestigung erweist die Bedeutung Oldenburgs, sie bot auch der umwohnenden Bevölkerung Schutz.

Bei den Ausgrabungen in den 1950er und 1970er Jahren wurden Pfostenhäuser mit Bohlenwänden, Flechthütten, Wirtschafts- und Speicherbauten entdeckt, die zu beiden Seiten kleiner Bohlenwege angelegt waren. Die Funde eines Gräberfeldes vor der Herrenburg offenbaren einen besonderen Aufwand bei der Bestattung in Form von goldenen Beschlägen, Resten golddurchwirkter Kleider, Sporen und Reiterausrüstungen, fränkischem Schmuck und ähnlichem mehr, woraus man auf gezielten Import für einen prunkfreudigen Burgadel geschlossen hat.

In der Burg sind für das 9. und 10. Jahrhundert große Gebäude nachgewiesen, die als Versammlungssaal, Fürstenhalle, Tempel und christliche Kirche gedeutet werden. Oldenburg war also auch Kultzentrum, mit einem Tempel, wo dem Bericht des Mönchs Widukind von Korvey zufolge eine Götzenfigur verehrt wurde, vermutlich der slawische Gott Prove. Insgesamt ergibt sich das Bild einer slawischen Fürstenburg mit Tempel und Handelsplatz und einer frühstädtischen Bevölkerung von etwa 500 Menschen.

In der Nähe, wahrscheinlich am Wienberg in Putlos, gab es ein zentrales Heiligtum für die ganze Region, ein „Landesheiligtum" in Form eines umfriedeten alten Eichenhains, als Ort der Volksversammlung, der Rechtsprechung und des Landesopfers. Ein slawisches

SERVICE
Wall-Museum Oldenburg, Prof.-Struve-Weg 1, D-23758 Oldenburg in Holstein, Tel. 04361/62 31 42.
Geöffnet Mitte März bis Okt. Di.–So. 10–17 Uhr, Mo. geschl. Eintritt.
Großer Parkplatz am Museum. www.oldenburger-wallmuseum.de
Museumsshop. Restaurant.
Tourist-Info, Göhler Str. 56, D-23758 Oldenburg, Tel. 04361/508 39 13.
Truppenübungsplatz Putlos, Kommandantur, Tel. 04361/507-1250

WEGWEISER
Direkt erreichbar über die Autobahn A 1/E 47, Abfahrt Oldenburg-Nord Richtung Stadt (ausgeschildert). Oder Abfahrt Oldenburg-Süd zum Marktplatz (mit Parkplätzen) in der Stadtmitte. Fußweg an der Kirche vorbei über die Wallstraße zum Wall. Unterhalb vom Wall liegt das Museum.

Gegenstück zum germanischen Thing. Proves Standbild in Starigard und ebenso das Heiligtum am Wienberg ließ Gerold, der letzte Bischof Oldenburgs, 1156 zerstören. Heute liegt der Wienberg im Gelände des Truppenübungsplatzes Putlos der Bundeswehr und ist nur nach vorheriger Vereinbarung zugänglich.

Bereits 968 war Oldenburg Bischofssitz geworden, verlor ihn jedoch 983 wieder, weil sich die Slawen nach der Eroberung Wagriens durch sächsische Truppen gegen die deutsche Oberhoheit und gegen die Christianisierung erhoben. Zwar wurde der Oldenburger Bischofssitz 1149 wieder hergestellt, mit Vizelin als erstem Bischof, dem „Apostel der Slawen", der auch den Grundstein für die heutige Johanniskirche legte, die älteste Backsteinkirche Norddeutschlands. Aber 1160 ging der Bischofssitz endgültig in die aufstrebende deutsche Neugründung Lübeck.

Aufgefundene Importwaren aus Ost- und Westeuropa, dazu Funde von fremden Münzen beweisen, dass in Starigard Fernhandel betrieben wurde. Knochenfunde mit eingeritzten Runenzeichen, nordische Formen der Beisetzung, etwa die Bestattung in einem Wagenkasten (siehe Bienebek* östlich Schleswig) etc. sind Belege für enge skandinavisch- slawische Beziehungen. Die fanden, wie in den anderen slawischen Stätten an der südlichen Ostsee, auf der Ebene des Handels statt, allerdings häufig auch in kriegerischer Form. Denn die Slawen von Starigard waren ebenso Piraten wie die Wikinger und trieben in der südlichen Ostsee ihr Unwesen, besonders an den gegenüberliegenden dänischen Küsten. Slawische Spuren sind u. a. in Fribrødre* auf Falster bezeugt.

Über die Entwicklung von Burg und Siedlung Oldenburg informiert das Wall-Museum. Einen Eindruck davon, wie Slawen und Wikinger etwa vor 1000 Jahren lebten, vermitteln Aktionen wie die „Slawische Woche" oder „Slawentage" neben dem Museum, die meist Ende Juli das frühe Mittelalter wieder zum Leben erwecken.

Alt-Lübeck
Burganlage & Handelsplatz

Mit der heutigen Stadt Lübeck hat dieser Platz nur den Namen gemein. Er liegt ca. 6 km nördlich, an der Einmündung der Schwartau in die Trave. Dieser Handelsplatz „Liubice" (d. h. „die Schöne") war eine slawische Gründung, die für das 11. Jahrhundert schriftlich bezeugt, jedoch erheblich älter ist. Mittelpunkt war ein Burgwall auf einer eiszeitlichen Landzunge, er ragte nur 5 m über das Wasser auf und hatte einen Durchmesser von ca. 100 m. Die älteste dendrochronologische Datierung von Bauholz im Wall weist ins Jahr 819 zurück, also in die frühe Wikingerzeit.

Das heutige Landschaftsbild entspricht nicht mehr dem des frühen Mittelalters. Der Durchstich der Traveschleife im Jahr 1882, der Wasseranstieg um ca. 1,50 bis 2 m, Baggeraufschüttungen des 20. Jahrhunderts, der Bau von Bahn und Autobahn haben den Platz völlig verändert. Burg und Siedlung lagen zu ihrer Zeit höher über dem Wasser und waren weniger feucht.

Die Burg war Sitz des Obotriten-Herrschers Gottschalk und seines Sohnes Heinrich, wie die Chronisten Adam von Bremen und Helmold von Bosau berichten. Gottschalk war im Lüneburger Kloster St. Michael erzogen, musste in Folge kriegerischer Auseinandersetzungen ins Exil fliehen, über England nach Dänemark. Dort heiratete er die Tochter des späteren dänischen Königs Sven Estridsson. Nachdem der obotritische Gesamtherrscher Ratibor von den Dänen besiegt worden war, übernahm Gottschalk die Herrschaft in Holstein und versuchte das Christentum durchzusetzen. Als Folge entstanden die Bistümer Oldenburg, Ratzeburg und Mecklenburg.

Während eines Slawenaufstandes 1066 wurde Gottschalk erschlagen. Sein Sohn Heinrich setzte sich gegenüber slawischen Konkurrenten durch und machte Alt-Lübeck zur zentralen Residenz seines Obotritenreiches, das von der Peenemündung in Pommern bis zur Kieler Förde reichte. Er machte alle an der Ostsee wohnenden Slawen tributpflichtig, kümmerte sich jedoch nur wenig um den Fortschritt der Christianisierung.

Aus seiner Zeit sind in Alt-Lübeck bezeugt: die Burg, Heinrichs Haus und die steinerne Kirche innerhalb des Walls, ferner eine Siedlung außerhalb der Burg, ein Hafen, dazu am jenseitigen Ufer der Trave eine Ansiedlung von Kaufleuten auch aus Skandinavien und eine zweite Kirche auf einem Hügel.

Alt-Lübeck war ein wichtiger Handelsplatz an der Ostsee, mit etwa 600 bis 800 Einwohnern, und dank Fürst Gottschalk ein bedeutender Ansatzpunkt für die christliche Mission bei den Wenden. Nach Heinrichs Tod im Jahr 1129 ernannte der deutsche König (und spätere Kaiser) Lothar den Dänen Knud Laward, der Herzog von Schleswig war, zum Nachfolger als Herrscher der Obotriten. Bei

SERVICE
Informationstafel am Traveufer. Weitere Infos im Hansemuseum:
Europäisches Hansemuseum, An der Untertrave 1, D-23552 Lübeck,
Tel. 0451/80 90 99-0. *www.hansemuseum.eu/museum/*
Tägl. geöffnet 10–18 Uhr. Restaurant. Spielplatz. Eintritt.
Integriert ist das ehemalige Burgkloster mit archäologischem Museum.

WEGWEISER
Autobahn A 1, Abfahrt Bad Schwartau, erst rechts, an der Kreuzung nach links in den Tremskamp/Lübecker Straße, an der nächsten Ampel in die nach rechts abknickende Lübecker Straße, sofort wieder nach rechts in die Elisabethstraße bis zum Ende. Hinter der Unterführung Auto abstellen, zu Fuß über den Bahnübergang und den Weg nach links an den Bootshäusern vorbei entlang der Bahn. Ca. 900 m Fußweg.

Kämpfen 1138 wurde die Burg von Kriegern des slawischen Stammes der Ranen unter ihrem Aufrührer Race zerstört. Nach der benachbarten Gründung der deutschen Stadt Lübeck 1143 durch den Holsteiner Grafen Adolf von Schauenburg kam für die alte Siedlung der Name „Oldenlubeke" auf.

Ausgrabungen bereits seit 1852 haben Teile der Burganlage, die steinerne Kirche, Bestattungen, Häuser, Zäune, Wege und Geräte zutage gefördert, jedoch bisher keine Funde der Kaufmannskolonie beschert. Sie ist am jenseitigen Ufer der Trave zu suchen, am Rand der heutigen Teerhofinsel. Dieses Gelände wird zurzeit von der Bundespolizei für Übungen genutzt. Grabungen im Jahr 2008 brachten Spuren von Werkstätten (Schmiede etc.) 200 m vom Ringwall entfernt an der Bahnstrecke Richtung Travemünde ans Licht.

Vermutungen, dass Alt-Lübeck der gesuchte alte Handelsplatz Reric* sei, ließen sich nicht bestätigen. Unstritig ist jedoch, dass hier wie in anderen Siedlungen an der südlichen Ostsee eine nicht unbeträchtliche Zahl von skandinavischen Kaufleuten mit den einheimischen Slawen friedlich zusammen lebte. Der Burgwall ist noch bis zu einer Höhe von ca. 3 m erhalten, und innerhalb des Walls sind die Fundamente der steinernen Kirche zu sehen, die um 1100 als Hofkapelle für Fürst Heinrich angelegt worden war.

Mecklenburg
Burganlage & Handelsplatz

In der slawischen Burganlage südlich von Wismar wurde zeitweise der alte Handelsplatz Reric* vermutet (siehe unten). Immerhin konnte die Entstehung der Burg mittels C^{14}-Bestimmung auf den Anfang des 7. Jahrhunderts datiert werden. Mitte des 12. Jahrhunderts wurde sie gänzlich zerstört. Erstmals erwähnt wurde Mecklenburg im Jahre 995 in einer Urkunde des deutschen Kaisers Otto III., der auf einem Feldzug gegen die Slawen bis hierher vorstieß.

Der noch heute 8,60 m hohe Burgwall wurde aus mit Sand oder Lehm gefüllten Kastenkonstruktionen oder Plankenwänden errichtet. Nördlich schob sich im Bereich der heutigen Siedlung spornartig die Vorburgsiedlung ins Gelände, sie war ca. 4,5 ha groß. Die Siedlung war nachweislich der Ausgrabungen Ende der 1960er Jahre locker bebaut. Außerdem konnte im Bereich der Vorburg ein slawisches Gräberfeld lokalisiert werden.

Mecklenburg war die Hauptburg der Obodriten und gab dem ganzen Land seinen Namen. „Michelenborch" bedeutet „große Burg", und in der Tat hat sie noch heute mit einer Fläche von 1,4 ha imposante Ausmaße. Die Burg wurde mehrfach umkämpft und zerstört, hier residierten sowohl slawische wie zwischenzeitlich auch deutsche Herrscher. Mitte des 11. Jahrhunderts war Mecklenburg sogar Bischofssitz, bis der 1166 nach Schwerin verlegt wurde.

Die obodritische Residenz war zugleich ein nicht unbedeutender Handelsplatz. Davon zeugt u. a. der Reisebericht des jüdischen Handelsreisenden Ibrahim Ibn Jakub, der möglicherweise mit dem Kaufmann At-Tartuschi aus Spanien identisch ist, der Haithabu* im Jahre 965 besuchte. Im gleichen Jahr suchte Ibn Jakub in Böhmen, Sachsen und Mecklenburg nach neuen Handelsgütern, darunter auch nordischen Sklaven, die im arabisch-islamisch beherrschten Spanien sehr geschätzt waren.

Allerdings konnten die Vermutungen, dass Mecklenburg der alte Handelsplatz Reric* gewesen sei, archäologisch nicht bestätigt werden. Überdies ist nicht geklärt, ob die Wasserverbindung über den so genannten Wallensteingraben, an dem die Burg liegt und der den Schweriner See in die Ostsee entwässert, zur Wikingerzeit schiffbar war. Ohne Schiffsverkehr zur Ostsee war eine Funktion als Fernhandelsplatz nicht möglich.

Heute heißt der Ort „Dorf Mecklenburg" und hat nicht mal mehr kleinstädtische Ausmaße. Seit 1870 dient die einstige Burg als Friedhof; was nur durch den Umstand verständlich wird, dass sie in der gesamten Umgebung der Kirche die einzige trockene Fläche inmitten feuchter Wiesen bot.

SERVICE
Informationstafel am Parkplatz vor dem Wall.
D-23972 Dorf Mecklenburg, Tel. 03841/79 80. *www.dorf-mecklenburg.de*

WEGWEISER
Dorf Mecklenburg liegt an der Bundesstraße 106 wenige Kilometer südlich von Wismar. An der Kreuzung mitten im Ort nach Osten in die Bahnhofstraße, hinter der Kirche nach rechts bis zum Parkplatz vor dem Wall.

Reric/Rerik
Handelsplatz

Lange Zeit war's ein Verwirrspiel. Das wikingerzeitliche Reric war den Fränkischen Reichsannalen zufolge ein überregionaler Handelsplatz auf dem Gebiet der slawischen Obotriten. Er wurde im Jahr 808 vom dänischen König Göttrik (Gotfrid) beim Rückzug von einem Feldzug gegen die Obotriten zerstört, die sich mit Kaiser Karl dem Großen gegen die Dänen verbündet hatten. Göttrik siedelte die dänischen und friesischen Kaufleute aus Reric, die ihm steuerpflichtig waren, an die Schlei nach Haithabu* um. Damit wurde Rerics Zerstörung zum Ausgangspunkt für Haithabus Ruhm.

Aber wo war das historische Reric? Bis vor 20 Jahren war das nicht geklärt. Der Name wird von Röhricht abgeleitet, weist also auf große Schilfgebiete hin. Davon gab es an der südlichen Ostseeküste jedoch viele. In den Fokus rückte schließlich die Wismarer Bucht.

Zeitweise hatte man das heutige Ostseebad Rerik östlich von Wismar im Visier. Dort wurden auf dem Schmiede- oder Schloßberg, der sich unmittelbar an der Küste 16 m hoch erhebt, Reste einer ehemaligen slawischen Burganlage entdeckt, deren größte Teile jedoch durch eine Sturmflut 1872 zerstört wurden. Der Ort hieß früher Alt-Gaarz. In der NS-Zeit, 1938, wurde er zur Stadt erhoben und erhielt damals erst den Namen Rerik, wobei man jedoch Grabungsergebnisse aus dem Jahr 1935 gründlich falsch interpretiert hatte.

Dieses neue Rerik ist nicht das historische, dänische Reric. Das wurde zeitweise auch in der obodritischen Fürstenburg von Dorf Mecklenburg* vermutet, die jedoch erst 995 erstmals erwähnt wird. Zudem ist ungeklärt, ob eine schiffbare Wasserverbindung zwischen Wismarer Bucht und Mecklenburg bestand.

Weiterhin wurde Reric mit Alt-Lübeck* in Verbindung gebracht, also der Siedlung nördlich vom heutigen Lübeck an der Einmündung der Schwartau in die Trave. Die ehemalige Burg dort war nachweislich Sitz des wendischen Fürsten Gottschalk, der allerdings erst lange nach König Göttrik regierte. 1999 hat man schließlich nur 20 km westlich vom Ostseebad Rerik einen realistischen Anwärter für das historische Reric entdeckt: Groß Strömkendorf*.

SERVICE
Kurverwaltung, Dünenstraße 7, D-18230 Ostseebad Rerik. www.rerik.de

WEGWEISER
Das Ostseebad Rerik liegt nordöstlich von Wismar. In Neubukow Abzweigung von der Bundesstraße 105 nach Norden, über Roggow nach Rerik. Der Schmiedeberg erhebt sich unübersehbar am westlichen Ortsende direkt am Strand.

Groß Strömkendorf
Handels- und Hafenplatz

Seit Ende der 1990er Jahre wird der historische Handelsplatz Reric* beim Weiler Groß Strömkendorf an der Wismarer Bucht lokalisiert. Auf Ackerflächen an der Küste südwestlich des Ortes sind die Überreste einer bedeutenden Siedlung mit zugehörigem Gräberfeld zwischen Ort und Küste ausgegraben worden. Der Platz war mit knapp 20 Hektar kaum kleiner als die Handelsmetropole Haithabu*. Vor der heutigen Küste bildete einst eine schmale, lang gestreckte Bucht einen geschützten Naturhafen.

Die Auswertung der Grabungen hat zwar letzte Zweifel noch nicht ausgeräumt, aber die Forschung geht längst davon aus, dass dieser Platz der überlieferte Ort Reric* war, den der dänischen König Göttrik beim Rückzug von einem Feldzug gegen die slawischen Obotriten zerstört hatte. Den Fränkischen Reichsannalen zufolge soll Göttrik im Jahr 808 mit einer Kriegsflotte über die Ostsee herangesegelt sein, den Ort dem Erdboden gleichgemacht und die ansässigen Kaufleute nach Haithabu* deportiert haben.

Die Funde von Groß Strömkendorf ähneln denen anderer wikingerzeitlicher Siedlungen an der Ostsee: Bernstein, Webgewichte und Spinnwirtel, Gussformen für die Herstellung von Schmuckstücken, Geräte aus Eisen, gesägte Geweihe, aus denen Kämme hergestellt wurden. Ein Platz von Handwerkern und Händlern also. Die Bevölkerung war zumindest zu einem großen Teil slawisch, denn der Ort lag im Gebiet der Obodriten, deren Hauptburg Mecklenburg* nur 15 Kilometer entfernt war. Allerdings bezeugen Keramikfunde auch enge und vor allem frühzeitige Beziehungen nach Skandinavien, bereits Jahrzehnte vor dem offiziellen Beginn der Wikingerzeit im Jahr 793.

Zahlreiche Scherben von Keramik und Glasgefäßen aus dem Rheinland werden als Indiz dafür gewertet, dass dieser Platz auch enge Beziehungen zu den Franken hatte. Das entspricht der historischen Überlieferung, der zufolge die Obotriten sich mit dem fränkischen Kaiser Karl dem Großen gegen die Dänen verbündet hatten. Die Kaufleute von Reric hingegen waren dem dänischen König Göttrik tributpflichtig, sie waren Dänen und Friesen. Göttrik hatte also seine eigenen Leute zwangsumgesiedelt. Immerhin haben die Grabungen, passend zur Überlieferung, ein gewaltsames Ende von Groß Strömkendorf ergeben, die Besiedlung brach nach 811 ab.

Der Ort bestand zumeist aus Grubenhäusern, die maximal 20 m^2 groß und mit Dächern aus geflochtenen Zweigen gedeckt waren, ähnlich zeitgleichen Handelsplätzen im Ostseeraum. Die Tatsache, dass die Häuser in Reihen angeordnet waren und an derselben Stelle wieder aufgebaut wurden, wenn sie erneuert werden mussten, lässt auf Planung und herrschaftliche Aufsicht schließen. Die Anfänge von Groß Strömkendorf liegen nach Ausweis dendrochronologischer Untersuchung von verwendeten Bauhölzern eines Brunnens vor dem Jahr 729.

Das einstige Hafenbecken erstreckte sich vor der heutigen Küste, sein nördliches Ende markiert der heutige Bach, der dort in die Ostsee mündet. Eine schmale Rinne bildete die Zufahrt von der Wismarer Bucht her. Westlich des Ortes hat man mehrere Schiffsgräber freigelegt, wobei allerdings, wie in Ladby* auf Fünen, die Planken der Boote völlig aufgelöst waren und nur Hunderte von Nieten übrig gelassen haben. Ob Reric* oder nicht: Wohlhabend war dieser wikingerzeitliche Ort jedenfalls nicht, denn wertvolle Grabbeigaben sind bisher kaum gefunden worden. Trotzdem wird der Platz gern als „Ostseemetropole" bezeichnet.

Von der wikingerzeitlichen Siedlung ist heute nichts mehr zu sehen, das Gelände der Ausgrabung ist nach Ende der Untersuchungen planmäßig wieder eingeebnet worden. Aber man kann sich an die Küste setzen und mit Blick über die Wismarer Bucht dem Eindruck nachspüren, wie verlockend diese Gegend mit ihrem Ineinandergreifen von Land und Meer für die Menschen der Wikingerzeit gewesen sein muss.

SERVICE
de.wikipedia.org/wiki/Reric und *www.poelonline.de/html/poel6.html*

WEGWEISER
Groß Strömkendorf liegt nordöstlich von Wismar. Autobahn A 20, Abfahrt Wismar-Mitte, auf der Bundesstraße 208 um die Stadt herum und auf der Poeler Straße Richtung Insel Poel. Die Fundstätten liegen westlich des Ortes (Gräberfeld) und südwestlich an der Küste, beidseits der Mündung des Baches, der parallel zum Ringweg in die Ostsee fließt.

II. Pommern

Barth
Handelsstadt

Barth ist Teil eines historischen Rätsels: „Vinetastadt" nennt sich die Stadt am Bodden stolz, seit 1999 die Theorie veröffentlicht wurde, dass die sagenumwobene Handelsstadt Vineta, dieses „Atlantis des Nordens", im Schlamm der Ostsee vor Barth begraben liege. Die Sage von Vineta wiederum ist verknüpft mit der sagenhaften Jomsburg* der ebenso sagenhaften Jomswikinger, verweist also zurück in die Wikingerzeit.

Viele Sagen, wenig Fakten. Denn belegt ist bisher nur, dass Barth einen slawischen Opferplatz und eine Burg hatte und im Jahr 1255 von Fürst Jaromar II. von Rügen die Stadtrechte erhielt. Das hat man mit der 750-Jahr-Feier der Stadt 2005 gebührend gewürdigt. Aber war Barth wirklich Vineta?

Der Kern der Vineta-Sage berichtet von der wohlhabenden Stadt Vineta, die in einer Sturmnacht in der Ostsee versunken sein soll, weil ihre Bewohner ebenso reich wie hochmütig und gottlos gewesen seien. Bei genauer Nachforschung erweist sich Vineta allerdings als ein Verwirrspiel, denn hinter dem sagenhaften Namen verbergen sich weitere Orte, die alle irgendwie miteinander zu tun haben sollen. In den Berichten der alten Chronisten wimmelt es von Widersprüchen und Meinungsverschiedenheiten.

Die älteste Nachricht über Vineta stammt aus dem Jahr 965 von einem Mauren namens Ibrahim Ibn Jakub, einem Gesandten des Kalifen von Cordoba. Er suchte im Norden nach Handelskontakten und stattete auch Mecklenburg* einen Besuch ab. In seinem Reisebericht erwähnt er eine Hafenstadt der „Weltaba", womit Vineta gemeint sein soll; wo immer das war. Hundert Jahre später kennt Magister Adam von Bremen in seiner Beschreibung der Taten der Hamburger Bischöfe (1076) kein Vineta, sondern nur einen Ort namens Jumne. Das kommt „Joms" bzw. Jomsburg* verdächtig nahe.

Wieder hundert Jahre später nennt der holsteinische Landpfarrer Helmold von Bosau (am Plöner See) in seiner Slawenchronik von 1167 den slawischen Stamm der Winuler und ihren Ort Iumneta, der von Dänen zerstört worden sei. Schließlich berichtet um 1200 der dänische Kleriker Saxo Grammaticus in seiner Geschichte der Dänen von einer Stadt namens Julin bzw. Julinum. Aus der Verschmelzung von Jumne bzw. seiner lateinischen Form Jumneta mit Julin soll schließlich der Name Vineta entstanden sein. Letztlich scheinen also Jumne bzw. Joms samt Jomsburg* und Vineta alle eins zu sein. Aber diesen Ort gab es jedenfalls Pfarrer Helmold zufolge 1167 bereits nicht mehr.

Für Forscher stellt sich die Sachlage nüchterner dar: Das Wort Vineta hänge mit dem Volk der Veneter zusammen, einem Stamm, der den Slawen oder Balten nahe stand. Er wird für die Zeit der Völkerwanderung zwischen Germanen und Slawen bzw. zwischen Römern (im Süden) und Slawen (im Norden) lokalisiert. Aus dem Namen der Veneter habe sich der Begriff „Wenden" für Slawen entwickelt.

Was den sagenhaften Untergang Vinetas angeht: Unzweifelhaft gab es an der südlichen Ostseeküste viele schwere Sturmfluten, die immer wieder große Teile des Landes mitgerissen haben. Heraus ragt die Allerheiligenflut des Jahres 1304, sie soll eine der verheerendsten gewesen sein. Und nur wenige Jahrzehnte später schrieb ein Augustiner-Mönch namens Angelus aus Stargard (in Hinterpommern) erstmals die Sage von Vineta auf. Das dürfte kaum Zufall sein. Seitdem geistert die Geschichte von der versunkenen Stadt durch zahlreiche pommersche Küstenorte. „Vineta allerorten, Vineta weit und breit", resümierte der Dichter Ferdinand Freiligrath in einem Gedicht von 1872.

Dann der Paukenschlag von 1999. Klaus Goldmann vom Berliner Museum für Ur- und Frühgeschichte und der Publizist Günter Wermusch stellten die Theorie auf, dass alle bisherigen Ausgrabungen und Überlieferungen falsch interpretiert worden seien. Sprach-

SERVICE
Vineta-Museum, Lange Straße 16, D-13356 Barth, Tel. 038231/817 71. Geöffnet Mo.–Fr. 10–17 Uhr, Sa./So. 11–17 Uh., Eintritt.
www.vineta-museum.de

WEGWEISER
Barth erreichen Sie von Süden über die A 19, von Westen her über die A 20/E 22 und dann weiter auf der B 105 via Ribnitz-Damgarten. In Löbnitz abbiegen nach Norden. Parkplätze u. a. am Hafen (Hafenstraße).

wissenschaftliche Deutungen von Orts- und Flurnamen um Barth würden eindeutige Hinweise auf die Existenz von Vineta in dieser Gegend enthalten.

Rückgrat dieser Theorie ist die Annahme, dass die Oder vor 1000 Jahren einen anderen Verlauf gehabt habe, als wir ihn heute kennen, nämlich etwa von Schwedt über Pasewalk und die heutigen Flussläufe von Peene, Trebel und Recknitz nach Fischland. Da Vineta im Bereich der Odermündung zu suchen sei, habe die Stadt folglich ganz woanders gelegen, als bisher angenommen – eben bei Barth.

In Barth war man smart: Man hat sich umgehend den Markennamen „Vineta" beim Deutschen Patentamt schützen lassen. Seitdem können Besucher in der „Vinetastadt" das „Vineta-Museum" besuchen oder im Sommer die „Vineta-Festtage" auf der Schwimmbühne im Barther Bodden erleben. Und „Vineta-Schmuck", einen

Eisbecher „Vineta" und dergleichen mehr gibt es auch. Alles gut fürs Image – aber bisher haben sich für die papierne Theorie keine greifbaren Belege finden lassen, dass Barth tatsächlich etwas mit Vineta zu tun hat. Kurz und klar: Archäologische Funde fehlen völlig.

Fairerweise verkündet die „Vinetastadt Barth" offiziell: „Historisch gesichert ist, dass nach der Christianisierung Pommerns, die im Jahre 1168 mit der Zerstörung der slawischen Burg Arkona auf Rügen durch die Dänen ihren Abschluss fand, die ersten deutschen Kolonisatoren in das Land strömten." Und im Vineta-Museum mitten in der Stadt wird eine Ausstellung zum „Mythos" Vineta präsentiert. Mythos – das trifft es besser.

Hiddensee
Goldschatz

Eine der wikingerzeitlichen Berühmtheiten. Allerdings gibt es auf der Insel Hiddensee, so besuchenswert sie ist, nichts davon zu sehen. Nicht mal offizielle Fundorte am Strand sind bekannt, die man besuchen könnte. Wer die 16 kunstvoll gearbeiteten Schmuckstücke aus insgesamt 600 Gramm Wikinger-Gold unmittelbar vor Augen haben möchte, muss ins Stralsund Museum. Dort werden neben dem Hiddenseer Schatz auch die Goldringe von Peenemünde* gezeigt.

Service
Stralsund Museum, Mönchstraße 25-28, D-18439 Stralsund,
Tel. 03831 / 253 617. Geöffnet Di.–So.10–17 Uhr, Eintritt. Museumsshop.
www.stralsund-museum.de

WEGWEISER
Hiddensee ist per Fähre von mehreren Häfen aus erreichbar: Von Schaprode, Wiek und Breege auf Rügen, von Barth und von Stralsund.
www.reederei-hiddensee.de

Die Geschichte des Schatzes ist voller Unsicherheiten. Der Goldschatz wurde nicht als Hortfund (alle Stücke beieinander) entdeckt, sondern die Einzelteile wurden zwischen 1872 und 1874 bei Sturmfluten an den Strand der Insel gespült. Strandgut also, und das gehörte den Findern, den Strandgängern auf Hiddensee. Rudolf Baier, der damalige Direktor des jungen Kulturhistorischen Museums von Stralsund, erfuhr von diesen Funden und konnte die Schmuckstücke zum Preis von 4,10 Reichsmark je Gramm Gold ankaufen.

Die Herstellung des Schmucks wird in die Zeit um 970/980 datiert. Woher er stammt, ist nicht eindeutig geklärt. Ein Zusammenhang mit dem dänischen König Harald Blauzahn wäre möglich. Nach dem Kampf mit seinem Sohn (siehe Helgenæs* in Ostjütland) war Harald 987 in die Jomsburg* geflüchtet, wo er seinen Verletzungen erlag. Auf dem Weg dorthin könnte er oder einer seiner Begleiter die Schmuckstücke auf Hiddensee vergraben haben.

Angefertigt wurden Teile des Schmucks möglicherweise in Haithabu. Dort hatte man in den 1970er Jahren bei Grabungen Goldschmiede-Werkzeuge gefunden hat, darunter auch Pressformen zur Herstellung von Schmuck aus Goldblech. 12 dieser Formen ähneln den Schmuckstücken aus dem Hiddenseer Schatz.

Ralswiek
Handelsplatz

Einer der bedeutendsten wikingerzeitlichen Handelsplätze an der südlichen Ostseeküste. Er lag in einer Bucht am Südufer des Jasmunder Bodden auf der Insel Rügen. Grabungen Ende der 1960er und Anfang der 1970er Jahre haben Zeugnisse einer permanenten Siedlung ans Licht gebracht, die vom späten 8. bis zum 10. Jahrhundert bewohnt war. Die Siedlung bestand aus rund 20 Gehöften, jedes mit Wohngebäuden, Werkstätten und Lagerhäusern. Die einzigartigen Hafenanlagen hinter den Gehöften weisen darauf hin, dass dieser Ort speziell für den Warenumschlag eingerichtet war und den Handel nicht nur nebenher betrieb.

Nach Ausweis der Funde hatte Ralswiek weitreichende See-Verbindungen mit anderen Ostseeanrainern. Drei Wasserverbindungen gab es zwischen Bodden und Ostsee: Die Verbindung nach Westen, also nach Jütland, zu den dänischen Inseln und zur mecklenburgischen und holsteinischen Küste, verlief über den Rassower Strom, der heute die einzige Zufahrt zum Bodden ist.

Richtung Norden war die Nehrung der Schaabe bei Glowe noch offen; und nach Osten hin, zur Odermündung mit Wollin, gestattete eine Verbindung über den kleinen Jasmunder Bodden und die heutigen Wostevitzer Teiche die Ausfahrt der Schiffe.

Ralswiek lag also, wie alle wikingerzeitlichen Handelsplätze, in einer geschützten Binnenlage mit guter Zufahrt zur nahen See. Zugleich hatte die Siedlung eine äußerst günstige Position an einem Binnen-Wasserweg quer durch die Insel Rügen, auf dem man das stürmische Kap Arkona umgehen konnte.

Die Gehöfte lagen über 400 m hin nebeneinander aufgereiht am Wasser auf der damaligen Westseite einer langgestreckten Halbinsel, die aus Strandwällen in der flachen Bucht gebildet wurde. Der westliche Teil der Bucht verlandete bereits während der Wikingerzeit zu einem Binnensee, der seit Jahrhunderten ausgetrocknet ist. Heute führt die moderne Straße direkt über die ehemalige Siedlung.

Die Gehöfte hatten eigene Anlegeplätze mit Docks, die mit einer Breite von jeweils 4 bis 7 m in den Strand gegraben waren. Das ausgehobene Erdreich hatte man auf die dabei entstandenen Molen zwischen den Docks gehäuft. Vor den Anlegeplätzen verlief ein Kanal, es gab Randbefestigungen, Laufstege und später auch strohgedeckte Überdachungen im Gehöftbereich – alles sorgsam geplante Vorkehrungen für den Warenumschlag. In den Zufahrten nahm die Wassertiefe zum Gehöft hin allmählich ab, so dass die Schiffe an ihrem Ende sanft aufglitten. Die Docks waren westlich der heutigen Straße hinter den Häusern.

Solche Anlegeplätze sind von keinem anderen frühgeschichtlichen Handelsort bekannt, sie sind einmalig nicht nur für die Wikingerzeit, sondern auch für das gesamte spätere Mittelalter. Erstaunlicherweise gibt es jedoch an Ort und Stelle keinerlei Hinweise auf diese einzigartigen Einrichtungen und ihre herausragende historische Bedeutung.

SERVICE
Parkplatz, Kiosk und WC am Bodden.
Störtebeker Festspiele auf der Naturbühne, von Juni bis Anfang September. Am Bodden 100, D-18528 Ralswiek,
Info und Karten Tel. 038 38/31 100. *www.stoertebeker.de*
Stralsund Museum, Mönchstraße 25-28, D-18439 Stralsund,
Tel. 03831/253 617. Geöffnet Di.–So.10–17 Uhr, Eintritt. Museumsshop.
www.stralsund-museum.de

WEGWEISER
Ralswiek liegt abseits der Bundesstraße 96 zwischen Bergen und Sassnitz. Eine Seitenstraße zweigt nach Westen ab und führt durch den Wald hinunter zum Jasmunder Bodden. Auf dem Parkplatz am Wasser haben Sie die alte Siedlung bereits hinter sich, sie lag direkt unter der modernen Straße. Die Hafenanlagen waren westlich der Straße, der Tempel in der Bachsenke nahe der Schwedischen Kapelle.

Ralswiek steht heute offensichtlich ganz im Zeichen der Störtebeker Festspiele, die alljährlich von Juni bis September auf der Naturbühne direkt am Bodden stattfinden. Zwar soll der berühmte Seeräuber aus Wismar stammen, also aus Wikingersicht nur eine Tagesreise entfernt, aber es gibt keine belegbaren Fakten für seine Freibeuterei auf der Insel Rügen.

Zu den archäologischen Funden von Ralswiek gehören arabische Silbermünzen, Spinnwirtel aus rotem ukrainischem Schiefer, friesische Keramik, deutsche Geldstücke und besonders viele skandinavische Gegenstände, u. a. Erzeugnisse aus norwegischem Speckstein, der sich leicht bearbeiten lässt, Gewandspangen dänischer, schwedischer und finnischer Herkunft etc. Außerdem wurden in der Bucht östlich bzw. südlich der heutigen Straße vier Wracks von Handelsschiffen gefunden, die anscheinend planvoll für Neubauten ausgeschlachtet worden sind.

Bei der Ausgrabung der Siedlung hat man 1973 unter einem Haus in einem Flechtkorb einen der größten Schätze des Ostseeraumes gefunden, einen Hort aus 2211 unversehrten und zerteilten Silbermünzen, größtenteils aus arabischen und asiatischen Prägestätten aus der Zeit vor 850. Schätzungen zufolge wären die insgesamt 2750 Gramm Silber ausreichend gewesen, um dafür etwa 20 Pferde oder 20 junge Sklavinnen oder 200 Schafe zu kaufen.

Auf dem höher gelegenen Gebiet östlich der Siedlung, dort wo heute die Straße in Serpentinen hinauf führt, sind über 400 Grabhügel lokalisiert worden, darunter auch Brandgräber mit Resten von ganzen Schiffen. Diese Art der Bestattung, dazu viele Grabbeigaben und die Herkunft der Handelsgüter machen deutlich, dass in Ralswiek eine große skandinavische Bevölkerungsgruppe mit den einheimischen Slawen zusammenlebte. Beide waren seefahrende Händler. Flachgräber, wie sie für Slawen und Christen üblich waren, befinden sich auf der gegenüber liegenden, erhöhten Westseite der Bucht.

Im Südosten der Siedlung, an der Mündung des Jägerbaches in den Bodden, sind Spuren einer Kultstätte entdeckt worden. Im Umkreis eines ehemals 8 m breiten und 12 m langen Gebäudes sind zahlreiche Skelettreste von Pferden, Hunden und Menschen gefunden worden – eine Opferstätte, an der auch Menschen geopfert wurden. Das rechteckige Gebäude und der Zusammenhang von Menschen und Pferden als Opfer deuten auf den slawischen Gott Svantevit hin, der stets mit einem heiligen weißen Ross in Verbindung gebracht wird. Sein Haupt-Heiligtum war am Kap Arkona*.

Dicht bei der einstigen Kultstätte steht seit 1907 die „Schwedische Kapelle". Hugo Sholto Graf von Douglas, damals Herr des Schlosses Ralswiek, ließ sie errichten, weil ihm in seinem Ort eine Kirche fehlte. Eine Schule und Häuser hatte er bereits bauen lassen. Er entdeckte den Kirchenbau auf der Stockholmer Weltausstellung und ließ ihn nach Ralswiek transportieren. Sein Schloss, erst 1893 im Neurenaissance-Stil erbaut, ist heute ein Nobelhotel.

Arkona
Tempelburg

Am Kap Arkona, auf der nördlichsten Landzunge Rügens, war das politische und religiöse Zentrum des slawischen Stammes der Ranen. In einem Tempelbau aus Holz, der von einem heiligen Bezirk mit einem Wall umgeben war, wurde der Gott Svantevit verehrt, den die Slawen anriefen, um von ihm reiche Ernten und Erfolg im Krieg zu erbitten. Die Riten der Erntezeit wurden von einem großen Markt begleitet, an dem archäologischen Funden zufolge auch Kaufleute aus Skandinavien und Westeuropa teilnahmen. Solche Festivitäten waren jedoch auf bestimmte Jahreszeiten beschränkt, Arkona war niemals dauerhaft besiedelt.

Der Platz ist auch bekannt unter dem Namen Jaromarsburg, benannt nach Jaromar I., dem Fürsten des slawischen Stammes der Ranen, deren Heimat Rügen und das umliegende Festland war. Das Gelände der ehemaligen Tempelburg ist auch noch heute ein beeindruckender Ort auf dem 45 m hohen, vom Meer immer wieder angenagten Steilufer. Der einst mächtige Erdwall, den man im 10. Jahrhundert quer über die Landzunge gebaut hatte, ist noch zu erkennen. Ursprünglich war er von einem überdachten Wehrgang gekrönt. Den Zugang zu diesem abgegrenzten Areal stellte ein befestigtes Tor mit Turm dar.

SERVICE
Parkplatz **Putgarten** (gebührenpflichtig) mit Kiosk, Imbiss etc.
Shuttlebus-Verbindung (Tickets nötig) vom Parkplatz zum Leuchtturm oder nach Wittow, auch in Kombination möglich.
Restaurant, Imbiss, Toiletten am Leuchtturm. *www.kap-arkona.de*
Pfarrkirche **Altenkirchen**, Tel. 038 391-366,
www.kirche-altenkirchen-ruegen.de

WEGWEISER
Auf der Bundesstraße 96 von Stralsund nach Rügen, über Bergen, Sagard, Glowe, Altenkirchen bis nach Putgarten. Auf dem gebührenpflichtigen Parkplatz von Putgarten das Auto abstellen und zu Fuß oder per Shuttle zum Leuchtturm. Von dort aus Fußweg am Steilufer mit Abstieg zum Strand, gegebenenfalls bis nach Witte (Räucherfisch).

Der größte Teil des Innenraumes dieser einstigen Tempelburg ist mitsamt dem Steilufer in den Wellen der Ostsee verschwunden, darunter auch das Gelände des Tempels selbst, dessen älteste Anlage ins 9. Jahrhundert datiert wird. Ende der 1990er Jahre wurde im südöstlichen Teil der Burg unvermutet ein Opferplatz entdeckt. 2003 wurden die Ausgrabungen dort wieder aufgenommen, inzwischen arbeiten die Archäologen gegen die Zeit, weil jedes Jahr weitere Teile des hohen Steilufers und damit des Grabungsareals abstürzen.

Ein Vorbild dafür, wie der Tempel von Arkona ausgesehen haben könnte, bietet das slawische Heiligtum von Groß-Raden bei Sternberg in Mecklenburg: Eine rechteckige überdachte Holzkonstruktion, die von einem Zaun eingefasst war. Die Wände bestanden aus aufrecht stehenden Balken, die von Menschenhäuptern gekrönt waren.

Im inneren, heiligsten Raum stand nach der Darstellung des dänischen Chronisten Saxo Grammaticus (um 1200) eine 8 m hohe Eichenholzstatue, die den Gott mit den vier Gesichtern darstellte, und daneben war ein Raum für das heilige weiße Pferd, das von Svantevit geritten wurde, wenn er gegen die Feinde der Ranen zog. Eine Garde von 300 Reitern soll dem Gott gedient haben.

Durch Tributzahlungen an Svantevit häufte sich ein riesiger Tempelschatz an, und die Priester sollen in der Burg mehr Macht besessen haben als weltliche Fürsten. Das reiche heidnische Arkona war den mittlerweile christianisierten dänischen Herrschern ein solcher Dorn im Auge, dass ein Invasionsheer unter König Waldemar dem Großen und seinem Vertrauten Bischof Absalon den Platz auf ihrem Feldzug 1168 gegen die Slawen als erstes eroberte. Die Ranen ergaben sich nach kurzer Belagerung und mussten mit ansehen, wie die Dänen Tempel und Götterbilder zerstörten und als Feuerholz für ihre Siegesfeier verbrannten.

Bischof Absalon von Roskilde* ließ auf dem Gelände flugs eine Holzkirche errichten, die möglicherweise später durch einen Steinbau ersetzt wurde. Rügen unterstand fortan dem dänischen Bistum Roskilde*, zu dem es noch bis Anfang des 17. Jahrhunderts gehörte.

Allerdings ging mit der Eroberung der Götterkult auf Rügen nicht sofort unter. Steine von Burg und Tempelanlage sollen der Sage nach weggeschleppt und im kleinen Ort Schmantevitz bei Breege für die Mauern einer Scheune verwendet worden sein. In ihr soll noch lange nach der Einführung des Christentums heimlich ein steinernes Standbild des slawischen Gottes Svantevit verehrt worden sein.

Auch die Festung Arkona verschwand nicht spurlos: Aus ihren Palisaden soll der Überlieferung nach die nicht weit entfernte Basilika von Altenkirchen erbaut worden sein. Sie war eine von 12 Kirchen, die Bischof Absalon auf ehemals slawischen Kultplätzen errichten ließ. Der spätere Backsteinbau aus der Zeit um 1195 gehört zu den ältesten im Ostseeraum.

An der ehemaligen Außenmauer der Kirche (später Waffenhaus, heute vom Kircheninneren aus zugänglich) ist noch ein Relikt aus slawischer Zeit erhalten, der so genannte „Swantevit-Stein". Dargestellt auf dem quer eingemauerten Stein ist jedoch nicht der Gott selbst, sondern ein heidnischer Priester, erkennbar am rituellen Trinkhorn in seiner Hand.

Menzlin
Handelsplatz & Gräberfeld

Ein Dorf im Abseits, ein paar Kilometer nordwestlich von Anklam, und doch waren hier eindeutig Wikinger zu Hause. Südlich des heutigen Ortes Menzlin hat man auf einer Erhebung am Rand des Fluss- tals der Peene eine große Anzahl wikingerzeitlicher Gräber gefunden: 8 schiffs- und 11 kreisförmige Steinsetzungen aus Findlingen von teils beachtlicher Größe. Sie ähneln denen des ungleich größeren Gräberfeldes von Lindholm Høje bei Aalborg in Nordjütland. Im südlichen Ostseeraum ist diese Fundstätte einmalig.

SERVICE
Parkplatz mit Info-Stand dicht am Peeneufer mit Erläuterungen & Karten
Info-Tafeln vor dem Gräberfeld.
Stralsund Museum, Mönchstraße 25-28, D-18439 Stralsund,
Tel. 03831/253 617. Geöffnet Di.–So.10–17 Uhr, Eintritt. Museumsshop.
www.stralsund-museum.de
Pommersches Landesmuseum, Rakower Str. 9, D-17489 Greifswald,
Tel. 03834/83 120. Geöffnet Di.–So. 10–18 Uhr, Nov. bis Apr. Di.–So.
10–17 Uhr. Eintritt. Café. Shop. *www.pommersches-landesmuseum.de*

WEGWEISER
Menzlin liegt nordwestlich von Anklam, westlich der B 109, an der Straße
von Ziethen nach Gützkow. Im Ort nach Süden abbiegen, dem Wegweiser „Altes Lager" bzw. „via regia" folgen, über eine Asphaltstraße, die
in einen Plattenweg übergeht. Vor der Peene ist links der Infostand. 200
m weiter zweigt nach links der Weg zum Gräberfeld ab.

Die zugehörige Siedlung lag auf einer flachen Anhöhe westlich des Hügels mit den Gräbern. Aus den Funden der bisherigen Ausgrabungen seit 1965 wird ersichtlich, dass hier eine gemischte Bevölkerung von Slawen und Skandinaviern einträchtig zusammen lebte. Die Einwohner waren im Wesentlichen Kaufleute und Handwerker, die zumeist Metall verarbeiteten. Man hat u. a. Äxte, Pfeil- und Speerspitzen und viele Schmuckstücke gefunden, außerdem im Sommer 2010 einen Silberhortfund aus Armreif, 3 Silberbarren und 82 Münzen arabischer Prägung aus der Zeit von etwa 630 bis 800. Die Steinsetzungen auf dem Hügel waren Jahrhunderte von Flugsand bedeckt, sind jedoch wieder freigelegt.

Am Ufer der Peene wurden Reste von ehemaligen Kaianlagen entdeckt. Die Händler erreichten sie einst am Ende eines Steindamms, der mit Flechtwerk gesichert war. Dieser für damalige Zeiten ungewöhnliche Straßendamm gilt als älteste noch erhaltene Straße Mecklenburg-Vorpommerns. Sie wurde in zwei Phasen zwischen ca. 730 und 850 gebaut, und es soll sogar eine Brücke über die Peene gegeben haben. Der Verlauf der Straße wird durch eine Info-Tafel markiert, zu sehen ist von ihr im üppigen Bewuchs des Peene-Ufers nichts mehr.

Der Ort selbst war ebenso wie Reric*, Ralswiek* etc. eine Siedlung von Slawen, die während der Wikingerzeit auf gleiche Weise wie die Skandinavier bestrebt waren, sich zu größeren nationalen Gruppierungen zusammenzuschließen. In ihren Handelsplätzen an der Küste waren skandinavische Händler nicht nur geduldet, sondern sie haben sich nachweislich dort auf Dauer niedergelassen.

Die Lage Menzlins war in damaliger Zeit sehr verkehrsgünstig: Die Siedlung lag am Kreuzweg der Handelsrouten zwischen mittlerem Rhein und Baltikum sowie zwischen Häfen der südlichen Ostseeküste und dem Binnenland. Die Peene, der Peenestrom und das Oderhaff boten vortreffliche Wasserwege, die Menzlin sowohl mit den Küstenorten als auch mit den nächstgelegenen Handelsplätzen Demmin, Usedom*, Wollin* und Stettin verbanden. Funde von auswärtigen Münzen und offenkundig eingeführten Gegenständen im Umkreis der Peenemündung am Haff bestätigen diese Mittlerrolle.

Das wikingerzeitliche Menzlin bestand nur relativ kurze Zeit, von Anfang des 9. bis Mitte des 10. Jahrhunderts. In dieser Zeit gab es unter den slawischen Stämmen kriegerische Auseinandersetzungen, aus denen später die Wilzen, auch Liutizen genannt, gestärkt hervorgingen. In Zusammenhang mit solchen Ereignissen war es nach Ansicht der Forschung durchaus möglich, dass bei Menzlin skandinavische Krieger am Ufer des Flusses siedelten, wo sie den Zugang vom Fluss Peene zur Siedlung kontrollieren konnten.

Die Steinsetzungen auf dem Hügel sind frei zugänglich, die Funde vom Gräberfeld und aus der Siedlung befinden sich im Museum in Stralsund. Im Pommerschen Landesmuseum in Greifswald wird eine frühgeschichtliche Abteilung aufgebaut, und die Greifswalder Ernst-Moritz-Arndt-Universität hat ein Mittelalterzentrum eingerichtet und hatte auch einen Forschungs-Schwerpunkt „Wikinger im südlichen Ostseeraum". Eine der Fragen ist bis heute unbeantwortet: Waren skandinavische Krieger in slawischer Umgebung, wie in Menzlin, eine Ausnahme oder eher die Regel?

Jomsburg
Seefestung

Verbürgt ist an der ganzen Geschichte nicht viel, aber sie ist einfach wunderbar abenteuerlich. Es geht um eine legendäre Burg mit einem großen Hafen, die um das Jahr 950 die Heimat der berühmten, legendären Jomswikinger war, einer Art wikingischer Freibeuterbund im Bereich der südlichen Ostseeküste. Störtebeker und auch die Piraten der Karibik lassen grüßen.

Der Name Joms soll auf den baltischen Begriff „Jom" für (Sand-)Insel zurückgehen, ein Hinweis auf die besondere Lage am bzw. im Meer. Folglich waren die Jomswikinger ihrem Namen nach „Insel-Wikinger". Wo genau dieser Platz lag und in welcher Form oder ob es ihn überhaupt jemals gegeben hat, ist nicht geklärt. Seit Jahrhunderten hat man die gesamte vorpommersche Küste und dort besonders das Gebiet der Odermündung im Visier.

Erschwert wird die Spurensuche durch die Verstrickung vieler Sagen mit einander. Mit der sagenhaften Jomsburg ist die sagenhafte Geschichte von der reichen Stadt Vineta verknüpft, die in einer Sturmnacht in der Ostsee versunken sein soll. Zur Strafe, weil ihre

Bewohner zwar sagenhaft reich, aber auch sagenhaft gottlos gewesen seien (siehe Vinetastadt Barth*).

Für dieses Duo Jomsburg/Vineta gibt es eine Reihe pommerscher Kandidaten, von der Stadt Barth* unterm Darß über Spandowerhagen* an der Peenemündung, die kleine Insel Ruden, Peenemünde*, Koserow und Damerow auf Usedom bis nach Wolin* im heutigen Polen. Nach weit überwiegender Ansicht der Forschung ist die Stadt Wolin* allerdings konkurrenzlos.

Die altnordische „Jomsvikinga Saga" berichtet von Aufstieg und Fall dieses verschworenen Männerbundes während des 10. und 11. Jahrhunderts. Seine Mitglieder waren für ihre strengen Regeln, ihre Tapferkeit und Brüderlichkeit im gesamten Ostseeraum berühmt. Zwar wurde diese Abenteuer-Saga erst Anfang des 13. Jahrhundert und überdies noch im fernen Island von einem Mönch aufgezeichnet, aber sie verarbeitete auch ältere Überlieferungen, enthält also zumindest die berühmten Körnchen Wahrheit.

Die Story in Kurzform: Der junge Wikinger Palnatoki von Fünen macht Europa unsicher und sich selbst damit berühmt. Schließlich gründet er an der südlichen Ostseeküste im Gau „Jom" des Wendenkönigs Burisleif (Bolesław) – vermutlich das Gebiet von Usedom und Wolin – die Jomsburg. Deren befestigter Hafen soll 300 Langschiffen Platz bieten, jeder Mitstreiter soll mindestens 18 Jahre und höchstens 50 Jahre alt sein, niemand darf im Kampf fliehen, niemand Furcht zeigen, Beute kommt in die gemeinsame Kasse, und Frauen sind in der Burg nicht geduldet. Auch Liebesabenteuer gibt es also ebenso wie die Männerabenteuer nur außerhalb der Burg, von der aus die Jomswikinger auf Beutefahrten segelten.

SERVICE
Folgenden Orten wird zugeschrieben, möglicherweise Standort der legendären Jomsburg gewesen zu sein:
Barth: *www.stadt-barth.de*
Spandowerhagen: *de.wikipedia.org/wiki/Spandowerhagener_Wiek*
Peenemünde: *www.peenemuende.info*
Koserow: *www.koserow.de*
Wolin: *www.wolin.pl* (auch in Deutsch)

In diese Jomsburg im wendischen Gau Jom wurde nach legendärer Überlieferung einst der dänische König Harald Blauzahn gebracht, nachdem er in der Schlacht gegen seinen Sohn Sven Gabelbart nicht weit von Aarhus in Jütland tödlich verwundet worden war. Und hier in der Jomsburg starb er auch, wahrscheinlich im Jahr 987 (siehe Helgenæs* in Ostjütland).

Von der Jomsburg zog der sagenhaften Überlieferung nach auch Styrbjörn („der Starke") mit seinen Jomswikingern aus, um von seinem Onkel, dem schwedischen König Erik Segersäll („der Siegesfrohe"), in der Schlacht bei Uppsala um das Jahr 984 herum den Thron zurück zu erobern. Das Unternehmen kostete jedoch ihn und fast alle seine Mitstreiter das Leben (siehe Hällestad*).

Zum Debakel wurde für die Jomswikinger um 990 die Seeschlacht bei der Insel Hareidlandet südlich der heutigen norwegischen Stadt Ålesund, wo sie die dänische Flotte gegen die norwegische unterstützen. Die Dänen (samt Jomswikingern) verloren die Schlacht und damit auch für eine Weile die Oberhoheit über Norwegen.

Im Jahr 1000 sollen die Jomswikinger unrühmlich in die berühmte Seeschlacht von Svolder involviert gewesen sein, in der König Sven Gabelbart von Dänemark und König Olof Eriksson Skötkonung („Schoßkönig") von Schweden gemeinsame Sache machten gegen den norwegischen König Olav Tryggvason. Er wurde besiegt. Der Ort Svolder ist nicht mehr genau lokalisierbar, er wird an der südlichen Ostseeküste vermutet, im Greifswalder Bodden oder in der Odermündung.

Das endgültige Ende ereilte die Jomswikinger 1098, als der christliche dänische König Erik Ejegod („der Herzensgute") auf einem Kriegszug gegen Pommern die Jomsburg eroberte und das, was von ihr noch blieb, schleifen und verbrennen ließ. So die Erzählungen.

Was ist von all dem wahr? Die Seeschlachten sind historisch verbürgt, aber die Berichte über sie in den Sagas und auch bei den Chronisten wie etwa dem Dänen Saxo Grammaticus (um 1200) sind widersprüchlich und voller phantastischer Ereignisse. Wahrscheinlich verbarg sich hinter der Lust an den abenteuerlichen Geschichten von den Jomswikingern eher die Last mit Piraten an der südlichen Ostseeküste, also mit einer Gemengelage aus skandinavischen Freibeutern, die sich aus ihrer Heimat abgesetzt hatten, und pommerschen Slawen, die auf gleiche Weise wie die Wikinger im Ostseeraum auf Beutefahrt gingen.

Grundsätzlich hat man auch in Rechnung zu stellen, dass während der Völkerwanderungszeit ab dem 4. Jahrhundert die ansässigen Germanen die pommersche Küste weitgehend verlassen hatten. Das ganze Gebiet inklusive der Inseln Usedom und Wolin wurde erst wieder seit dem 6./7. Jahrhundert besiedelt, jetzt aber von slawischen Stämmen, die langsam nach Westen in die verlassenen Gegenden vordrangen. Die nachbarschaftlichen Beziehungen der Slawen untereinander, außerdem die Begegnung mit versprengten Resten germanischer Bevölkerung und dazu noch skandinavischen Abenteurern waren naturgemäß alles andere als friedlich. Diese Unruhe hat auch ihren Niederschlag in Geschichten und Sagen gefunden.

Möglicherweise geht die Überlieferung von den Jomswikingern zudem noch auf eine Verschmelzung der Untergangsgeschichte von der Jomsburg mit dem tatsächlichen Untergang der Jaromarsburg auf Rügen (Arkona*) 1168 durch die Eroberung von König Waldemar dem Großen zurück. Immerhin entstanden die Sagas und auch die historischen Berichte erst ein bis zwei Jahrhunderte nach den geschilderten Ereignissen. Und in Island, woher ja die meisten Sagen stammen, schätzte man einfach drastische Erzählungen; nicht anders als das mittelalterliche Publikum des deutschen Nibelungenliedes, das vom sagenhaften Untergang der Burgunder berichtet. Ein wenig Wahrheit und viele Geschichten.

Spandowerhagen
Seefestung

Wiesen am Meer, Wald und Schilf, Ostseewellen glucksen ans Ufer. In Sichtweite liegt nach Westen die Ruine des monströsen Kraftwerks Lubmin, nach Osten Peenemünde*. War es hier, wo vor 1000 Jahren die Jomsburg* stand?

Nach Ansicht des Historikers Lutz Mohr kristallisiert sich aus allen bekannten Fakten die Peenemündung als der Raum heraus, wo die Jomsburg angelegt worden sei. Und in diesem Bereich komme nur ein Terrain in Frage: „Die Jomsburg wurde bei dem heutigen Küstenort Spandowerhagen an der gleichnamigen Wiek gegenüber dem Nordteil der Insel Usedom errichtet."

Die Ausbuchtung der Peenemündung in den Greifswalder Bodden könnte auch heute noch 300 Wikingerschiffen Liegeplätze bieten, wobei die flache Insel mit dem Namen Struck (heute Naturschutzgebiet) als Schiffslände und Werftplatz der Jomswikinger gedient haben könnte. Das Bauwerk der Jomsburg mit Wall, Palisade und Graben wäre auf dem westlich höher gelegenen Festland, in der heutigen Lubminer Heide, errichtet worden. Überdies hätte die flache, submarine Sandbank des Freesendorfer Hakens, der um die Insel Struck verläuft, hervorragenden natürlichen Schutz vor Angriffen von See her geboten.

Mohr kann sich auf die historisch-geographische Erkenntnis stützen, dass bis zum Jahr der Allerheiligenflut 1304 eine flache Landverbindung im Greifswalder Bodden zwischen der Insel Ruden und der Halbinsel Mönchgut auf Rügen bestand, der Rest eines Endmoränenrückens der Eiszeit. Die Flut ließ ihn untergehen, er wurde in

WEGWEISER
Spandowerhagen liegt nördlich von Wolgast an der Straße über Groß Ernsthof und Freest Richtung Lubmin. Im Ort rechts in die Dorfstraße bis zur Brücke über den ehemaligen Einlaufkanal zum Kraftwerk. Zu Fuß über die Brücke. Von hier haben Sie einen weiten Blick über die Spandowhagener Wiek. Der Weg vor der Brücke nach rechts führt zu einem kleinen Hafen.

einen submarinen Rücken verwandelt. Für die Schifffahrt blieb in diesem Gebiet nur eine schmale Durchfahrt in Peene und Oder dicht an der Nordspitze Usedoms, heute „Das Loch" genannt.

Im Grunde eine ideale Lage für die Jomsburg. Die Spandowerhagener Wiek erscheint in der Tat als der strategisch wohl vorteilhafteste Küstenabschnitt des Oderdeltas, um die Fahrten fremder Schiffe im Greifswalder Bodden durch das „Loch" in die pommerschen, polnischen und baltischen Seehandelsplätze zu überwachen und zugleich bei politisch-militärischen Aktionen schnell in die Ostsee vorzustoßen.

Mohr hat eine Reihe zweifellos zutreffender Argumente auf seiner Seite. Aber das wichtigste fehlt, für Spandowerhagen genauso wie für Barth*: Bisher gibt es außer der Theorie keine greifbaren Belege dafür, dass Spandowerhagen etwas mit der Jomsburg* zu tun hat. Es gibt keinerlei verwertbare archäologische Spuren.

Peenemünde
Wikingerschatz

Einer Waldarbeiterin ist die im wahrsten Sinne wertvolle Bestätigung der Anwesenheit von Wikingern in Peenemünde zu verdanken: Am 16. April 1905 entdeckte Berta Lüder beim Pflanzen von Kiefern im Jagen 79 des Peenemünder Forstes drei goldene Armringe – ein Teil des später berühmt gewordenen Goldschatzes. Der Platz lag an der Westspitze Usedoms, der Insel Ruden gegenüber. Die Waldarbeiterin übergab den wertvollen Fund Förster Schönherr, und der reichte ihn weiter an den Besitzer des Waldes, die Stadt Wolgast. Berta Lüder erhielt 120 Mark Finderlohn, wovon sie sich ein Sonntagskleid und neues Bettzeug kaufte.

Förster Paul Schönherr erhielt den Auftrag zu weiteren Nachgrabungen, da man an der Fundstelle weitere Schmuckstücke vermutete. Tatsächlich entdeckten die Forstarbeiter am 28. und 29. Januar 1908 im losen Dünensand direkt am Strand fünf weitere Ringe aus massivem Gold. Der Förster berichtete den Wolgastern Stadtherren: „Dem Wohllöblichen Magistrat zeige ich gehorsamst an, dass an der Goldfundstelle auf einer Fläche von acht Metern Länge und vier Metern Breite und in Tiefe bis auf das Grundwasser, sorgfältige Ausgrabungen stattgefunden haben. Dabei sind fünf goldene Armspangen gefördert worden, die ich hiermit gehorsamst überreiche."

Der Magistrat der Stadt Wolgast beschloss, die 8 Goldringe dem Stettiner Altertumsmuseum zu übergeben. Später wurden sie nach Stralsund weitergereicht, ans heutige Kulturhistorische Museum, wo sie noch sind. Seit 2008 werden Repliken des Goldschatzes aus ver-

SERVICE
Museum **Wolgast**, D-17438 Wolgast, Rathausplatz 6, Tel. 03836/20 30 41. Geöffnet Apr. bis Okt. Di.–Fr. 11–18 Uhr, Sa/So. 11–16 Uhr. Eintritt. Museumsshop. *www.museum.wolgast.de*
Museum **Peenemünde**, Historisch Technisches Informationszentrum, Im Kraftwerk, D-17449 Peenemünde, Tel. 038371/50 50. Geöffnet Apr. bis Sept. 10–18 Uhr, Okt. bis Mrz. 10–16 Uhr. *www.peenemuende.de*
Stralsund Museum, Mönchstraße 25-28, D-18439 Stralsund, Tel. 03831/253 617. Geöffnet Di.–So.10–17 Uhr, Eintritt. Museumsshop. *www.stralsund-museum.de*

WEGWEISER
Die Insel Usedom erreichen Sie auf der B 111 via Wolgast oder auf der B 110 via Anklam und auf Usedom weiter über die B 111. In Bannemin nach Nordwesten abbiegen über Trassenheide und Karlshagen nach Peenemünde. Zum Museum Peenemünde der Ausschilderung folgen.
Der Fundort des Goldschatzes ist nur per Schiff oder mit Sondergenehmigung erreichbar, da das Gelände des Flugplatzes nicht zugänglich und der Nordostzipfel der Insel wegen militärischer Altlasten Sperrgebiet ist.

goldeter Bronze im Museum Wolgast gezeigt, das Einblick in die Geschichte von Stadt und Region gibt, darunter natürlich auch der Peenemünder Goldschatz, der ins 10. Jahrhundert datiert wird, und die frühslawische Siedlung. Ein weiterer Satz von Repliken ist dem Museum Peenemünde für die Ausstellung über Peenemünde vor 1936 übergeben worden.

Usedom
Burg & Gräberfeld

Die kleine Stadt Usedom war zur Wikingerzeit ein Zentrum von Handel und Handwerk mit offensichtlich überörtlicher Bedeutung. Das belegen zahlreiche Zufallsfunde mit skandinavischer, baltischer und slawischer Herkunft. Klare Beweise dafür, dass einst Skandinavier unter der ansässigen slawischen Bevölkerung lebten, sind Bestattungssitten und Grabbeigaben, die 2001 bei archäologischen Notgrabungen entdeckt wurden.

Damals hatte das Archäologische Landesmuseum Mecklenburg-Vorpommern vor dem Start für das neue Baugebiet „Am Hain" ein Gräberfeld erforscht. Auf dem ausgedehnten Gelände südlich der Bäderstraße (B 110) wurden in kurzer Zeit an die 200 Gräber freigelegt, fast nur Körpergräber von Kindern, Frauen und Männern, viele in Särgen, also Christen.

Die Gräber werden ins 10. bis 12. Jahrhundert datiert. Es gab zahlreiche Grabbeigaben, etwa Glasperlen, Münzen, Messer, Kämme, Tongefäße etc., die zum Teil auf einen heidnischen Hintergrund verweisen. Eine Reihe der Funde zeigte skandinavische Einflüsse, darunter ein schiffsförmiger Sarg. Herausragend war ein Kammergrab mit reichhaltiger Beigabe von Waffen, was auf einen nordischen Krieger oder Häuptling schließen lässt.

Typisch für die Handelsplätze von Wikingern wie Slawen war die geschützte Lage des Ortes am Wasser, zwischen Peenestrom und Usedomer See, worauf sich auch der Name bezieht: Usedom wird vom slawischen „uznam" für „Mündung" oder „umströmt" abgeleitet. Seit dem 10. Jahrhundert bestand auf dem Schlossberg östlich der Altstadt eine slawische Burgsiedlung. Sie wurde um 1115 von Dänen unter König Niels zerstört. Um 1140 wurde auf dem Schlossberg eine neue Burg erbaut, die dem großen Stadtbrand 1475 zum Opfer fiel.

Die Stadt Usedom war Residenz der Herzöge von Pommern und am Ende der Wikingerzeit so bedeutend, dass Bischof Otto von Bamberg sie 1128 auf seiner zweiten Missionsreise besuchte, um von hier aus die heidnischen Slawen zu bekehren. Insgesamt soll er schließlich rund 22 000 Menschen getauft haben.

SERVICE
Parkplätze vor dem Rathaus am Marktplatz. *www.stadtinfo-usedom.de*

WEGWEISER
Die Stadt Usedom liegt an der Bundesstraße 110, die von Anklam via 109 Richtung Pudagla oder Garz auf Usedom führt. Das Gräberfeld lag im östlichen Ortsteil südlich des Pasker Weges am Hang zum Seeufer. Der Schlossberg ist nördlich von Peenestraße und Wieckstraße.

Otto konnte mit Erfolg in der kriegerischen Auseinandersetzung zwischen Polenherzog Boleslaw und Herzog Warcislaw von Pommern vermitteln, was die pommerschen Adligen mit etwas militärischem Druck so beeindruckte, dass sie Pfingsten 1128 das Christentum annahmen. An dieses Ereignis erinnert ein 5 m hohes Granitkreuz auf dem Schlossberg, das 1928 zum 800. Jahrestag der Christianisierung errichtet wurde. Von der alten Burg ist nichts mehr zu sehen.

Wolin
Fernhandelsplatz

Die wohl größte und bedeutendste wikingerzeitliche Siedlung des gesamten Ostseeraumes lag auf der Insel Wolin (deutsch: Wollin) im östlichen Bereich der Odermündung, seit 1945 zu Polen gehörig. Ein Fernhandelsplatz, der sich fast 4 km lang am Westufer des Oder-Mündungsarmes Dievenow (polnisch Dziwna) erstreckte und rund 20 Hektar umfasste. Wolin war zwar ein Ort slawischer Stämme wie Velunzani oder Pomoranen, aber auch hier hatten sich, wie in anderen Handelsplätzen an der südlichen Ostsee, neben den slawischen viele skandinavische und sächsische Kaufleute niedergelassen.

Bei den Skandinaviern hieß der Ort Jumne oder Jomsburg*, was auf den baltischen Begriff „Jom" für Sandinsel zurückgehen soll, auf der Wolin einst entstanden war. Die Jomsburg soll während des 10. Jahrhunderts die Basis für jene legendären Wikingerpiraten gewesen sein, die aus den isländischen Sagas als „Jomswikinger" bekannt sind. Eine Art verschworener Männerbund, der sich genauso aufführte, wie man es noch heute von Wikingern erwartet: kämpfen, plündern, rauben, töten.

Ob in Wolin einst tatsächlich die Jomsburg* stand oder nicht: Die ganze Gegend entwickelte sich nach der Völkerwanderungszeit zu einem bevorzugten Siedlungsraum, der zu Piraterie und Streitereien jeglicher Art verlockte. Insgesamt sind auf der Insel und auf dem ostwärtigen Festland über 600 archäologische Fundplätze vom 6. bis zum 12. Jahrhundert lokalisiert worden, mit zahlreichen Siedlungen, Begräbnisplätzen und über 20 Burgen.

Wolin ist eng verwoben mit der Sage von der reichen Stadt Vineta, die in einer Sturmnacht in der Ostsee versunken sein soll, zur Strafe, weil ihre Bewohner ebenso reich wie gottlos gewesen waren. Tatsächlich gab es im Laufe der Jahrhunderte mehrere schwere Sturmfluten, darunter auch die furchtbare Allerheiligenflut vom November 1304. Nur 40 Jahre später wurde die Vineta-Legende vom Augustinermönch Angelus von Stargard niedergeschrieben und ging in die Sagenwelt des ganzen Ostseeraumes ein. Seit einigen Jahren sind wieder mal Zweifel laut geworden, ob wirklich Wolin das sagenhafte Vineta war. Weiterer Vineta-Anwärter war Barth* an der vorpommerschen Boddenküste.

Den Namen Jumne überlieferte der Kleriker Adam von Bremen um 1076 in seiner „Hamburgischen Kirchengeschichte", in der er das Wirken seiner Bischöfe und die Verhältnisse im Norden darstellte. Um 1200 berichtete der dänische Kleriker Saxo Grammaticus in seiner lateinischen „„Gesta Danorum" (Geschichte der Dänen) von einer Stadt namens Julin, vermutlich eine abgewandelte Form des Stammesnamens der „Velunzani" oder „Vuolini", also der Woliner. Aus der Verschmelzung der Namen Jumne bzw. seiner lateinischen Form Jumneta und Julin soll Vineta geworden sein. Jumne und Vineta könnten also eins sein.

Jenseits der Geschichten um Jumne oder Vineta ist Wolin zweifellos eine uralte Siedlung, die Anfänge reichen bis in die Jungsteinzeit zurück. Entscheidend für die Entwicklung des Platzes war seine Lage, einerseits geschützter Hafenplatz am Lauf der Dievenow, andererseits an einer günstigen Übergangsstelle von den Inseln Usedom und Wolin zum Festland. Hier verlief ein alter Handelsweg, der im küstennahen Raum von der Elbe her nach Osten führte. Über die Dievenow war die Ostsee nur 15 km entfernt, und über die Oder und

SERVICE
Parkplätze vorm Einkaufszentrum an der Kirche und am Freilichtmuseum. Info-Tafeln im Bereich der ältesten Siedlung zwischen Kirche und Fluss Info-Tafeln vor und gegenüber dem Museum und am Galgenberg
Muzeum Regionalne, im. Andrzeja Kaubego, ul. Zamkowa 24, PL-72500 Wolin, Tel. 091 326 17 63. Geöffnet Juni bis Aug. 9–17 Uhr, sonst Di.–So. 9–16 Uhr. Eintritt. *www.muzeumwolin.pl*
Muzeum Narodowe w Szczecinie, ul. Staromlynska 27, PL-70561 Szczecin, Tel. 091 431 52 00. Geöffnet Di.,Mi.,Do.,Sa. 10–18 Uhr, Fr./So. 10–16 Uhr. Eintritt. *www.muzeum.szczecin.pl*
Centrum Slowian i Wikingow Wolin-Jomsborg-Vineta, Wolin. Geöffnet Juli/Aug. 10–18 Uhr, Apr. bis Juni und Sept./Okt. 10–16 Uhr. Eintritt. *www.jomsborg-vineta.com* und *www.wolin.pl* (auch Deutsch+Englisch)

WEGWEISER
Stettin erreichen Sie über die Autobahn A 11/ E 28 oder die Bundesstraße 104, ggf. von dort weiter auf E 65 nach Wolin. Von Westen her über die Insel Usedom auf der B 111 via Wolgast oder auf der B 110 via Anklam, Garz oder Ahlbeck. Weiter über Swinemünde, Straße 93 mit der Fähre Karsibor, dann die E 65 bzw. Straße 3. Seit Ende 2007 sind die ehemaligen Grenzübergänge in Swinemünde für Pkw passierbar.

Das **Muzeum Regionalne** liegt linkerhand vor der alten Woliner Straßenbrücke. Parkplätze rechterhand bei der Kirche. Gräberfeld am Galgenberg am Ende des Straßenzuges, der an der Kirche vorbei nach Süden führt: Wojska Polskiego, Marii Konopnickiej, Niedamira etc., am Ende rechts in die Parkowa, wieder links in die Straße Do plazy, nach ca. 600 m liegen links am Hang die Gräber. Zum Centrum Slowian i Wikingow über die alte Straßenbrücke, am Kreisel nach rechts Richtung Reclaw, dort wieder rechts abbiegen, dem Wegweiser „Skansen" folgen.

deren Nebenflüsse Warthe und Netze wurde der Raum im Süden der Ostsee für den Handel erschlossen.

Im 8. Jahrhundert war Wolin noch eine einfache slawische Fischersiedlung, aber im 9. Jahrhundert entwickelte sich der Ort zu einem Handwerker- und Handelszentrum von internationaler Bedeutung mit entsprechend großer Anziehungskraft auch für ungebetene Besucher: Zwischen 900 und 1200 wurde die Stadt ca. 15mal zerstört und wieder neu aufgebaut. Von hier aus startete Bischof Otto von Bamberg, gerufen vom polnischen Herzog Boleslaw III., seine Missionierung der Slawen, gründete die Kirchen St. Adalbert und St. Wenzeslaus und errichtete 1124 das Bistum Wollin.

1170 ließ Absalon, Erzbischof von Lund* und Ratgeber des dänischen Königs Waldemar des Großen, den Ort erobern. 1184 fielen erneut Dänen ein und zerstörten die Stadt so gründlich, dass sich danach, als sich außerdem auch die Handelswege verlagerten, nur noch eine wendische Fischersiedlung behaupten konnte, die den slawischen Namen Wolin übernahm.

Archäologen haben seit den 1930er Jahren in zahlreichen Grabungen unter 20 Siedlungsschichten, die bis zu 11 m stark sind, gut erhaltene Überreste einer Hafenstadt ausgegraben. Deren hölzerne Häuser und Bohlenwege waren von einem halbrunden Wall mit Holzpalisaden umgeben, ähnlich dem zeitgleichen Handelsplatz Haithabu*. Auch in Wolin war der Hafen keine simple Schiffslände, sondern verfügte über solide befestigte hölzerne Kais von rund 300 m Länge und über Landungsbrücken, die in die Dievenow hineinragten. Der größte Hafen des ganzen damaligen Ostseeraumes wurde durch Reihen zugespitzter Pfähle geschützt, die ins flache Wasser eingerammt waren.

Die ausgegrabenen Gebäude Wolins enthielten Funde, die eine große Vielfalt handwerklicher Tätigkeiten bezeugen, darunter besonders viele aus Ostsee-Bernstein geschnitzte Figuren. Ansonsten ähnelt die Art der Funde denen von Haithabu* und vom schwedischen Birka, mit Metall- und Schmiedearbeiten, Herstellung von Kämmen und Nadeln, Glasmacherei, Lederverarbeitung, Weberei und Töpferei etc. Außerdem wurde nach Ausweis der Funde in Wolin auf mehreren Werften professioneller Schiffsbau betrieben.

Wolin war nicht nur ein bedeutender Handelsplatz, sondern auch ein slawisches Kultzentrum. Man hat südlich der Kirche, also südlich der einstigen ältesten Siedlung des Ortes, einen kunstvollen Tempel ausgegraben, der auf die Zeit um 966 datiert wird. Heute ist dort ein Ladenzentrum. Ausgedehnte wikingerzeitliche Gräberfelder liegen nördlich und südlich der Siedlung. Der Mühlenberg im Norden war der größte Friedhof mit geschätzten 8000 Gräbern aus dem Zeitraum vom 9. bis zum 12. Jahrhundert. Im Süden liegen Felder mit Urnengräbern und am so genannten Galgenberg rund 200 Hügelgräber (noch gut erkennbar) aus der Zeit vom 9. bis zum 11. Jahrhundert.

Zu den bemerkenswerten Fundstücken aus Wolin gehören ostasiatische Seide, Glasperlen aus Ägypten und Syrien, skandinavische Waffen, Bronzekessel aus dem Rheinland, tropische Seeschnecken, byzantinischer Brokat. Die Stadt war ob ihres Gewerbefleißes tatsächlich ähnlich sagenhaft wohlhabend, wie es die Sage von Vineta erzählt. Dieser Reichtum ist auch archäologisch fassbar: In Wolin und Umgebung sind mehr als zwei Dutzend Silberschätze gefunden worden.

Im 19. Jahrhundert kam es nach einigen großen Silberfunden in und um Wolin zu einem regelrechten Silberfieber, viele Woliner gruben sogar unter ihren eigenen Häusern. Der größte Fund von Piasko-Dramino, 4 km von Wolin entfernt, bestand aus arabischen, bulgarischen und westeuropäischen Silbermünzen nebst Barren und Schmuck und war insgesamt 11,5 kg schwer. Bezeichnender Weise trägt ein kleiner Hügel im Norden von Wolin seit Hunderten von Jahren den Namen Silberberg. Die Festung, die man dort vermutet hatte, erwies sich jedoch bei Ausgrabungen nur als Vorstadt für Handwerker und Händler vom Ende des 19. Jahrhunderts.

Der größte Teil der wikingerzeitlichen Funde von Wolin wird im Stadtmuseum Wolin gegenüber der Kirche gezeigt und außerdem im Nationalmuseum in Stettin. Das Stettiner Museum arbeitet mit dem pommerschen Landesarchiv Greifswald zusammen. Der Galgenberg mit seinen Grabhügeln ist am südlichen Ortsrand von Wolin und frei zugänglich.

Seit 2004 ist auf dem Ostufer der Dievenow, der St. Nicolai-Kirche direkt gegenüber, ein Freilichtmuseum in Form einer riesigen archäologischen Experimentalwerkstatt entstanden, unter dem Namen „Zentrum für Slawen und Wikinger Wolin-Jomsborg-Vineta" (Centrum Slowian i Wikingow Wolin-Jomsborg-Vineta). Das Projekt wird vom Polnischen Kultusministerium gefördert.

Torbau, Palisaden und fast alle der geplanten 27 Häuser, Hallen und Hütten stehen bereits, sorgsam rekonstruiert, Holzstege sorgen wie vor 1000 Jahren für trockene Füße, im Gelände stehen Götterfiguren, am Ufer liegen Wikingerschiffe, Männer und Frauen in historischer Kleidung sind am Werk. Alljährlich im Sommer (wechselnde Termine) ist das Centrum Slowian i Wikingow Schauplatz für internationale Wikingertreffen.

III. Schleswig

Haithabu
Fernhandelsplatz

Das bedeutendste nordeuropäische Handelszentrum der Wikingerzeit. Es lag am Südufer der Schlei, gegenüber der heutigen Stadt Schleswig. Hier war die schmalste Stelle der jütischen Halbinsel: Nur wenige Kilometer trockenes Land erstreckten sich zwischen den damals versumpften Flussniederungen im Westen und der Schlei, die von der Ostsee her weit ins Land hineinreicht. Ein natürlicher Engpass im Flachland also und entsprechend wichtig für den Nord-Süd-Verkehr. In diesem Gebiet trafen die Interessen von Deutschen und Dänen aufeinander, in die sich auch noch die Slawen mischten.

Landweg und Seeweg kreuzten sich bei Haithabu. Westlich der mit einem Wall umgebenen Siedlung führte die alte Überlandverbindung des Jütischen Heerweges* bzw. Ochsenweges* nach Süden. Nach Osten sind es 40 Schiffs-Kilometer auf dem Fjord der Schlei bis zur Ostsee und im Westen nur 7 Kilometer über Land bis zur einst schiffbaren Rheider Au, die über die Flüsse Treene und Eider mit der Nordsee verbunden ist. Nahe der Mündung der Au in die Treene bildete die Siedlung Hollingstedt* den Nordseehafen für Haithabu.

Der Name Haithabu ist eine Abwandlung des dänischen Hedeby, eingedeutscht Haddeby, was soviel wie „Ort auf der Heide" bedeutet. Und Heide bzw. Haide wiederum hatte ursprünglich die Bedeutung von „unbebautes Land" in Form von Wald und Weide. Vom 9. bis zum 11. Jahrhundert war Haithabu der zentrale Umschlagplatz im Warenverkehr zwischen Mittel- bzw. Westeuropa und den Rohstoffmärkten im Norden und Osten Europas.

Die damalige Haupt-Handelsroute führte über See, ihre Endpunkte waren im Nordosten Birka, nahe dem heutigen Stockholm auf einer Insel im Mälarsee, und im Westen Dorestad im Rheinmündungsgebiet. Von Dorestad aus ging der Verkehr weiter nach England und von Birka aus ins heutige Russland nach Staraja Ladoga und Nowgorod. Der Handel mit den deutschen Gebieten im Süden hingegen wurde hauptsächlich über den Landweg abgewikkelt, auf der Überlandroute des Heerweges*.

Auf dem ehemaligen Siedlungsareal von Haithabu, das als Wiesengelände erhalten ist und nie überbaut wurde, haben Archäologen bei ihren Grabungen seit 1900 ideale Bedingungen angetroffen, weshalb Haithabu so gut wie keine zweite Wikinger-Siedlung erforscht werden konnte. Nach mehreren Grabungskampagnen in den vergangenen Jahrzehnten steht heute die Auswertung der Befunde im Mittelpunkt, wozu auch die Lokalisierung von Handwerker- und

Wohnvierteln gehört. Nicht weit vom Ufer der Schlei wurden an historischer Stelle innerhalb des Halbkreiswalles seit 2005 ein Dutzend Wikingerhäuser auf der Basis von Originalbefunden rekonstruiert. Hier findet im Sommer auch praktisches Wikingerleben statt.

Haithabu ist seit ca. 700 n. Chr. aus drei nahe beieinander gelegenen Siedlungskernen am Ufer des Haddebyer Noors entstanden, einer Seitenbucht der Schlei, und wurde schnell zur größten Stadt Nordeuropas. Kristallisationspunkt für die Ansiedlung war die Lage am geschützten Binnengewässer des Noors mit einem Süßwasser führenden Bach, der von Westen her durch die Siedlung floss. Der 1300 Meter lange, noch heute vorhandene Halbkreiswall, als Stadtbefestigung erst Mitte des 10. Jahrhunderts erbaut, umschloss ein Gelände von insgesamt 24 Hektar. Das war mehr, als seinerzeit das viel ältere Köln aufwies.

Während der Blütezeit hatte Haithabu bis zu 1500 Einwohner, die in Holzhäusern aus Flechtwänden mit Innenhof lebten, fast alle mit eigenem Brunnen. Es gab ein geordnetes Bebauungssystem mit einer Spezialisierung nach Berufsgruppen: Schmiede etwa konzentrierten sich auf das nordwestliche Viertel, die Kaufmannshäuser lagen dicht am Wasser.

Der Hafen war nicht nur eine simple Schiffslände am Strand, sondern wurde aus einer Reihe von breiten und langen Holzbrücken gebildet, die weit ins Noor hinausragten. Eine moderne Rekonstruktion vermittelt einen Eindruck davon. Auf den Brücken wurden direkt aus den Schiffen heraus Waren angeboten und gekauft. Eine halbkreisförmige Palisade im Wasser schützte den Hafen, und die meisten Wege zwischen den Häusern waren mit Holzbohlen befestigt.

Der weit gereiste arabische Kaufmann Ibrahim At-Tartuschi aus dem spanischen Tortosa, der Haithabu im Jahre 965 besuchte, beschreibt den Ort zu Recht als „eine sehr große Stadt", wenn er auch sonst kein gutes Haar an den barbarischen Sitten der Bewohner lässt. In seinem überlieferten Reisebericht klagt er: „Nie hörte ich hässlicheren Gesang als den Gesang der Schleswiger, das ist ein Gebrumm, das aus ihren Kehlen herauskommt, gleich dem Gebell der Hunde, nur noch viehischer als dies."

In Haithabu wurde alles gehandelt, was wichtig war: Handwerksgeräte, Waffen, Töpfe, Kleidung, Schmuck, Kruzifixe, Pelze und Stockfisch aus dem Norden, Wein aus dem Süden, Getreide – und Sklaven. Haithabu war ebenso wie Birka und später Gotland einer der bedeutendsten Umschlagplätze für die Ware Mensch im nördlichen Europa. Zum Verkauf standen auf diesen Sklavenmärkten zumeist Sklaven für den häuslichen Bedarf, die dann in großen Scharen besonders nach Süden und in die islamische Welt exportiert wurden. Nicht von ungefähr weilte der Araber At-Tartuschi in Haithabu.

SERVICE
Wikinger Museum Haithabu und Wikinger Häuser, Haddeby bei Schleswig, Postanschrift: Schloss Gottorf, D-24837 Schleswig, Tel. 04621/813-222. Geöffnet Apr. bis Okt. tägl. 9–17 Uhr, Nov. bis März Di.–So. 10–16 Uhr (Häuser geschlossen). Museums- und Buchshop. Eintritt. Ausgeschilderter Fußweg (ca. 10 Min.) zu den Wikinger-Häusern.
www.schloss-gottorf.de/haithabu
Großer Parkplatz für Museum und Kirche, WC-Gebäude.
Haithabu Café + Bistro, Tel. 04621/353 43. Apr.-Okt. täglich 10–17 Uhr, Nov. bis Mrz. Di.–So. von 10–16 Uhr. Jan. + Feb. geschlossen.
www.haithabu-cafe.de
Bootsverkehr mit Barkasse „Hein" zwischen Schleswig und Museum (Mitte Apr. bis Mitte Okt.). Sven Greve, Tel. 04621/36 00 85.
www.hein-haddeby.de/

WEGWEISER
Autobahn A 7, Abfahrt Schleswig/Jagel, auf der B 77 Richtung Schleswig, Abzweigung auf die B 76 Richtung Eckernförde, vor der Kirche nach rechts, dem Wegwei-ser nach. Den besten Blick über Haithabu haben Sie vom Wall am nördlichen Tor oder vom gegenüberliegenden Ufer des Noors. Dort gibt es an der B 76 einen großen Parkplatz, von wo aus ein Wanderweg rund ums Noor und durch Haithabu führt.

Auf mehreren großen Friedhöfen innerhalb und südlich des Halbkreiswalls wurden über 12.000 Gräber lokalisiert, von denen etwa 1.500 archäologisch untersucht sind. Nur in ca. 5 Prozent fanden sich Grabbeigaben. Da in vorchristlicher Zeit nur Besitzlose ohne Beigaben bestattet wurden, weist dies auf eine breite Schicht von einfachen Leuten hin, die in Haithabu lebten. Für die Zeit nach Einführung des Christentums sind beigabenlose Gräber, in denen die Toten mit dem Kopf nach Westen beigesetzt wurden, als Gräber der christlichen Bevölkerungsgruppe anzusehen.

Die Internationalität der Einwohner Haithabus offenbart sich in den Bestattungsformen: Die sind im 9. Jahrhundert zu jeweils 40 Prozent sächsisch und dänisch und zu 20 Prozent slawisch. Im frühen 10. Jahrhundert zeugt die Sitte, in Kammergräbern zu bestatten, von einer schwedisch geprägten Führungsschicht, und neue Urnenfelder zeugen von der Ansiedlung weiterer Sachsen. Seit Mitte des 10. Jahrhunderts haben christlicher Einfluss und starker Zuzug einfacher Leute die meisten Unterschiede nivelliert.

Aus dem Rahmen fallen zwei Gräber nicht weit vom Südtor des Walls: Das Bootskammergrab, dessen Platz heute durch ein Haus an einer scharfen Wegebiegung südwestlich des Walls markiert wird. Hier wurde 1908 der prächtigste Grabfund von Haithabu geborgen, das Inventar von drei Männerbestattungen mit reich verzierten Waffen, Schmuck und Gebrauchsgeräten in einem 18 m langen, einst seetüchtigen Kriegsschiff. Die Grabanlage wird auf den Anfang des

10. Jahrhunderts datiert und einer hochstehenden Persönlichkeit zugeschrieben, wenn nicht sogar gar einem König.

Aus gleicher Zeit stammt das Kammergrab einer vornehmen Frau auf dem Südfriedhof außerhalb des Walls. Die Tote ruhte in einem Wagenkasten, und ihr Schmuck gehört zum Reichsten, was man im gesamten Norden gefunden hat. 2017 bekam sie allerdings Konkurrenz durch eine reiche „Wikingerbraut", in deren Grab innerhalb des Walls sehr aufwendig hergestellter Goldschmuck gefunden wurde.

Im Gegensatz zu den mittelalterlichen Hansestädten war Haithabu politisch nie unabhängig, sondern stand unter wechselnder Herrschaft, zumeist dänischer Könige. Im ältesten Dokument, den fränkischen Reichsannalen, ist belegt, dass im Jahre 808 der dänische König Göttrik (Godefred) im Streit mit den Slawen deren Handelsort Reric* an der südlichen Ostsee auf einem Feldzug zerstörte und die Kaufleute, Dänen und Friesen, die ihm steuerpflichtig waren, von dort nach Haithabu umsiedelte. Wenige Jahre später ist systematische Bautätigkeit in Haithabu nachgewiesen.

849 war Haithabu bereits so bedeutend, dass der „Nordische Apostel" Ansgar, Erzbischof von Hamburg*-Bremen (801 – 865), mit Genehmigung des dänischen Königs Horik hier eine Kirche errichten und sie sogar mit einer Glocke ausstatten durfte. Ein Kirchenbau wird für das Jahr 965 auch vom Araber At-Tartuschi bezeugt, als der den Norden bereiste. Vermutlich stammt die Glocke, die 1978 im Noor gefunden wurde, von der alten Kirche; sie gilt als älteste Läuteglocke Nordeuropas (Replik vor dem Museum).

Von der Kirche selbst fehlt bisher jede Spur. Die heutige St. Andreaskirche nördlich von Haithabu ist erst um 1200 entstanden und hatte an ihrem Standort keine Vorläufer. Möglicherweise markiert das benachbarte, so genannte Ansgar Memoria* in der Wiese am Fußweg vom Parkplatz zum Wikinger Museum Taufplatz und Kirche aus Ansgars Zeit. So sehen es jedenfalls die (protestantische) Nordkirche, die Katholische und die Dänische Kirche, die gemeinsam das Denkmal errichten ließen.

Auf der deutschen Synode in Ingelheim im Jahr 948 wurde Haithabu zum Bischofssitz ernannt, wobei allerdings höchst unwahrscheinlich ist, dass anfangs tatsächlich ein Bischof an der Schlei residierte. Denn Erzbischof Adaldag von Hamburg*-Bremen ernannte Bischöfe für die Kirchen in Haithabu, Ribe* und Aarhus* aus machtpolitischen Gründen, um ebenso wie die anderen Erzbischöfe untergeordnete Kleriker vorweisen zu können und dadurch seine eigene Stellung zu dokumentieren.

Um 890 übernahm für etwa fünf Jahrzehnte eine Familie, die aus Schweden stammte oder von dort aus dem Exil zurückkehrte, die Herrschaft in Jütland und damit auch in Haithabu – die so genannte

Olaf-Dynastie, mit König Olaf (der möglicherweise im Bootskammergrab bestattet wurde), seinen Söhnen Gurd und Knuba sowie Knubas Sohn Sigtrygg, von dem u. a. die Runeninschriften auf den beiden Sigtrygg-Steinen* zeugen. König Knuba wurde im Jahr 934 vom deutschen König Heinrich I. unterworfen und in Haithabu in Anwesenheit des Königs getauft.

Seit ca. 940 waren wieder Dänen die Herren. In mehreren Bauphasen, besonders unter König Harald Blauzahn (siehe Jelling*), wurde der Halbkreiswall um die Siedlung angelegt und mehrfach erhöht. Ob schon vorher eine Einfriedung zur Markierung des Handelsplatzes bestand, ist ungeklärt. Durch den Wall dürfte die Hochburg* auf der Erhebung nördlich der Siedlung (siehe unten) ihre Bedeutung als Fluchtburg verloren haben. Der Stadtwall von Haithabu wurde integriert in die Wehranlagen des Danewerks*, das die Schleswiger Landenge als Südgrenze des dänischen Reiches sicherte.

In Grenzkämpfen zwischen Dänen, die von Norwegern unterstützt wurden, und Deutschen besiegte Kaiser Otto II. 974 den dänischen König Harald Blauzahn, eroberte auch das Danewerk*, und Haithabu geriet für ein Jahrzehnt unter deutsche Herrschaft. Durch den überraschenden Tod Kaiser Ottos im Jahr 983 kam es zu Unsicherheiten in der Führung des Deutschen Reiches, und das nutzten die Slawen zu Aufständen. Auch Harald Blauzahn ergriff die Chance des Machtvakuums, stieß bis zum Danewerk* vor und gewann die Macht über Haithabu zurück. Ein paar Jahre später fiel der schwedische König Erik Segersäll („der Siegreiche") in Dänemark ein und eroberte auch Haithabu.

Danach kam in raschen Etappen das Ende: 1050 wurde Haithabu bei Kämpfen zwischen dem norwegischen König Harald Hardråde und dem Dänenkönig Sven Estridsson zerstört (siehe Lürschauer Heide*), und während des großen Slawenaufstandes im Jahr 1066 gaben slawische Krieger der heruntergekommenen Siedlung den Rest. Sie wurde nie wieder aufgebaut, wobei wahrscheinlich auch die Versandung von Noor und Hafen eine Rolle spielte. Die Siedlung „Sliaswic" am nördlichen Ufer der Schlei, die bereits seit einigen Jahrzehnten bestand, wurde Haithabus Nachfolgerin.

Das 1985 eröffnete Wikinger Museum Haithabu direkt am Noor, gebaut im Stil wikingerzeitlicher Langhäuser, informiert umfassend über Haithabu und die Wikinger. Gezeigt werden Funde (inklusive einem Langschiff) aus über 100 Jahren Grabung und Forschung in der seinerzeit größten Stadt Nordeuropas. 2010 und erneut 2017 wurde das Museum völlig umgestaltet. Nicht weit entfernt bieten die rekonstruierten Wikingerhäuser und die Landebrücke am Noor innerhalb des Halbkreiswalls Einblicke in die einstmals pulsierende Handelsstadt. Im Sommer findet hier auch Wikingerleben statt.

Ansgar Memoria
Gedenkstätte & Taufplatz

Auf der Wiese unmittelbar hinter dem Friedhof der St. Andreas-Kirche von Haddeby erinnert seit 2008 ein Denkmal an die erste Kirche im Norden – die Kirche von Ansgar, dem „Apostel des Nordens". 144 wie Wikinger-Speere aufgestellte Rohre, auf denen als Dach ein überdimensionales Kreuz liegt, stellen einen Kirchenbau dar. In dessen Mitte markiert ein Betonklotz mit Kreuz den Altar.

War es tatsächlich hier, unweit des Noor-Ufers, wo Ansgar vor fast 1200 Jahren die ersten Christen taufte? Bewiesen ist es nicht, weder archäologisch noch archivalisch. Die Berichte über Kirche und Taufen in Haithabu stammen erst von Ansgars Nachfolger und Biografen Rimbert (830 – 888). Die Wissenschaft hält sich bisher bemerkenswert zurück. Immerhin finden an diesem Platz auch heute noch Konfirmandentaufen statt.

Das Denkmal ist eine gemeinsame Initiative von Nordkirche, Katholischer und Dänischer Kirche. Sie wurde umgesetzt vom Architekten Peter Hense, ehemals Professor und Dekan des Fachbereichs Bauwesen der Fachhochschule Kiel. Seit Sommer 2011 gibt eine Granitsäule direkt am Fußweg zum Museum mit einer Inschrift in lateinischer, deutscher und dänischer Sprache ein Zitat aus Rimberts Lebensbeschreibung Ansgars wieder, nachdem dieser in Haithabu viele Heiden getauft hatte: „So entstand große Freude an diesem Ort."

WEGWEISER
Vom großen Parkplatz für das Wikinger Museum Haithabu und die St. Andreas-Kirche kurzer Fußweg neben der Wiese Richtung Wikinger Museum.

Hochburg Haithabu
Fluchtburg

Viel ist von ihr nicht mehr zu sehen: Die so genannte Hochburg auf dem bewaldeten Höhenrücken nördlich der Siedlung von Haithabu* ist zwar älter als der Stadtwall. Aber ihr Alter und ihre Funktion konnten bisher nicht genauer bestimmt werden. Untersuchungen zufolge wurde der Burgwall, der zum Teil zerstört und heute nur noch schwach zu erkennen ist, in einer zweiten Bauphase verstärkt.

Innerhalb des Walles sind an die 40 Grabhügel lokalisiert worden, die ebenfalls kaum noch erkennbar sind. Da Grabbeigaben fehlen, konnte auch ihr Alter nicht genau datiert werden. Sie werden dem 9. Jahrhundert zugeschrieben.

Mangels Fundmaterial ist die Funktion der Hochburg unklar. Spuren von Besiedlung sind innerhalb des Burgwalls nicht gefunden worden. Er dürfte in der Zeit, als es den Stadtwall um die Siedlung Haithabu noch nicht gab, als Fluchtburg für die Bevölkerung gedient haben. Eine vergleichbare Anlage gab es in Birka, dem wikingerzeitlichen Handelsplatz bei Stockholm. Die Annahme, dass die Hochburg Sitz eines Markgrafen oder Statthalters des dänischen Königs war, ist reine Phantasie.

WEGWEISER
Direkt am hinteren Ende des großen Parkplatzes von Haithabu führt ein Weg hinauf auf die Anhöhe. Oder auf dem Weg zum Wall am Museum vorbei und nach rechts die Treppe zur Höhe hinauf.

Sigtrygg-Steine
Runensteine

Zwei von den vier Runensteinen in der unmittelbaren Umgebung von Haithabu* gelten demselben Mann. Alle Steine wurden an ihren Standorten durch Repliken ersetzt, die Originale stehen im Wikinger-Museum Haithabu.

Der so genannte große Sigtrygg-Stein steht an der Furt zwischen Haddebyer Noor und Selker Noor, wo ein alter Weg, von dem heute noch ein flacher Damm sichtbar ist, vom Südtor Haithabus her durchs Wasser nach Osten führte. Die Inschrift: »*Asfrid machte dieses Denkmal zu Ehren von Sigtrygg, ihrem und Knubas Sohn*«.

In diesem Sigtrygg wird der letzte Spross der so genannten schwedischen Olaf-Dynastie gesehen. Er war der Sohn eines Königs namens Knuba und seiner Frau Asfrid, die in Jütland herrschten. Knubas Vater Olaf stammte aus Schweden oder kehrte als Däne aus dem schwedischen Exil zurück, errang um 890 in Jütland die Herrschaft und schuf in Haithabu* eines seiner Machtzentren. Sein Enkel Sigtrygg wurde um 940 vermutlich vom dänischen König Gorm, dem Vater Harald Blauzahns, vertrieben (siehe Jelling*). Auf der Suche nach neuen Abenteuern wurde Sigtrygg 942 auf einem Kriegszug in der Normandie getötet.

Dem gleichen König gilt auch der kleine Sigtrygg-Stein, der in einer Bastion von Schloss Gottorf eingemauert war. Seine Inschrift: »*Asfrid, die Tochter Odinkars, ließ diese Denkmäler setzen zum Gedenken an König Sigtrygg, ihren und Knubas Sohn. Gorm ritzte die Runen*«. Asfrid kann als Tochter eines angesehenen Häuptlings in Jütland namens Odinkar identifiziert werden. Zu dessen Familie gehörten vermutlich auch zwei zeitgenössische Bischöfe namens Odinkar, die wiederum aus einem alten dänischen Herrschergeschlecht stammen sollen. Wenn's so war, dann haben die Eindringlinge aus Schweden ihre Macht in Jütland durch kluge Heiratspolitik gesichert.

Der große Sigtrygg-Stein am Noor ist ein gutes Beispiel dafür, dass die Runensteine ganz gezielt an besonderen Stellen in der Landschaft aufgestellt wurden. Er stand an einem uralten Weg zur Furt durch das Noor, wo er die Aufmerksamkeit von Vorüberziehenden auf sich zog, da er ja etwas bekannt zu machen hatte. Und er stand auf einem Platz mit einer ungewöhnlichen Ausstrahlung, die von sensitiven Menschen noch heute wahrgenommen werden kann, obwohl der Stein selbst durch eine Replik aus Beton ersetzt wurde.

SERVICE
Info-Tafel. *Siehe auch: www.suehnekreuz.de/holstein/haithabu.htm*

WEGWEISER
Der große Sigtrygg-Stein (Replik) steht südlich der Furt durchs Haddebyer Noor. Fußweg vom Museumsparkplatz vorbei am Museum und den Wikingerhäusern, dem Hinweis Ostseefjord folgen Richtung Noor. Oder vom Parkplatz an der Bundesstraße 76 an der Ostseite des Noors den Weg am Noor entlang, über die Noorbrücke und durchs Schilf.

Skarthi-Stein & Erik-Stein
Runensteine

Beide Runensteine wurden an ihren Standorten durch Repliken ersetzt, die Originale stehen ebenfalls im Wikinger-Museum Haithabu.

Der Skarthi-Stein stand an einem Grabhügel am Südostrand von Busdorf. Seine Inschrift: *«König Sven ließ diesen Stein zu Ehren seines Gefolgsmannes Skarthi errichten, der nach Westen gezogen war, aber nun den Tod fand bei Haithabu»*. Der Stein gehört wahrscheinlich zu der wikingerzeitlichen Bestattung in dem Grabhügel, also zu dem Mann namens Skarthi.

Der Erik-Stein stand nicht weit vom Bootskammergrab von Haithabu*, östlich der Straße von Busdorf nach Selk. Auch er stand ursprünglich auf oder neben einem Grabhügel. Seine Inschrift lautet: *»Thorulf, der Gefolgsmann Svens, errichtete diesen Stein für seinen Genossen Erik, der den Tod fand, als die Krieger Haithabu belagerten, und er war Steuermann, ein sehr angesehener Krieger«*.

Das Wort Steuermann bezeichnet nicht den navigatorischen Schiffsführer, sondern den militärischen Anführer der Schiffsbesatzung oder sogar den Schiffseigentümer, der sich mit seiner Besatzung zu einer Art Genossenschaft zusammengeschlossen hatte. Dementsprechend wäre dann Thorulf einer der Genossen des Eigners Erik gewesen, weshalb er auch den Runenstein setzen ließ, um damit Erbansprüche zu dokumentieren.

Beide Runensteine verweisen auf die Gefolgschaft des dänischen Königs Sven Gabelbart aus der Jelling*-Dynastie, der seinen Vater

Harald Blauzahn 987 entmachtet und die Herrschaft über Dänemark inklusive Haithabu* übernommen hatte. Sven gilt als erfolgreicher Herrscher, obwohl Chronisten wie Adam von Bremen, der Schreiber der Erzbischöfe von Hamburg*-Bremen, Sven in eher trübem Licht erscheinen ließen. Immerhin besiegte er den norwegischen König Olaf Tryggvason („Sohn des Tryggve") und herrschte auch über Norwegen, zudem eroberte er in mehreren Feldzügen England und wurde auch dort König.

Um 995 fiel der schwedische König Erik Segersäll („der Siegreiche") in Dänemark ein und eroberte unter anderem auch Haithabu*. Auf diese Kämpfe dürften sich die Inschriften beider Runensteine beziehen, wobei anscheinend dem Text des Erik-Steins zufolge die Schweden Haithabu eingenommen hatten und Sven Gabelbart die Stadt belagerte.

SERVICE
Info-Tafel. *Siehe auch: www.suehnekreuz.de/holstein/haithabu.htm*

WEGWEISER
Der **Erik**-Stein (Replik) steht direkt am Parkplatz an der Landstraße nach Selk, die von der B 77 abzweigt. Zu Fuß gut erreichbar auf dem Weg vom Wikinger-Museum zum Noor, an der Straße Wedelspang nach rechts abzweigen.
Der **Skarthi**-Stein (Replik) steht vor einem Grabhügel am Südostrand von Busdorf. Abfahrt von der B 77 nach Westen, über Rendsburger Straße und Straße Am Runenstein der Ausschilderung zum Grabhügel folgen.

Schleswiger Dom-Stein
Runenstein

Seinen Namen verdankt der Stein dem Fundort: Er wurde 1897 bei Renovierungsarbeiten im nördlichen Seitenturm des Schleswiger Doms entdeckt, hatte also wie auch in vielen dänischen Kirchen als Baumaterial gedient. Bis 1950 stand der Runenstein im Dom, dann wurde er ins Landesmuseums Schloss Gottorf gebracht und steht dort in der Mittelalter-Abteilung. Eine Kopie ist im Stadtmuseum.

Bei seiner Bergung aus dem Dom brach der Stein, und die Runeninschrift wurde teilweise zerstört. Außerdem fehlen Ober- und Unterteil, sie wurden vermutlich für den Einbau im Dom abgeschlagen. Der Domstein besteht anders als die Runensteine in der Umgebung von Haithabu nicht aus Granit, sondern aus Kalkstein. Einzigartig für einen Runenstein aus dem ehemals dänischen Wikingerreich ist auch die Verzierung mit einem Schlangenornament, dessen Stil nach dem berühmten Muster an der norwegischen Stabkirche Urnes am Sognefjord benannt wird.

SERVICE
Archäologisches **Landesmuseum Schloss Gottorf**, D-24837 Schleswig, Tel. 04621/813-222. Geöffnet Apr. bis Okt. tägl. 10.–17 Uhr, Nov. bis Mrz. Di.–Fr. 10–16 Uhr, Sa./So./Fei. 10–17 Uhr. Shop und Café. Eintritt. *www.schloss-gottorf.de/archaeologisches-landesmuseum*
Stadtmuseum Schleswig, Friedrichstraße 9-11, D-24837 Schleswig, Tel. 04621/9368-20. Geöffnet: Di.–So. 10–17 Uhr, Mo. nur an Feiertagen. Eintritt. Hauseigene Parkplätze. Museumsshop. Café.
www.stadtmuseum-schleswig.de

WEGWEISER
Autobahn A 7, Abfahrt Schleswig/Jagel, auf der B 77/76 Richtung Schleswig, nach rechts in die Stadt. An der Kreuzung nach links zum Schloss Gottorf oder an dieser Kreuzung nach rechts zum Stadtmuseum.

Die lückenhafte Inschrift lautet übersetzt, vorsichtig ergänzt: »*xyz ließ den Stein errichten zum Gedenken... an Sul... er starb in... und Gudmund ritzten die Runen. Er ruht in England in Skia. Christus sei seiner Seele gnädig*«. Also ein christlicher Stein, er wird in die Zeit um 1050 datiert. Runenformen, Schlangenmotiv und Sprache weisen auf den skandinavischen Norden, allerdings nicht nach Norwegen, sondern die Inschrift soll von einem Schweden aus der Gegend vom Mälarsee geritzt worden sein.

Der unbekannte Auftraggeber setzte den Stein zu Ehren seines Gefährten, der auf einer Auslandsfahrt starb und in England begraben worden ist. Skia könnte den Ort Skidby in Yorkshire bezeichnen. Die Inschrift wird als Zeugnis für die Handelsbeziehungen Schleswigs als aufstrebende Rivalin oder Nachfolgerin Haithabus gewertet.

Füsing
Königliche Siedlung

Ein lokaler Häuptling oder sogar der Statthalter eines dänischen Königs residierte zur Wikingerzeit an der Mündung der Füsinger Au in die Schlei. Das wurde aus den Ergebnissen von Ausgrabungen einer Siedlung am Winningmay geschlossen, die seit 2010 von der Universität Aarhus, dem Archäologischen Landesamt Schleswig und dem Moesgård Museum bei Aarhus* durchgeführt wurden.

Das Team kam an Hand von Pfostenspuren und Wandgräben einer 25 Meter langen, zehn Meter breiten Halle auf die Spur. Die ehemalige Höhe wird auf sechs Meter geschätzt. Ein Repräsentationsbau. Als ähnlich bedeutsam gilt der Nachweis einer 35 Meter langen, mehrere Meter hohen Palisadenwand. Zusammen mit der Halle werten die Archäologen dies als Hinweis auf eine gutshofähnliche Anlage, die wiederum in Verbindung mit königlicher Macht gesehen wird.

Denn der Platz an der Au-Mündung war mit Bedacht gewählt: Vom Gelände zwischen Füsinger Au und Winningmay aus lässt sich die Schlei in drei Richtungen weit überblicken, und nach Osten hin gab ein Sumpf Schutz vor Angriffen. Am Westufer der Au, im Bereich des Gutes Winning, waren bereits bei Grabungen in den 1990er Jahren Grubenhäuser freigelegt worden.

Erste Spuren der Siedlung Füsing waren Schmuckfunde, die bereits 2003 mit Metalldetektoren entdeckt wurden. Geophysikalische Untersuchungen durch die Universität Kiel lieferten die Bestätigung: Geortet wurde eine insgesamt 75 Hektar große Siedlungsfläche aus der Zeit von etwa 700 bis 1000 n. Chr., von der ein großer Teil mit etwa 100 Grubenhäusern bebaut war.

Was bei den Grabungen an der Füsinger Au zutage kam, belegte die Vermutung einer wikingerzeitlichen Elite: Ein goldener Armring (einer von drei aus dem Schleswig-Holstein der Wikingerzeit), bronzene Gewandnadeln, Gürtelbeschläge, Kämme, Glasperlen und Scherben von Trinkglas. Das Glas erregte besondere Aufmerksamkeit, weil es aus anderen ländlichen Siedlungen der Wikingerzeit in Schleswig-Holstein nicht bekannt war.

Allerdings wurden wenig handwerkliche Geräte gefunden, und auch das wird als Zeugnis einer gehobenen Gesellschaft interpretiert: Mit dem Alltäglichen musste man sich hier nicht beschäftigen, denn in Füsing lebte die „Top-Class der Gesellschaft", wie Ausgrabungsleiter Andres Dobat es formulierte. Das wikingerzeitliche Füsing war zumindest zeitweilig ein regionales Zentrum mit Marktfunktion, und damit waren auch politische Zentralfunktionen verbunden.

WEGWEISER
Die Siedlung Füsing liegt ca. 9 km östlich von Schleswig, am besten über die Schleidörfer Straße zu erreichen, auf der bereits die Füsinger Au überquert wird. Am Ortsanfang von Füsing nach rechts (Süden) abbiegen auf die Straße Winningmay, an der nächsten Kreuzung wieder rechts bis zum Ende der Straße. Parkplatz vor dem Badeplatz rechts. Das Grabungsgebiet lag im Gelände zwischen Café Winningmay und der Au.

Stexwig
Schiffssperre

Die Schlei ist kein Fluss, sondern eine 40 km lange, teilweise recht schmale Förde, also eine Meeresbucht (Fjord). Sie verbindet die Ostsee mit der einstigen Handelsstadt Haithabu* und ihrem Nachfolger Schleswig. Der Wasserlauf ist aufgelöst in eine Folge von Seen, Buchten und flussartigen Verengungen und war zur Wikingerzeit Teil einer der wichtigsten europäischen Handelswege. Er führte von der Ostsee über Haithabu* zur Nordsee und nach Friesland und England.

Um Haithabu* oder später ebenso Schleswig vor Überfällen zu schützen, wurden im Verlauf der Schlei an mehreren Stellen und zu verschiedenen Zeiten Schiffsperren errichtet, ähnlich wie in den Fjorden Dänemarks. So auch an der Einfahrt ins Haddebyer Noor und bei Stexwig. Weitere waren bei Missunde, Lindaunis* und Arnis.

WEGWEISER
Von der B 76 zwischen Fahrdorf und Güby führt eine Straße nach Norden direkt nach Stexwig. Parkmöglichkeit im Ort an der Infotafel, ein paar Minuten Fußweg dem Wegweiser „Schleikoppel" nach links folgen bis zum Ende des Weges. Von der kleinen Halbinsel in den Wiesen hat man einen weiten Blick über die Schlei bis ans jenseitige Ufer.

Der Name verrät es noch: „Wig", d. h. Wik, bezeichnet die Bucht in der Schlei, und „Stex" meint Stake oder Stock, also Pfähle. Allerdings war die Schiffsperre nicht beim heutigen Ort Stexwig, sondern auf der gegenüberliegenden Seite der Schlei: Sie erstreckte sich vom Südzipfel der Halbinsel Reesholm (heute Naturschutzgebiet) namens Paloer nach Osten zum Inselchen Hestholm (d. h. „Pferdeinsel").

Denn zur Wikingerzeit hatte die Schlei einen anderen Verlauf als in moderner Zeit: Die heutige Öffnung bei Stexwig war geschlossen, die Fahrrinne verlief damals quer durch Reesholm. Der Name Paloer weist noch auf die Sperre hin: „Pal" bezeichnet die Pfähle, die in den Schleiboden gerammt worden waren.

Einige Hölzer der Sperre konnten geborgen werden, sie stammen nach dendrochronologischer Datierung aus dem Jahr 737. Die Untersuchungen ergaben nach dem Befund der Wissenschaftler ein „hölzernes Sperrwerk in der Großen Breite der Schlei als Teil des Danewerk-Baues". 2008 konnte man die Reste der Pfahlreihen auf dem Boden der Schlei mit einem Spezial-Echolot genauer nachweisen.

Haithabu* muss also bereits in der frühen Wikingerzeit so bedeutend gewesen sein, dass man es dringend schützen musste. Zu sehen ist von der Sperre heute über Wasser nichts mehr, aber vom Ufer bei Stexwig aus hat man den besten Blick über die Enge.

Burg
Befestigungsanlage

Das Missunder Fährhaus ist berühmt. Es liegt auf einer Halbinsel, die von der Schlei gebildet wird. Oberhalb vom Fährhaus ist eine Anhöhe, die zum Wasser hin steil abfällt, und der Platz dort oben heißt „Burg". Alten Aufzeichnungen zufolge gab es dort mal eine Burg. Ihr Bau wird Herzog Knud Lavard zugeschrieben, dem Neffen und Statthalter des dänischen Königs Niels im Raum Schleswig. Knud soll die Anlage um 1120 zur Abwehr gegen die Wenden von

> **WEGWEISER**
> Zur **Burg** kommen Sie zu Fuß vom Fähranleger oder dem Missunder Fährhaus aus (Parkplätze), vorbei an der Marina. Mit dem Auto Richtung Brodersby, vor dem Ort links in den Burger Weg, der direkt auf den Margarethenwall zuführt.
> **Kielfot** am Südufer ist zu Fuß von Weseby, Missunde oder über Waldwege erreichbar, die von der Straße nach Missunde abzweigen.

der südlichen Ostseeküste gebaut haben, die in dieser Zeit auch die dänischen Inseln heimsuchten (siehe Vordingborg* und Grønsund*).

Eindeutige archäologische Belege wurden in Burg allerdings nicht gefunden. 1134 soll in dieser Burg König Niels ermordet worden sein, von aufgebrachten Schleswigern, die nicht vergessen hatten, dass Niels Sohn Magnus den beliebten Herzog Knud Lavard hatte ermorden lassen, damit er ihm nicht die Thronfolge streitig machen konnte (siehe Haraldsted*).

Der Nordrand des Plateaus von Burg wurde später durch einen quer laufenden Wall gesichert, der im Volksmund „Margarethenwall" genannt wird. Der Name geht nicht auf die dänische Königin Margarethe zurück, die um 1400 regierte, sondern auf die so genannte „swarte Gret", d. h. Margaretha, die Witwe des Dänenkönigs Christopher I., die in den schleswigschen Volkssagen eine bedeutende Rolle spielt. Sie starb 1283.

Heute ist Burg eine Siedlung, die zu Brodersby gehört. Das Gelände der einstigen Burg ist erhalten, es liegt an der östlichen Seite der Halbinsel und wird heute als Abstell- und Reparaturplatz für Jachten genutzt. Das Gelände fällt steil zur Schlei hin ab. An der Kreuzung Burger Weg und Margarethenwall erinnert ein Gedenkstein mit Informationstafel an die einstige Burg.

Ähnliche Wallanlagen soll es auch auf Landzungen am südlichen Schleiufer gegeben haben: östlich von Missunde, hinter den Campingplätzen, und westlich bei Kielfot, gegenüber von Burg am südlichen Schleiufer. Der Name Kielfot hat mit der Bezeichnung „Kiel" für Keil zu tun, womit hier die Landspitze gemeint ist, die in die seeartige Verbreiterung der Schlei namens Große Breite ragt. Auch diese Befestigungen sollen von Knud Lavard angelegt worden sein.

Kosel
Siedlung

Im Hinterland der Handelsstadt Haithabu* gab es eine Reihe von ländlichen Siedlungen, von denen früher angenommen wurde, dass sie die Aufgabe hatten, Haithabu mit Lebensmitteln zu versorgen. Schließlich haben auch Händler Hunger. Das wird inzwischen anders gesehen: Siedlungen in der Umgebung von Haithabu* wie

Schuby* und andere werden als Plätze bewertet, die in die Aktivitäten des Handelszentrums Haithabu* eingebunden waren und von dessen wirtschaftlichem Erfolg profitieren konnten. Dazu gehörte auch die Siedlung von Kosel. Zur Wikingerzeit lag sie an einer schmalen Seitenbucht der Schlei, seither sind die Zufahrten verlandet. Archäologische Untersuchungen förderten wikingerzeitliche Siedlungsplätze zu Tage, ein zugehöriges Gräberfeld und ältere Siedungsspuren. Zahlreiche Funde belegen auch für Kosel die überregionalen Kontakte der Wikinger in den Süden und den Norden Europas.

Einzelne Funde führten erstmals 1975 zu Ausgrabungen westlich von Kosel. Auf Grund der guten Ergebnisse setzte das Institut für Ur- und Frühgeschichte der Universität Kiel von 1983 bis 1993 die Grabungen fort. Dabei wurden zwei wikingerzeitliche Siedlungen entdeckt, eine westlich zwischen Kirche und Kollsee, die vom 9. bis zum 12. Jahrhundert bestand, und eine Siedlung im Osten des Ortes, die nur für das 10. Jahrhundert dokumentiert ist. Von beiden ist heute nichts mehr zu sehen. Die romanische Rundturmkirche im Ort stammt aus der 2. Hälfte des 12. Jahrhunderts, sie ist einen Besuch wert.

SERVICE
Laurentius-Kirche, Tel.: 04354 / 217, tägl. geöffnet 8–18 Uhr, im Winter 8–16 Uhr. www.kkre.de/gemeinden/kosel.html

WEGWEISER
Kosel liegt an der Straße von der B 76 zur Schleifähre Missunde. Die West-Siedlung war westlich der Kirche, beidseits der Straße An der Kirche/ Missunder Weg. Die Ost-Siedlung erstreckte sich ca. 500 m östlich der heutigen Bebauung zwischen den Wegen Pferdekoppel und Meiereiweg.

Das Gräberfeld lag östlich von Kosel, außerhalb des heutigen Ortes. 40 Bestattungen wurden nachgewiesen, bis auf eine Brandbestattung alles Körpergräber, darunter auch aufwendige Bestattungen in Holzkammern, was auf höheren sozialen Rang hinweist. Von diesen Gräbern fällt eines aus dem Rahmen: die Bestattung einer Frau in einem Wagenkasten (ähnlich wie in Bienebek*) mit wertvollen Beigaben wie einer silbernen Fibel. Dieses Grab stammt aus der Zeit um 970.

Die Siedlung wies unterschiedliche Haustypen auf, die Ausdruck von gesellschaftlichen Unterschieden sind: kleine Grubenhäuser mit eingetieftem Boden und größere ebenerdig errichtete Pfostenbauten. Die rund 50 Grubenhäuser waren alle west-östlich ausgerichtet, was für einen einheitlichen Bauplan spricht und für eine zentrale Lenkung. Die Wände bestanden z. T. aus Flechtwerk oder gespaltenen Holzbohlen, darauf lag in Verbindung mit den Firstpfosten das zeltartige Dach. Unter den 20 entdeckten Pfostenbauten waren mehrere Langhäuser von bis zu 28 m Länge, denen eine besondere soziale oder wirtschaftliche Bedeutung zuzumessen ist.

Bienebek
Gräberfeld

Ein wikingerzeitlicher Häuptlingsfriedhof ist westlich des Gutes Bienebek beim Kiesabbau direkt am Uferhang der Schlei entdeckt worden. Ausgrabungen in den 1970er Jahren förderten 52 Gräber zutage, die in die Zeit von Anfang bis Mitte des 10. Jahrhunderts datiert werden. Darunter sind neben vielen einfachen Erdgräbern auch 12 Kammergräber, in denen zumeist Frauen bestattet worden waren, mehrere von ihnen in hölzernen Wagenkästen, die als Särge dienten.

Diese aufwändige Form der Bestattung und dazu ansehnliche Grabbeigaben weisen sie als Angehörige eines Herrschergeschlechts aus. Ein Zusammenhang mit Haithabu* und den Häuptlingsgräbern von Thorsberg* (siehe unten), ist wahrscheinlich.

Der archäologische Befund, dass trogförmige Wagenkästen als Särge benutzt worden waren, also Ladeflächen ohne das Fahrgestell, orientiert sich am berühmten Bootsgrab von Oseberg am Oslofjord in Norwegen. Dort wurde ein gänzlich erhaltener Wagen mit Rädern als Grabbeigabe geborgen. Der Wagenkasten war wie die von Bienebek in Bootsbauart aus Planken in Klinkerbauweise hergestellt worden. Im Grab von Oseberg war eine sozial hoch stehende Frau bestattet worden, wahrscheinlich eine Königin.

WEGWEISER
B 203 Richtung Kappeln, in Vogelsang-Grünholz nach Westen abbiegen, durch Thumby bis zum Flecken Sensby, dort nach links zum Gut Bienebek. Am Ende der Straße den Wagen abstellen, zu Fuß auf dem Weg an der Schlei entlang nach Westen, Richtung Sieseby, etwa 400 m bis zur Einbuchtung der ehemaligen Kiesgrube.

Ähnliche Körpergräber, in denen solche Wagenkästen als Särge verwendet wurden, sind auch an Orten in Jütland entdeckt worden, außerdem in Thorsberg*, Kosel*, Haithabu* und in der slawischen Fürstenburg Oldenburg* in Holstein. Die Reise ins Jenseits konnten vornehme Wikinger nach Ausweis der Bestattungsbräuche nicht zu Fuß antreten, sondern nur per Boot oder Schiff, zu Pferd oder im Wagen. Dabei gab es geschlechtsspezifische Unterschiede, denn die Bestattung in Wagenkästen ist bisher nur von Frauen bekannt.

Skelette waren im sandigen Boden des Schleiufers bei Bienebek bis auf ein paar Fragmente nicht erhalten, dafür jedoch viele Beigaben wie Fibeln, Schnallen, Nadeln, Bronzeschalen, Messer, Eimer, ein Brettspiel etc. Die Gräber sind west-östlich ausgerichtet, was auf wachsenden Einfluss des Christentums im Raum Schleswig/Süd-Jütland hindeutet. Andererseits wurden auch Thorshämmer in den Gräbern gefunden, Amulette in Form eines Hammers (zu Ehren des Gottes Thor), also heidnische Gegenstücke zum christlichen Kreuz;

Zeugnisse dafür, dass alte vorchristliche Vorstellungen noch lebendig waren. Von den Ausgrabungen am einstigen Steilhang der Schlei zeugt heute nur noch die Einbuchtung der ehemaligen Kiesgrube.

Das Gräberfeld von Bienebek belegt, dass ein Herrschergeschlecht an der mittleren Schlei residierte, wahrscheinlich also am Schiffsverkehr nach Haithabu interessiert war oder diesen sogar kontrollierte. Seine führende Rolle war zeitlich eng begrenzt, denn der Friedhof wurde in der zweiten Hälfte des 10. Jahrhunderts aufgegeben, diente also höchstens drei Generationen. Das legt eine Verbindung mit der aus Schweden stammenden Olaf-Dynastie nahe, mit König Olaf und seinen Söhnen Knuba und Gurd, die zeitweise über Haithabu* herrschten. Ihr letzter Spross Sigtrygg wurde um 940 vermutlich vom dänischen König Gorm vertrieben (siehe Sigtrygg-Steine*).

Die zugehörige Siedlung dieses Geschlechts, der Häuptlingssitz, konnte allerdings nicht lokalisiert werden. Untersuchungen in den 1980er Jahren in der Umgebung des Gutes Bienebek ergaben nur mittelalterliche Spuren. Auch auf einer Anhöhe ein paar hundert Meter südlich, die heute noch „Bysted" genannt wird, also Dorfstätte, wurde nur Keramik aus dem 11. Jahrhundert gefunden. In jedem Fall dürfte bereits zur Wikingerzeit der Bach Bienebek, der noch heute durch das Gutsgelände fließt, eine entscheidende Rolle gespielt haben, denn er garantierte die Versorgung mit Süßwasser.

Schubystrand
Schiffswrack

Drei Sporttaucher gaben den Anstoß: Beim Schnorcheln an einem Sommertag 1979 in der Ostsee vor dem Campingplatz von Schubystrand entdeckten sie am Grund Reste eines hölzernen Schiffes. Sie meldeten den Fund an das Landesamt für Vor- und Frühgeschichte in Schleswig (heute Archäologisches Landesamt). Dessen damaliger Direktor, Prof. Karl Wilhelm Struve, erkannte anhand der Beschreibung gleich die Bedeutung des Fundes.

Struve war auf die Archäologie der Slawen spezialisiert (u. a. Oldenburg*) und begriff sofort, dass es sich um das Wrack eines slawischen Schiffes handelte. Im September wurde das erhaltene, ca. 8,2 m lange Bodenfragment geborgen und zur Konservierung nach Schleswig gebracht. Entsprechend einer ersten C^{14}-Datierung von 1980 stammt das Holz aus der Zeit von 750 – 830 n. Chr. Nach neueren Analysemethoden ist es in die erste Hälfte des 10. Jh. zu datieren.

Das Schiff war aus Eichenholz, nur ca. 11 m lang und deshalb wohl ein Last- bzw. Handelsschiff. Die Planken waren mit Holznägeln befestigt, zur Abdichtung war zwischen die Überlappungen Rinderhaar in Hohlkehlen eingelegt. Diese Technik gilt als Kennzeichen für den Schiffbau der Ranen, d. h. Westslawen, die auf Rügen und Umgebung lebten. Eisennieten für die Beplankung hingegen waren bei Slawen östlich der Weichsel und im nordischen Schiffbau üblich. Die „ranische" Bauweise ist auch von Fribrødre Å* auf Falster bekannt, wo sich slawische Minderheiten angesiedelt hatten.

Das Schiff von Schubystrand war also ein slawisches Schiff im nordisch-dänischen Bereich. Es dürfte zwischen Kieler Förde und Oder gebaut worden sein und war vermutlich auf Handelsfahrt mit Kurs Haithabu unterwegs, wobei es möglicherweise im Bereich des heutigen Schwansener Sees an einem Landeplatz abgewrackt wurde.

WEGWEISER
B 203 Richtung Kappeln, rechts abbiegen nach Dörpshof, wieder rechts (Schubyfeld) nach Schubystrand. Oder von Bienebek über Thumby und Börentwedt Richtung Damp, kurz vorher links (Revkuhl) und wieder rechts (Schubyfeld). Zu Fuß über den Campingplatz zum Strand.

Lindaunis
Schiffssperre

Wo zurzeit das nostalgische Bauwerk der kombinierten Bahn- und Straßen-Klappbrücke aus dem Jahr 1881 die Schlei quert (Neubau geplant), war auf dem Grund der Förde vor rund 1000 Jahren eine Pfahlreihe, welche die Aufgabe hatte, den Schiffen von ungebetenen Gästen die Durchfahrt zu sperren. Die Anlage wurde 1926 bei Bauarbeiten an der Brücke entdeckt, allerdings nicht genauer untersucht. Weitere Schiffssperren gab es bei Arnis, Missunde, Stexwig* und an der Einfahrt ins Haddebyer Noor nach Haithabu*.

WEGWEISER
Die Brücke quert die Schlei im Zuge der Straßenverbindung von Eckernförde nach Süderbrarup und weiter über Sörup nach Husby. Auf der Brücke herrscht ampelregelter Einbahnverkehr, Wartezeiten möglich.

Hegeholz
Grabhügelfeld

Ein zauberhaftes Waldstück mit lichtem Buchenwald am Nordrand von Lindaunis, oberhalb des Lindauer Noors: Auf zwei Geländekuppen im Hegeholz befinden sich 44 Grabhügel aus der Wikingerzeit. Die meisten sind gut erkennbar und können von einem Rundweg um die westliche Geländekuppe erkundet werden. Einige Gräber sind durch aufrechte Steine, so genannte Bautasteine, gekennzeichnet. Nach Sturmschäden in den vergangenen Jahren wurden ca. 30 Hügelgräber vom Archäologischen Landesamt Schleswig mit Fähnchen gekennzeichnet, damit sie bei forstwirtschaftlichen Aufräumarbeiten nicht versehentlich beschädigt wurden.

Für das Ansehen der Verstorbenen war in der Wikingerzeit die Art des Begräbnisses besonders wichtig: Die Größe der Grabanlagen kennzeichnete den sozialen Status des Bestatteten. Außerdem wurden den Toten Beigaben mit ins Grab gegeben, damit sie für ihren Aufenthalt im Jenseits gerüstet waren. Je üppiger die Beigaben, desto größer waren Reichtum und Ansehen des Toten.

Grundsätzlich wurden Grabhügel an herausragenden Stellen errichtet, damit sie von weitem her sichtbar waren. Die zur Wikingerzeit noch unbewachsenen Hügel im Hegeholz konnten von den Schiffen auf der Schlei aus gut gesehen werden.

SERVICE
Info-Tafel an der Einfahrt zum Rundweg, mit Park-Möglichkeit.

WEGWEISER
Von Süden her über die Lindaunis-Klappbrücke, direkt dahinter nach rechts auf die Schleistraße. In Lindaunis nach links in die Straße Am Nißberg, die in die Straße Hegeholz übergeht. Nach ca. 300 m ist rechts der Zugang zum Rundweg, kenntlich an einer Torsäule.

Thorsberg
Gräberfelder, Kultplatz & Heilige Quelle

Heute nur noch ein idyllischer verlandeter See mit einem Hügel am Rand, einst einer der bedeutendsten Kultplätze des Nordens. Auf dem Hügel am Nordrand von Süderbrarup in Angeln wurde ein Feld mit Kammergräbern aus der Wikingerzeit lokalisiert, an seinem Fuß der See als Opferplatz und eine Reihe von Grabhügeln der Bronzezeit. Weiter östlich gab es ein halbes Dutzend Megalithgräber, die inzwischen leider zerstört sind, und in der weiteren Umgebung sind mehrere Urnen-Gräberfelder aus den ersten Jahrhunderten n. Chr. mit einigen Tausend Bestattungen.

Der weitgehend verlandete See nördlich des Hügels ist der Rest eines ehemaligen, längst abgegrabenen Moores, früher „Thorsmoor" genannt, das über einen Zeitraum von ca. 400 vor Christus bis 400 nach Christus als Opferplatz fungierte. Am Ostrand dieses Moorbeckens wurde von 1858 bis 1861 nach einzelnen Funden beim Torfgraben durch archäologische Grabungen einer der großartigsten Funde Mittel- und Nordeuropas zutage gefördert und gründlich dokumentiert: Goldschmuck, Tongefäße, römische Münzen, Kleidungsstücke, Werkzeuge, Schilde, Kettenhemden, Schwerter, Lanzen, Helme. Die Funde werden im Landesmuseum Schloss Gottorf gezeigt.

Der Reichtum an Funden und der Zeitraum der Opferungen von mehr als einem halben Jahrtausend legen die Deutung des Platzes als zentrales Heiligtum der Landschaft Angeln nahe. Im Laufe der Zeit wandelte sich dort die Lebensart der Menschen: Eine anfangs friedliche, Tieropfer darbringende bäuerliche Bevölkerung wich in den nachchristlichen Jahrhunderten einer aristokratischen Kriegerschicht, die an diesem Platz ihren Göttern opferte. Unter ihnen auch, dem Ortsnamens entsprechend, Thor, der Gewitter- und Wetter-Gott und zugleich Gott der Fruchtbarkeit.

Die Bedeutung des Ortes als kultischer und politischer Mittelpunkt Angelns offenbart sich besonders in den Urnen-Gräberfeldern, wo die Asche der verbrannten Toten in Tongefäßen beigesetzt wurde. Von ihnen ist heute nichts mehr zu sehen. Das größte, mit ca. 5000 Urnen, liegt im Ostteil von Süderbrarup auf dem Kirchhügel und erstreckt sich nordwärts über die Hauptstraße bis auf den Marktplatz.

Dieser Platz ist uralt und der größte Jahrmarkt Schleswig-Holsteins. Seine Entstehung geht auf mittelalterliche Wallfahrten zu der etwa 700 m östlich des Thorsberger Moores gelegenen heiligen Quelle zurück. Sie war in neuerer Zeit als radiumhaltig erkannt worden, das erklärt ihre Bedeutung. Die Quellfassung stammt von 1927. Funde im Bereich der Quelle zeigen, dass sie bereits um Christi Geburt besucht wurde, mithin als Quellheiligtum Teil oder sogar Mittelpunkt des gesamten Kultzentrums war. Aber seit Jahren fließt sie nicht mehr.

Die Belegung der Urnen-Friedhöfe hatte ihren Höhepunkt im 3. und 4. Jahrhundert, was auf starke Zunahme der Bevölkerung deutet; nur wenige Gräber stammen aus dem 5. und 6. Jahrhundert. Dann kommt eine zeitliche Lücke, als deren Hauptgrund die Abwanderung der Angeln nach England gilt, und erst um 900 zeigen die Gräber auf dem Thorsberg eine neue Siedlungsphase in Angeln an.

SERVICE
Parkplätze am Thorsmoor und neben der heiligen Quelle.
Archäologischer Rundweg mit Erläuterungen
Thorsmoor: *www.thorsberger-moor.de*
Archäologisches **Landesmuseum Schloss Gottorf**, D-24837 Schleswig, Tel. 04621/813-222. Geöffnet Apr. bis Okt. tägl. 10.–17 Uhr, Nov. bis Mrz. Di.–Fr. 10–16 Uhr, Sa./So./Fei. 10–17 Uhr. Shop und Café. Eintritt.
www.schloss-gottorf.de/archaeologisches-landesmuseum

WEGWEISER
Die schönste Strecke nach Süderbrarup führt über die Schleibrücke bei Lindaunis*. Das **Thorsmoor** liegt am Nordrand von Süderbrarup, rechts von der Bahnhofstraße, die aus dem Ort in Richtung Norderbrarup führt. Zur **heiligen Quelle** geht es über die Straße Am Markt (gegenüber der Kirche), dann rechts in die Quellenstraße. Die Quellfassung liegt am Rand des Freibadgeländes.

Träger dieser wikingerzeitlichen Kolonisation war eine Häuptlingsschicht mit Gefolge, deren hoher Rang sich durch die Bestattungen in Kammergräbern, z. T. in hölzernen Wagenkästen, und durch die Beigabe von Waffen, Rüstungen, Pferden, Bronzeschalen etc. zu erkennen gibt. Diese Wikingerhäuptlinge sind im Zusammenhang mit der Herrschaft eines Geschlechts in Haithabu* zu sehen, das aus Schweden eingewandert oder aus dem Exil zurückgekehrt ist – die so genannte Olaf-Dynastie, mit König Olaf und seinen Söhnen Knuba und Gurd. Diesem Geschlecht werden auch die Gräber von Bienebek* südlich der Schlei zugeordnet.

Poppostein
Kultplatz

Der Ort ist symbolträchtig für die Geschichte der Christianisierung des Nordens. Denn an diesem Steingrab nahe der Landstraße von Schleswig nach Flensburg, nördlich von Idstedt, soll gemäß der Überlieferung Bischof Poppo von Schleswig/Haithabu* um 960 viele Heiden getauft haben. Deshalb wird das Grab als „Poppostein" oder auch „Taufstein" bezeichnet.

Unter den Täuflingen soll auch der dänische König Harald Blauzahn gewesen sein, der in Jelling* in Süd-Jütland residierte und in Roskilde* begraben ist. Das Grab selbst stammt jedoch aus der jüngeren Steinzeit. Seine Kammer umschließt einen rechteckigen Innenraum, der wohl für mehrere Bestattungen bestimmt war. Von den Decksteinen ist noch ein Überlieger in seiner ursprünglichen Lage erhalten. Im Jahr 1859 kaufte der archäologisch interessierte dänische König Frederik VII. das Gelände um den Poppostein und ließ es durch Grenzsteine als Denkmal fassen.

Südlich vom Poppostein fließt der Bach Helligbek, der „Heilige Bach". Die nächste Siedlung nördlich ist Poppholz, sie gehört zu Sieverstedt, einem alten Kirchspiel mit einer Feldsteinkirche aus der zweiten Hälfte des 11. Jahrhunderts. Nördlich von Poppholz und südlich bei Idstedt liegen an der Landstraße zahlreiche Hügelgräber, darunter mit dem Grönhoy bei Stenderup der höchste Grabhügel Schleswig-Holsteins. Diese Gräber zeugen davon, dass auch die neuzeitliche Straße in etwa noch dem Verlauf des alten Heerweges* entspricht.

Der Überlieferung nach, wie sie der sächsische Mönch Widukind von Corvey 968 in seiner „Res gestae Saxonicae", der Geschichte der Sachsen erzählt, soll Bischof Poppo den dänischen König Harald Blauzahn von der Macht seines christlichen Gottes überzeugt haben, indem er glühendes Eisen mit seinen nackten Händen trug. In der Tat ließ sich Harald wahrscheinlich um 965 herum taufen, womit er dem Christentum in Dänemark den Durchbruch bereitete. Wahr-

SERVICE
Info Poppostein: *de.wikipedia.org/wiki/Poppostein*

WEGWEISER
Autobahn A 7, Abfahrt Schuby, auf der B 201 nach Osten bis zur Kreuzung mit der B 76, auf deren Fortsetzung nach Norden (L 317) Richtung Oeversee. Die Kreuzung nach Idstedt queren, auf der Flensburger Straße bis zu ein paar Häusern namens Helligbek links der Straße. Vom gegenüber liegenden Parkplatz rechts sind es keine 200 m Fußweg zum Taufstein.

scheinlich noch im selben Jahr ließ er auch den Runenstein in Jelling* setzen, der als „Taufurkunde" Dänemarks gilt.

Dem dänischen Geschichtsschreiber Saxo Grammaticus zufolge soll allerdings der Thingplatz von Isøre* auf Seeland der Ort dieses wundersamen Gottesbeweises gewesen sein. Andere Quellen nennen auch Viborg* und Ribe*. Da Widukind ein Zeitgenosse Haralds war, könnte er der Wahrheit näher sein als andere Autoren. Der Männername Poppo ist bereits seit etwa 800 dokumentiert und war namensgebend für das fränkische Geschlecht der Popponen.

Ob allerdings Bischof Poppo wirklich seinen Sitz im Norden hatte, ist fraglich, und ebenso fraglich ist, ob es diesen Wundertäter überhaupt gegeben hat. Denn Erzbischof Adaldag von Hamburg*-Bremen ließ im Jahr 948 Bischöfe für die Kirchen in Haithabu*, Ribe* und Aarhus* aus machtpolitischen Gründen ernennen, um sich durch untergeordnete Kleriker anderen Erzbischöfen als gleichrangig erweisen zu können. Die neuen Bischöfe dürften jedoch kaum in den genannten Orten residiert haben. Überdies wirkte der historisch fassbare Bischof Poppo, der nachweisbar im Norden tätig war, erst Jahrzehnte später und ist im Bremer St. Petersdom begraben; was nahelegt, dass er nicht an der Schlei zu Hause war.

Wahrscheinlich ist den Chronisten, die von der Taufe Harald Blauzahns berichten, im Bestreben, die Missionierung glänzend darzustellen, einiges durcheinander geraten. Haralds Taufe um 965 dürfte in der Amtszeit des zweiten Bischofs von Haithabu, namens Marco, stattgefunden haben. Aber auch der residierte nicht an der Schlei, sondern wohl in Fallersleben. Mag sein, dass in seinem Auftrag ein Kleriker mit dem Namen Poppo in seiner Diözese missionierte.

Möglich wäre auch, dass ein heidnischer Kultplatz durch die Story von der königlichen Taufe christlich umgedeutet worden ist. Solche Umdeutungen sind in der Zeit der Missionierung des Nordens häufig praktiziert worden. Die Szene mit der Taufe Haralds ist sogar bebildert worden – auf einer vergoldeten Reliefplatte, die 1870 in der Kirche von Tamdrup* bei Horsens in Südjütland entdeckt wurde. Auch diese Platte am Altar offenbart in der Art ihrer Darstellung Unsicherheit über die Person Poppos (siehe Tamdrup*).

Husby
Königliche Siedlung

Die Aktion war spektakulär: 30 Archäologen und freiwillige Helfer waren im Sommer 2013 angetreten, um auf einem Acker in Husby mit Metalldetektoren nach Beweisen zu suchen, dass dieser Ort zur Wikingerzeit eine königliche Siedlung war. Denn darauf deuteten Funde aus früheren Jahren hin, und vor allem war der Name Husby verdächtig: Über 130 Orte in Dänemark, Schweden und Norwegen tragen diesen Namen, der von der Forschung als eine standardisierte Bezeichnung für einen königlichen Hof oder ein königliches Gut angesehen wird.

Der südlichste dieser Plätze ist Husby in Angeln, das zur Wikingerzeit zum dänischen Reichsgebiet gehörte. Aus gutem Grund gingen daher bei der Suche in Husby auch Deutsche und Dänen gemeinsam auf Spurensuche, wobei die ehrenamtlichen Detektorgänger vorher besonders geschult worden waren. Die Methode zur Suche mit Metalldetektoren wurde aus Dänemark übernommen, wo man gute Ergebnisse damit erzielt hat.

Die Funde von 2013 sind überschaubar, u. a. wurden auf dem Acker am Lerchenweg ein Schmuckanhänger aus Bronze, eine verzierte Gewandnadel und Wiegegewichte entdeckt. Hinzu kommen Fundstücke von ersten Untersuchungen 2009, mehrere Fibeln, und ältere Zufallsfunde, die bis in die zweite Hälfte des 7. Jahrhunderts zurückgehen. Eine Bronzefibel mit filigranen Tier-Ornamenten und feinen Goldeinlagen deutet auf eine ortsansässige Elite hin.

> **WEGWEISER**
> Husby liegt östlich von Flensburg, von Schleswig her am besten über Böklund und Satrup zu erreichen, von Lindaunis über Brebel, Mohrkirch und Sörup. Der Hügel mit den Funden liegt am Ortseingang links der Holnisser Landstraße, direkt vor der Abzweigung des Lerchenwegs (Wegweiser zur Dänischen Schule). Die Kirche ist 300 m weiter nördlich.

Ein entsprechender Siedlungsplatz wurde 2011 ca. 300 m südlich der Kirche entdeckt. Man geht vom Bau einer hölzernen Kirche im 11. Jahrhundert aus, die im 12. Jahrhundert durch eine romanische Steinkirche ersetzt wurde. Möglicherweise befinden sich unterhalb der heutigen Kirche noch Reste einer einstigen Stabkirche.

Neben der Siedlung verläuft ein alter Weg, der im Mittelalter als „kongevej" (Königsweg) bezeichnet wurde und in Nord-Süd-Richtung von der Halbinsel Holnis an der Flensburger Förde zur Schlei führte. Wenige hundert Meter nördlich der Husbyer Kirche kreuzte dieser Weg einen West-Ost gerichteten Weg, der über Quern in Richtung Gelting und in einer Abzweigung in Richtung Kappeln verlief. Husby lag also verkehrsgünstig an einer Fernwegekreuzung.

Insgesamt deuten alle Husbyer Funde eine durchgehende Nutzung des Siedlungsplatzes von der zweiten Hälfte des 7. bis zur zweiten Hälfte des 11. Jahrhunderts an. In der Zeit davor gab es eine Siedlungslücke, die auf die Abwanderung der Angeln nach England zurückgeht. Der Ort dürfte eine gewisse Bedeutung als Handelsknotenpunkt gehabt haben. Ob Husby tatsächlich ein königliches Gut war, kann von der Forschung noch nicht eindeutig beurteilt werden.

Langballigau
Gräberfeld

Eine wikingerzeitliche Besonderheit: Wo sich im Sommer Segler und Camper treffen, liegt das einzig bekannte Gräberfeld aus der Wikingerzeit an der Ostküste Schleswig-Holsteins. Es ist dicht am Strand auf einer ehemaligen Möranenkuppe bzw. einem Strandwall nahe der Mündung der Langballig Au in die Flensburger Förde. Von den einstigen 90 bis 100 abgeflachten Brandgrabhügeln sind allerdings nicht mehr alle erhalten, viele sind durch den neuzeitlichen Baggersee untergegangen.

Entdeckt wurde der Platz bei der Auswertung von Luftbildern, und 1970 bis 1972 wurden 22 Grabhügel freigelegt oder angeschnitten und untersucht. Im Brandschutt wurden neben Knochenresten Fragmente von Bronze-, Eisen- und Keramikteilen entdeckt. In einem der untersuchten Hügel befand sich ein reich ausgestattetes Reitergrab des 10. Jahrhunderts. Hier war also ein Angehöriger der wikingerzeitlichen Oberschicht bestattet worden.

Die zum Gräberfeld gehörige Siedlung ist noch nicht entdeckt worden, sie dürfte nicht weit entfernt in sicherer, vor Hochwasser geschützten Lage gewesen sein. Die Küstenlage lässt Hafen- und auch Handels-Aktivitäten der Siedlung vermuten.

SERVICE
Übersichtstafel am größten Parkplatz und am Strandweg Infotafel Nr. 4 der „Historischen Wanderung" direkt vor den Gräbern.

WEGWEISER
Langballigau liegt nördlich der B 199 Richtung Flensburg. Abbiegen in Langballig nach Norden, mehrere Parkplätze stehen zu Verfügung. Ca. 400 m Fußweg auf dem Strandweg Richtung Osten.

IV. West-Schleswig

Lürschauer Heide
Schlachtfeld & Überlandstraße

Eine blutige Schlacht war es, die 1043 zwischen Dänen und Wenden bei Lürschau nordwestlich von Schleswig stattfand. Slawische Kriegerscharen waren von Süden her auf einem Raubzug beim Danewerk durchgebrochen und bis nach Ribe* an der Nordsee vorgedrungen. Beim Rückmarsch auf dem Heerweg/Ochsenweg* nach Süden wurden sie am 28. September 1043 auf der Lürschauer Heide von einem Heer unter König Magnus und dessen Statthalter Sven Estridsson gestellt. Die Schlacht endete mit einer vernichtenden Niederlage der Wenden, wurde jedoch auch zum Auslöser für einen neuen Konflikt.

Der Raubzug der Wenden war die Rache für einen Beutezug, den Magnus, König von Norwegen und Dänemark zugleich, mit seiner Flotte an der südlichen Ostseeküste unternommen hatte. Wendenfürst Ratibor war dabei im Kampf gefallen. Im Gegenzug stellten dessen Söhne ein Heer auf, das über den Ochsenweg* nach Norden zog und im schleswig-holsteinisch-jütischen Herrschaftsbereich von Magnus plündernd Beute machte. Daraufhin landeten Magnus und sein dänischer Statthalter Sven Estridsson ihre Truppen eilends in Haithabu* und zogen den beutebeladenen Wenden auf dem Ochsenweg* entgegen.

15.000 Wenden sollen gefallen sein, wie der Kirchenchronist Adam von Bremen berichtet. Diese Zahl dürfte angesichts der tatsächlichen Stärke damaliger Heere übertrieben sein. Auf jeden Fall wurden jedoch die Wenden so geschwächt, dass sie über 20 Jahre keine Feldzüge nach Norden mehr unternahmen. Erst während des großen Slawenaufstandes im Jahr 1066 fielen sie über Haithabu* her und zerstörten die Stadt.

Die Kehrseite des Sieges bei Lürschau: Statthalter Sven Estridsson gewann so stark an Ansehen, dass seine Anhänger ihn auf dem Thing von Viborg* zum König ausriefen. Das gab Streit mit König Magnus, der als norwegischer König erst ein Jahr zuvor auch in Dänemark die Herrschaft übernommen hatte, nachdem der dänische König Hardeknud bei einem Saufgelage verschieden war. Magnus hatte klugerweise Sven, der als Neffe König Knuds des Großen dem dänischen Thron eigentlich näher gewesen wäre, als Jarl, d. h. Statthalter, in Dänemark eingesetzt; so wie seinerzeit auch Svens Vater Ulf unter König Knud dem Großen Jarl gewesen war (siehe Roskilde*).

Ähnlich wie sein Vater Ulf hatte allerdings auch Sven mehr als nur die Statthalterschaft im Sinn. Er tat sich mit dem Onkel von Magnus, mit Harald Hardråde („der Harte") zusammen. Ein Haude-

> **WEGWEISER**
> Autobahn A 7, Abfahrt Schuby, am Kreisel auf der westlichen Seite der Autobahn Richtung Lürschau und auf der Dorfstraße durch den Ort. Knapp 200 m hinter der Unterführung der Schnellstraße zweigt links ein Sandweg ab – der alte Ochsenweg bzw. Heerweg. Wagen abstellen und dem Weg ein paar Hundert Meter über die Heide folgen.

gen, der mit kampferprobten Kriegern und großen Schätzen aus dem Militärdienst beim Kaiser von Byzanz nach Norwegen zurückgekehrt war und jetzt ebenfalls den Thron im Visier hatte. Aber König Magnus war clever und machte Harald einfach zum Mitregenten in Norwegen – Sven Estridsson stand alleine da und musste zeitweise sogar nach Schweden fliehen, zu König Anund Jakob am Mälarsee, bei dem er aufgewachsen war und mit dem er auch befreundet blieb.

Schließlich bescherte das Schicksal eine Lösung: 1047 kam es zu einer Schlacht zwischen Sven und Magnus. Allerdings ist ungeklärt, wo sie stattfand, man weiß nicht mal, ob es ein Gefecht zu Lande war oder eine Seeschlacht. Fest steht lediglich, dass Sven besiegt wurde und floh. Dann kam, wie der dänische Geschichtsschreiber Saxo Grammaticus berichtet, die schicksalhafte Wendung: König Magnus setzte Sven nach, und zwar an Land und zu Pferde, nämlich auf Seeland, bei Alsted*. Als jedoch ein Hase überraschend aus dem Gebüsch hoppelte, scheute das Pferd von Magnus und strauchelte, der König stürzte und verletzte sich so schwer, dass er an den Folgen starb. Sven wurde dänischer König und Magnus Onkel Harald Hardråde wurde König in Norwegen.

Dieser Gang der Ereignisse nahm seinen Anfang mit der Schlacht auf der Lürschauer Heide. Das Schlachtfeld war im Gelände nördlich der modernen Bebauung, besonders im Engpass zwischen Arenholzer See und Reethsee. Die ganze Gegend ist heute allerdings durch den Bau von Schnellstraße, Umgehungsstraße und Autobahn sowie durch intensiven Kiesabbau völlig verändert. Aber ein Stück des alten sandigen Heerweges, auf dem die Wenden von den Dänen überrascht worden waren, ist am nördlichen Ortsende von Lürschau noch auf einigen hundert Metern Richtung Norden erhalten. Nach Süden hin setzt sich dieser Weg unter dem Namen „Am Ochsenweg" Richtung See fort (Sackgasse).

Ochsenweg
Überlandstraße

Ein uralter überregionaler Verkehrsweg. Er verlief über die Landenge bei Schleswig und führte von Nordjütland her nach Süden bis an die Elbe. Denn der Raum westlich von Haithabu* bzw. Schleswig war ein natürlicher Tieflandpass zwischen der Schlei, die von Osten her weit ins Land einschneidet, und den damals versumpften Flussniederungen von Eider, Treene und Rheider Au im Westen. Es blieb ein schmaler Streifen passierbaren Landes, den der Landverkehr zwischen Nord und Süd bereits seit der Steinzeit benutzte.

Dieser Landweg ist als Jütischer Heerweg* oder Ochsenweg bekannt. Unter dem Namen „Heerweg" zeugt er von den Kriegerscharen längst vergangener Zeiten, die über diesen alten Weg ebenso marschierten wie frühgeschichtliche Händler und mittelalterliche Pilger ihn benutzten. „Ochsenweg" wurde er erst in der frühen Neuzeit genannt, seit riesige Ochsenherden auf ihm in den Süden getrieben wurden, entweder als Magerochsen zur Mast in den Marschen oder als Schlachtvieh zum Verkauf auf den Märkten in Husum, Itzehoe und Wedel. Bis zu 50.000 Tiere passierten im Laufe eines Jahres die Zollstellen auf dem Weg nach Süden.

SERVICE
Danewerk Museum, Ochsenweg 5, D-24867 Dannewerk,
Tel. 04621/378 14. *danevirkemuseum.de/de/startseite*
Geöffnet 01.03. bis 30.04. Di.–So. 10–16 Uhr, 01.05 bis 30.09.
Mo.–Fr. 09–17, Sa./So. 10–16 Uhr, 1.10. bis 30.11. Di.– So. 10–16 Uhr.
01.12. bis 28./29. Feb. Winterpause. Eintritt. Parkplatz.
Rothenkrug, Historischer Gasthof, Ochsenweg, D-24867 Dannewerk,
Tel. 04621/34260. *www.rothenkrug.de/Home.html*
Info Ochsenweg: *de.wikipedia.org/wiki/Ochsenweg*

WEGWEISER
Autobahn A 7, Abfahrt Schleswig/Jagel, nach Westen über die Autobahn hinweg Richtung Klein Rheide. An der Kreuzung mit der Straße nach Hüsby (Norden) nach links auf den Parkplatz, kenntlich an den Ochsenhörnern. Von hier aus verläuft der Ochsenweg zwischen Knicks nach Süden. Ca. 1,5 km Fußweg.

An der Grenze zwischen Hamburg* und der nördlichen Nachbarstadt Norderstedt erinnert noch heute der Name „Ochsenzoll" an diese alte Verbindung. Von Itzehoe und Wedel aus gab es Fährverbindungen über die Elbe, in früherer Zeit vom Vorland bei Hetlingen aus, und am Süd- bzw. Westufer der Elbe schon seit alten Zeiten Anschluss an ein Wegenetz, das weiter nach Westen bis an den Rhein führte. Noch heute gibt es in Wedel alljährlich einen Ochsenmarkt, der allerdings längst vergnüglicher Jahrmarkt geworden ist, wobei nur noch als Attraktion mal Tiere zum Verkauf stehen.

Der Heerweg* oder Ochsenweg ist zurück zu verfolgen bis in die Bronzezeit um 1700 v. Chr., noch erkennbar an zahlreichen Grabhügeln, die an diesem Weg liegen. Sein Verlauf entwickelte sich aus den Geländebedingungen, wobei zu verschiedenen Zeiten unterschiedliche Grundsätze der Wegeführung galten. In der Bronzezeit umging man Höhengelände und lehmigen Boden und bevorzugte sandigen Untergrund. Dafür nahm man auch Umwege in Kauf. Im Mittelalter hingegen war man bestrebt, durch Begradigung des Verlaufs Verkürzungen zu erzielen, auch wenn man dadurch Höhen überschreiten oder schwieriges Gelände queren musste.

Zum größten Teil ist der einstige Ochsenweg in Dänemark wie in Deutschland durch moderne Straßen und Siedlungen überdeckt, zerschnitten oder ganz verschwunden. Westlich von Schleswig ist er noch auf mehreren Strecken erhalten. Im Verlauf Schuby-Hüsby-Dannewerk zeichnet sich die Führung des vorgeschichtlichen Heerweges* durch eine dichte Folge von Grabhügel auf der flachen Geest ab. Über 60 Grabhügel sind lokalisiert worden, von denen heute allerdings nur noch wenige erhalten sind. In historischer Zeit schlängelte sich der nun meist „Ochsenweg" genannte Fernweg etwas verkürzt weiter östlich durch die Moränenkuppen bis nach Kropp.

Zu den erhaltenen Strecken des Ochsenweges gehört ein Sandweg auf der Lürschauer Heide* bei Lürschau nordwestlich von Schleswig, der Schauplatz einer Schlacht zwischen Wikingern und Slawen war. Der weitere Verlauf ist neuzeitlich modernisiert, als Dorfstraße durch Lürschau, über die Autobahn hinweg und als Lürschauer Weg und Bahnhofstraße in Schuby.

Unter dem Namen Ochsenweg führt die Straße weiter über Schuby und Hüsby nach Dannewerk, wo beim Gasthof Rothenkrug einst der einzige Durchlass im Befestigungssystem des Danewerks* war, das so genannte Wiglesdor*. Der Weg kreuzt die Straße von Schleswig nach Klein Rheide und verläuft als Sandweg unter dem Namen Ochsenweg/Heerweg weiter nach Süden, umrundet in neuzeitlicher Wegführung den Militärflugplatz Jagel und führt bis nach Kropp.

Den besten Eindruck gibt das schnurgerade Stück zwischen der Straße nach Klein Rheide und dem Flugplatz Jagel. Der einstige Name des Geländes vom Flugplatz war „Ochsenlager", also Rast- oder Sammelplatz für die Tiere, und der Ort Jagel hieß im Mittelalter Thievela, d. h. Diebswald, ein deutlicher Hinweis auf die einstige Unsicherheit in diesem Grenzgebiet zwischen Eider und Schlei.

Schuby
Siedlung

Nur 7 Kilometer westlich der Handelsmetropole Haithabu* gab es eine weitere Siedlung, in der Handwerk und auch Handel betrieben wurden. Die wikingerzeitliche Siedlung von Schuby erstreckte sich im hügeligen Wiesengelände zwischen der modernen Bebauung und der Bahntrasse Hamburg–Flensburg. Sie lag direkt am Ochsenweg/Heerweg und bestand vom 8. bis ins 12. Jahrhundert. Entdeckt wurde der Platz 1981 von einem ortsansässigen Landwirt, dem beim

WEGWEISER
Schuby liegt westlich der Autobahn A 7. Abfahrt Schleswig/Schuby, nach der Bahn-Unterführung links, auf Husumer Straße und Bahnhofstraße nach Süden bis zur Abzweigung der Thingstraße nach links. Oder Abfahrt Schleswig/Jagel, über die A 7 hinweg, Richtung Klein Rheide. Rechts ab Richtung Dannewerk, auf dem Ochsenweg bis Schuby. Erste Straße rechts in die Thingstraße, bis zum Ende und kurz zu Fuß Richtung Bahn. Linkerhand liegt das Gelände der Ausgrabungen. Direkt vor der Bahnbrücke zweigt links ein Fußweg entlang der Bahn ab, mit Blick auf das Gelände.

Pflügen Bodenverfärbungen aufgefallen waren, die er dem Archäologischen Landesamt in Schleswig meldete.

Bei Grabungen in den Jahren 1982–1988 wurden auf insgesamt ca. 4 Hektar großen Flächen 20 rechteckige Grubenhäuser freigelegt und außerdem 12 ebenerdige Langhäuser in Pfostenbauweise. Die Grubenhäuser dienten als Werkstätten oder Wohngebäude, kenntlich an ihren Feuerstellen. Gefunden wurden große Mengen Keramik, Metall (Silber, Bronze, Eisen), Perlen aus Karneol, Bernstein und Glas. Spinnwirtel und Webgewichte bezeugen Textilherstellung, und Funde von Münzen und Gewichten weisen auf Handelsaktivitäten hin. Örtliches Raseneisenerz machte Eisenproduktion möglich.

Die Grubenhäuser waren zwischen 9 und 19 m^2 groß, einheitlich aus senkrecht stehenden Bohlen erbaut und ostwestlich ausgerichtet. Sie gehören zu einer älteren Siedlungsphase. Die Langhäuser sind jünger, zum Teil sogar noch aus dem 13./14. Jh., und mit 70 bis über 140 m^2 Grundfläche erheblich größer. Mehrheitlich waren sie ebenfalls ostwestlich ausgerichtet.

Von den Ausgrabungen ist nichts mehr zu sehen, aber das hügelige Gelände der einstigen Siedlung wurde nie überbaut und ist gut einsehbar. Schuby wird ebenso wie Kosel* und andere Siedlungen in der Umgebung von Haithabu* als Platz bewertet, der in die Aktivitäten des Handelszentrums Haithabu* eingebunden war und von dessen wirtschaftlichem Erfolg profitieren konnte.

Danewerk
Befestigungsanlagen

Das größte archäologische Denkmal Nordeuropas. Das Danewerk war ein mehrfach ausgebautes Wallsystem, das die Schleswiger Landenge nach Süden abriegelte. Das Gebiet zwischen Schlei und Eider hatte für Dänen, Deutsche und Slawen herausragende militärische Bedeutung. Denn hier lagen nur wenige Kilometer trockenen Landes zwischen den damals unpassierbaren Flussniederungen von Eider, Treene und Rheider Au im Westen und der Schlei im Osten. Es blieb ein schmaler Tieflandpass, durch den seit der Steinzeit der

Landverkehr zwischen Nord und Süd führte. Wer diesen Engpass beherrschte, der hatte die Schlüsselstellung für ganz Jütland inne.

Als Haithabu* an der Schlei zum wichtigsten nordeuropäischen Handelszentrum aufstieg, wurde die Bedeutung dieses Grenzraumes noch größer. Dänische Häuptlinge und Könige hatten den strategischen Wert dieses Gebietes an der Südgrenze des dänischen Einflussbereiches bereits frühzeitig erkannt und auch die Möglichkeiten genutzt, es zu verteidigen.Bereits im 7. Jahrhundert, also noch vor der Wikingerzeit, begann man hier nach Ausweis archäologischer Funde Wälle zu errichten.

Erstmals erwähnt wurde das Danewerk erst im Jahre 808 in den fränkischen Reichsannalen. Der dänische König Godofredus (Godfred oder Göttrik) soll sich damals nach einem missglückten Feldzug gegen die slawischen Obodriten auf die Grenzen seines eigenen Reichs zurückgezogen und dort eine Befestigung gebaut haben, und zwar von der Ostsee bis zu den Ufern der Eider und der Nordsee. In diesem Zusammenhang wurde auch Haithabu* als Hafen erwähnt, wohin Godfred seine Kaufleute aus dem nun nicht mehr von ihm beherrschten Reric* an der südlichen Ostsee hatte umsiedeln müssen.

Seit diesen Anfängen wurde das Danewerk in mehreren Phasen über eine Gesamtlänge von 30 Kilometern ausgebaut und hielt sich über viele Jahrhunderte. Noch Mitte des 19. Jahrhunderts wurde es von dänischen Pionieren stark ausgebaut und im deutsch-dänischen Krieg 1864 reaktiviert, wenn auch erfolglos. 1944 hatten deutsche Militärs sogar noch mal die abstruse Vorstellung, dieses mittelalterliche Erdwerk strategisch nutzen zu können.

Die frühe Baugeschichte, die über ein halbes Jahrtausend währte, ist immer noch nicht vollständig aufgeklärt. Meist gliedert man die-

SERVICE
Danewerk Museum, Ochsenweg 5, D-24867 Dannewerk, Tel. 04621/378 14. *danevirkemuseum.de/de/startseite*
Geöffnet 01.03. bis 30.04. Di. –So. 10–16 Uhr, 01.05 bis 30.09. Mo.–Fr. 09–17, Sa./So. 10–16 Uhr, 1.10. bis 30.11. Di.– So. 10–16 Uhr. 01.12. bis 28./29. Feb. Winterpause. Eintritt. Parkplatz.
Histor. Gasthof Rothenkrug nebenan. *www.rothenkrug.de/Home.html*

WEGWEISER
Autobahn A 7, Abfahrt Schleswig/Jagel, Richtung Westen über die Autobahn, Richtung Klein Rheide/Hollingstedt. An der 2. Kreuzung rechts, Richtung Hüsby, auf die Straße Ochsenweg. Links liegen Gasthof und **Museum** mit Parkplätzen, unmittelbar nördlich schneidet die Straße den Wall.
Von hier aus zu Fuß zu Wiglesdor und Waldemarsmauer (nach links) und zur Thyraburg (nach rechts). Weiter westlich, bei Kurburg, kreuzt die Straße nach Hollingstedt den Hauptwall des Danewerks.

ses wikingerzeitliche Wallsystem in drei große Bauphasen, schlicht als Danewerk I, II und III bezeichnet.

Ältester Teil ist **Danewerk I**, mit den Abschnitten von Nordwall und Hauptwall. Sie erstrecken sich zwischen dem Burgsee der Schlei (nahe dem heutigen Schloss Gottorf) und dem Flüsschen Rheider Au südöstlich von Ellingstedt. Haupt- und Nordwall wurden durch dendrochronologische Altersbestimmung verwendeter Bauhölzer im Wall auf die Zeit von 725 bis 737 datiert. Ursprünglich bestanden diese Wälle aus einem ca. 2 m hohen Erdwall mit Holzpalisade. Der einzige Durchlass für den Jütischen Heerweg* bzw. den späteren Ochsenweg* war bei Rothenkrug im heutigen Ort Dannewerk – das Wiglesdor* (siehe unten).

Als **Danewerk II** wird der Kograben* (siehe unten) bezeichnet, eine Wallstrecke südlich vom Hauptwall, zwischen dem Selker Noor und der Rheider Au. Diesem ca. 2 m hohen Erdwall, ebenfalls mit Holzpalisade, war ein ca. 4 m breiter und 3 m tiefer Spitzgraben vorgelagert. Die Datierung ist unklar. Man schreibt den Bau zwar auch dem dänischen König Godfred zu, wahrscheinlicher aber sind als Bauherren entweder König Harald Blauzahn, der den Halbkreiswall um Haithabu* anlegen ließ, oder sein Sohn Sven Gabelbart gegen Ende des 10. Jahrhunderts.

Danewerk III besteht aus mehreren Wallabschnitten, die offensichtlich die Schleswiger Landenge vollständig abriegeln sollten. Dazu gehören der Verbindungswall, auch Margarethenwall genannt, der den halbkreisförmigen Stadtwall von Haithabu* nach Westen hin mit dem alten Nordwall verband. Weiterhin gehören zum Danewerk III ein Wallstück namens Bogenwall an der Nahtstelle von Verbindungswall und Nordwall sowie eine Verlängerung des Hauptwalls nach Westen, der als Krummwall* bezeichnet wird. Er erstreckt sich in Richtung Hollingstedt*, das einst der Nordseehafen für die Handelsstadt Haithabu auf der Schlei-Ostsee-Seite war

Diese Wälle des Danewerks III wurden im Gegensatz zu den früheren Bauphasen mit breiter geböschter Sodenfront errichtet, bis zu 5 m hoch, ohne Holzpalisaden. Später wurden sie streckenweise noch mit Feld- oder Backsteinmauern verstärkt.

An der Nahtstelle zwischen Nord- und Hauptwall entstand vermutlich erst im 12. Jahrhundert eine Turmhügelburg, die Thyraburg*. Aus der gleichen Zeit stammen die Wallabschnitte mit einer Backsteinmauer und Wehrgang, die stärkste aller Befestigungen des wikingerzetilichen Danewerks. Ihr Bau soll auf den dänischen König Waldemar I. (1157–1182) zurückgehen, weshalb sie auch Waldemarsmauer* genannt wird. Über das Danewerk und seine Entstehung informieren das Museum Danewerk/Danevirkegården im Ort Dannewerk und viele Infotafeln entlang des Danewerks.

Wiglesdor
Toranlage

Über den Namen wird gerätselt, über die außerordentliche Bedeutung nicht: Das Tor Wiglesdor war der einzige Durchlass durch den Sperrwall des Danewerks im gesamten Verlauf zwischen der Schlei im Osten und den sumpfigen Flussniederungen von Rheider Au, Treene und Eider im Westen. Er existierte einer C^{14}-Datierung zufolge spätestens seit 500 n. Chr. Durch dieses Tor dicht beim heutigen Gasthof Rothenkrug musste zur Wikingerzeit jeder, der nach Süden oder nach Norden wollte, ob zu Fuß, per Pferd oder Wagen, ob Händler, Bauer oder Krieger.

SERVICE
Rothenkrug, Historischer Gasthof, Ochsenweg, D-24867 Dannewerk. Tel. 04621/34260. www.rothenkrug.de/Home.html

WEGWEISER
Von der Autobahn A 7, Abfahrt Schleswig/Jagel, Richtung Westen nach Dannewerk / Klein Rheide. An der 2. Kreuzung rechts, Richtung Hüsby, auf die Straße Ochsenweg. Hinter den Parkplätzen am Museum Danewerk verläuft der Wall des Danewerks nach Westen. Nur ca. 20 m neben der Straße war der alte Durchlass.

Entsprechend war diese Toranlage an der Grenze zwischen wikingisch-dänischem Norden und den Sachsen und Slawen im Süden konzipiert: Befestigt mit einer bis zu 3,50 Meter hohen Feldsteinmauer, mit zwei steinernen Wangen und dazwischen ein 6 m breiter Durchlass, durch den der uralte Ochsenweg* bzw. Heerweg* führte. Direkt daneben eine Zollstelle und eine Schänke. Der nah gelegene Rothenkrug steht also in einer über 1000 Jahre alten Tradition.

Das Wiglesdor war die empfindlichste Stelle im gesamten Ost-West-Wall. Denn damals gab es außer Heerweg* bzw. Ochsenweg* kaum andere Verkehrswege über Land. Kämpfe um das Dannewerk und den Zugang nach Jütland mussten also zwangsläufig in dieser Gegend stattfinden. Dass dieses Tor existiert, war seit dem Mittelalter bekannt. Der Chronist Thietmar von Merseburg berichtete um 1000 von einer „Pforte, die Wieglesdor genannt wird" und auf Dänenkönig Godfred zurückgehen soll. Der lebte um 805 und hatte im Streit mit den Slawen seine steuerpflichtigen Händler aus dem slawischen Handelsort Reric* an der Wismarer Bucht an die Schlei nach Haithabu* umgesiedelt.

Thietmar zufolge leitet sich der Name Wiglesdor von einem König Wiglev her. Bekannt sind zwar englische Heerführer namens Wiglev, jedoch keine dänischen. Möglicherweise geht Wiglev ebenso wie Wikinger auf „wik" zurück, was Handelsort bedeutet, verbunden mit der Silbe „lev", wie etwa im Ortsnamen Hadersleben, womit

Erbe oder Hinterlassenschaft bezeichnet wurde. Um 1900 wurde Wiglesdor auch einfach als „Weglaßtor" interpretiert, und interessant ist auch der Name Heggedor für das Tor. Auch der wird von der älteren Forschung schlicht übersetzt, nämlich als Heckentor.

Das Wiglesdor konnte erst ab 2010 archäologisch untersucht werden. Zwar wussten auch die Wissenschaftler seit langem, dass es dieses Tor gab und sie kannten sogar seine Lage recht genau. Aber an der vermuteten Stelle war ein altes, längst marodes Gasthaus den Archäologen im Wege. Erst als der patriotisch gesinnte dänische Großindustrielle und Reeder Arnold Mærsk die Immobilie erwarb, konnte das alte Café Truberg 2008 abgerissen werden, und die Archäologen bekamen endlich Zugang zum Gelände.

Waldemarsmauer
Befestigungsanlage

Der Name gilt einem Teilstück des Danewerks* am Anfang des Hauptwalls im Ort Dannewerk, dicht beim Museum Danewerk. Es bestand aus einer Backsteinmauer mit vorkragendem Wehrgang und war die stärkste aller Befestigungen des gesamten Danewerks. Ihr Bau geht auf den dänischen König Waldemar den Großen (1131–1182) zurück, der sich mit dem deutschen Kaiser Friedrich Barbarossa gegen den Herzog Heinrich den Löwen verbündet hatte. Gegen einen möglichen Angriff aus dem Süden ließ Waldemar die Befestigungsanlagen des Danewerks verstärken.

Vorgänger der Backsteinmauer war eine 2 m hohe Mauer aus unbehauenen Feldsteinen mit Lehm als Bindemittel. Auf der Mauer verlief ein hölzerner Wehrgang. Erst nach ihrer Zerstörung wurde die mächtige Ziegelmauer errichtet, ca. 2 m dick und bis zu 7 m hoch,

SERVICE
Informationstafel an der Mauer
Danevirke Museum, Ochsenweg 5, D-24867 Dannewerk, Tel. 04621/378 14. Geöffnet 01.03. bis 30.04. Di. –So. 10–16 Uhr, 01.05 bis 30.09. Mo.–Fr. 09–17, Sa./So. 10–16 Uhr, 01.10. bis 30.11. 10–16 Uhr. Winterpause bis 28./29. Feb. Eintritt. Parkplatz. danevirkemuseum.de/de/startseite/
Rothenkrug, Historischer Gasthof, Ochsenweg, D-24867 Dannewerk. el. 04621/34260. www.rothenkrug.de/Home.html

WEGWEISER
Autobahn A 7, Abfahrt Schleswig/Jagel, Richtung Westen über die Autobahn, Richtung Dannewerk / Klein Rheide. An der 2. Kreuzung rechts, Richtung Hüsby, auf die Straße Ochsenweg. Links liegen Gasthof und Museum mit Parkplätzen, unmittelbar nördlich schneidet die Straße den Wall. Vor dem Wall geht es nach Westen (links) zur Waldemarsmauer, ca. 200 m Fußweg.

mit einem Fundament aus Feldsteinen und Stützpfeilern zur Feindseite. Davor verlief ein breiter und tiefer Graben. Die Mauer ist nur im mittleren Teil des Hauptwalls vorhanden.

Der Bau der Waldemarsmauer wird auf die zweite Hälfte des 12. Jahrhunderts datiert; bis zu Waldemars Tod 1182 soll sie noch nicht vollendet gewesen sein. Man geht davon aus, dass diese Mauer zum Muster wurde für die spätere Ziegelbauweise der Kirchen. Die Waldemarsmauer dürfte der einzige Teil des Danewerks sein, der nicht im 19. Jahrhundert im Zusammenhang mit dem deutsch-dänischen Krieg von dänischen Pionieren umgestaltet wurde. Jedoch hatte die Mauer im Lauf der Jahrhunderte durch Wettereinflüsse stark gelitten und musste 2008 gründlich saniert werden.

Thyraburg
Befestigungsanlage

Eine Turmhügelburg an der Nahtstelle zwischen Nordwall und Hauptwall des Danewerks*. Die Anlage besteht aus einem steil geböschten viereckigen Plateau von ca. 40 x 55 m Seitenlänge, das die Umgebung um ca. 4 bis 5 m überragt. Alten Aufmessungen zufolge war das Burgplateau nach drei Seiten hin von einem Graben und einem flachen Außenwall umgeben, im Süden war es durch den ehemaligen Dannewerksee geschützt, der heute nur noch als saftige, vordem sumpfige Wiese erkennbar ist.

Die Lage an einer wichtigen Stelle des Walls, als eine Art Flankensicherung, hat Anlass zu verschiedenen Deutungen gegeben. Man hat in der Thyraburg den Sitz des dänischen Grenzgrafen aus der Zeit Ludwig des Frommen gesehen, also um 830. Oder man vermutete in ihr jene Burg, die Kaiser Otto II. nach seinem Kampf am Danewerk zur Sicherung seiner Ansprüche hat errichten lassen.

Der Name Thyraburg geht auf die dänische Königin Thyra zurück, die Frau von Gorm dem Alten und Mutter von König Harald Blauzahn. Sie galt den alten dänischen Chronisten als bewundernswerte, mutige und charmante Frau.

SERVICE
Informationstafel an der Burg

WEGWEISER
Autobahn A 7, Abfahrt Schleswig/Jagel, Richtung Westen über die Autobahn, Richtung Dannewerk/Klein Rheide. An der zweiten Kreuzung nach rechts, Richtung Hüsby, auf die Straße Ochsenweg. Links liegen Gasthof und Museum mit Parkplätzen, unmittelbar nördlich schneidet die Straße den Wall. Auf ihm geht es nach Osten (rechts) zur Thyraburg. Etwa 800 m Fußweg.

Eine kurze Untersuchung im Jahr 1915 hat keine endgültige Klarheit geschaffen, da man nur wenige Funde aus dem 12. oder 13. Jahrhundert zutage förderte, aber nichts, was sicher in die Wikingerzeit datiert werden konnte. Genauere Untersuchungen stehen bis heute aus. Als Ergebnis der bisherigen Erkenntnisse wird angenommen, dass die Thyraburg sowohl ihrer Form nach wie auch auf Grund der Funde wohl frühestens in die Zeit der Feldsteinmauer gehört, also in das Stadium III des Danewerks im 12. Jahrhundert.

Kograben
Befestigungsanlage

Eine Wallstrecke mit Graben im Süden des Danewerk-Hauptwalls. Sie verläuft schnurgerade über ca. 7 km zwischen dem Selker Noor im Osten und den Flussniederungen der Rheider Au im Westen. Dem ursprünglich ca. 2 m hohen Erdwall war ein ca. 4 m breiter und 3 m tiefer Spitzgraben vorgelagert. Die Wallfront war nach Süden, zur Feindseite, mit einer Holzpalisade verkleidet, die außen und innen jeweils durch eine Reihe schräg gestellter Pfosten gestützt wurde. Hinter der Palisade verlief vermutlich ein Wehrgang.

SERVICE
Informationstafel am Rand des Flugplatzes.

WEGWEISER
Zum **Rand des Flugplatzes**: Autobahn A 7, Abfahrt Schleswig/Jagel, nach Westen über die Autobahn, Richtung Klein Rheide. An der Kreuzung mit dem Ochsenweg, der nach rechts als Straße Richtung Hüsby führt, nach links auf den Parkplatz. Fußweg von ca. 1 km bis zum Kograben.

Zum **östlichen Ende** des Kograbens: Autobahn-Abfahrt Schleswig/Jagel, Richtung Schleswig, auf die B 77 Richtung Süden (Jagel), an der nächsten Abbiegung vor der Autobahn links nach Selk. Hinter der Kreuzung am Ortsanfang biegt linkerhands der Weg Am Kograben ab.

Im Rahmen der gesamten Baugeschichte des Danewerks, die ein halbes Jahrtausend währte, wird der Kograben auch zur Bauphase Danewerk II gerechnet. Ihre Datierung ist noch nicht gesichert. Die gesamte Anlage ist in einem Arbeitsgang errichtet worden, und zwar sehr systematisch und mit geometrischer Genauigkeit. Man schreibt den Bau deshalb am ehesten dem baufreudigen dänischen König Harald Blauzahn zu, auf den auch die exakt angelegten dänischen Ringburgen und die Brücke von Ravning Enge* in Mittel-Jütland zurückgehen. Dementsprechend wäre der Kograben gegen Ende des 10. Jahrhunderts angelegt worden.

Der Kograben ist streckenweise nur noch in schwachen Rücken und in Knicks erhalten. In seinem mittleren Abschnitt wurde er durch den Bau des Militärflugplatzes Jagel vollständig zerstört. Am nördlichen Rand des Flugplatzgeländes ist er jedoch über einige hundert Meter in seiner alten Form noch gut erhalten.

Die heutige Trasse des Ochsenweges*, der von der Straße nach Klein Rheide auf den Kograben zuläuft, bildete wahrscheinlich nicht den ursprünglichen Durchlass im Kograben. An seinem östlichen Teil am Selker Noor erinnert noch der Straßenname „Am Kograben" für ein Stück Weg hinunter zum Wasser an dieses Erdwerk.

Kurburg
Befestigungsanlage

Seit langem keine Befeatigung mehr, sondern der Platz mit dem besten Blick auf den Hauptwall des Danewerks*, der an dieser Stelle von der Straße Richtung Hollingstedt* durchschnitten wird. Links der Straße, an der Südseite, ist ein Parkplatz mit Rastplatz und Infotafel. Gegenüber auf der Nordseite sieht man weithin über den schnurgerade verlaufenden Wall.

Allerdings entspricht das eindrucksvolle Wallprofil mit dem breiten vorgelagerten Graben nicht den wikingerzeitlichen Verhältnissen, da es durch dänische Pioniere bei Befestigungsarbeiten in den Jahren 1850–64 verändert worden war. Damals wurde auch der Wallteil hinter dem Parkplatz zu einer Schanze ausgebaut.

WEGWEISER
Autobahn A 7, Abfahrt Schleswig/Jagel, Richtung Westen über die Autobahn, Richtung Dannewerk/Klein Rheide. An der Straßengabelung nach rechts Richtung Ellingstedt und Hollingstedt. Die Straße quert den Wall.

Krummwall
Befestigungsanlage

So wird der westliche Teil vom Danewerk* bezeichnet, der allerdings nicht so deutlich wie die anderen Anlagen ausgeprägt ist. Der Krummwall beginnt am Ende des Hauptwalls abseits in der Feldmark und erstreckt sich bis kurz vor Hollingstedt*. Dieser Wall macht besonders deutlich, wie die Erbauer des Danewerks die Landschaft strategisch nutzten und natürliche Hindernisse wie Sümpfe in den Bau mit einbezogen. Denn der Wall folgt dem gebogenen Verlauf der Flussniederung von der Rheider Au, daher sein Name Krummwall.

Der Krummwall ist ca. 1300 Jahre alt. Bis zum Ende des so genannten Hauptwalls ist das Danewerk* mit hohen Wällen stark befestigt, der Krummwall jedoch ist es nicht mehr. Weiter westlich wird er zu einem flachen Damm, und kurz vor Hollingstedt* ist er gar nicht mehr sichtbar. In den Feldern südlich von Ellingstedt* wurden Hinweise auf einen Handelsweg zwischen Haithabu* und Hollingstedt* und eine wikingerzeitliche Siedlung entdeckt.

WEGWEISER
Die Krumwall beginnt am Ende der Schulstraße im Südwesten von Dannewerk. Dorthin kommen Sie über Rheider Weg und Am Margarethenwall, in Kurburg nach links abbiegen auf den Schäpersweg und nach 250 m rechts in die Schulstraße.

Ellingstedt
Siedlung

Vermutet wird eine Art Raststätte auf dem Weg zwischen Haithabu* und Hollingstedt*. Die tatsächliche Funktion der Siedlung ist noch nicht geklärt. Den Anfang ihrer Entdeckung bildeten spektakuläre Metallfunde, die von der ehrenamtlichen Metalldetektorgruppe des Archäologischen Landesamtes Schleswig in den Feldern südlich von Ellingstedt gemacht wurden: Arabische Münzen, der vergoldete Beschlag eines Pferdegeschirrs, Schmuckstücke, Gewandnadeln, Schwertknaufe und Truhenschlüssel.

Diese Funde waren Anlass für erste Grabungen im Jahr 2013. Am nördlichen Rand der breiten Niederung der Rheider Au, am Nordhang vom Krummwall*, wurden Überreste von Grubenhäusern zu Tage gefördert, in denen Handwerk betrieben wurde, außerdem ein Brunnen und Teile von Gebäuden in Pfosten- und Stabbohlenbauweise. Ausführlichere Untersuchungen waren nötig, aber die Flächen wurden intensiv landwirtschaftlich genutzt, u. a. durch Maisanbau, und damit waren weitere mögliche Funde im Boden gefährdet.

Die Archäologen fanden in Zusammenarbeit mit der Unteren Naturschutzbehörde und den örtlichen Grundeigentümern eine Lösung: Mit Mitteln der Stiftung „Natur im Norden" konnten die benötigten Flächen für den Naturschutz erworben und gleichzeitig für archäologische Grabungen zur Verfügung gestellt werden.

Vermutlich verlief südlich von Ellingstedt, im Schutz des Danewerks, zwischen dem Nordseehafen Hollingstedt* und den wichtigen

SERVICE
Info-Tafel an der Ecke Mölhornweg/Margarethenwallweg

WEGWEISER
Von der A7 nach Westen, über Rheider Weg und Am Margarethenwall nach Elling-stedt. An der Kreuzung mit der Dorfstraße nach links, Richtung Groß Rheide. Nach ca. 750 m links in den Weg Breaskern, am Ende nach rechts in den Mölhornweg bis zur Abzweigung des Margarethenwallwegs, dort links. Auf dem Gelände linkerhand war die Siedlung.

Ostsee-Handelsplätzen Haithabu* und später Schleswig ein Handelsweg. Durch ihn konnten Kaufleute die lange und gefährliche Fahrt mit ihren Schiffen um die Nordspitze Dänemarks vermeiden. Der Warentransport zwischen Haithabu* und Hollingstedt* wurde mit Fuhrwerken betrieben, und über die Flüsse Treene und Eider gelangten Waren und Reisende anschließend in die Nordsee.

Hollingstedt
Hafenplatz

Ein schmaler Wiesenstreifen neben dem Flüsschen Treene – das ist alles, was vom einstigen Nordseehafen der internationalen Handelsstadt Haithabu* geblieben ist. Von hier bis zur Schlei waren es nur 16 Kilometer Landweg im Schutze der Wälle des Danewerks*. Von Hollingstedt aus konnten Waren aus Haithabu* nach Westen über Treene und Eider zur Nordsee und von dort nach Jütlland, Friesland und Britannien verschifft werden. Südlich des Ortes mündet die einst schiffbare Rheider Au von Osten her in die Treene.

Im Bereich des heutigen Ortes erstreckt sich eine schmale Sandzunge von Osten her bis an das Ufer der Treene, die ansonsten im mittleren und unteren Flusslauf von breiten sumpfigen Niederungen begleitet ist. Nur bei Hollingstedt konnte man auf etwas höherem Gelände trockenen Fußes ans Flussufer gelangen - ideal also für eine Schiffslände. So soll auch der Name Hollingstedt auf den älteren Namen „Huhelstath" zurückgehen, das bedeutet „Hügelstätte".

Ausschlaggebend für die Ansiedlung war zudem, dass hier, wegen des erhöhten trockenen Geländes, zwei alte Wege von West nach Ost und von Nord nach Süd die Niederungen durchquerten. Allerdings blieb nur wenig Raum für die Siedlung, weshalb Hollingstedt es nie zu größerer Geltung brachte.

Da die Treene ihren Lauf allmählich nach Westen verlagert hat, ist der alte Hafenplatz an der Lahmenstraat neben dem Fluss fast unberührt geblieben und noch gut zu erkennen. Er war eine breite Schiffslände am geböschten Ufer mit Stapelplatz und Flechtwandhäusern. Plattformen auf Holzpfosten erleichterten den Zugang und dienten zur sicheren Lagerung der Handelsgüter. Außerdem gibt es Hinweise, dass hier auch Schiffe repariert und gebaut wurden.

Die ersten Spuren dieses Schiffslandeplatzes hatte der Hollingstedter Lehrer Läufer, der sich für die heimatliche Vorgeschichte begeisterte, bei Probegrabungen am Treene-Ufer in den 1930er Jahren entdeckt. Bei den anschließenden Untersuchungen wurde eine ganze Reihe von Funden zu Tage gefördert. Mitte und Ende der 1990er Jahre hat man erneut gegraben, da bei den Arbeiten in den 1930er Jahren der größte Teil der Anlegeplätze nicht erfasst worden war.

SERVICE
Parkplätze und Informationstafel vor der Kirche, dicht an der Treene.
Tuffsteinkirche von ca. 1150, Lahmenstraat 1, D-24876 Hollingstedt
Hollinghuus, Nedderend, 24876 Hollingstedt. Geöffnet tägl. 8–18 Uhr
de.wikipedia.org/wiki/Hollingstedt_(Treene) und *www.hollingstedt.de*

WEGWEISER
Autobahn A 7, Abfahrt Schleswig/Jagel, über die Autobahn, Richtung Klein Rheide und Hollingstedt. Im Ort Richtung Husum, Parkplätze vor der Kirche. Von dort die schmale Straße (Lahmenstraat) nach links zur Treene. Zwischen Straße und Fluss war der wikingerzeitliche Hafen. Zum Süderwiesenbach über Nedderend und Schlott, dann rechts ab.

Dabei wurde noch ein weiterer Schiffslandeplatz südlich des Ortes auf der Parzelle „Fünf Schwaden" beim Süderwiesenbach entdeckt. Der ehemalige Wasserlauf hatte direkte Verbindung zur Treene und damit zur Nordsee. Tongefäße, eiserne Geräte und Steinquader waren dort im sumpfigen Gelände beim Ausladen über Bord gegangen.

Scherben aus der römischen Kaiserzeit deuten darauf hin, dass Hollingstedt bereits seit dem 3. Jahrhundert eine gewisse Bedeutung hatte. Seine Blüte scheint Hollingstedts Hafen nach Ausweis der gefundenen Keramik im 10. und 11. Jahrhundert gehabt zu haben, aber auch noch aus dem 13. Jahrhundert ist rheinisches Steinzeug nachgewiesen. Die jüngste gefundene Münze ist eine Prägung von König Alexander III. aus Schottland (1249 – 1285).

Als Handelsgüter dürften in Hollingstedt vor allem Felle, Wachs und Honig aus dem Ostseeraum aufs Schiff verladen worden sein. Aus dem Westen wurden u. a. Wein, Waffen und Tuche angelandet. In der zweiten Hälfte des 12. Jahrhunderts kam rheinischer Tuffstein aus der Eifel als Baumaterial hinzu, das für den Schleswiger Dom verwendet wurde und zugleich auch für die Hollingstedter Kirche. So wichtig war der Ort für die damaligen Handelsverbindungen.

Über die Siedlung selbst gibt es erheblich weniger Aufschlüsse. Die Lage der alten Kirche relativ dicht zum Ufergelände verrät die Bedeutung des Hafens, aber der heutige Ort entwickelte sich weiter östlich, dort wo die bäuerliche Bevölkerung geeignetes Terrain für Siedlung und landwirtschaftlich nutzbare Flächen fand.

In der örtlichen Ausstellung im „Hollinghuus" neben der Schule werden die Ergebnisse der Ausgrabungen, die das Archäologische Landesamt in Schleswig 1995 bis 1998 durchführte, ausgestellt und erklärt. Der angeschlossene Rundweg „Rund um Hollinghuus" mit Info-Tafeln erklärt die sehenswerten Plätze, auch die Schiffsländen.

V. Nordfriesland

Elisenhof
Wurtensiedlung

Unweit der Eidermündung, am südlichen Stadtrand von Tönning, beim Elisenhof, bestand vom 8. bis ins 12. Jahrhundert eine Siedlung. Anfang der 1960er Jahre wurde sie archäologisch untersucht. Der Siedlungsplatz entstand auf einem ca. 2 m hohen Uferwall an einem Priel. Von der Siedlung ist nichts mehr zu sehen, aber ihre ehemalige Lage am Hang ist noch gut zu lokalisieren.

Vorherrschende Hausformen waren damals große Wohnstallhäuser mit Flechtwänden und eingegrabenen Pfosten. Sie waren direkt auf dem Marschboden aufgesetzt, erst bei längerem Bestand wuchsen sie durch nachträglichen Auftrag von Kleiboden oder Anhäufung von Abfällen und Dung zu einem Wohnhügel an, einer „Warft" oder „Wurt". Während der Siedungszeit wurden auf der Warft des Elisenhofes 68 Gebäude errichtet und wieder abgebrochen.

Neben der Viehwirtschaft gab es auch Handwerk, nachgewiesen wurde die Verarbeitung von Holz, Fell, Leder, Eisen, Bronze, Bernstein etc., außerdem Töpferei und Weberei. Die Bewohner waren keine Skandinavier, sondern zugewanderte Friesen, ebenso wie ein gut Teil der Bewohner von Ribe* in Westjütland. Nachdem im 4. und 5. Jahrhundert im Laufe der Völkerwanderung die Angeln und Sachsen nach England abgezogen waren, wanderten Friesen von der Rhein- und Wesermündung im 8. Jahrhundert hierher ein.

Diverse Funde bezeugen, dass Elisenhof auch am wikingerzeitlichen Fernhandel entlang der Westküste teilnahm. Über Eider und Treene führte der Handelsweg nach Hollingstedt* und von dort weiter zur Handelsstadt Haithabu*.

WEGWEISER
Tönning liegt am nördlichen Eiderufer. Von der B 5 auf die B 202 abbiegen und von der ab nach Tönning. Der wikingerzeitliche Platz liegt am Straßenzug Badallee/Katinger Landstraße in Richtung Eidersperrwerk, am Hang zwischen dem heutigen Elisenhof und dem Schlagbaumweg.

Viöl
Grubenhaus

Bauarbeiten gaben den Anstoß: Bei ihren Vorbereitungen mitten in Viöl wurde Anfang 2018 ein wikingerzeitliches Grubenhaus entdeckt. Der Boden maß ca. 5 mal 5 Meter. Im Zuge der archäologischen Untersuchungen des Geländes konnte eine bronzene Scheibenfibel geborgen werden. Weitere Fundstücke waren u. a. Webgewichte,

Spinnwirtel, ein eisernes Messer und viele Gefäßscherben. Die Keramik lässt sich auf die Zeit ums Jahr 1000 datieren.

Die Fibel ist im Terslev-Stil hergestellt, der im Ostseeraum weit verbreitet war. Namensgebend war ein Schmuckstück aus dem Silberhort von Terslev* auf Seeland. Gussformen zur Herstellung solcher Fibeln wurden auch im Hafenbecken von Haithabu* gefunden.

Insgesamt ergibt sich das Bild einer wikingerzeitlichen Spinnstube. Es ist davon auszugehen ist, dass es weitere Grubenhäuser in der Umgebung gab, als Werkstätten oder Wohngebäude, also eine Siedlung existierte. Die Fundstelle liegt nahe der Kirche, die jedoch erst aus dem 11. Jahrhundert stammt.

WEGWEISER
Viöl liegt an der B 200, die von Husum Richtung Flensburg führt. Der Kirchenweg zweigt von der Straße Westerende nach Norden ab. Die Fundstelle war im Hinterhof des Kirchenwegs Nr. 1.

Lembecksburg
Ringwallanlage, Föhr

Mitten auf der Marscheninsel Föhr liegt eine Ringburg. Der kreisförmige Wall bei Borgsum hat einen Durchmesser von rd. 95 m und ist 8 bis 10 m hoch. Seine Entstehung wird wegen der meisten archäologischen Funde, die aus der Wikingerzeit stammen, ins 9./10. Jahrhundert datiert. Was nicht zwangsläufig heißt, dass dort Skandinavier zuhause waren, denn im heutigen Nordfriesland lebten damals zumeist Friesen, die jedoch den dänischen Königen unterstanden.

Die ursprüngliche Heimat der Friesen war in West- und Ostfriesland. Im Laufe der Völkerwanderungszeit schlossen sich große Teile den Angeln, Jüten und Sachsen auf deren Eroberungszügen nach England an. Erst gegen Ende des 8. Jahrhunderts besiedelten Friesen von Süden her die Inseln zwischen Eiderstedt und Sylt. Seitdem waren Amrum, Föhr und Sylt für Händler wie Krieger wichtige Etappen auf dem Wasserweg von Rhein- und Eidermündung nach Norden.

Bei Grabungen auf der Lembecksburg Anfang der 1950er Jahre wurden nur kleine Abschnitte untersucht, sodass über die innere Bebauung und den Wall wenig Informationen vorliegen. Immerhin hat man vier einfache Sodenwandhäuser entdeckt, die dicht am Wall lagen und deren Giebeltüren sich auf einen gepflasterten Weg öffneten. Die Häuser hatten hölzerne Dächer, daneben waren Brunnen.

Ähnliche Burganlagen gab es auf Sylt und besonders in Dänemark. Dort stammen sie zwar aus etwa der gleichen Zeit, waren jedoch im Gegensatz zur Lembecksburg streng geometrisch und durchgeplant entstanden, wie etwa die Ringburgen von Trelleborg*

> **SERVICE**
> Info-Tafel des Landesamtes für Vor- und Frühgeschichte.
>
> **WEGWEISER**
> Die Burg liegt nordwestlich von Nieblum, abseits von Taarepswoi/Rundföhrstraße. Am westlichen Ortsausgang von Borgsum nach rechts abbiegen in den Borigwoi, der direkt auf die Wallanlage zu führt.

oder Fyrkat*. König Harald Blauzahn hatte sie als Garnisonen zur Sicherung der Macht in seinem Reich anlegen lassen.

Der Name der Burg soll auf den Ritter Claus Limbeck zurückgehen. Der lebte im 14. Jahrhundert und war vom dänischen König Waldemar IV. mit den Inseln Föhr, Amrum und Sylt belehnt worden. Nach Streit mit dem König wurde Limbeck in seiner Burg von Waldemar und verbündeten Friesen belagert und musste fliehen.

Steenodde
Gräberfeld, Amrum

Auf Amrum gibt es gibt eine ganze Reihe von Spuren aus der Wikingerzeit. Die Insel dürfte auf Grund ihrer Lage eine wichtige Rolle bei Kriegszügen und Handelsfahrten der Wikinger gespielt haben. An der Ostküste, einen Kilometer von Süddorf entfernt, liegt ein wikingerzeitliches Gräberfeld. Es wird überragt von einem Grabhügel aus der Bronzezeit, dem Esenhugh. Von ihm aus hat man einen guten Blick über die Kuppen der Gräber, auf die See bis nach Föhr.

Von den einst 88 Gräbern, deren Anlage ins 10./11. Jahrhundert datiert wird, sind nur noch wenige erhalten, aber gut sichtbar. Die Toten wurden meist verbrannt und mit Beigaben und Scheiterhaufenresten in einer Urne beigesetzt, die mit einem Hügel abgedeckt wurde. Alternativ wurden die Urnen einfach in flache Gruben gestellt.

> **WEGWEISER**
> In Süddorf nach rechts (Osten) in den Hark Olufs-Wai abbiegen, der in den Stianoodswai übergeht. Der Esenhugh ist von weitem sichtbar, das Gräberfeld liegt daneben.

Krümwal
Wallanlage, Amrum

Er erinnert nicht nur mit dem Namen an den Krummwall des Danewerks bei Schleswig: Rund 1,8 km weit erstreckt sich der bis zu 2 m hohe Erdwall in gekrümmter Form von Nebel südostwärts in Richtung Steenodde. Das Westende liegt 200 m südlich der Windmühle am Waasterstigh, am Ostende bricht der mit Gras bewachsene Wall an einem Feldweg ab, der vom Stianoodswai nach Norden führt. Am besten erhalten ist der Krümwal direkt südlich der Schule von Süddorf (Öömrang Skuul), auf einer Länge von ca. 500m.

Seine Funktion und auch die Bauzeit sind nicht geklärt. Er könnte als Grenzwall oder Abwehranlage gedient haben; aber gegen wen? Dänen gegen zugewanderte Friesen oder umgekehrt? Die Entstehung wird ans Ende des 10. Jahrhunderts datiert, also in die Wikingerzeit.

WEGWEISER
Das nördlichste Ende des Krümwals erreichen Sie über Inselstraße und Waasterstigh vor dem Ortseingang von Nebel. Die Schule liegt am Uasterstigh, dorthin in Süddorf rechts in den Hark-Olufs-Wai und wieder links. Von Steenodde aus über Stianoodswai, rechts ab in den Uasterstigh.

Morsum
Gräberfelder, Sylt

Archäologische Funde belegen, dass Sylt bereits seit der Steinzeit besiedelt war, wovon noch heute viele Grabhügel zeugen. Insgesamt dürfte es einst etwa 1.500 Grabhügel auf der Insel gegeben haben, von denen die meisten jedoch durch Grabungen, Landwirtschaft oder Baumaßnahmen zerstört worden sind. In der Bronze- und frühen Eisenzeit wurden die Verstorbenen in großen Grabhügel bestattet, die weithin sichtbar waren und über Generationen hin weiter benutzt wurden. So ließen sich in einem Morsumer Grabhügel der Bronzezeit 35 Gräber nachweisen.

Aus der Wikingerzeit im 9. und 10. Jahrhundert sind nur noch zwei Gräberfelder relativ gut erhalten. Wikingerzeitliche Grabhügel sind meist bedeutend kleiner, aber auch zahlreicher als die aus der Bronzezeit, da sie nur Einzelbestattungen enthalten. Die Toten wurden nach der Einäscherung in einer Urne beigesetzt, die mit einem Hügel abgedeckt wurde.

Beide Gräberfelder liegen in Morsum, im Naturschutzgebiet Morsum-Kliff nördlich der Bahnlinie. Das eine im Bereich des bronzezeitlichen Hügels Munkhoog, nördlich vom „Landhaus Morsum Kliff", das andere direkt neben dem Parkplatz Nösse.

SERVICE
Info-Häuschen am Parkplatz Nösse, Nösistich

WEGWEISER
Von Keitum nach Morsum, dort vom Terpstich nach links abbiegen in den Nösistich, über die Bahn und rechts bis zum Parkplatz Nösse am Naturschutzgebiet. Von hier zu Fuß zu den Gräberfeldern: Das eine neben dem Parkplatz, das andere vorbei am „Landhaus Morsum Kliff" nach Norden.

Nösse
Silberschatz, Sylt

Es war der Sensationsfund des Jahres 2017: Archäologen haben auf einem Acker in Morsum-Nösse einen wikingerzeitlichen Silberschatz ausgegraben. 180 Schmuckstücke, bestehend aus Arm- und Fingerringen, einem Halsring, Münzen, Silberbarren und Schmelzresten, holten sie aus dem Boden, insgesamt rund ein Kilo Silber. Der Schatz wird im Schloss Gottorf in Schleswig zu sehen sein.

Ebenso sensationell wie der Fund selbst ist auch die Geschichte seiner Entdeckung. 1962 hatte ein Landwirt einen aus Silberdrähten gewundenen Armreif auf seinem Acker in Morsum gefunden und sich an das Landesmuseum Schloss Gottorf gewandt. Das kaufte ihm den Armreif für 50 Mark ab. Einen weiteren Fund behielt der Bauer jedoch für sich und versteckte ihn in einer Zigarrenkiste: Ein großer Silberreiff mit 3 verzierten Kugeln dran, die Drachenbilder zeigen.

Über ein halbes Jahrhundert schlummerte der Reif in der Zigarrenkiste. Erst 2015 wurde der Fund bekannt, als die Witwe des Landwirts den Ring an ihren Hausarzt verschenkte, als Dank für die gute Betreuung ihres Mannes. Der Sylter Arzt erkannte die Bedeutung des Geschenks und wendete sich an das Archäologische Landesamt. Dort wurde das Schmuckstück als sehr fein gearbeitete Ringfibel erkannt, eine Spange, die Wikingerkleider zusammengehalten hatte.

WEGWEISER
Der Silberschatz wurde im Umfeld des ehemaligen Restaurants Nösse gefunden, aus dem 2016 das „Landhaus Morsum Kliff" wurde. Von Keitum über Archsum nach Morsum, dort vom Terpstich nach links (Norden) abbiegen in den Nösistich, über die Bahn hinweg, dann rechts bis zum Parkplatz Nösse am Naturschutzgebiet. Hier im Umkreis war's.

Die Experten beschlossen, das Gelände in Morsum genauer zu untersuchen, zuerst mit Luft- und Satellitenbildern. Im Juli 2017 schritten die Wissenschaftler dann zur Tat und gingen auf der Rinderwiese, die einem im Ruhestand lebenden Gastwirt gehört, auf Schatzsuche. Erst mit Metalldetektoren, dann folgte eine Grabung. In nur wenigen Tagen war der gesamte Silberschatz geborgen. Seitdem ist zweifelsfrei, dass dort zur Wikingerzeit ein ganzes Edelmetall-Depot versteckt worden war, ein Hort als Sicherheit für Krisenzeiten.

Die Experten datieren den Fund in die Mitte des 10. Jahrhunderts. Bei der Altersbestimmung halfen gefundene angelsächsische und arabische Silbermünzen. Zwei stammen aus der Zeit des englischen Königs Aethelstan, der um 930 regierte, und die arabischen Münzen reichen bis ins 9. Jahrhundert zurück. Silber diente den Wikingern als Zahlungsmittel in Form von Hacksilber, also zerkleinertem Schmuck und Münzen; abgewogen wurde in Handwaagen.

Wie das Silber unter die Erde kam, ist nicht bekannt. Auch das Behältnis, in dem die Silberstücke einst aufbewahrt wurden, Tonkrug oder Lederbeutel, wurde nicht gefunden. Der wikingerzeitliche Besitzer gehörte auf jeden Fall zur damaligen Sylter Oberschicht, denn nur ein wohlhabender Wikinger konnte sich die kostbare Ringfibel leisten. Für den gesamten Silberschatz hätte er 23 bis 25 Ochsen eintauschen können oder ein durchschnittliches Schwert. Waffen hatten einen überaus hohen Wert.

Tinnum
Ringwall, Sylt

Die einzig erhaltene Ringburganlage auf Sylt. Die Archsum-Burg wurde zerstört, letzte Reste wurden 1860 eingeebnet; und die Rantum-Burg liegt unter Dünen verschüttet. Die Ursprünge der Tinnum-Burg liegen in der Zeit um Christi Geburt. Der Wall hat einen Durchmesser von 120 m und ist bis zu 7 m hoch, es gab zumindest zwei Tore, im Osten und Süden, vielleicht noch ein drittes im Westen.

Die Burg liegt an einem Priel, der ins Wattenmeer fließt und früher möglicherweise schiffbar war. Grabungen in den Jahren 1870, 1948 und 1976 führten zu der Erkenntnis, dass die Tinnum-Burg der gleichen Bestimmung diente wie die anderen Rundwälle auf den nordfriesischen Inseln. Damit ist sie ebenso wie die einstige Archsum-Burg, die genauer erforscht wurde, als eine germanische Kultstätte anzusehen, also auch als Opferstätte.

Nach einer Phase, in der die Burg brach lag und im Innern vermoorte, wurde sie in der Wikingerzeit, im 8. bis 10. Jahrhundert, erneut benutzt. Wie in der Lembecks-burg* auf Amrum gab es auch in Tinnum eine Innenbebauung mit Sodenwandhäusern. Aus dieser Zeit stammt auch der heute sichtbare Wall, der über den ursprünglichen Wall errichtet wurde.

SERVICE
Info-Tafel des Archäologischen Landesamtes.

WEGWEISER
Die Tinnumburg liegt am Südrand von Westerland in Grünen. Sie ist von allen Seiten gut zu erreichen, u. a. über die Keitumer Landstraße, Süderstraße oder Strandweg.

VI. Süd-Jütland mit Alsen

Jütischer Heerweg
Überlandstraße

Der „Hærvejen", so der dänische Name, ist Dänemarks ältester und längster Verkehrsweg über Land. Von Aalborg im Norden zog er sich einst auf dem trockenen und damit begehbaren Gelände des so genannten jütischen Höhenrückens auf der Ostseite Jütlands nach Süden. Er verlief über Viborg*, Jelling*, Vejen* bzw. in einem westlichen Zweig über Ribe* an der Nordsee südwärts zum Danewerk* im Raum Schleswig, wo die Grenze des alten dänischen Reiches lag. Von hier aus führte er weiter bis an die Elbe und noch darüber hinaus. In Teilen ist er noch erhalten.

Der Name Heerweg geht zurück auf die älteste dänische Sammlung von Gesetzen, das „Jyske Lov", das Jütische Recht, das 1241 in Asmild* bei Viborg* niedergeschrieben wurde. Darin galt die Bezeichnung „Königlicher Heerweg" für alle großen Wege des Landes. Heute verweist der Name noch auf die Kriegerscharen vergangener Zeiten, die diese alte Verbindung benutzten, auch die Kimbern und Teutonen sind auf ihm nach Süden gezogen. Aber der Heerweg war ebenso Handelsweg und Reiseroute für jeden, der über Land unterwegs war. Die meisten gingen zu Fuß, nur wenige ritten oder fuhren in Wagen.

Im Mittelalter wurde er „Pilgerweg" genannt, Wallfahrtsweg nach Rom, zum Jakobsweg oder ins Heilige Land. „Oksekær", Ochsenweg, hieß er später wegen der riesigen Herden von Ochsen, die auf ihm noch bis Mitte des 19. Jahrhunderts, vor dem Bau der Eisenbahn, nach Süden getrieben wurden, zur Mast in die Marschen und zu den Märkten in Husum, Itzehoe und Wedel. Bis zu 50.000 Tiere passierten im Laufe eines Jahres die Zollstellen im Süden (siehe Ochsenweg* bei Schleswig). Außer Ochsen wurden auch Pferde, Schweine, Ziegen, Schafe und sogar Gänse auf diesem Weg getrieben.

Der Heerweg entstand nicht aus Zufall, sein Verlauf entwickelte sich aus den günstigsten Geländebedingungen: Solange er über den sandigen Mittelrücken Jütlands führte, verlief er geradlinig und ist auch heute noch in ansehnlicher Breite zu sehen. Wo er Höhengelände überquert, wird er schmaler und schlängelt sich in Windungen über die Kuppen. Besonders an Abhängen zu den Furten der Flüsse hin wird er breiter, hervorgerufen durch die Wagen, deren Räder die sandigen Wege aufwühlten, weshalb die Wagenlenker häufig neben den bestehenden Radspuren zu fahren versuchten.

Der Verlauf wird durch viele Runensteine markiert, die in der Wikingerzeit errichtet wurden. Der Weg ist jedoch viel älter: Schon

SERVICE
Info Heerweg: www.haervej.dk (mit interkativer Karte)
Jels Turistbureau, Møllegade 5, DK-6630 Rødding-Jels, Tel. 7455 21 10
Vejen Turistinformation, Sdr. Tingvej 10, DK-6630 Rødding, Tel. 7384 85 20
Visit**Vejle**, Banegårdspladsen 6, DK-7100 Vejle, Tel. 7681 19 25
Nørre Snede Turistkontor, Skolegade 1, DK-8766 Nørre Snede, Tel. 7577 02 84
Silkeborg Turistbureau, Åhavevej 2 A, DK-8600 Silkeborg, Tel. 8682 19 11
Viborg Turistbureau, Tingvej 2 A, DK-8800 Viborg, Tel. 8787 88 88

WEGWEISER
Die Strecke durch die **Bommerlund Plantage** zweigt gleich hinter der Abfahrt 75 (Bov) von der Autobahn E 45 von der 401 nach Norden ab. Die Margueritroute führt über die **Gejlå**. Die Brücke **Immervad Bro** liegt nördlich von Hovslund zwischen E 45 und Hauptstraße 24.
Bei **Oksenvad**, ein paar Kilometer südlich von Jels an der 403, verlief der alte Ochsenweg zwischen der modernen Landstraße und der Kirche.
Jels liegt an der Kreuzung von Hauptstraße 25 und Landstraße 403, **Vejen** unmittelbar südlich der Autobahn E 20 Kolding – Esbjerg.
Bække liegt an der Straße 417 von Vejle nach Brørup.

in der Bronzezeit, ca. 1700 v. Chr., bestanden große Teile dieser Fernverbindung, erkennbar noch an zahlreichen Grabhügeln, die am Wege liegen. Unter abgegrabenen Hügeln wurden an einigen Stellen Radspuren festgestellt, was darauf hinweist, dass die Hügel jünger sind als der Weg.

In der Regel war der Heerweg unbefestigt. Einen Straßenbelag gab es nur in schwierigem Gelände, etwa in Sumpfgebieten. Der Belag war zumeist aus Holz. Im einfachsten Fall bestand er aus ausgebreitetem Reisig und Ästen, die eine relativ feste Oberfläche boten. In anderen Fällen konnte er aus aneinander gelegten Baumstämmen oder sogar aus bearbeiteten Balken gebaut sein. In Einzelfällen gab es im Verlauf der alten Wege auch Brücken, wie die von Ravning Enge* nach Jelling* oder von Risby* auf Seeland. Sie machten das Überqueren der Flüsse einfacher, denn immer wieder gab es Tote beim Waten durchs Wasser.

Wo der Heerweg verlief, ist noch an vielen Stellen erkennbar, häufig heißt er streckenweise sogar noch Hærvejen oder Oksevejen. Von Vejle, Silkeborg oder Viborg* aus etwa können Sie sogar tagelang auf oder neben der alten Trasse wandern oder radeln. Informationen über den „Hærvejen" und Karten mit Angaben über Routen, Sehenswürdigkeiten etc. gibt es in den Turistbureaus und im Internet.

Deutliche Wegespuren sind u. a. noch im geschützten Gelände nördlich von Bække* oder in der Randbøl* Heide im mittleren Jütland zu sehen. Weiter südlich geht das Städtchen Vejen* (d. h. „Weg") auf eine alte Station des Heerweges zurück. Von Vejen aus verlief der Heerweg weiter über Skodborg, Jels* und Oksenvad nach Süden.

An der Granitbrücke Immervad Bro* südlich von Over Jerstal vereinigte sich der Heerweg mit dem Ochsenweg von Haderslev*. Von hier führte er weiter nach Süden über Hovslund*, Rødekro, Hjordkær, über die Furt der Gejlå* und durch den Wald von Bommerlund über Padborg nach Flensburg. Die Trasse des Heerweges verläuft hier nahe der Asphaltstraße durch die Bommerlund Plantage, die heute Teil der ausgeschilderten Marguerit-Route ist.

Gejlå Bro
Furt & Überlandstraße

Am Nordrand der Bommerlund Plantage liegt die Brücke Gejlå Bro. Sie wurde 1818 in Form von zwei Bögen aus Feldsteinen erbaut, die mit Mörtel zusammengefügt wurden. Allerdings ist die Flussquerung an dieser Stelle viele Jahrhunderte älter: Zur Wikingerzeit war hier im Zuge des Heerweges eine Furt durch die Au. Die flachen Furtsteine, auf denen man damals durchs Wasser schritt, sind heute noch unter der Brücke zu erkennen.

WEGWEISER
Gejlå Bro liegt an der Margueritroute, die westlich der Autobahnabfahrt 75 von der Straße 401 nach Norden abzweigt. Brücke und ehemalige Furt sind auf dem alten Wegestück westlich der modernen Brücke.

Bro Vold
Handelsplatz

Auf Alsen gab es zur Wikingerzeit einen befestigten Handelsplatz, der erst Anfang der 1930er Jahren am Ostrand von Augustenborg entdeckt wurde. Er lag beim Ort Bro am heute verlandeten Ostzipfel des Augustenborg Fjords, der damals den Zugang zur Ostsee herstellte. Die Siedlung war von einem halbrunden Wall umgeben, an dessen nördlicher, unbefestigter Wasserseite der Hafen war. Der vorgelagerte Wallgraben führte anscheinend niemals Wasser.

Bei den Ausgrabungen fanden sich auf dem ca. 2 ha großen Areal innerhalb des Walls Spuren von kleinen, ca. 3 x 4 m großen Holzhäusern mit Feuerstellen in einer Ecke. Sie wurden alle nach einem einheitlichen Schema errichtet, was auf zentrale herrschaftliche Lenkung hinweist. Die Entstehung von Bro Vold (d. h. „Brücken-Wall") wird auf den Anfang des 11. Jahrhunderts datiert.

Der Wall liegt auf einem Wiesenplateau gegenüber dem modernen Gebäude der Bromølle und ist noch deutlich im Gelände erkennbar, ebenso der Geländeeinschnitt, der den Zugang zum Hafen bildete.

SERVICE
Informationstafel am Zugang zu Wiese und Wall gegenüber dem Gebäude der Bromølle.
Museum Arkæologie Haderslev, Dalgade 7, DK-6100 Haderslev, Tel. 7452 75 66. Geöffnet Juni bis Aug. Di.–So. 10–16 Uhr, Sept. bis Mai Di.–So. 13–16 Uhr, Eintritt. Café. Museumsshop.
www.museum-sonderjylland.dk

WEGWEISER
Aus Richtung Sønderborg die zweite Abzweigung von der Hauptstraße 8 nach Augustenborg und sofort wieder nach rechts auf den Gamle Bro Vej parallel zur Hauptstraße. Rechterhand gegenüber der Bromølle auf dem Wiesenplateau lag die Siedlung.

Den Funden entsprechend war Bro Vold ein Handelsplatz, in typischer Lage am Ende eines schiffbaren Fjords und doch geschützt im Landesinneren. Von den einstigen Gebäuden ist an der Oberfläche nichts mehr zu sehen. Die Funde sind im Museum Arkæologi Haderslev.

Dyndved Strand
Schiffssetzungen & Begräbnisplatz

Alsen muss den Wikingern behagt haben: Es gab zahlreiche Schiffssetzungen, u. a. auch dicht am Strand des Als-Fjordes nördlich von Augustenborg. Drei Schiffssetzungen sind an diesem Platz; die am besten erkennbare ist 14 m lang und besteht aus 33 großen Steinen. In der nahe liegenden Kiesbank hat man mehrere Erdbegräbnisse aus der Wikingerzeit entdeckt, aber die Fund beschränken sich auf ein kleines Eisenmesser. In dieser Armut an Funden unterscheidet sich das Gelände nicht von den meisten anderen bekannten Schiffssetzungen. Insgesamt wird dieser Platz von dänischen Archäologen als wikingerzeitlicher Landeplatz mit Bebauung im Hinterland eingestuft.

WEGWEISER
Von der Hauptstraße 8 auf die Landstraße 405 Richtung Nordborg. In Guderup nach Westen, im Ort Dyndved nach Süden, nächste Kreuzung rechts, an der Gabelung beim Jordmosegård links bis zum Strand.

Stolbro Næs
Schiffssetzungen

Auch auf der Landspitze Stolbro Næs auf Alsen liegen dicht am Strand mehrere Schiffssetzungen, die jedoch von der See ziemlich angegriffen oder zum Teil von Sand bedeckt sind. Die größte ist ca. 15 m lang und aus 35 Steinen zusammen gesetzt. Nahebei sind mehrere flache Grabhügel, die in Zusammenhang mit den Schiffssetzungen als Bestattungen anzusehen sind. Schiffe spielten im Leben der Wikinger eine herausragende Rolle, und dementsprechend symbolisierten Schiffssetzungen in ihrem Glauben das Gefährt, mit dem die Gestorbenen ins Jenseits reisten. In der größten, östlich liegenden Schiffssetzung wurden 1960 Reste eines Brandgrabes gefunden.

In Guderup von der Landstraße 405 nach Westen über Dyndved und Stolbro bis Stolbro Løkke, dort nach links, beim übernächsten Hofgelände nach rechts und dem Weg bis zum Strand folgen.

Holm
Wikingerschiff-Vorgänger

Kein wikingerzeitlicher Platz, sondern praktischer Anschauungsort für nordische Schiffsbaukunst. Denn hier in Nordalsen, östlich der Landstraße 405, ein paar 100 Meter nördlich von Guderup, wurde 1921/22 bei Arbeiten zur Entwässerung eines kleinen Torfmoores das berühmte Hjortspring-Boot („Hirschsprung") entdeckt.

Das Boot ist das früheste skandinavische Schiff, das nicht mehr als Einbaum, sondern mit Planken hergestellt und damit ein Vorläufer für die Schiffsbaukunst der Wikinger war. Um 350 v. Chr. war es als Opfergabe mit den Waffen besiegter Krieger in einem See versenkt worden, der sich später zum Moor entwickelte.

Die geborgenen Originalteile sind im Dänischen Nationalmuseum. Der eigens gegründete Verein „Hjortspringbådens Laug" hat in Zusammenarbeit mit dem Nationalmuseum in mehrjähriger Bauzeit einen seetüchtigen Nachbau hergestellt und mehrfach praktisch auch unter erschwerten Wetterbedingungen erprobt.

Im Sommer 2007 war das Hjortspringboot Star einer Sonderausstellung des Archäologischen Museum in Frankfurt am Main. Der Nachbau ist auf der Linde-Werft im Dorf Holm westlich von Nordborg zu besichtigen.

SERVICE
Lindeværftet, Ellehave, Dyvigvej 11, Holm, 6430 Nordborg, Tel. 7445 15 83. Geöffnet Apr. bis Sept. Di. 18.30–21, Sa. 14–17 Uhr, Okt. bis Mrz. Di. 18.30–21 Uhr. Auch nach Vereinbarung. Eintritt. Verein „Hjortspringbådens Laug". *www.hjortspring.dk*

WEGWEISER
Auf der Hauptstraße 405 nach Norden, geradeaus durch Nordborg hindurch auf Ringvej/Dyvigvej zum Dorf Holm. Vom Dyvigvej in Richtung Jachthafen zweigt die Straße Ellehave nach rechts ab.

VI. Süd-Jütland

Urnehoved
Thingplatz

Direkt neben dem einstigen Jütischen Heerweg*, der streckenweise auch als Oksevejen von Gejlå Bro* nach Hjordkær führte, war der Versammlungsplatz für das alte „Landsting" von Südjütland. Der Platz ist erhalten, er liegt in einem Wäldchen auf der Kuppe eines Hügelrückens, den der Heerweg hier überquert. Noch im Mittelalter wurde Urnehoved häufig als Ort der Rechtsprechung genannt, wohin sich die Bevölkerung im Falle von Unrecht wenden konnte.

Urnehoved wurde 1946-48 als Gedenkstätte mit Erinnerungssteinen hergerichtet, die im Halbrund auf der höchsten Stelle des Platzes aufgestellt wurden. Auf den Gedenksteinen wird an bedeutende Ereignisse an diesem Ort erinnert, u. a. hielt hier König Sven Estridsson 1074 ein Thing ab.

Ins grelle Licht der Geschichte rückt Urnehoved durch die Ermordung von König Erik Emune am 18. September 1137. Auslöser für diese Bluttat auf einem Thingplatz, der eigentlich als Ort eines besonderen Rechtsfriedens galt, war ein missglückter Eroberungszug von König Erik nach Norwegen. Der Name des Täters ist überliefert, es war ein unzufriedener Großbauer oder Adliger, der Sorteplov hieß, d. h. „Schwarzer Pflug".

SERVICE
Parkplatz mit Info-Tafel am alten Hærvejen/Oksevejen
Picknicktische unterhalb der Gedenksteine
www.bolderslevby.dk/historie und *dengang.dk/artikler/1992*

WEGWEISER
Urnehoved liegt zwischen der Autobahn und Bolderslev, einige hundert Meter nördlich der Hauptstraße 42, am alten Ochsenweg, der hier als Schotterstraße von Hjordkær heranführt. Thingplatz und Heerweg sind an der Hauptstraße ausgeschildert.

Erik Emune war ein zwiespältiger Mensch. Drei Jahre vor seinem Tod war er erst König geworden, nachdem er den Mord an seinem Bruder Knut Lavard, dem Statthalter (Herzog) von Schleswig, gerächt hatte: Erik besiegte den Mörder, den Sohn Magnus des dänischen Königs Niels, und den König selbst 1134 in der Schlacht von Foteviken* in Südschonen. Magnus und seine Anhänger fielen, Niels wurde zwei Wochen später bei Schleswig von aufgebrachten Einwohnern ermordet, die den Mord an ihrem geschätzten Herzog Knud Lavard nicht vergessen hatten.

Auf seiner Flucht von Schonen nach Schleswig hatte Niels auf dem Thingplatz von Urnehoved noch Eriks Bruder Harald Kesja als Mitkönig ausrufen lassen. Das wurde dessen Todesurteil: Erik ließ seinen Bruder und dessen Söhne ein Jahr später umbringen. Denn

Erik hatte sich als König zu einem herrschsüchtigen Tyrannen entwickelt, der viele gegen sich aufbrachte. Der missglückte Feldzug machte dann vermutlich das Maß voll.

Wie weit das Landsting von Südjütland in Urnehoved in späteren Jahrhunderten noch zusammenkam, ist unklar. 1523 jedenfalls wird berichtet, dass das Thing in Flensburg tagen sollte.

Hovslund
Runenstein

Dieser Runenstein ist einer der ältesten in Dänemark. Er steht nördlich des Ortes Hovslund Stationsby direkt an der uralten Trasse des ehemaligen Jütischen Heerwegs* und wird in die Zeit vor 900 datiert. Seine Inschrift besteht nur aus einem Wort, aus dem Namen »Hærulf«, der sich zusammensetzt aus dem Männernamen Ulv, auf Deutsch Wolf, und der Beifügung „Heer". Der Name dürfte also einen Krieger bezeichnet haben.

WEGWEISER
Hovslund Stationsby liegt an der Hauptstraße 24 von Åbenra nach Norden, Autobahn E 45, Abfahrt 70. Vor der Bahn nach rechts und wieder links abbiegen, dem Hinweis „Hærvejen" folgend. Der Stein steht unmittelbar am alten Heerweg Richtung Immervad Bro und Autobahnauffahrt 69.

Der Stein war für ein Jahrhundert nach Deutschland verschleppt worden: Nach dem deutsch-dänischen Krieg 1864 hatte Preußen-Prinz Friedrich Carl Nikolaus, Oberbefehlshaber der preußischen Armee, den Stein zu seinem Jagdschloss Dreilinden bei Berlin schaffen lassen. Erst 1951 wurde er von Berlins Bürgermeister Ernst Reuter zurückgegeben und wieder an seinem originalen Platz aufgestellt.

Immervad Bro
Überlandstraße & Furt

Die alte Granitbrücke von Immervad Bro nördlich von Hovslund stammt zwar erst aus der Mitte des 18. Jahrhunderts, sie hatte jedoch eine Vorläuferin aus der Zeit um 1400, und die wiederum markierte einen noch viel älteren Platz: Zur Wikingerzeit war hier eine Furt durch den Bach Rudbæk. An dieser Stelle vereinigte sich der Jütische

WEGWEISER
Immervad Bro liegt im Winkel zwischen Autobahn E 45, Landstraße 435 und Hauptstraße 24. Zu erreichen von Süden über Hovslund und Hærulf-Stein oder von Norden über die Landstraße 435. Gleich hinter der Autobahnabfahrt 69 nach Süden auf den Hærvejen abbiegen, ca. 1,5 km.

Heerweg* mit einem Zweig des Ochsenweges, der von Haderslev* heranführte. Von hier verlief der Hærvejen weiter nach Süden über Hovslund*, Rødekro zur Bommerlund Plantage. Heute liegt die Brücke trocken, der Bach ist längst umgeleitet.

Haderslev
Flussübergang & Handelsplatz

Die Siedlung Haderslev ist seit dem Ende der Wikingerzeit bezeugt. Keimzelle für den nachmaligen Handelsplatz waren eine Wegegabelung und eine Furt durch den Haderslev Fjord*. Der schmale Wasserarm, der eher wie ein begrünter Flusslauf anmutet, war die Verbindung zwischen der Ostsee und dem Siedlungsplatz in der typischen wikingerzeitlichen geschützten Binnenlage. Der Fjord war zeitweise durch Schiffssperren abgeriegelt (siehe weiter unten). Vom Ort aus, den der dänische Historiker Saxo Grammaticus um 1200 bereits als Stadt bezeichnete, führte ein Zweig des Jütischen Heerwegs* weiter in Richtung Süden.

Außerdem besteht ein Zusammenhang zwischen der Siedlung und dem nahe gelegenen Kultplatz Ejsbølmose am nordwestlichen Stadtrand von Haderslev. In dem einstigen Moorsee wurden in der Zeit von ca. 300 bis 500 n. Chr. über 2000 Gegenstände als Opfer an die Götter versenkt: Waffen und Ausrüstung eines kleinen Heeres von ca. 200 Mann, insgesamt also ein Kriegsbeuteopfer.

Ejsbøl war offensichtlich ein Heiligtum für die Region, ähnlich wie etwa das Moor von Thorsberg* im Raum Schleswig. Heute ist die Gegend längst Baugebiet geworden.

SERVICE
Museum Arkæologie Haderslev, Dalgade 7, DK-6100 Haderslev, Tel. 7452 75 66. Geöffnet Juni bis Aug. Di.–So. 10–16 Uhr, Sept. bis Mai Di.–So. 13–16 Uhr, Eintritt. Café. Museumsshop.
www.museum-sonderjylland.dk

WEGWEISER
Haderslev liegt östlich der Autobahn E 45, Abfahrt 68. Alternativ von Hovslund über die Landstraße 435, die mittem in die Stadt führt. Ejsbølmose liegt am nordwestlichen Stadtrand, an der Nebenstraße Eisbølvej, die von der Straße 47 via Elmevej nach Norden führt, Richtung Moltrup.

Überbleibsel aus der Wikingerzeit sind in Haderslev nicht mehr erhalten, was u. a. auch damit zu tun hat, dass die Stadt bei den Kämpfen zwischen König Erik Plovpennig (1241–1250) und seinem Bruder, Herzog Abel von Schleswig, in Flammen aufging. Dabei wurde auch die alte Kirche aus Granitquadern zerstört. Nahezu an derselben Stelle entstand aus Ziegelsteinen die heutige Domkirche.

Das Museum Haderslev, das unter dem Namen Arkæologi Haderslev in den Zusammenschluss der Museen Sønderjyllands integriert ist, präsentiert eine ausgezeichnete Sammlung von Vorzeitfunden (auch Opfergaben aus dem Moor) und ländlichen Häusern Südjütlands, darunter auch wikingerzeitliche Grubenhäuser.

Starup
Runenstein

Bei Renovierungsarbeiten 1914 in der Kirche von Starup östlich von Haderslev* wurde ein Runenstein gefunden, der offensichtlich als Türstufe gedient hatte. Er wurde außerhalb der Kirche vor dem Turm aufgestellt. Seine Inschrift ist spartanisch kurz: »*Eriks Denkmak*«, frei übersetzt: „Zur Erinnerung an Erik". Es gibt keine Verzierungen, Stein und Inschrift sind nicht beschädigt, der Text ist also nicht verstümmelt.

> **WEGWEISER**
> Starup liegt am südlichen Fjordufer, an der Marguerit-Route von Haderslev in Richtung Årøsund. In der Ortsmitte nach Norden (links) in den Starup Kirkevej abbiegen, die Kirche steht direkt am Fjord.

Der Stein hatte ursprünglich in der Umgebung der Kirche gestanden, zu deren Bau er dann mit verwendet wurde. Ob er auf ein zugehöriges Grab verwies, kann heute nicht mehr nachgeprüft werden. Die dreischiffige Kirche liegt außerhalb der Ortsbebauung direkt am idyllischen Südufer des Haderslev Fjords*. Sie wurde bereits um 1090 gebaut und gilt als die älteste Kirche in Südjütland. Die Ausgestaltung im Zuge der Renovierung hat allerdings die ursprüngliche schlichte Schönheit verdeckt.

Haderslev Fjord
Schiffssperre

Haderslev* war bereits vor der Wikingerzeit so bedeutend, dass eine doppelte Schiffssperre im Fjord gegen Überfälle schützen musste. Die äußere Sperre an der Fjordmündung war zwischen Ørbyhage auf der Nordseite und dem Riff Stagodde an der Südseite. Die innere Sperre erstreckte sich ca. 1,2 km fjordaufwärts von Stevelt Strand/Haderslev Næs am Südufer in Richtung Vonnetgård im Norden.

Die äußere Schiffssperre wird „Margaretes Bro" genannt, weil man sie früher der Zeit von Königin Margarete zuschrieb, also den Jahren um 1400. Aber eine Analyse der Eichenstämme ergab, dass sie bereits um 370 angelegt wurde. Sie wurde dendrochronologischer

Datierung zufolge noch fünfmal verstärkt oder repariert, und zwar in den Jahren 400 und 419, sodann 1135, 1143 und 1160.

Die innere Sperre mit dem Namen „Æ Lei" wurde entsprechend der dendrochronologischen Datierung im Jahr 403 errichtet und noch mal um 1030 ausgebaut. Wahrscheinlich dienten beide Schiffssperren ursprünglich auch dem Schutz des Opfermoores von Ejsbøl, in dem zwischen 300 und 500 Waffen und Ausrüstungsgegenstände geopfert wurden (siehe Haderslev*).

Die innere Sperre war Untersuchungen Ende der 1980er Jahre zufolge ca. 500 m lang und bestand aus Eichenpfählen, an denen schwimmende Planken verankert waren, ähnlich wie in der Bucht von Helnæs* auf Fünen. Dahinter war eine breite Reihe von Pfählen in den Fjordgrund gerammt. Die Reste beider Sperren sollen bei niedrigem oder bei sehr klarem und ruhigem Wasser noch zu erkennen sein.

WEGWEISER
Info Arkæologie Haderslev mit Karte:
www.kulturarv.dk/publicffdata/documentation/file/doc/120223/public
Nördlich des Fjords von Haderslev aus Richtung Astrup und Vonsbæk bis Ørby, dort südwärts nach Ørbyhage, bis zum Strand am Ende der Straße.
Südlich des Fjords auf der Margueritroute von Haderslev bis Øsby, dort nordwärts bis Stevelt, an der Kreuzung links und wieder rechts nach Stevelt Strand. Wagen am Waldrand abstellen, am Feldrain entlang zum Wasser.

Jels
Überlandstraße

Der Ort war einst Station am Jütischen Heerweg*, der vom Norden Jütlands nach Süden bis an die Elbe führte. Hier querte er die Jels Å. Heute gibt es in Jels am Ufer des Sees Nedersø ein modernes Wikingercamp, in dem zeitweilig zur Demonstration alter Fertigkeiten gearbeitet wird, mit Wikinger-Markt. Ende Juni und erste Julihälfte findet ein Wikinger-Schauspiel auf der Bühne am See statt. Von Jels aus verlief der Heerweg weiter nach Süden, dicht an der spätmittelalterlichen Kirche des Ortes Oksenvad vorbei, dessen Name „Ochsenfurt" noch auf seine Funktion als Furt am Ochsenweg hinweist.

SERVICE
Jels **Vikingeby**, Søvej 7, Jels, DK 6630 Rødding, Tel. 7455 30 62.
Turistbureau, Møllegade 5, DK-6630 Rødding-Jels, Tel. 7455 21 10.
www.jelsvikingespil.dk Info Heerweg: *www.haervej.dk*

WEGWEISER
Jels liegt an der Kreuzung der Straßen 25 und 403. Die Demonstrationssiedlung und die Bühne für das Schauspiel liegen am östlichen Seeufer.
Oksenvad ist ein paar Kilometer weiter südöstlich an der Straße 403.

Vejen
Überlandstraße & Goldschatz

Das Städtchen geht, wie der Name „vejen" (d. h. Weg) verrät, auf eine Station des Jütischen Heerweges* zurück. Dessen einstige Trasse durchquert noch heute im Verlauf von Nørregade und Søndergade die Stadt von Nord nach Süd. Wo einst Krieger, Kaufleute oder Pilger ausschritten, ist heute eine Einkaufsstraße. Von Vejen aus verlief der Heerweg nach Süden über Skodborg, Jels*, Over Jerstal etc. Südlich von Vejen war die alte Furt durch den Fluss Kongeå (Königsau). Der bildete nach dem deutsch-dänischen Krieg 1864 die Grenze zu Deutschland. 2016 wurde in Vejen ein Wikinger-Goldschatz gefunden, mit fast einem Kilo der größte in der dänischen Geschichte. Er wurde ins Dänische Nationalmuseum nach Kopenhagen gebracht.

SERVICE
Turistinformation, Sdr. Tingvej 10, DK-6630 Rødding, Tel. 7384 85 20
de.wikipedia.org/wiki/Vejen Info Heerweg: *www.haervej.dk*

WEGWEISER
Vejen liegt an der Straße 403, südlich der Autobahn E 20 Kolding – Esbjerg.

Malt
Runenstein

Ein Runenstein mit vielen Fragezeichen. Er ist knapp 3 m hoch, 3,5 Tonnen schwer und steht südlich von Brørup, im hübschen Schloss Sønderskov, das als Heimatmuseum dient. Gefunden wurde der Stein im Frühjahr 1987 beim Pflügen wenige Kilometer entfernt beim Weiler Malt zwischen Brørup und Vejen am Nordufer der Kongeå (Königsau). 1991 wurde er in der Vorhalle des „Museet på Sønderskov" aufgestellt. Die Datierung ist nicht sicher, sie schwankt zwischen dem 9. und dem 11. Jahrhundert.

Die Inschrift des Steins ist mit 153 Zeichen eine der längsten Runeninschriften des Landes. Ihr Inhalt allerdings ist unklar. Anfangs hatte man sogar die Echtheit des Steins angezweifelt und die Runen für eine etwa 100 Jahre alte Fälschung gehalten. Zwar können die Runen entziffert werden, aber eine allgemein akzeptierte Deutung der Inschrift ist bisher nicht gelungen, obwohl sich viele Runenspezialisten daran versucht haben, u. a. vom dänischen Nationalmuseum, von den Universitäten Uppsala und Oslo. Jeder hat für seine Deutung die Inschrift an irgendeiner Stelle ergänzen müssen.

Der Text enthält Bezüge auf die Edda, die Sammlung altisländischer Sagas, und zeigt außerdem das „futhark"-Runen-Alphabet. In Form einer Inschrift wird es als magische Beschwörungsformel gedeutet, die auf diesem Stein nahezu identisch ist mit der auf dem Runenstein in Gørlev* auf Seeland. Rechts daneben ist ein stilisiertes Männer-Maskengesicht eingeritzt. Möglicherweise war auch dieser Stein eine Art Zauberstein.

Die Runeninschrift verläuft in zwei senkrechten Reihen und zwei waagerechten Reihen. Nachfolgend in gestraffter Form einer von verschiedenen Deutungsversuchen, der immerhin noch einen akzeptablen Sinn ergeben würde. Er stammt vom deutschen Runologen Kurt Braunmüller, der den Stein an den Anfang des 11. Jahrhunderts datiert. Auch seine Interpretation ist umstritten.

Braunmüllers Deutung: *»An jeden, der diesen Stein zu Gesicht bekommt! Vifrid-Thor machte diesen Stein zum Gedenken an (seinen) Vater nach dessen gewaltsamem Tod. Jeder, der diesen Gedenkstein beschädigt, den sollen die Runen in die Irre führen. Die Sonne verfolgt jeden! Thor! Thor! Thor!«* Der Schluss sei eine beschwörende Anrufung des Gottes Thor, davor ein Fluch gegen Frevler, die sich am Stein vergreifen. Vifrid ist eigentlich ein Frauenname, der auch aus Schweden häufiger belegt ist. Sie/er dürfte als Auftraggeber(in) für die Inschrift gelten und nicht als Runenritzer.

SERVICE
Museet på Sønderskov, Sønderskovgårdvej 2, DK-6650 Brørup, Tel. 7538 38 66. Geöffnet Feb. bis Dez. Di.–So. 11–16 Uhr. Eintritt frei. Museumsbutik. Restaurant. Parkplatz. *www.sonderskov.dk*

WEGWEISER
Schloss Sønderskov liegt zwischen E 20 und Hauptstraße 32. Von Vejen auf der 32 bis zur Abzweigung des Sønderskovgårdvej nach Norden.

Gudsø Vig
Schiffssperre

Die kleine Nebenbucht des Kolding Fjords war, wie viele andere dänische Buchten und Fjorde, zur Wikingerzeit durch Schiffssperren gesichert. Allerdings nicht nur durch eine: Bei Untersuchungen seit 1986 hat man Spuren von mehreren Pfahlreihen gefunden, auch aus älteren Zeiten seit etwa 100 v. Chr. – insgesamt mindestens 5 verschiedene Anlagen, die sich westlich des Skærbæk-Werkes durch die Bucht erstrecken.

Die älteste Anlage wurde mittels C^{14}-Analyse von geborgenen Hölzern auf die Zeit um 100 v. Chr. datiert. Zur Wikingerzeit wurden mehrere Sperren erbaut, die erste um 850, die um 1000 verstärkt oder repariert wurde. Sie erstreckte sich von der Landzunge Stegenav neben dem Skærbækværket auf der Ostseite des Fjords zur Insel Kidholme. In der Mitte gab es eine Durchfahrt. Um 900 wurde eine weitere Sperre zwischen Kidholme und der Landspitze Hovens Odde errichtet. Damit war die Bucht Gudsø Vig vollends gesperrt.

Die Sperre bestand aus Hunderten von Birken-, Buchen- und Haselstämmen, die angespitzt und in den Grund gerammt worden waren. Sogar Apfelbäume sind mit verwendet worden. Die Stubben stecken noch im Seeboden, bei der archäologischen Erforschung wurden sie markiert. Heute ist jedoch über Wasser von der Sperre nichts mehr zu sehen. Aber der Blick vom Strand bei Hovens Odde oder von Drejens am Nordufer des Kolding Fjords über die Bucht und die Insel Kidholme ist einen Abstecher wert.

Was durch die Sperren geschützt werden sollte, ist noch nicht geklärt. Wahrscheinlich gab es in Gudsø Vig einen Handelsplatz, möglicherweise auch einen Kultplatz. Denn „Gudsø" bedeutet so viel wie „Gottes Meer". Mag auch sein, dass es einen Zusammenhang mit der Mündung der Spang Å gibt, die zur Wikingerzeit eine Wasserverbindung über den Rands Fjord bis hin zum Vejle Fjord bot.

WEGWEISER
Nach Drejens auf der Straße 170 aus Kolding heraus, nach Osten abbiegen auf die 161, in Nørre Bjert gegenüber der Kirche nach rechts, kurz vor der Bucht nach links über den Elvighøjvej bis zum Strand. Dort nach links entlang der Sommerhäuser bis zum Parkplatz mit Badestrand. Zur Landspitze Hovens Odde an der Kreuzung hinter Nørre Bjert nach rechts auf die schmale Straße bis zur Hovens Odde.

Læborg
Runenstein

Der Runenstein vor der Kirche von Læborg hat mit der ersten, geheimnisumwitterten Frau in Dänemarks Geschichte zu tun – mit Königin Thyra. Der 2,70 m hohe Stein wurde 1638 etwa 150 m nördlich der Kirche gefunden, dort wo früher der alte Heerweg verlief. Eine senkrechte Reihe von Löchern an der Seite des Steins zeugt davon, dass man versucht hatte, ihn zu zerlegen. 1821 wurde er in die Friedhofsmauer eingesetzt und schließlich 1935 auf den jetzigen Standort umgesetzt. Dabei wurde auch ein kleines Stück im oberen Teil, das abgebrochen war, wieder angesetzt.

Die Inschrift wird ins 10. Jahrhundert datiert und verkündet: »*Tue, der Nachkomme Ravns, ritzte diese Runen zu Ehren von Thyre, seiner Königin*«. Außerdem zeigt der Stein über der Inschrift den Umriss eines Thorshammers, das heidnische Gegenstück zum christlichen Kreuz. Der Name Thyre wird wie der auf dem Runenstein von Bække* auf Thyra bezogen, die Mutter des dänischen Königs Harald Blauzahn, der im nicht weit entfernten Jelling* residierte.

WEGWEISER
Læborg liegt wenige Kilometer nördlich der E 20, von Vejen aus über den Asbovej zu erreichen. Oder von Sønderskov über die 417 und hinter der E 20 nach rechts auf den Skottevej. Die Kirche steht am Læborg Kirkevej.

Der Mann, der die Runen ritzen ließ, Tue, dürfte derselbe gewesen sein, der zusammen mit anderen den Stein in Bække* errichten ließ, also der Angehörige einer Häuptlingsfamilie. Er war sicher kein einfacher Gefolgsmann der Königin, sondern möglicherweise sogar der zweite Gatte von Thyra, die ihren ersten Mann, König Gorm, überlebt und einen ehemaligen Konkurrenten von Gorm geheiratet haben soll (siehe Jelling*).

Ob es diese Beziehung Thyras zu zwei Männern wirklich gegeben hat und welche Ereignisse sich dahinter verbergen, ist nicht geklärt. Exakte Informationen über Thyras Leben gibt es nicht. Das heidnische Symbol des Thorshammers auf dem Runenstein deutet jedoch darauf hin, dass Tue und seine Familie im Gegensatz zu Thyras Sohn Harald Blauzahn mit dem Christentum nichts im Sinn hatten. Darin wären sie Thyras erstem Gatten, König Gorm, ähnlich gewesen.

Bække
Runenstein

Auch der Runenstein von Bække, ca. 25 km nordwestlich von Kolding, wird als Zeuge für die wikingerzeitliche Geschichte von Macht und Liebe um Königin Thyra angesehen. Er steht an der Hauptstraße im Dorf, auf einem neuzeitlichen Hügel vor der Kirche. Gefunden wurde er 1807 in der Mauer des Friedhofs, sein ursprünglicher Standort soll in der Umgebung gewesen sein.

Die Inschrift des Steins: »*Tue, der Nachkomme Ravns, und Funde und Gnupe, diese drei errichteten Thyres Hügel*«. Der Name Tue taucht auch auf dem Runenstein in Læborg* auf (siehe oben). In Zusammenhang mit dem Læborger Stein wird Thyre als Königin Thyra verstanden, die Gemahlin von König Gorm und Mutter von König Harald Blauzahn. Wo der genannte Hügel liegt, ist ungeklärt; der vor der Kirche kann es nicht sein, da er neuzeitlich ist. Möglicherweise war es der Südhügel in Jelling, der dann zum Gedenken an Thyra errichtet worden wäre.

Nach Ansicht der Historiker Birgit und Peter Sawyer überlebte Königin Thyra ihren Mann Gorm und heiratete erneut, und zwar den genannten Tue. Der war ein Spross aus der angesehenen Fami-

WEGWEISER
Bække liegt 7 km nördlich von Læborg. Kirche und Hügel sind mitten im Ort an der Hauptstraße, der Landstraße 417 von Vejle Richtung Ribe.

lie eines Mannes namens Ravn in Jütland, ein Häuptling, der anscheinend mit Gorm einst um die Macht rivalisiert hatte und vielleicht auch um die Frau. Der Lebensraum dieser Familie wäre in der Gegend von Bække gewesen. Gnupe und Funde könnten Tues Söhne gewesen sein.

Thyra selbst birgt viele Geheimnisse. Sie soll aus einer vornehmen Familie von Seeland stammen und dadurch Herrschaftsansprüche samt ansehnlichem Landbesitz als Mitgift in ihre Ehe(n) eingebracht haben. Sie wird von alten Autoren wie den dänischen Geschichtsschreibern Sven Aggesen und Saxo Grammaticus als schöne und clevere Frau dargestellt, die dem deutschen Kaiser Otto II. bei dessen Versuchen, das dänische Königreich zu erobern, erfolgreich Widerstand leistete. Auch ihren Gatten Gorm, von dem eher selten und nichts sagend die Rede ist, soll sie in einem unbekannten Zusammenhang ausgetrickst haben.

Klæbek Høje
Schiffssetzung mit Runenstein & Überlandstraße

Gleich mehrere Zeugnisse aus der Wikingerzeit sind dicht beim Dorf Bække* zu finden: Zwei Grabhügel, eine Schiffssetzung mit einem Runenstein als Steven und dazu noch ein Stück uralter Überlandstraße, des Heerweges. Von einst 60 Steinen, die in der charakteristischen zugespitzten ovalen Form als 45 m langes Wikingerschiff aufgestellt waren, stehen nur noch 9; zur Markierung des ehemaligen Umrisses waren nachträglich kleinere Steine gesetzt worden, die 2010 durch Silhouetten aus Stahl ersetzt wurden. Die Schiffssetzungen aus Steinen symbolisierten das Schiff, mit dem der Verstorbene ins Totenreich, nach Walhall, reiste.

Ungefähr in der Mitte des Schiffsumrisses ist ein zerstörtes leeres Grab, in einem weiteren Grab nordwestlich der Schiffssetzung lag nur ein eisernes Messer. Der Stevenstein (dem vorbeiführenden Weg zugewandt) ist einer der wenigen Runensteine Dänemarks, die noch an ihrem originalen Platz stehen. Er trägt die angewitterte Runeninschrift: »*Revne und Tobbe setzten diese Denkmäler zum Gedenken an ihre Mutter Vibrog.*«

SERVICE
Infotafel und Parkstreifen am Wegesrand

WEGWEISER
Die Schiffssetzung liegt nördlich des Ortes Bække, unweit der Kreuzung von der Landstraße 417 mit der 469. Am Gasthof in der Ortsmitte von Bække zweigt die Straße Skolegade nach Norden ab, die in den Weg Klæbekvej übergeht und zur Schiffssetzung führt (rechts vom Weg).

Neben der Schiffssetzung sind zwei runde Bronzezeit-Grabhügel, die der Anhöhe von Klæbek Høje den Namen gaben. Möglicherweise ist die Schiffssetzung gezielt zwischen den Hügeln angelegt worden, um ihre Bedeutung zu erhöhen; ähnlich der Schiffssetzung von Glavendruplund* auf Fünen, in der ebenfalls ein Runenstein steht.

Zwischen den Hügeln, im Ostteil der Schiffssetzung, verlaufen eingetieft alte Wegespuren des einstigen jütischen Heerwegs*, der Jütland von Viborg bis an die Elbe durchquerte. Die Wegespuren sind noch gut zu erkennen. Zwei Kilometer weiter nördlich zweigt der Hærvejen von der 417 ab und führt nach Norden bis Jelling.

Vorbasse
Bauerndorf

Nicht nur Burgen und Handelsplätze aus der Wikingerzeit wurden ausgegraben, sondern auch einfache Bauerndörfer. Das bekannteste ist Vorbasse nicht weit von Bække, dessen Besiedlung von der frühen Eisenzeit bis heute durchgehend dokumentiert ist. Das wikingerzeitliche Dorf wurde vollständig erforscht, es umfasste als Kern 7 Hofkomplexe, von denen jeder aus mehreren Gebäuden bestand.

Das größte Gebäude war stets das Wohnhaus, das an einem Ende einen Kuhstall für bis zu 50 Tiere hatte. Die Außengebäude waren Scheunen, Schmiede und verstreut liegende Hütten, die Mitglieder der Sippe, Arbeiter oder auch Sklaven beherbergt haben können.

SERVICE
Grinsted Museum, Borgergade 25, DK-7200 Grindsted, Tel. 7972 74 90 billundmuseum.dk. Geöffnet tägl. 10–16 Uhr. Shop. Eintritt.
Infos Vorbasse: vorbasse.dk Information über die Ortsgeschichte unter: vorbasse.dk/besoeg-vorbasse/vorbasse.html (auch Englisch)

WEGWEISER
Vorbasse liegt südlich von Billund. Zufahrt von dort über die Straßen 425/469 oder von Vejle her über die 417. Im Ort liegt nord-östlich der 469 die Kirche, einige hundert Meter dahinter war beiderseits des Slaugvej das Areal der wikingerzeitlichen Siedlungen.

Jeder Hof wurde von einer Großfamilie bewohnt. Die Höfe waren längs einer Dorfstraße angeordnet, vier im Norden, drei südlich, jeder mit einem Tor im eingezäunten Grundstück, das sich zu einem Weg in der Mitte öffnete.

Alle Höfe hatten einen eigenen Brunnen, der aus gespaltenen Eichenstämmen gebaut wurde. Aufgefundene Bauhölzer von fünf der Brunnen wurden mittels Altersbestimmung durch Dendrochronologie in die Zeit von 720 bis 951 datiert. Zu den weiteren Funden zählen Wandplanken und Geräte, Spaten, Forken, Leitern, Keramik etc.

Die wikingerzeitlichen Siedlungen lagen nicht unter der heutigen Siedlung, sondern befanden sich nicht weit entfernt daneben. Auch während der etwa drei Jahrhunderte dauernden Epoche der Wikinger blieben sie nicht an ein und demselben Ort, sondern sie wanderten: Jeweils im Abstand von etwa einer Generation verlagerten sich die Gehöfte einige hundert Meter weiter zu einem neuen Standort. Die Lage von Bauernhöfen in Dänemark wurde erst endgültig fixiert, nachdem das Christentum sich durchgesetzt hatte und dauerhafte Steinkirchen zum Mittelpunkt der Gemeinschaft wurden.

Die Fläche, wo die wikingerzeitlichen Höfe in Vorbasse standen, liegt nordöstlich der Straße 469 und der heutigen Bebauung, sie ist zum größten Teil Wiesengelände und Brachland. Von der einstigen Bebauung ist nichts mehr zu sehen. Das örtliche Museum, das die Geschichte mit Karten und Funden dokumentierte, wurde geschlossen. Informationen werden jetzt im Internet angeboten. Jährlich Ende Juli findet in Vorbasse ein großer Pferdemarkt statt – Viehmarkt, Jahrmarkt und Flohmarkt in einem.

Randbøl
Runenstein & Grabhügel

Einer der wenigen Runensteine Dänemarks, die eindeutig noch ihren originalen Platz in der Landschaft haben, und zudem neben dem Stein von Rimsø* der einzige dänische Runenstein auf einem Grab. Er steht auf einem kleinen Hügel namens Store Rygbjerg an der Landstraße zwischen Billund und Egtved*. Hier verlief die Trasse des Jütischen Heerweges* in Richtung Bække* und Vejen*, der Stein war also für jeden Vorüberziehenden sichtbar. Runologen haben den Stein nach dem nördlich gelegenen Ort Randbøl benannt.

Der Runenstein wurde erst 1874 entdeckt. Ein Steinmetz hatte begonnen, ihn für Kilometersteine zu zerlegen, als er die Inschrift entdeckte. So wurde der Stein zwar beschädigt und musste auf einen modernen Betonfuß gesetzt werden, aber die senkrecht angeordneten Runenreihen blieben unverletzt. Ausgrabungen auf dem Gelände haben erwiesen, dass der Hügel, auf dem der Stein steht, tatsächlich ein Grab enthalten hatte. Damit ist dieser „Store Rygbjergstenen" zusammen mit dem von Rimsø* einzigartig in Dänemark.

Die Inschrift lautet: »*Der Bryde Tue setzte diesen Stein zum Gedenken an die Frau des Bryden. Diese Stäbe für Thorgun werden lange leben*«.

WEGWEISER
Der Stein steht direkt westlich neben der Landstraße zwischen Billund und Egtved, knapp 1 km südöstlich des Flecken Frederikshåb. Hinweisschild an der Straße. Vom Parkplatz ein paar Minuten Fußweg.

Der Begriff „Bryde" bezeichnet einen Haushaltsvorstand oder Verwalter, es könnte auch ein Verwalter königlicher Güter gemeint sein. Thorgun ist ein Frauenname, der Bryde hat also offensichtlich den Stein zum Gedenken an seine eigene Frau gesetzt.

Die „Stäbe" sind eine Umschreibung für Runen, ein Hinweis darauf, dass Runen ursprünglich in Holzstäbe geritzt wurden. Der Sinn des letzten Satzes: Die Runen auf dem Stein werden das Andenken lange wach halten und auch den Stein schützen.

Egtved
Runenstein

Der Runenstein wurde 1863 in der südlichen Einfriedung des Friedhofes von Egtved entdeckt. Er bekam seinen Platz im Waffenhaus, wo er noch heute steht. Der Stein ist nicht mehr vollständig, zudem angewittert und nur noch zum Teil lesbar. Seine Inschrift: »...(zum Andenken an) ... den Bemalten, er starb in Svia. (Den Stein) ließ setzen ein Bruder zu Ehren des Bruders. Dieser Stein ...«

Die Ortsangabe „Svia" könnte auf Schweden verweisen. „Svea" war die Bezeichnung für das Volk, das in der Gegend von Uppsala lebte, die nicht von den Dänen beherrscht wurde. In älteren Aufzeichnungen war noch um 1700 von „svia" die Rede. Entsprechend wäre derjenige, zu dessen Andenken der Bruder den Stein errichtet ließ, dort ums Leben gekommen. Die Bezeichnung „der Bemalte" könnte bedeuten, dass der Mann tätowiert war.

WEGWEISER
Egtved liegt südlich der Straße 417, die von Vejle Richtung Südwesten nach Ribe führt. In Egtved kreuzt sie die Marguerit-Route, die weiter Richtung Osten nach Kolding verläuft. Die Kirche ist am westlichen Ortsrand.

Ravning Enge
Brücke

Sie ist ein Ausnahme-Bauwerk. Als man in den 1950er Jahren den Fluss Vejle Å regulierte und die Wiesen bei Ravning entwässerte, entdeckte man auf der Südseite des Wasserlaufs mehrere große Eichenpfosten. Durch C^{14}–Untersuchungen wurde das Holz auf die Zeit um 980 datiert. Archäologische Ausgrabungen förderten schließlich eine gewaltige Brücke zu Tage, die sich mit etwa 5 m Breite 800 m lang quer durch das sumpfige Wiesengelände des Flusses erstreckte.

Die Brücke stand auf insgesamt 1800 Tragpfosten und konnte bis zu 5 Tonnen tragen. Hier, an der breitesten Stelle des Tals, gab es ausreichend festen Untergrund, um ein solches Bauwerk überhaupt errichten zu können. Als Baumaterial standen an den Abhängen des Flusstales genügend Bäume zur Verfügung.

Die Brücke liegt nur 10 Kilometer südlich von Jelling*, wo seit ca. 958 der dänische König Harald Blauzahn residierte. Entsprechend wird die Brücke in Zusammenhang mit Haralds politischen Ambitionen gesehen: Sie war Teil einer Militärstraße, die nach Süden zielte. Denn im Jahr 974 hatten die Deutschen die Handelsstadt Haithabu* an der Schlei und auch das Danewerk* erobert, und daraufhin plante Harald die Rückeroberung.

Der Brückenbau wurde, wie Altersbestimmungen der Hölzer mittels Dendochronologie ergaben, im Winterhalbjahr 979 begonnen, und genau in dieser Zeit ließ Harald auch die kreisrunden Militärlager von Aggersborg* und Fyrkat* in Nordjütland, von Nonnebakken an der Stelle des heutigen Odense* auf Fünen und Trelleborg* auf Seeland errichten. Auch diese Ringburgen waren Teil der militärischen Sicherung seines Reiches.

Im Jahr 983 konnte Harald Blauzahn zuschlagen: Überraschend starb der deutsche Kaiser Otto II., und in den Wirren seiner Nachfolge kam es zu einem Aufstand der westslawischen Obotriten und

SERVICE
Ausstellung im alten Bahnhof Ravning der Bahnlinie Vejle – Grindsted, die bis 1957 verkehrte. Ravningvej 25, DK-7182 Bredsten. Tel. 7681 31 00. Picknick-Tische und WC. *www.vejlemuseerne.dk/museum/ravningbroen* Geöffnet Ostern bis 31. Aug. tägl. 9–20 Uhr, 1. Sept. bis 31. Okt. tägl. 9–17 Uhr, 1. Nov. bis Ostern Sa./So. 14–17 Uhr. Freier Zugang.
de.wikipedia.org/wiki/Brücke_über_die_Ravning_Enge

WEGWEISER
Die Brücke von Ravning Enge liegt südlich von Bredsten und der Hauptstraße 28. Abzweigung von der 176 (Bredstenvej) von Bredsten nach Süden, Richtung Ravning. Die Straße führt direkt zur Vejle Å. Oder von Süden her über die Straße 417, abbiegen auf die 176 nach Norden, in Vingsted nach Weste, auf Kjeldkær- und Ravningvej.

Liutizen unter ihrem Fürsten Mistivoi. Der war mit Harald nicht nur verbündet, sondern sogar sein Schwiegervater, denn Harald war mit Mistivojs Tochter Tove in zweiter oder dritter Ehe verheiratet.

Die Slawen erhoben sich gegen die deutsche Herrschaft, verwüsteten Holstein und brannten Hamburg* nieder. In der entstandenen Unruhe nutzte Harald die Gunst der Stunde, marschierte eilends in Südjütland ein und gewann die Macht über Haithabu* zurück. Die massive Brücke durch das sumpfige Tal hatte ihre Aufgabe erfüllt und wurde anschließend offensichtlich nicht mehr gebraucht, sie existierte nur wenige Jahre, ähnlich wie auch die runden Militärlager.

Auf der Anhöhe nördlich der Ravning Brücke, 70 m über dem Tal, liegt eine Ringburg aus der Zeit um 100 – 500 n. Chr., also der Eisenzeit. Sie ist von einem Wall umgeben und wurde außerdem noch durch einen Wallgraben gesichert.

Jelling
Königssitz, Runensteine, Grabhügel

Der berühmteste Ort der frühen dänischen Wikingerzeit. Er wird beherrscht von einem der imposantesten Ensembles wikingerzeitlicher Monumente: Den beiden großen Königshügeln, zwischen ihnen die frühmittelalterliche Kirche und vor deren Eingang zwei große Findlinge mit Runeninschriften. Hügel, Steine und Kirche sind eng verbunden mit dem dänischen König Harald Gormsson, meist genannt „Blåtand", d. h. Blauzahn.

Der Beiname „Blåtand" kam erst 150 Jahre nach Haralds Tod auf, als niemand mehr eine optische Erinnerung hatte. Es dürften also kaum blaue Zähne gemeint sein. Überdies bedeutet dänisch „blå" nicht nur „blau", sondern auch „dunkel", und „tand" könnte aus „thane" entstanden sein, das bedeutet Häuptling. Also vielleicht der dunkle, d. h. zwiespältige oder auch unbekannte König.

Harald residierte seit ca. 940 in Jelling, anfangs zusammen mit seinem Vater Gorm. Vermutlich im Zusammenhang mit der Rebellion, die Haralds Sohn Sven Gabelbart gegen seinen Vater führte, verlegte Harald seinen Königssitz nach Roskilde auf Seeland, wo er auch nach seinem Tod 987 begraben wurde. Harald legte den Grundstein für die Christianisierung Dänemarks, nachdem er selbst um 965 getauft worden war. Die Taufe fand der Legende nach am Poppostein* im Raum Schleswig statt.

In den Hügeln waren der Überlieferung zufolge Haralds Eltern, König Gorm und Königin Thyra, beerdigt, was archäologisch allerdings nicht bestätigt werden konnte. Der Hügel nördlich der Kirche ist der größte Grabhügel Dänemarks, er wurde 1820 erstmals untersucht. Im Kern enthält der Hügel ein bronzezeitliches Grab, das überbaut wurde.

In der leeren Grabkammer des Hügels, deren Entstehung durch Altersbestimmung einer verwendeten Holzbohle auf das Jahr 958 datiert wird, fand man nur wenige Objekte, darunter einen kleinen vergoldeten Silberbecher mit verschlungenen Tierdarstellungen. Das Bildmuster gab der wikingerzeitlichen Kunstepoche des Jelling-Stils den Namen. Der Becher ist im Dänischen Nationalmuseum, eine Replik wird im Museum „Kongernes Jelling" gezeigt.

Der Südhügel, der 1861 in Anwesenheit des geschichtsbegeisterten Königs Frederik VII. geöffnet wurde, enthielt allerdings kein

Grab. Eine erneute Untersuchung 1941/42 ergab, dass der Hügel in mehreren Abschnitten aufgeworfen worden war. Sein Zweck ist unklar. Er wurde wenige Jahre nach Haralds Bekehrung zum Christentum vollendet.

Unter dem Hügel wurden Reste einer übergroßen Schiffssetzung aus Findlingen entdeckt, die beide Hügel verband. Von ihr waren zunächst nur wenige Steine am Fuß des Hügels lokalisiert worden, bis neuerliche Untersuchungen seit 2006 ergaben, dass diese Schiffssetzung ca. 350 m lang war und aus etwa 370 Steinen bestand. Die gesamte Anlage von Schiffssetzung und Hügeln legt nahe, dass Jelling ursprünglich ein heiliger Platz war; wahrscheinlich der eigentliche Grund, weshalb hier eine königliche Residenz entstand.

Exakt in der Mitte zwischen den beiden Königshügeln stehen seit über 1000 Jahren zwei Runensteine, die 1994 ins Weltkulturerbe der UNESCO aufgenommen wurden. 2011 wurden sie durch eine Überdachung vor der Witterung geschützt. Die Inschrift auf dem kleineren lautet: »*König Gorm errichtete dieses Monument zum Gedenken an Thyra, seine Frau, Dänemarks Zierde*«. Gorm residierte bis ca. 958 in Jelling, nachdem er selbst oder bereits sein Vater namens Hardegon zuvor andere Herrscher in Jütland vertrieben hatte: Die so genannte Olaf-Dynastie, vermutlich aus dem schwedischen Exil zurückgekehrte Dänen, hatte für einige Jahre die Herrschaft über Süd-Jütland inklusive Haithabu* an sich gerissen.

Der Inschrift entsprechend müsste Gorm seine Frau überlebt haben. Nach Darstellung des Geschichtsschreibers Saxo Grammaticus und auch nach Ansicht moderner Historiker (so Birgit und Peter Sawyer) hat jedoch seine Frau Thyra ihn überlebt, heiratete erneut und lebte im Raum Bække*. Folglich kann der Runenstein in Jelling nicht auf Gorm zurückgehen, sondern wurde wohl von seinem Sohn Harald Blauzahn errichtet; vermutlich, um über den Vater eigene

SERVICE
Jelling Kirke, Thyrasvej 1, DK-7300 Jelling, Tel. 7587 11 17. Geöffnet tägl. 8–20 Uhr, Herbst+Frühjahr bis 18 Uhr. www.jellingkirke.dk
Kongernes Jelling, Gormsgade 23, DK-7300 Jelling, Tel. 04120 63 31. Geöffnet: Mai bis Okt. tägl. 10–17 Uhr, Jun.–Aug. Mi. zusätzl. bis 20 Uhr, Nov./Dez und Jan. bis Apr. Di.–So. 10–17 Uhr. Eintritt frei.
natmus.dk/kongernes-jelling und *www.fortidensjelling.dk*
Shop und Café. Außengelände mit Markierung der Einfriedung.

WEGWEISER
Jelling liegt an der Landstraße 442, die als Marguerit-Route aus Vejle heraus und in Kurven bergan führt. Eine interessante Alternative ist die Anfahrt über die Hauptstraße 28, Abzweigung in Skibet dem Wegweiser nach. Kirche, Runensteine und Hügel mitten in Jelling sind nicht zu übersehen. Parkplätze in den Straßen Vestergade, Mølvangvej und Umgebung.

Erbansprüche zu dokumentieren, da Thyra Herrschaftsansprüche samt ansehnlichem Landbesitz auf Seeland mit in die Ehe gebracht hatte. Exakte Fakten über Königin Thyra gibt es allerdings nicht, dafür jedoch seit früher Zeit zahlreiche Mythen.

Der andere Stein ist der größte Runenstein Dänemarks und sicher einer der bedeutendste aller Runensteine. Er ist eine bedeutende Informationsquelle der frühen, wikingerzeitlichen dänischen Geschichte. Seine Inschrift: »*König Harald ließ dieses Denkmal errichten zum Gedenken an Gorm, seinen Vater, und Thyra, seine Mutter; dieser Harald, der ganz Dänemark und Norwegen für sich gewann und die Dänen zu Christen machte*«. Dieses Nachsatzes wegen gilt der Runenstein als „Taufurkunde" Dänemarks.

Auf der Vorderseite zeigt der Stein ein Bild, das als Darstellung des gekreuzigten Christus, jedoch in Form eines Wikingerkönigs, interpretiert wird. Die Rückseite ist von einem Motiv ausgefüllt, das für die damalige Zeit einzigartig war: Ein Löwe, der von einer Schlange umwunden wird. Der üppige Stil wird als Mammen-Stil bezeichnet, benannt nach dem Ort Mammen* östlich von Viborg*, wo in einem Grab die berühmte silberverzierte Axt mit entsprechenden verschlungenen Mustern gefunden wurde.

In der Tat konnte Harald Blauzahn Teile Norwegens ebenso wie des heutigen Südschwedens in sein Reich einverleiben. Der Bezug auf „ganz Dänemark" wird so verstanden, dass Harald es schaffte, das heimische Jütland und das eigentliche Dänemark, nämlich die Gebiete östlich des Großen Belts, von wo auch Königin Thyra stammen soll, unter seiner Herrschaft zu vereinen. Ob er allerdings die Dänen wirklich alle zu Christen machte, ist eher zweifelhaft. Auf jeden Fall förderte er die Christianisierung.

Die heutige Kirche von Jelling ist um 1100 gebaut worden, sie hatte jedoch drei Vorgänger aus Holz, die alle abbrannten. Der älteste Bau, der größer war als die heutige Steinkirche, soll aus der Zeit Haralds stammen. Bei einer Grabung im Zuge von Restaurierungsarbeiten Ende der 1970er Jahre fand man in einer Grabkammer unter dem Chor der Kirche das Skelett eines Mannes, der zum Zeitpunkt des Todes zwischen 35 und 50 Jahre alt, ca. 1,73 m groß, aber nicht sehr kräftig gebaut war.

Untersuchungen sprechen dafür, dass der Tote ursprünglich im Nordhügel begraben und erst später von dort in die Kirche umgebettet worden war. Man geht davon aus, dass es sich bei dem Skelett um die sterblichen Überreste von König Gorm handelt, den Stammvater des dänischen Königsgeschlechts. Zusammen mit der Runen-Inschrift und dem leeren Grabhügel macht dies wahrscheinlich, dass König Harald nach seiner eigenen Bekehrung zum Christentum den Leichnam seines Vaters Gorm, der noch Heide gewesen war, aus dem

Nordhügel in ein christliches Grab in jene Kirche umbettete, die er selbst hatte errichten lassen.

König Gorms Skelett war nach der Grabung in den 1970er Jahren ins Dänische Nationalmuseum gebracht worden. Es wurde nach erneuter Kirchenrestaurierung im August 2000 in Anwesenheit der dänischen Königin und weiterer Mitglieder des Königshauses wieder im Boden der Kirche vor dem Chor beigesetzt. Eine kleine silberne Leiste in den neu angelegten schwarzen Zierlinien im rötlichen Kirchenboden markiert das Grab.

Von Haralds Königshof in Jelling gibt es bisher nur wenige Spuren. Er war nicht weit von der Kirche entfernt, möglicherweise zum Teil sogar im Bereich des modernen Friedhofes. Immerhin hat man seit 2006 im Gelände nordöstlich von Kirche und Friedhof im Rahmen großflächiger Ausgrabungen viele Spuren einer weiträumigen Einfriedung entdeckt, die Kirche, Grabhügel und Schiffssetzung umgab. Solche Einfriedungen sind auch bekannt vom nicht weit entfernten Dorf Vorbasse* und vom Fürstensitz Tissø* auf Seeland.

Die Jellinger Einfriedung war rechteckig mit jeweils ca. 350 m langen Seiten in Form von Wällen mit Palisaden. Sie passten sich in Ausmaßen und Erstreckung der riesigen Schiffssetzung an und umfassten ein Gelände von rund 12,5 Hektar. Innerhalb der Einfriedung wurden Grundrisse von mehreren Häusern gefunden, von der Art, wie sie in Fyrkat* und Trelleborg* stehen, also Langhäuser mit den charakteristischen gebogenen Längswänden wie umgedrehte Wikingerschiffe. Sie lagen dicht an den Palisaden.

Der Verlauf der Einfriedung ist nach den Ausgrabungen markiert worden mit hohen weißen Stelen, welche die einstigen Palisaden symbolisieren. Auf der Nordseite hat man einen Torbau entdeckt, vermutlich hatten auch die anderen Seiten Tore. Über die Gestaltung des Geländes innerhalb der Anlage, mit der Harald Blauzahn Jelling zu seiner Residenz machte, gibt es bisher erst wenige Erkenntnisse.

Gegenüber der Kirche steht der monumentale Neubau für die Dauerausstellung „Kongernes Jelling" aus dem Jahr 2000. Nach völliger Neugestaltung wurde die Ausstellung 2015 entsprechend den Ergebnissen der Ausgrabungen als Erlebniscenter für das „Jelling der Könige" wieder eröffnet. Es informiert in Form einer perfekt gestylten Multimedia-Show über das königliche Jelling zur Wikingerzeit, über Gorm, Thyra und Harald, die Kirche und die Grabhügel. Gezeigt werden auch Funde aus Jelling.

VII. West-Jütland

Ribe
Handelsplatz

Nicht nur die älteste Stadt Dänemarks, sondern auch eine der ältesten Städte ganz Nordeuropas und einer der wichtigsten Orte der Wikingerzeit. Ribe liegt heute 5 km von der Nordsee entfernt und ist über die schiffbare Ribe Å mit der See verbunden. Diese geschützte Lage begünstigte seit etwa 700 die Entwicklung eines Marktzentrums, zunächst mit provisorischen Buden, in denen Handwerker ihre Waren herstellten und verkauften. Möglicherweise waren es zugewanderte Friesen, die hier als Händler und Handwerker auftraten.

Der Marktplatz erstreckte sich entlang des Flusses und war in zahlreiche Parzellen aufgeteilt. Hier wurden Perlen, Kämme, Bronzeschmuck und viele andere Gegenstände hergestellt. Der Platz war geplant angelegt, davon zeugt eine ca. 80 cm starke Sandschicht, die zur Stabilisierung auf den Marschboden aufgebracht worden war. Der Ort entwickelte sich schnell zu einem überregionalen Handelszentrum, das in Verbindung mit Dorestad in den Niederlanden (bei Utrecht) stand, mit Orten am Rhein und auf den Britischen Inseln und ebenso mit Norwegen und dem Schwarzen Meer. Diese Rolle behielt Ribe über drei Jahrhunderte.

Exportiert wurden Erzeugnisse von Ribes fruchtbarem Hinterland, etwa Butter, Korn und Speck, außerdem auch Fische und sogar Pferde, weiterhin handwerkliche Erzeugnisse und Bernstein, der in ganz Europa begehrt war. Importiert wurden u. a. Mühlsteine aus Basalt vom Rhein, Keramik, Glas. Die vielen Silbermünzen, die in Ribe gefunden wurden, dokumentieren die Bedeutung des Ortes als Handelszentrum. Von Ribe aus führte der Weg der Waren über das Flusssystem der Gram Å ins Landesinnere, bis an den Jütischen Heerweg* und die Fjorde der Ostsee, von wo aus Verbindung weiter nach Norden bestand.

Die ursprüngliche Siedlung entstand am Nordufer der Ribe Å, in der Gegend, wo heute das Museum „Ribes Vikinger" liegt, in dem die Ergebnisse der Ausgrabungen besonders aus den 1970er Jahren gezeigt werden. Die reichen Funde beweisen, dass Ribe in früher Zeit durch das Handwerk geprägt war. Vorherrschend waren Metallgießerei, Schuh- und Sattelmacherei, wobei heimische Rinderhäute verarbeitet wurden, Kammherstellung aus Hirschgeweih, Webarbeiten und Töpferei. Spezialität von Ribes Werkstätten waren u. a. Glasperlen, für deren Herstellung sogar Glaswürfel aus Italien importiert wurden. Ein frühes Beispiel dafür, dass die Weiterverarbeitung von Halbfabrikaten keine moderne Idee ist.

SERVICE
Museum Ribes Vikinger, Odins Plads 1, DK-6760 Ribe, Tel. 7616 39 60. Geöffnet Juli/Aug. tägl. 10–18, Mi. bis 21 Uhr, sonst 10–16 Uhr, von Nov. bis März Mo. geschl. Eintritt. Museumsshop. Cafeteria.
www.ribesvikinger.dk/de

WEGWEISER
Zufahrten zur Stadt im Süden von der Hauptstraße 11 oder 24 oder im Norden von 11/24 (Varde Hovedvej) oder der 32 (Koldingvej). Das Museum liegt östlich der Ribe Å neben dem großen Kreisverkehr gegenüber vom Bahnhof, zu erreichen von der Straße 11 ebenso wie von der Straße 24. Der Weg ist ausgeschildert. Parkplatz für Besucher vor dem Museum.

Erst nach 1000 entwickelte sich der Ort auch am Südufer der Ribe Å, rund um die heutige Domkirche. Deren Entstehung fällt allerdings erst in die Zeit um 1100. Von dort dehnte sich die Stadt weiter nach Westen aus, wo schließlich im Mittelalter auch die Festung Riberhus entstand, deren Wälle noch zu sehen sind.

Seine erste Kirche erhielt Ribe jedoch schon um 850, als der „Nordische Apostel" Ansgar vom dänischen König Horik I. die Erlaubnis bekam, im Ort eine (hölzerne) Kirche zu errichten. Sie dürfte etwa zeitgleich mit der von Haithabu* entstanden sein, als Ansgar von seinem Bischofssitz in Bremen aus seine zweite Missionsreise nach Norden unternahm. Wo diese Kirche in Ribe stand, ist ebenso wenig geklärt wie der Standort der Kirche in Haithabu*.

Bereits 948, noch bevor König Harald Blauzahn sich rühmte, die Dänen offiziell zu Christen gemacht zu haben, wurde Ribe selbst Bischofssitz. Vermutlich jedoch nur dem Namen nach: Denn Erzbischof Adaldag von Hamburg*-Bremen ernannte Bischöfe für die Kirchen in Ribe, Haithabu* und Aarhus* aus machtpolitischen Gründen, um sich durch untergeordnete Kleriker anderen Erzbischöfen als gleichrangig erweisen zu können.

Am Rande des Zentrums von Ribe, dort, wo die Keimzelle der ersten Stadt des Nordens war, befindet sich heute das Museum „Ribes Vikinger", mit Aussicht auf den Fluss und den Dom. Es ist im ehemaligen Hauptgebäude des Kraftwerks von Ribe (von 1923) untergebracht, dem ein neuer Gebäudetrakt hinzugefügt wurde. Das Museum informiert über die Stadtentwicklung Ribes in der Wikingerzeit und die Entstehung der mehrmals verstärkten Wallanlagen. Eine andere Institution mit dem Namen „Ribe Vikinge Center" gilt einem Erlebniscenter südlich von Ribe (siehe rechts).

Sensationell war im Jahr 2011 der Fund eines Runenstein-Fragments auf einem Gelände neben der Domkirche, der erste Runenstein von Ribe. Er zeigt neben den Runen das Bild einer Schlange oder eines Drachens – ein Motiv, das aus Dänemark bisher nicht bekannt war, aber aus Schweden und von der Insel Bornholm. Die wenigen entzifferbaren Worte scheinen Bezug zur Sage der Jomsvikinger zu haben, also zum südlichen Ostseeraum. Der Stein wird auf die Zeit um 1000 datiert und steht im Museum „Ribes Vikinger".

Ribe Vikinge Center
Wikingercenter

Kein originaler Wikingerort, sondern ein nachgebauter Handelsplatz aus der Zeit der Wikinger, in dem im Sommer auch gelebt und gearbeitet wird. Er liegt ein paar Kilometer südlich von Ribe, im Ort Lustrup. Grundlage waren die Ergebnisse der archäologischen Untersuchungen in Ribe*, und manche der erforschten Grundzüge des wikingerzeitlichen Ribe sind hier rekonstruiert.

Entstanden ist ein Erlebniscenter mit zahlreichen rekonstruierten Gebäuden, inklusive Häuptlingshof von 980, Marktplatz wie im Jahr 720 etc. auf dem Gelände eines alten Herrenhofes aus dem 18. Jahrhundert. Das Vikinge Center hat sich zum beliebten Ausflugsziel für Familien mit Kindern entwickelt. Im Sommer werden täglich Aktivitäten geboten, u. a. Reiten, Bogenschießen, Kochen etc.

SERVICE
Ribe Vikinge Center, Lustrupsholm, Lustrupvej 4, DK-6760 Ribe,
Tel. 7541 16 11. Geöffnet Juli/Aug. tägl. 11–17 Uhr, Mai/Juni und Sept./Okt.
Mo.–Fr. 10–15.30 Uhr. Anfang Mai Großer Wikingermarkt. Shop. Eintritt.
www.ribevikingecenter.dk/de/

WEGWEISER
Das Ribe Vikinge Center liegt südlich des Kreisverkehrs der Straßen 11 und 24. Vom Kreisel aus der Ausschilderung bis zum Parkplatz folgen.

Dankirke
Häuptlingssitz & Handelsplatz

Dänemarks älteste Stadt Ribe hatte einen Vorgänger. Allerdings in erster Linie als Häuptlingssitz, der jedoch auch Handelsplatz war und vor allem Standort einer Kirche. Der Ort liegt südwestlich von Ribe* nicht weit vom Meer, zwischen Egebæk und Vester Vedsted. Der moderne Name Dankirke ist ein Hinwies darauf, dass hier die erste Kirche Dänemarks errichtet worden sein soll, also eine Vorgängerin der ersten Kirche, die Erzbischof Ansgar von Hamburg*-Bremen um 850 in Ribe* errichten lassen durfte.

Eindeutige archäologische Belege für die Kirche in Dankirke sind bisher allerdings nicht gefunden worden. Ausgrabungen Ende der 1960er Jahre zufolge bestand Dankirke von ca. 200 v. Chr. bis ins späte 8. Jahrhundert, bis just zu der Zeit also, als Ribes Stern aufging. Das Siedlungsgebiet lag südlich der Straße von Egebæk nach Vester Vedsted und erstreckte sich offensichtlich auch über Teile von Vester Vedsted. Allerdings ist es nur zu einem geringen Teil erforscht.

Man hat eine Reihe von Hausplätzen ausgegraben, außerdem eine Menge an Keramik, Fibeln, Waffen, Silbermünzen, Schmuck, Glas, Perlen etc. gefunden. Vieles davon stammt aus der Völkerwanderungszeit, auch die Spuren eines großen Gehöftes, das einem Häuptling zugeschrieben wird. Außerdem gibt es aus dem ganzen Gebiet viele Einzelfunde, darunter ein Depotfund mit Schmuckstücken von ca. 800 Gramm Gold in Okholm.

Insgesamt zeigen die Grabungsbefunde das Bild von einem Handelsplatz und dem Sitz eines regionalen Herrschers, wie etwa auch Gudme* auf Fünen. Nachdem man in den 1970er Jahren die Ursprünge von Ribe entdeckt und sich auf deren Erforschung konzentriert hat, geriet Dankirke in Vergessenheit. Die Ausgrabungen wurden nicht fortgesetzt. Von ihnen ist im Gelände nichts mehr zu sehen.

Empfehlenswert ist ein Abstecher von Vester Vedsted auf der Margueritroute nach Süden Richtung Råhede. Dabei passieren Sie den alten Seedeich, gleichsam an der Rückseite des Siedlungs- und Grabungsgeländes, wobei die einstige Situation von Dankirke deutlich wird: Die Siedlung lag am Rande des Wattenmeeres mit wechselnden Wasserständen durch Ebbe und Flut, wodurch die Anlage einer Schiffslände oder eines Hafens nicht möglich war. Vermutlich ging deshalb die Funktion als Handelsplatz an Ribe* über, dessen Lage an der schiffbaren Ribe Å eine entscheidende Rolle spielte.

SERVICE
Info Archäologie: *de.wikipedia.org/wiki/Dankirke*

WEGWEISER
Der Platz liegt westlich der Hauptstraße 11 (Wegweiser nach Mandø und V. Vedsted), unweit vom westlichen Ortsrand von Egebæk. Wo rechts an der Straße nach Vester Vedsted ein Waldstück beginnt, zweigen links nacheinander zwei Wege ab (Vest Vedsted Vej 67 und 73). In deren Umgebung lag bis zu ca. 400 m von der Straße entfernt die Siedlung Dankirke.

Østskoven
Siedlung

Das Gelände von Esbjergs heutigem stadtnahem Wald Østskoven war in alten Zeiten Siedlungsgebiet. Anfang der 1990er Jahre wurden hier vom Esbjerg Museum in großem Umfang viele vorgeschichtliche Häuser, Höfe und Gräber freigelegt, Spuren einer Siedlung, die von der Steinzeit an bis ins Mittelalter hinein bestanden hat. Eine Reihe dieser Spuren wurde im Wald wieder sichtbar gemacht:

Nach der Grabung sind Lage und Umrisse von Gebäuden mit Pfählen markiert worden. Darunter auch Häuser aus der Wikingerzeit.

Während mehrerer Jahrtausende blieb die Siedlung nicht an ein und derselben Stelle, sondern sie verlagerte sich innerhalb eines großen Areals, ähnlich wie Vorbasse* in Südjütland und Bytofte* auf Fünen. Mittendrin lag die wikingerzeitliche Bebauung, umgeben von einem großen eisenzeitlichen Areal. Ein ausgeschilderter Pfad führt an Hausplätzen aus verschiedenen Epochen vorbei.

Auf dem Parkplatz am Grønnegårdsvej steht ein Informationshaus mit einer umfassenden Darstellung der Nutzung dieses Gebietes im Laufe von 4000 Jahren. Die einstige wikingerzeitliche Siedlung lag ca. 100 m südlich des Info-Hauses beiderseits des Grønnegårdsvejs.

SERVICE
Informationshaus auf dem Parkplatz Grønnegårdsvej mitten im Gelände. Esbjerg Museum, Torvegade 45, DK-6700 Esbjerg, Tel. 7616 39 39. Geöffnet 1. Jun. bis 31. Aug. tägl. 10–16 Uhr, 1. Sept. bis 31. Mai Mo. geschl. Shop. Eintritt. *www.esbjergmuseum.dk*

WEGWEISER
Der Østskoven ist nördlich der Straße 24. Am Kreisel des Tjæreborgvej nach Norden auf den Krogårdsvej, über die Bahnlinie und die folgende Kreuzung hinweg geradeaus, nach ca. 4 km nach links in den Grønnegardsvej. Nach ca. 800 m rechts auf den ausgeschilderten Parkplatz.

Skibhøj
Grabhügel

Im Gebiet der modernen Stadt Esbjerg sind Hunderte von Grabhügeln, Hausplätzen und anderen vorgeschichtlichen Spuren gefunden worden. Aus der Wikingerzeit gibt es allerdings nur noch wenige Zeugnisse. Sichtbar erhalten geblieben ist der Grabhügel Skibhøj am Ostrand der Stadt. Ursprünglich waren es zwei eng beieinander liegende Rundhügel aus Stein- und Bronzezeit, die erst in der Wikingerzeit zu dem jetzigen Langgrab zusammengebaut wurden.

Für die Zusammenlegung mag es mehrere Gründe geben: Zum einen war weniger Arbeit als für die Anlage eines völlig neuen Grabes nötig, zum anderen kann auch der Platz selbst bereits eine besondere Atmosphäre oder kultische Bedeutung gehabt haben, von welcher der Tote auf seinem Weg ins Jenseits profitieren sollte.

WEGWEISER
Skibhoj liegt am östlichen Stadtrand dicht beim Ende der Autobahn E20. Am Kreisel nach Norden abbiegen auf die Straße 191, dann nach rechts (Osten) auf den Darumvej. Der Grabhügel liegt zwischen Darumvej und Lykkegårdsvej. Ausgeschildert als Denkmal, Parkplätze am Weg.

Grimstrup Krat
Wallanlage

Im Wald Grimstrup Krat nordöstlich von Esbjerg liegt eine Wallanlage, deren Zweck nicht recht klar ist. Der „Kampdige" genannte Wall ist noch ca. 1 m hoch, davor ist ein ca. 1 m tiefer Graben, und das Ganze erstreckt sich leicht gebogen über ca. 200 m, soll jedoch ursprünglich 1 km lang gewesen sein. Die Anlage entstand in der späten Eisenzeit, war aber bis zum Ende der Wikingerzeit in Gebrauch.

Ähnlich wie Rammedige* in Nordjütland könnte auch dieser Wall eine Befestigungsanlage zum Schutz der Bevölkerung gewesen sein. Nach anderer Auffassung war der Wall ein Sperrwerk im Verlauf des alten Landweges Varde – Kolding, etwa nach dem Vorbild des römischen Limes in Deutschland. Möglicherweise war der Wall eine Kontrollstelle für den Verkehr auf dem Überlandweg, eine Zollstation, ähnlich wie der „Kong Knaps Dige" auf Grathe Hede*.

Nicht weit entfernt, am Südende des Waldgeländes, sind mehrere wikingerzeitliche Grabhügel am nordwestlichen Ortsrand von Grimstrup erhalten. Dort wurde 1983 beim Hausbau am Agernvej ein Kammergrab mit einem männlichen Skelett freigelegt. Es wird ins 10. Jahrhundert datiert. Einzige Grabbeigabe war ein runder hölzerner Schild, der farbig bemalt, aber noch unfertig war. Er bedeckte den Körper des Toten vom Kopf bis zu den Hüften.

> **SERVICE**
> Erläuterungstafel am Waldrand
>
> **WEGWEISER**
> Über E 20 und Hauptstraße 30 von Esbjerg Richtung Grindsted. In Roust, ca. 4 km hinter der Autobahn, nach Osten auf den Roustvej abbiegen. Nach ca. 500 m am Straßenrand parken, dem Weg an der Markierung eines Steingrabes ca. 100 m durchs Feld bis zum Wall am Waldrand folgen. Zum Agernvej über Roustvej, dann zweimal rechts (Trehojevej + Egedalvej), dann zweimal links (Skovbrynet + Digevej) zum Agernvej 12.

Varde
Flussübergang & Marktort

Die Lage ist wikingertypisch: Nicht weit von der Nordsee, in geschützter Binnenlage an einem Fluss. Varde entstand an einer Stelle, wo die Varde Å sehr schmal ist und die Ufer fest waren, so dass der Fluss hier leicht passierbar war. Hier kreuzten sich Wasserweg und Landweg. Noch bis in die Neuzeit fuhren Schiffe von der See her den Fluss bis Varde hinauf. Zu Lande gab es bereits vor der Wikingerzeit einen Hauptverkehrsweg, der von Varde nach Kolding an der Ostküste führte. In seinem Verlauf wurde z. B. der Sperrwall von Grimstrup Krat* (siehe oben) südlich von Varde errichtet.

Spätestens zur Wikingerzeit wurde diese Landverbindung Richtung Nordsee verlängert, wie die aufgefundene Bohlenbrücke von Nybro* nordwestlich von Varde zeigt (siehe unten). Die dänischen Könige hatten in dieser Gegend Landbesitz, und der königliche Verwalter residierte seit dem 12. Jahrhundert in Varde. Unter seinem Schutz entwickelte sich eine Kaufmannssiedlung. Hinweis auf die Bedeutung des Ortes sind die zwei Kirchen; die ältere St. Jakobskirche wurde Mitte des 12. Jahrhunderts gebaut. Neuerdings vermuten dänische Forscher sogar, dass zur Zeit Harald Blauzahns in Varde eine Ringburg wie in Fyrkat, Trelleborg etc. bestanden hat.

Archäologische Belege aus der Wikingerzeit sind in Varde allerdings bis auf Spuren von Siedlungsplätzen bisher nicht gefunden worden. Möglicherweise auch eine Folge der Tatsache, dass die Stadt 1821 durch einen Brand weitgehend zerstört und völlig neu aufgebaut wurde. Am Ufer der Varde Å, die man bei der Einfahrt in die Stadt passiert, sind noch ein paar malerische Ecken erhalten geblieben. Infos zur regionalen Frühgeschichte bietet das Varde Museum.

SERVICE
Varde Museum, Lundvej 4, DK-6800 Varde, Tel. 7522 08 79.
Geöffnet Jul/Aug. tägl. 10–17 Uhr, sonst Di.–So. 10–16 Uhr. Eintritt.
Info Varde: de.wikipedia.org/wiki/Varde

WEGWEISER
Varde liegt nördlich von Esbjerg am Kreuzungspunkt der Straßen 11, 12, 181, 475 und wird obligatorisch auf dem Weg an die Nordsee passiert.

Nybro
Bohlenbrücke

Bauarbeiten förderten eine Sensation zu Tage: Dänemarks älteste Brücke. Im Zuge des Baus einer neuen Erdgasleitung von den Förderfeldern der Nordsee (bezeichnenderweise u. a. mit den Namen von Gorm, T(h)yra und Harald aus der Königsdynastie) zur Erdgasaufbereitungsanlage Nybro, 10 Kilometer nordwestlich von Varde*, tauchten 1998 einige Eichenpfähle aus der feuchten Wiesenlandschaft auf. Sie wirkten so gut erhalten, dass man sie anfangs für neuzeitlich hielt, aber eine dendrochronologische Analyse durch das Nationalmuseum ergab, dass sie 1200 Jahre alt waren: Die betreffenden Bäume waren im Sommer 791 gefällt worden.

Die anschließende Ausgrabung brachte 3 Pfostenreihen von 57 m Länge und 3,5 m Breite in nord-südlichem Verlauf ans Licht. Archäologen rekonstruierten aus den Pfosten und ihrer Anordnung eine

Bohlenbrücke, die einst den sumpfigen Untergrund im Flusstal der Søvig Bæk querte. Der Fluss mündete damals in einer nicht weit entfernten Meeresbucht. Weitere Altersbestimmungen ergaben, dass die rund 100 Pfostenreste von Bäumen stammen, die im Zeitraum zwischen 741 und 834 gefällt worden waren. Offensichtlich ist das Bauwerk mehrfach ergänzt oder ausgebessert worden.

Die aufwändige Konstruktion machte nur Sinn, wenn der Landweg, in dessen Verlauf die Brücke gebaut wurde, überregionale Bedeutung hatte, etwa als Anschlussverbindung nach Varde*, von wo aus der alte Landweg Richtung Kolding an der Ostküste verlief. Möglicherweise galt der Bohlenweg auch einer Verbindung zum internationalen Handelsplatz Ribe*.

Ungeklärt ist bisher das seeseitige Ziel: Was an der Nordsee-Küste war so bedeutend, dass man auf dem Weg dorthin eine massive Brücke baute? Möglicherweise Henne Kirkeby*, wo 2003 eine größere wikingerzeitliche Siedlung entdeckt wurde. Den Ergebnissen der Ausgrabungen zufolge könnte der Platz als zentraler Ort für Handel und Handwerk gedient haben.

Die wikingerzeitliche Brücke querte direkt an der Nordwestecke vom Gelände der Dong-Gasaufbereitungsanlage den Fluss, dicht bei der modernen Betonbrücke. Zu sehen ist von den Ausgrabungen nichts mehr. Aber die breite Niederung der Søvig Bæk westlich der Industrieanlage vermittelt noch einen guten Eindruck von der Notwendigkeit einer Brücke durch das Flusstal. Ein Nachbau der Brücke als Anlegesteg ist im Wikingercenter Bork Vikingehavn* zu finden.

WEGWEISER
Nybro liegt an der Touristenstraße 181, die von Varde an die Nordsee führt. Die Bohlenbrücke lag an der Nordwestecke der Nybro Gasbehandlingsanlæg. Zufahrt zum Blick über das Flusstal über eine Straße, die nördlich der Industrieanlage von der Straße 181 nach Westen abzweigt, Richtung Søvig Mark. An der T-Kreuzung nach links zur modernen Betonbrücke über den Fluss.

Henne Kirkeby
Handelsplatz

Nicht weit von der Küste, wo heute viele Deutsche ihren Strandurlaub verbringen, gab es zur Wikingerzeit eine Siedlung mit überörtlicher Bedeutung. Ausgrabungen seit 2003 nordwestlich der Kirche von Henneby förderten mehrere hundert Grubenhäuser zutage, die Handwerkern als Werkstatt dienten, darunter viele Weber.

Allem Anschein nach war der Platz dicht am ehemaligen See Fils Sø ein nicht unbedeutender Ort für Handel und Handwerk. Der nicht weit entfernt entdeckte mächtige Brückenbau in Nybro* über den Fluss Søvig Bæk für den Weg nach Norden legt nahe, dass Henne zur Wikingerzeit so herausragende Bedeutung gehabt haben muss, dass er vermutlich das seeseitige Ende der Verbindung von Varde* her war. Zu sehen ist von den Ausgrabungen allerdings nichts mehr, und weiterführende Ergebnisse stehen noch aus.

Der Fils Sø war einst eine Meeresbucht der Nordsee, die erst vor ca. 1200 Jahren durch einen Dünengürtel von der Nordsee abgetrennt wurde. Bereits in der Wikingerzeit begann die Verlandung, und 1852 wurde mit der systematischen Entwässerung des Geländes begonnen. Nach dem Zweiten Weltkrieg wurden weitere Reste des Sees in fruchtbares Ackerland verwandelt. Erst seit 2012 ist Schluss mit der Landwirtschaft, seitdem ist ein neuer See entstanden, mit einer Fläche von immerhin 915 Hektar.

WEGWEISER
Henne Kirkeby erreichen Sie über die Touristenstraße 181 von Varde nach Nymindegab. Nach ca. 11 km zweigt nach Westen (links) die Straße 465 nach Henne Strand ab. Noch vor dem Ort liegt Henne Kirkeby mit der Kirche rechterhand. Nordwestlich von ihr war der Grabungsplatz.

Horne
Runenstein

Der Stein auf dem Friedhof von Horne ist zwar nur noch ein Fragment von knapp 80 cm Höhe, aber was seine Inschrift verrät, ist von Bedeutung. Ursprünglich befand er sich, wie viele andere Runensteine, in der Friedhofsmauer. 1872 wurde er zum Herrenhof Nørholm (südöstlich an der Hauptsraße 12) gebracht und dort im Garten aufgestellt. Erst 1957 kehrte der Runenstein nach Horne zurück und bekam einen Platz mitten auf dem Friedhof.

Die Runen des erhaltenen Teils werden gelesen als: »*Tue, Ravns Nachkomme, machte diesen Hügel.*« Dabei dürfte es sich wohl um den gleichen Mann handeln, der die Runen auf den Steinen von Læborg* und Bække* in Südjütland ritzen ließ. Dementsprechend gehörte er also zu einer vornehmen Familie und war der zweite Gatte von Dänemarks erster, geheimnisvollen Königin Thyra, die ihren ersten Mann, König Gorm, überlebt und erneut geheiratet hatte.

WEGWEISER
Horne liegt ca. 10 Kilometer nördlich von Varde östlich der Hauptstraße 11. Zu erreichen von Hindsig an der Straße 11 oder auch über Tistrup an der Straße 12. Die Kirche liegt mitten im Ort, Engkanten 1, 6800 Varde. der Stein steht auf dem Friedhof hinter der Kirche.

Bork Vikingehavn
Wikingercenter

Der Name täuscht: Bork Vikingehavn am Südzipfel des Ringkøbing Fjords war kein Wikingerhafen, sondern ist ein modernes Erlebniscenter mit Rekonstruktionen aus der Wikingerzeit. Ganz ohne Bezug zur Wikingerzeit ist der Platz jedoch nicht: Noch bis vor ca. 300 Jahren hatte das Gebiet eine offene Verbindung zur Nordsee, weshalb u. a. auch von hier aus Wikingerzüge gestartet sein sollen.

Zum modernen Erlebniscenter gehören das Ausstellungsgebäude, ein Marktplatz mit Hütten und Häusern, darunter ein Langhaus aus der Zeit um 900, das ursprünglich in Tarm freigelegt wurde. Neu ist der Nachbau einer hölzernen Stabkirche. Das Center ist dem Ringkøbing-Skjern Museum angegliedert.

Der Anlegeplatz am verschilften Ufer der Falen Å besteht aus einem Nachbau der wikingerzeitlichen Brücke, die in Nybro* (siehe oben) ausgegraben wurde, und die Wikingerschiffe sind Kopien von den berühmten Gokstad-Schiffen in Südnorwegen. Außerdem gibt es Spiele, Shops, für Schiffsfahrten mit Wikingerbooten (inkl. Abendessen) etc. Im Hochsommer findet ein Wikingermarkt statt.

SERVICE
Bork Vikingehavn, Vikingevej 7, Sdr. Bork, DK-6893 Hemmet, Tel. 7528 05 97. Geöffnet Juli/Aug. tägl. 11–17 Uhr, Mitte Mrz. bis Juni + Sept. bis Mitte Okt. So.–Fr. 11–16 Uhr. Eintritt. www.levendehistorie.dk (Besøgssteder)

WEGWEISER
Der Vikingehavn liegt südlich von Bork Havn, am einfachsten zu erreichen über die Straße 181, abbiegen nach rechts auf die 423 über Sønder Bork oder Nørre Bork. Der Ausschilderung Richtung Westen folgen.

Ådum
Runenstein

West-Jütland bestand zur Wikingerzeit aus vielen Inseln, Meeresbuchten und weiten Sand-Ebenen, die von den Schmelzwässern der Eiszeit aufgeschüttet worden waren, dazwischen feuchte Niederungen. Zwar gibt es unzählige vorgeschichtliche Grabhügel, aber wikingerzeitliche Funde sind eher selten im Westen der jütischen Halbinsel. Zu den wenigen Zeugnissen gehört der Runenstein auf dem Friedhof des Dorfes Ådum bei Tarm.

Der Stein stammt aus der Zeit der Christianisierung. Er wurde zusammen mit einem weiteren Runenstein, der heute verschwunden ist, in der Friedhofsmauer gefunden, wie so viele andere, die nach der Wikingerzeit als Baumaterial verwendet wurden. Jetzt steht er neben dem Waffenhaus, an der südlichen Kirchenmauer. Kirche und Ort liegen erhöht über der flachen Niederung. Der Text der verwitterten Inschrift: »*Torulf setzte diesen Stein zur Erinnerung an Thoke Thokesson, den Besten. Gott helfe seiner Seele.*«

WEGWEISER
Ådum liegt südöstlich von Tarm und südlich der Hauptstraße 28 Richtung Grindsted. Kirche und Friedhof liegen östlich der Dorfstraße.

Stadilø
Wegbefestigung

Die flache Gras-Landschaft nördlich des Ringkøbing Fjords war zur Wikingerzeit bewohnt: Am Westufer des Stadil Fjords, abseits der Küstenstraße 181, sind Ende des 19. Jahrhunderts Spuren einer Siedlung entdeckt worden. Man hat Wegbefestigungen gefunden, in Form von 1 mal 2 m langen Steinlagen. Im Boden darunter waren Keramikscherben, in der Nachbarschaft wurden Hausplätze lokalisiert.

Die Gegend war einst ein großer zusammenhängender Fjord mit Inseln, darunter auch Stadilø. Die Gegend wurde erst im 19. Jahrhundert trockengelegt und noch einmal mit mehr Erfolg 1955. Nur der Graben zwischen den verbliebenen Fjordteilen weist heute noch auf den einst großen See hin. Der wikingerzeitliche Platz lag am Nordufer der einstigen Insel. Über die gesamte Gegend informiert das Museum Strandgården ca. 3 km weiter nördlich an der Straße 181.

SERVICE
Strandgården Museum, Husby Klitvej 5, DK-6990 Ulfborg, Tel. 9733 10 20. *www.levendehistorie.dk* Button: Besøgssteder. Geöffnet 1. Juli bis 31. Aug. So.–Do. 11–17 Uhr, Eintritt. Butik. Café.

WEGWEISER
Von der Straße 181 nördlich Søndervig bei Houvig abbiegen Richtung Lodbjerg bzw. Kloster und gleich wieder links auf den Stadiløvej. Wegbefestigung und Hausplätze waren nordöstlich der Pumpstation, etwa 50 m nach einer harten Linkskurve, im Feld links der Straße gegenüber dem Hof.

Staby
Siedlung & Kirche

Man sieht es dem kleinen Ort nicht an, aber er ist über 1000 Jahre alt. Zwischen der Landstraße 537 und der romanischen Kirche von Staby wurde in den 1990er Jahren eine wikingerzeitliche Bebauung entdeckt, zumeist Grubenhäuser, aber auch ein größeres Gebäude mit gebogenen Wänden, vom Typ, wie es u. a. auch in der Ringburg Trelleborg* auf Seeland gefunden wurde.

Den Grabungsergebnissen nach war das Gebäude Teil einer Hofanlage, die damals am Rand eines Wasserlaufes lag, der sich im Zuge des heutigen Husby Sø und Nissumfjords erstreckte, also Verbindung zur Nordsee hatte. Auch auf der westlichen Seite des Husby Sø und in der Umgebung wurden Spuren wikingerzeitlicher Besiedlung gefunden. Die Landschaft war damals in Meeresbuchten und Inseln aufgelöst, dazwischen Wasserläufe und Niederungen, aber insgesamt offensichtlich siedlungsfreundlicher als im späteren Mittelalter.

Von der Ausgrabung ist heute nichts mehr zu sehen, aber sichtbares Zeugnis der späten Wikingerzeit ist die Kirche von Staby am Südrand der Siedlung. Einst lag sie ebenfalls dicht am Wasser. Sie wird auf die Zeit um 1100 datiert und hat eine ungewöhnliche Apsis mit Halbsäulen, welche die Mauer in Arkaden aufteilen. An den Kapitellen steinerne Männerköpfe und Fratzen bzw. Tierköpfe. Einzigartig in Dänemark sind die aus einem Block gearbeiteten Fenster in Form vierblättrigen Klees. Drinnen an der Chorbogenwand ist die Darstellung einer gekrönten Männerfigur.

SERVICE
Info über Kirchen in Ulfborg-Vemb: *www.ulfborg-turist.dk/idd438.asp*

WEGWEISER
Staby liegt an der Straße 537 von Ulfborg nach Husby. Am westlichen Ortsende links in den Staby Kirkevej. Die Kirche liegt recht. Die Hofanlage war nordwestlich der Kirche, am Skolevej hinter dem heutigen Hof.

Rammedige
Wallanlage

Ein Erdwall in der flachen Hochebene nördlich des Nissum Fjords gibt Rätsel auf. Er ist ca. 400 m lang, 15 m breit, knapp 2 m hoch und hat auf seiner Ostseite einen vorgelagerten Graben. Westlich vom Wall, nicht weit entfernt, liegen 13 Hügelgräber. In zwei Grabhügeln südwestlich des Walls wurden Wikingergräber gefunden, woraus man auf einen zeitlichen Zusammenhang des Walls mit der Wikingerzeit geschlossen hat. Einer der Hügel war 1861 vom geschichtsinteressierten dänischen König Frederik VII. und seiner Begleitung geöffnet und untersucht worden.

Die Wallanlage war ursprünglich höher als heute. Sie wurde über einer Holzkonstruktion errichtet und hatte wahrscheinlich eine vorgelagerte Palisade mit Wehranlage auf der Wallkuppe. An beiden Enden ging sie in Moorgelände über. Spuren von Gebäuden sind hinter dem Wall nicht gefunden worden. Er liegt quer zu einem vorgeschichtlichen Weg (Oldtidsvejen), der von der Nordsee in Richtung Holstebro und weiter nach Viborg verlief. Sein Verlauf wird durch viele Grabhügel aus Jungsteinzeit und Bronzezeit markiert.

Der Zweck des Walls ist unklar. Der Graben vor dem Wall weist auf befürchtete Feindseligkeiten aus Osten hin. Ein „Deich" war er entgegen dem Namen „dige" nicht, die Landschaft lag auch zur Wikingerzeit weit über dem Meeresspiegel. Möglicherweise diente er als Schutzwall für eine Siedlung, etwa den Ort Trans (siehe unten). Die vielen Hügelgräber in der Umgebung legen auch eine kultische Bedeutung nahe: Der Wall könnte den Platz geschützt haben, auf dem einst die wikingerzeitliche Kirche von Trans errichtet wurde.

SERVICE
Parkplatz und ausführliche Erläuterungstafeln neben der Straße.

WEGWEISER
Landstraße 181 Thorsminde Richtung Lemvig. Unmittelbar vor der Einmündung in den Bøvlingvej ist links neben der Straße der Wall mit zwei übermannsgroßen Wikingerfiguren. Dahinter der Parkplatz.

Trans Kirke
Frühchristliche Kirche

Dicht an der Steilküste hoch über der Nordsee thront einsam und windumtost die romanische Granitquaderkirche von Trans. Die zugehörige Siedlung ist durch den Jahrhunderte langen Küstenabbruch längst im Meer verschwunden. Einziges Gebäude in der Nähe ist die alte Schule von 1876. Bei archäologischen Untersuchungen 1963–65 wurden unter dem Kirchenboden Reste von drei älteren Holzkirchen und auch ein dazu gehöriger Friedhof gefunden.

Der älteste Bau wird in die Zeit um 980 datiert, also in die Zeit der Christianisierung Dänemarks. Bei den Grabungen konnten 35 frühmittelalterliche Gräber nachgewiesen werden, mit Bestattungen in Bohlenkisten und ausgehöhlten Holzstämmen. Außerdem wurden 180 verschiedene Münzen gefunden, die älteste aus der Zeit um 1040. Der heutige Kirchenbau wurde um 1200 errichtet, der Friedhof hat vermutlich seine alten Umgrenzungen erhalten.

WEGWEISER
Trans Kirke liegt ca. 3,5 km nordwestlich der Straße 181 (ausgeschildert). Abbiegen in Fjaltring auf den Transvej, dann links ab in den Møllerupvej.

VIII. Limfjordsland

Skibsted Fjord
Flottenhafen

Geschichtsträchtig und zugleich wunderschön ist diese hügelige Landschaft am Limfjord. Der Überlieferung zufolge war die Bucht zwischen Thyholm und der Landschaft Thy der Sammelplatz für Flottenverbände nicht nur der Wikinger, sondern auch schon der Angelsachsen, die u. a. von hier aus zur Eroberung Englands aufbrachen. Daher der Name Skibsted, also „Schiffsstätte". In der Tat bietet die Bucht bis heute einigermaßen Schutz vor Nordwestwinden und ein flaches Ufer vor einer Steilküste mit gutem Zugang durch mehrere Senken. Also nahezu eine ideale Schiffslände.

Daneben zeugt das bronzezeitliche Gräberfeld von Ydby Hede, mit 32 Hügelgräbern das größte erhaltene Dänemarks, von der herausragenden Bedeutung dieser ganzen Landschaft seit früher Zeit. Den besten Blick über Fjord, Bucht und Hügelgräber hat man von den Grabhügeln an der höchsten Stelle der Straße, die von der Hauptstraße 11 nach Osten, nach Boddum und Doverodde führt.

Im Skibsted Fjord hatte sich 1085 auch die Wikinger-Flotte versammelt, mit der König Knud, erst später „der Heilige" genannt, England zurück erobern wollte. Denn seit 1066 war England in der Hand der Normannen, die den letzten dänischstämmigen König in der Schlacht bei Hastings besiegt hatten. Aber Knuds geplantes Unternehmen ging gründlich schief. Wie der englische Mönch Ælnod um 1120 in seiner Lebensgeschichte über König Knud berichtet, soll sich eine riesige Armada im Skibsted Fjord gesammelt haben, 1000 dänische und 60 norwegische Schiffe. Dazu wurde noch eine Flotte von 600 Schiffen erwartet, die Robert, Graf von Flandern, genannt „der Friese", beisteuern wollte, denn er war der Vater von König Knuds Frau Adele. Die Schiffszahlen sind sicher übertrieben.

Männer und Flotte warteten Monate lang, weil König Knud, so wird berichtet, zu lange mit dem deutschen Kaiser Heinrich IV. in Schleswig über die Sicherung der Südgrenze des dänischen Reiches verhandelte. Erst im Herbst traf er am Limfjord ein. Da hatte sich der größte Teil der versammelten Wikinger bereits auf den Weg nach Hause gemacht. Denn sie waren zwar Krieger, aber zu allererst Bauern, und es war Erntezeit; das Korn wäre ihnen auf dem Halm verrottet. Knud wollte die Häuptlinge zur Rechenschaft ziehen, aber sie gestanden ihm auch als König nicht das Recht zu, über ihre Köpfe hinweg zu machen, was er wollte.

Im nächsten Jahr 1086 wollte Knud erneut zur Fahrt gegen England rüsten, aber zuvor mit den Fahnenflüchtigen vom Vorjahr abrechnen. Seine Forderung nach Unterordnung, nach militärischer Dienstpflicht oder ersatzweise Geldzahlungen, brachte die aufsässige jütische Seele zum Brodeln. Die Häuptlinge fürchteten um ihre Macht, das Treffen in Børglum* (östlich von Løkken) platzte. Es kam zum Aufstand, Knud musste fliehen, aus Nordjütland über die Aggersborg* am Limfjord bis nach Odense* auf Fünen. Aber wütende „Jyder", also Parteigänger der jütischen Häuptlinge, verfolgten ihn bis dorthin und erschlugen ihn und 17 Gefolgsleute in der Albani-Kirche, wo er Zuflucht gesucht hatte.

Von der einstigen militärischen Bedeutung des Skibsted Fjords ist heute nichts mehr zu sehen. Da die Bucht keine ständige Flottenbasis war, hat es keine dauerhaften Einrichtungen zur Versorgung der Schiffe gegeben. Lediglich der uralte Hohlweg von den Hügelgräbern hinab zur Bucht verrät die lang währende Benutzung. Vom gepflasterten „Kongsvej", dem Königsweg, den es der Überlieferung zufolge an der Mündung des Bachlaufes in den Fjord gegeben haben soll, gibt es keine Spur mehr. Aber die Gegend hat ihren ganz eigenen Reiz, der einen Besuch in jedem Fall empfehlenswert macht.

SERVICE
Parkplatz und Informationstafeln bei den Hügelgräbern an der Straße nach Boddum und am Gräberfeld Ydby Hede.
de.wikipedia.org/wiki/Ydby_Hede

WEGWEISER
Hauptstraße 11 von Struer Richtung Thisted, an der Steigung nach dem Straßendamm durch den Fjord nach Osten abbiegen (Wegweiser „Oldtidsminde"). Nach ein paar Kilometern zweigt ein Weg nach rechts ab zum Gräberfeld Ydby Hede. Geradeaus weiter geht es Richtung Boddum und Doverodde. Auf der Höhe neben den Hügelgräbern ist ein Parkplatz, von dem aus ein Hohlweg durch die Wiesen hinab zum Wasser führt.

Hurup
Runenstein

Auf dem Friedhof von Hurup steht das Fragment eines Runensteins aus der Zeit um 1000. Es wurde im Wall des Friedhofes gefunden. Die Inschrift: »*Thorbod, ein wohlgeborener Dreng, errichtete diesen Stein zum Gedenken an ..., seinen (Vater oder Bruder)*«. Da nur der halbe Stein erhalten ist, fehlen entsprechende Textteile. Der Begriff „Dreng" bezeichnet einen jungen Krieger und Gefolgsmann eines Fürsten, also jemanden von herausragender Bedeutung.

Die Landschaft Thy war bereits seit früher Zeit besiedelt, woran der Abzug der Teutonen nach Süden um 100 v. Chr. grundsätzlich nichts änderte. Wie in Vestervig* wurden auch in Hurup, Mariesminde und Ginnerup eisenzeitliche Siedlungen aus kleinen Häuser mit dicken Sodenwänden gefunden, aus der Zeit bis etwa 400 n. Chr. Die Bewohner lebten in erster Linie vom Fischfang, wozu etwas Landwirtschaft kam.

Allerdings muss es auch rege Handelsverbindungen gegeben haben: In Ginnerup wurde in einem Haus 2 km vom Nees Sund entfernt ein verborgener Schatz von römischen Silbermünzen gefunden. Immerhin lag diese ganze Gegend nicht weit von der damals noch offenen Mündung des Limfjords in die Nordsee und damit direkt an den Handelswegen nach England und Norwegen. Erst Anfang des 12. Jahrhunderts schloss sich diese Verbindung auf Grund von geänderten Strömungsverhältnissen in der Nordsee.

SERVICE
Thisted Museum, Jernbanegade 4, DK-7700 Thisted, Tel. 9792 05 77. Geöffnet Jan. bis Juni und Mitte Aug. bis Dez. Di.–Fr. 11–16 Uhr, So. 13–16 Uhr, 1. Juli bis Mitte Aug. Mo.–Fr. 11–16 Uhr, Sa./So. 13–16 Uhr. Eintritt. Shop. *museumthy.dk*

WEGWEISER
Hurup liegt westlich der Hauptstraße 11und südlich der Straße 545 in Richtung Vestervig. Hurup Kirke liegt am Nordrand des Ortes (Kirkevej).

Vestervig
Siedlung & Kirche

Einst die Heimat eines Heiligen und dazu noch Bischofssitz und Kloster. Geblieben ist von all dem die Kirche, ein Riesenbau, weithin sichtbar und viel zu groß für den kleinen Ort unweit des Limfjords. Die Kirche verweist auf die ehemals große Bedeutung von Vestervig, sie war Anfang des 11. Jahrhundert von Augustinern als Klosterkirche gebaut worden, hatte jedoch ältere Vorgänger.

Dicht bei der heutigen Kirche durchschneidet die Straße eine Bebauung aus der römischen Eisenzeit, bis ca. 400 n. Chr. Wie Untersuchungen des Dänischen Nationalmuseums in den 1960er Jahren ergaben, besteht der flache runde Hügel aus Abfallschichten vieler Generationen und eingeebneten Häusern. Die Häuser waren ziemlich klein mit dicken Sodenwänden, dazwischen verliefen gepflasterte Wege. Die freigelegten Grundrisse sind auf dem Gelände neben der Kirche erhalten. Ähnliche Siedlungen wurden nicht weit entfernt auch in Hurup*, Mariesminde und Ginnerup gefunden.

In Vestervig war das einzige Kloster der Landschaft Thy, es entstand um 1110 auf königlichem Gelände. Seine Gründung geht auf den Heiligen Thøger zurück, der Thüringer gewesen sein soll. Er kam hierher aus Norwegen, wo er Kaplan bei König Olav dem Heiligen gewesen war. Thøger baute um 1040 in Vestervig eine kleine Kirche aus Holz, in der er später auch begraben wurde. An ihrer Stelle wurde die St. Thøger Kirche aus Stein errichtet, in die 1117 Thøgers Sarg überführt wurde. Bis zur Reformationszeit diente sie als Pfarrkirche, dann wurde sie abgerissen. Sie stand auf dem unteren Friedhof, 200 m nordwestlich der heutigen Kirche, ihr Grundriss ist dort im Gelände markiert.

Einige Meter östlich des alten Kirchengrundrisses ist die Quelle von Skt. Thøger. Sie verdankt dem Heiligen ihre Entstehung und ihre Berühmtheit: Hier soll Thøger sich in der ersten Nacht, die er in Thy verbrachte, zur Ruhe gelegt haben. Als er am nächsten Morgen mit der Missionsarbeit beginnen wollte, sprudelte an der Stelle, wo sein Kopf gelegen hat, eine Quelle. Sie wurde später zur berühmten Heilquelle, zu der Menschen von weither pilgerten. Der Quellenmarkt, der daraus entstand, wurde erst 1883 nach Hurup* verlegt, weil dort eine Bahnstation errichtet worden war.

SERVICE
Vestervig Kirke, Klostergade 1, DK-7770 Vestervig, Tel. 9794 11 12. *de.wikipedia.org/wiki/Vestervig_Kirke*. Geöffnet Mo.–Do. 8–16 Uhr, Fr. 8–12 Uhr,. Mitte Juni bis Mitte Aug. auch Fr. 8–17, Sa./So. 11–17 Uhr. Eintritt. Parkplatz neben der Kirche. Erläuterungstafeln im Gelände.

WEGWEISER
Die Kirche von Vestervig liegt an der Kreuzung der Straßen 181, 527 und 545. Die Straße 181 ist Teil der Marguerit-Route. Thøgers Quelle und Kirche liegen am Weg gegenüber der heutigen Kirche, ca. 200 m westlich.

Der Ruf des Heiligen und des Klosters waren der Grund dafür, dass Vestervig Bischofssitz wurde, als Jütland um 1060 in Stifte eingeteilt wurde. Nachdem jedoch die Nordseemündung des Limfjordes bei Agger versandet war, verlor die ganze Region an Bedeutung, weshalb der Bischofssitz 1120 nach Børglum* im Nordzipfel Jütlands verlegt wurde. Die jetzige Kirche von Vestervig war als Dom für den Bischof erbaut worden.

Außerhalb der Kirche, an der Nordwestecke, erinnert der schmale flache Grabstein der „Liden Kirsten" (d. h. der „kleinen" Kirsten) an die Schwester von König Waldemar dem Großen. Sie soll zusammen mit ihrem Liebhaber Prinz Buris, dem Bruder von Waldemars böser Gemahlin Sofie, um 1160 in diesem Grab beigesetzt worden sein.

Die Story dazu: In Abwesenheit von König Waldemar überredete Sofie ihren Bruder Buris, die unschuldige Kirsten zu verführen. Kirsten erlag seinem Charme so vollends, dass sie schließlich eine Tochter zur Welt brachte. Waldemar soll darüber so in Wut geraten sein, dass er seine Schwester zu Tode peitschen und Buris die Augen ausstechen ließ. Kirsten wurde in Vestervig begraben, wo auch Buris, der Kirsten wahrhaft geliebt hatte, die letzten Jahre dahinsiechte.

Nach seinem Tod wurden die beiden Liebenden in einem Doppelgrab vereinigt, aber nicht Seite an Seite als Mann und Frau, sondern einer hinter dem anderen. Bis heute ist es lokaler Brauch, dass Paare, die in der Kirche heiraten, einen Brautstrauß auf dieses Grab legen, in der Hoffnung auf eine glücklichere Beziehung, als sie der Schwester des Königs und ihrem Liebhaber vergönnt war.

Hørdum Kirke
Bildstein

Eine Seltenheit ersten Ranges birgt Hørdum Kirche dicht an der Hauptstraße 11 südlich von Thisted: Hier wurde 1954 einer der wenigen erhaltenen Bildsteine der Wikingerzeit entdeckt. Er war im Turm der Kirche eingemauert gewesen, unter der Treppe; sein originaler Standort war in der nahen Umgebung. Heute ist er im Waffenhaus aufgestellt, dem Eingangsvorbau der Kirche, wo in früheren Zeiten alle Kirchenbesucher vor dem Betreten des Kirchenschiffs ihre Waffen ablegen mussten.

Der Bildstein wird ins 11. Jahrhundert datiert. Er ist nicht (mehr) sehr groß, nur ca. 1,20 m hoch, und trägt Spuren seiner Verwendung als Baumaterial. Aber das eingeritzte Bildmotiv ist aus alten Sagas bestens bekannt und gut erkennbar: Es zeigt den Versuch von Gott Thor, die berüchtigte Midgardschlange zu fangen. Die galt als das große Ungeheuer in der nordischen Vorstellungswelt. Sie lebte tief im Weltmeer, das die von Menschen bewohnte Welt namens „Midgard" umgab, die mitten zwischen Götterwelt und Totenreich lag.

Die Midgardschlange verkörperte für die Wikinger die Urkräfte des Meeres, die unbeherrschbar über die Menschen hereinbrechen und sie vernichten wollen. Deshalb trachtet Thor, der als Freund und Beschützer der Menschen für die meisten Wikinger der wichtigste Gott war, dem Ungeheuer nach dem Leben. Sein berühmtester Versuch ist die Angeltour mit dem Riesen Ymir als Gehilfen: Thor lockt die Midgardschlage mit einem Ochsenkopf als Köder, und als er das wütende Ungeheuer am Haken hat, stemmt Thor sich mit Götterkraft so vehement gegen die Bootswand, dass sein Fuß durchbricht.

Genau diese berühmte Szene skizziert der Bildstein: Thor sitzt in einem typischen Wikingerboot und hält eine Schnur, mit der er nach

SERVICE
Info: *aalborgstift.dk* Button: Galerie > Kirker> Søg >Hørdum

WEGWEISER
Die Kirche von Hørdum steht nicht in Hørdum, sondern im Nachbarort Koldby, westlich der Hauptstraße 11. Von Vestervig auf der 527 kurz vor Koldby nach links in den Højbjerggårdsvej und nächste rechts (Thorsvej).

der Midgardschlange angelt, während links neben ihm eine zweite Person, der Riese Ymir, eine Axt bereit hält, um notfalls die Leine zu kappen, falls die Schlange zu heftig wüten und das Leben der Fischer gefährden sollte. Von der Midgardschlange ist allerdings nur noch eine Windung des Schlangenkörpers erkennbar.

Sjørring
Hofanlagen & Wallburg

Der Name bedeutet so viel wie „Ende des Sees" und weist darauf hin, dass der Ort einst am Ufer des Sjørring Sees lag, der allerdings längst ausgetrocknet ist. Westlich der Hauptstraße im Ort wurden Brückenanlagen und eine Reihe von Häusern ausgegraben, die von der Wikingerzeit bis ins frühe Mittelalter bewohnt waren, darunter Werkstattgebäude und Langhäuser. Im Jahr 2003 hat man auch östlich der Hauptstraße bei Bauarbeiten eine umfassende Bebauung aus der Wikingerzeit und dem frühen Mittelalter entdeckt.

Klare Zeugnisse dafür, dass die Landschaft Thy, also die einstige Heimat der Teutonen, die nahezu ein Jahrtausend zuvor zusammen mit den Kimbern nach Süden gezogen waren, zur Wikingerzeit wieder attraktiver Lebensraum war. Die Funde von Sørring beinhalten u. a. Webgewichte, vergoldeten angelsächsischen Bronzeschmuck, Specksteintöpfe etc., was von regen Handelsbeziehungen mit England und Norwegen zeugt, woher der Speckstein importiert wurde. Diverse Fundstücke sind im Thisted Museum.

SERVICE
Thisted Museum, Jernbanegade 4, DK-7700 Thisted, Tel. 9792 05 77. Geöffnet Jan. bis Juni und Mitte Aug. bis Dez. Di.–Fr. 11–16 Uhr, So. 13–16 Uhr, 1. Juli bis Mitte Aug. Mo.–Fr. 11–16 Uhr, Sa./So. 13–16 Uhr. Eintritt. Shop. *museumthy.dk*

WEGWEISER
Sjørring liegt westlich von Thistedt an der Straße 539 (Marguerit-Route). Die wikingerzeitlichen Häuser lagen in der Ortsmitte westlich der Hauptstraße und östlich der Kirche. Die Burg ist am südwestlichen Ortsrand.

Von der historischen Bebauung ist heute allerdings nichts mehr zu sehen, sie ist unter dem modernen Sjørring verschwunden. Die wikingerzeitliche Siedlung lag westlich der Hauptstraße Vorupørvej, etwa im Bereich vom Bakkevej, umfasste auch das Gelände von Kirche und Friedhof auf der Ostseite und erstreckte sich bis zum Thinggård (gegenüber vom Runevej) an der Straße nach Næstrup, wo man über ein Dutzend Hausplätze entdeckt hat.

Nicht zu übersehen ist am Südrand des Ortes die imposante Wallanlage von Sjørring Volde, eine frühmittelalterliche Burg, die ins 12.

Jahrhundert datiert wird. Der Isländischen Knytlinga-Saga (Sage der dänischen Könige) zufolge soll sie sogar bereits im 11. Jahrhundert bestanden haben. Auf jeden Fall war sie eine königliche Burg, in die sich der örtlichen Überlieferung nach Knud der Heilige auf seiner Flucht von Børglum* gerettet haben soll. Wahrscheinlicher erscheint allerdings, dass er in der Aggersborg* Schutz suchte.

Sjørring Volde lag strategisch günstig an der Kreuzung von sechs Wegen, weil hier zwei Seen passiert werden konnten, die beide heute ausgetrocknet sind. Die Burg gilt als eine der am besten erhaltenen frühmittelalterlichen Burganlagen Dänemarks. Noch heute beeindrucken die Ausmaße des Burgplateaus mit seinen 40 m Seitenlänge, und bis zu 7,5 m erhebt es sich über den einst mit Wasser gefüllten Gräben. Weitere meist eisenzeitlicher Burg- und Wallanlagen sind im Gebiet um den südlichen Nachbarort Sperring lokalisiert worden.

Vang
Runenstein

Der kleinste Runenstein Dänemarks steht in der Kirche von Vang, er ist nur 63 cm hoch. Der Stein wurde im 18. Jahrhundert nahe des Friedhofs in Sjørring* gefunden und später nach Vang geschafft. Seine Inschrift: *»Åse errichtete diesen Stein zum Gedenken an ihren Ehemann Ømunde, der Findulvs Gefolgsmann war.«* Wer Gefolgsleute hatte, war eine lokale Größe, ein Anführer, ein Fürst sogar.

Dieselbe Frau scheint noch einen weiteren Stein gesetzt zu haben, der nördlich von Sjørring* stand, heute jedoch verschwunden ist. Aber man kennt seinen Text von einer Abschrift aus dem Jahr 1626. Er lautet: *»Åse errichtete diesen Stein zum Gedenken an T..., ihren guten ... (Vater oder Mann?), der bei Aufu Heide starb und Saga Jutis Gefolgsmann war.«* Weder der Ort noch der Anführer Saga Juti (Jüte?), dessen Gefolgsmann der Verstorbene war, sind bekannt.

WEGWEISER
Vang liegt westlich von Thisted am Rand der Nystrup Klitplantage. Nördlich Sjørring von der Straße 539 abbiegen nach Dollerup und Vang. Oder von Norden über die Küstenstraße 181 (Marguerit-Route) von Klitmøller.

Harre Vig
Bootshaus

Eine archäologische Rarität: Überreste von zwei wikingerzeitlichen Bootshäusern sind 1958 unweit des Salling Sunds gefunden worden, am Strand der Bucht von Harre Vig südlich von Glyngøre. In ihnen wurden die Wikingerschiffe im Winterhalbjahr geschützt untergebracht. Diese so genannten „skibsnauster" bestehen heute nur noch aus niedrigen Erdwällen, ca. 28 m lang, zum Wasser hin waren sie offen. Sie liegen direkt am flachen Strand vor dem hohen Ufer.

Solche Bootshäuser sind aus den alten Sagas gut bekannt, in Dänemark jedoch äußerst selten erhalten, zumal sie nicht notwendigerweise in unmittelbarer Nähe von Siedlungen zu finden sind. Sie sind Zeugnisse dafür, dass Seefahrt nur im Sommer stattfand und die Schiffe im Winterhalbjahr an Land gebracht wurden. Meistens blieben sie einfach in Strandnähe liegen, hoch genug vor den Wellen der Winterstürme. In Bootshäusern waren sie jedoch unter Dach und damit erheblich besser geschützt.

Welche Schiffstypen in den Bootshäusern am Harre Vig untergebracht waren, ist weder überliefert noch archäologisch belegt. Grundsätzlich spricht der Aufwand zum Bau solcher Bootshäuser und ebenso ihre Länge gegen einfache Fischerboote, es dürften Handelsschiffe oder Kriegsschiffe gewesen sein.

SERVICE
Informationstafel am Hochufer neben der Treppe zum Strand.

WEGWEISER
Harre Vig ist eine Seitenbucht vom Salling Sund, sie liegt westlich des Ortes Harre an der Hauptstraße 26 von Nykøbing nach Skive. Nördlich vor Harre zweigt eine Straße nach Westen ab, ausgeschildert zur Siedlung Harre Bjerg und zum Harrevig Golfplatz. Am Ende geht die Straße in einen Sandweg über. Wo er an der Ferienhaussiedlung nach rechts abknickt, den Wagen abstellen, im Knick die Treppe hinunter zum Strand.

Skarregård
Hofanlage & Wallburg

Spuren eines großen Gehöftes aus der Zeit um 1000 sind am Nordzipfel der Limfjord-Insel Mors, bei Sejerslev, erhalten. Die Umrisse der Gebäude sind im Gelände, das heute zum Naturreservat gehört, markiert worden. Auch hier hat die Siedlung nach Ausweis der Funde über einen längeren Zeitraum bestanden, von der Wikingerzeit über das Mittelalter hinaus bis zum Beginn der Neuzeit. Zahlreiche ältere Siedlungsspuren und Gräber sind auf dem Höhenrücken westlich von Skarregård.

In der ausgehenden Wikingerzeit entstand auf dem Hügel Krogbjerg nördlich vom heutigen Hof Skarregård eine Burg, die Wallanlage der Skarreborg. Sie wird in die Zeit um 1100 datiert. Bauherr soll König Niels gewesen sein, der Bruder von Knud dem Heiligen. Niels hatte durchaus gute Gründe für den Bau einer Burg hier im Norden, denn in Jütland nahm der Aufstand seinen Anfang, der seinen Bruder Knud im Jahr 1086 das Leben kostete (siehe Børglum* und Skibsted Fjord*). Vom Wall der Skarreborg hat man einen unübertroffenen Blick über Fjord und Land.

Durch das Gelände führen markierte Naturwanderwege, die vom Hof Skarregård (landwirtschaftliches Museum) ausgehen. Einer der Wege führt zum „Plankehus" genannten Wikingergehöft, das am Hang über dem Fjord liegt (Wegmarkierung rot). Ein weiterer Weg führt an der Burg vorbei (Wegmarkierung blau) zum Molermuseum an der Straße östlich der Wallanlage: Eine geologische Ausstellung von Fossilien aus der Molererde, einer Erdformation, die vor 55 Millionen Jahren aus abgestorbenen Algen auf dem Grund des Meeres entstand. Sie ist nur auf den Inseln Mors und Fur zu finden.

SERVICE
Parkplatz und WC am Hof Skarregård
Markierte Naturpfade, freier Zugang.
Landbrugsmuseet Skarregård, Feggesundvej 53, Sejerslev, DK-7900 Nykøbing Mors, Tel. 9772 34 21. Geöffnet Mai bis Okt. Di.–So. 10–16 Uhr, Juli bis ca. 10. Aug. tägl. 10–17 Uhr. Shop und Cafetaria. Eintritt
museummors.dk/skarregaard/
Fossil- og Molermuseet, Skarrehagevej 8, Hesselbjerg, DK-7900 Nykøbing Mors, Tel. 9772 34 21. Geöffnet Mai bis Okt. Di.–So. 10–16 Uhr, JJuli bis ca. 10. Aug. tägl. 10–17 Uhr. Eintritt. Parkplatz. Cafetaria. Shop.
museummors.dk/fossil-og-molermuseet/

WEGWEISER
Vom Vilssund aus über die Margueritroute nach Westen über Flade nach Sejerslev. Von Nykøbing auf der 581 (Margueritroute) nach Norden. Von der Hauptstraße 11/29 her mit der Fähre über den Feggesund. Am Nordrand von Sejerslev nach Norden abbiegen, dem Hinweisschild folgen zum Skarregård bzw. Fossil-Museet. Das wikingerzeitliche Gehöft ist ca. 300 m westlich vom Hof am Hang, die Burg liegt nordöstlich.

Højstrup
Gräberfeld

Ein typischer Wikinger-Friedhof auf dem schmalen Heide- und Waldgürtel zwischen Limfjord und Vigsø Bugt der Nordsee. Er liegt direkt an der Straße von Vesløs nach Frøstrup. Das Gräberfeld umfasst über 20 kleine Grabhügel, 4 Schiffssetzungen und zahlreiche freistehende Steine, die als Bautasteine Bestandteile von Grabanlagen waren. Viele Steine sind längst verschwunden, sie wurden zum Bau von Häusern weggeschleppt oder zu Schotter zermahlen.

Dennoch ist hier noch immer die größte Konzentration erhaltener Bautasteine in Dänemark mit 75 von einst 125 Steinen. Insgesamt haben Archäologen seit der ersten Untersuchung 1881 über

100 Gräber festgestellt. Sie enthielten zum Teil unverbrannte Leichen, mit dem Kopf nach Westen, die in Särgen bestattet worden waren, vermutlich also Christen. Zum Teil waren es Brandgräber, wobei die verbrannten Knochen in einer Kohle- und Steinschicht verstreut lagen.

In einem der Gräber fand sich ein Frauenskelett, das in einem Wagenkasten bestattet worden war (wie in Bienebek* in Schleswig); offensichtlich handelte es sich um eine vornehme Frau. Der Verstorbenen hatte man nach heidnischer Sitte Grabbeigaben mitgegeben, ein eisernes Messer mit einem Silberband, Glasperlen, einige Stückchen Goldblech. Die Funde sind heute im Dänischen Nationalmuseum in Kopenhagen.

Das gesamte Gelände ist mit Heidekraut überwachsen. Die Fjorde und Seen in diesem Gebiet sind Überreste der einstigen Wasserverbindung zwischen Limfjord und der Nordsee, die erst Anfang des 12. Jahrhunderts auf Grund geänderter Klima- und Strömungs-Verhältnisse der Nordsee verlandete. Zur Wikingerzeit war der Wasserstand höher, der Friedhof lag also damals nicht weit vom Ufer einer Zufahrt zum Limfjord. Zugehörige Siedlungen in der Umgebung sind bisher nicht gefunden worden.

SERVICE
Parkplatz und Erläuterungstafeln

WEGWEISER
Hauptstraße 11/29 von Thisted Richtung Fjerritslev, von Fjerritslev Richtung Thisted. In Vesløs nach Norden abbiegen, Richtung Frøstrup. Gegenüber dem Tømmerby-Fjord liegt östlich der Straße das Gräberfeld.

Rødland Hede
Wikingerzeitliche Äcker

Ein seltenes Zeugnis von wikingerzeitlichen Ackerflächen liegt innerhalb des Forstgebietes der Fosdal Plantage, zwischen Fjerritslev und Tranum. Dort ist im Gelände mit zahlreichern Grabhügeln eine Reihe von eisenzeitlichen Feldern erhalten, geschützt durch niedrige Wälle, welche die einzelnen Ackerflächen umgeben. Die Felder wurden bis in die Wikingerzeit hinein benutzt. In der Gegend sind mehrere Hausplätze gefunden worden mit Spuren von Langhäusern. Das Gelände ist eingezäunt, der Zugang ist frei.

Die Äcker wurden bereits Anfang des 20. Jahrhunderts entdeckt. Sie waren zumeist nach althergebrachter Technik mit einem Hakenpflug aus Holz mit einer Eisenspitze bearbeitet worden, wodurch jedoch nur Rillen in die Erde geritzt wurden. Eisenbeschlagene Pflugscharen, mit denen die Erdschollen richtig gewendet werden konnten, kamen erst gegen Ende der Wikingerzeit auf. Entsprechende Spuren sind u. a. noch in Lindholm Høje* bei Aalborg erhalten.

SERVICE
Parkmöglichkeit und Erläuterungstafeln vor dem Schlagbaum im Waldweg.

WEGWEISER
Von Fjerritslev oder Slettestrand auf der Margueritroute nach Hjortdal, dort dem Hjortdalvej weiter nach Osten folgen. Hinter dem Ort beginnt die Fosdal Plantage. Am Ende einer sanften Linkskurve, gegenüber einem großen Hügelgrab linkerhand (ca. Hjortdalvej Nr. 301), zweigt nach rechts ein Waldweg ab, der zum „Oldtidsagre" Rødland Hede führt. Vom Schlagbaum aus ca. 300 m Fußweg.

Sløjkanal
Wasserstraße

Dokumentiert ist es nicht, aber gesichert: Zur Wikingerzeit gab es eine Wasserverbindung zwischen Limfjord und Jammerbucht. Ob es tatsächlich ein Kanal war, also ein künstlich angelegter oder überarbeiteter Wasserweg, ist unwahrscheinlich. Aber zahlreiche Ortsnamen wie Holme, Odde, Fjord etc. deuten darauf hin, dass in der Gegend westlich von Fjerritslev und Aggersborg eine große flache Meeresbucht war, die eine direkte Verbindung zur Jammerbucht hatte.

Dieser Wasserweg spielte eine entscheidende Rolle für die Verbindung nach Norwegen, von wo Handelsgüter wie Speckstein (für Gefäße), Pelze und Felle, Hölzer, Fisch, Teer etc. importiert wurden. Als Verteilungscenter funktionierte offensichtlich Sebbersund*, wo die Waren umgeladen und an die Bewohner der Siedlungen am gesamten Limfjord abgesetzt wurden.

Ebenso dürften allerdings auch ungebetene Besucher aus dem Norden über diesen Wasserweg eingefallen sein, was wahrscheinlich entscheidender Anlass für König Harald Blauzahn war, um 980 die Aggersborg* errichten zu lassen (siehe rechts). Auch der Norweger Harald Hardråde soll bei seinen Raubzügen den Weg durch den Sløjkanal bevorzugt haben. Dessen Name geht übrigens auf den Begriff „sløj" für schlapp oder matt zurück. Zumindest die heutige Wasserrinne ist längst kein Kanal mehr.

Geo-Radaraufnahmen haben im Gebiet zwischen Fjerritslev und dem Berg Svinkløv 20 m unter dem heutigen Flugsand und den Hügeln eine ca. 100 m breite Rinne lokalisiert, die in südwestlich-nordöstlicher Richtung verläuft, also in Fortsetzung des heutigen Sløjkanals. Die Untersuchungen wurden in den 1990er Jahren vom dänischen Institut für Geologie und Geotechnik zusammen mit dem Marinearchäologischen Forschungszentrum Roskilde durchgeführt. Die Mündung dieser Rinne in die Jammerbucht dürfte bei Grønnestrand gewesen sein. Ob es weitere Wasserläufe in der Region gegeben hat, etwa im Zuge von Bygholm Vejle und Lund Fjord oder Tømmerby Fjord, ist noch nicht geklärt.

Durch eine Klimaänderung Anfang des 12. Jahrhunderts änderten sich die Strömungs-Verhältnisse der Nordsee, und als Folge schlossen sich die Zufahrten des Limfjords im Westen bei Agger und ebenso an der Einfahrt zum Sløjkanal in der Jammerbucht. Die direkten Schifffahrtswege nach England und Norwegen waren versperrt.

Erst seit dieser Zeit entwickelten sich die Küsten von Vigsø Bucht und Jammerbucht in Richtung auf den heutigen Zustand. Zu sehen sind vom einstigen Wasserweg nach Norden nur noch die kanalisierten Rinnen des heutigen Sløjkanals und die Ebene der einstigen Meeresbucht im Raum von Bygholm Vejle und Lund Fjord.

SERVICE
Turistbureau Fjerritslev, Vestergade 16, DK-9690 Fjerritslev, Tel. 7257 89 77.
www.visitjammerbugten.de/de/

WEGWEISER
Den Sløjkanal überqueren Sie an der Stelle, wo die Hauptstraße 11/29 das Limfjord-Ufer verlässt. Oder auf den Landstraßen zwischen Fjerritslev und Klim (Margueritroute) und zwischen Gøttrup und Klim. Einen Blick auf den vermuteten Mündungstrichter bietet der 44 m hohe Søbakke an der Straße von Andrup nach Grønnestrand oder der 52 m hohe Stenbjerg in der Svinkløv Plantage, direkt oberhalb der Küste.

Aggersborg
Ringburg

Die Ausmaße sind beeindruckend: Diese Ringburg am Nordufer des Limfjordes war von der gleichen Art wie die Burgen von Fyrkat* an der Ostküste und Trelleborg* auf Seeland, jedoch mit einem Durchmesser von 240 Metern erheblich größer. Wall und Graben wurden nach den Ausgrabungen Ende der 1970er Jahre zur Markierung neu angelegt. Neben der Kirche ist ein kleines Ausstellungsgebäude eingerichtet worden, mit einer anschaulichen Bilderfolge zur Entstehung der Aggersborg.

Der Wall auf dem schwach geneigten Gelände war im Original 3 m hoch, bestand aus Erde mit inneren Holzkonstruktionen und war außen mit Holzplanken bekleidet. Er hatte wie die anderen Ringburgen in jeder Himmelsrichtung ein Tor, und die vier Tore waren durch diagonale Wege aus Holzbohlen verbunden, wodurch der Innenraum in gleich große Viertel aufgeteilt war. In jedem Viertel waren drei Blocks jeweils aus vier Langhäusern vorgesehen, angeordnet in Karree-Form um einen Innenhof. Insgesamt hatte die Aggersborg also 48 Häuser, von denen jedoch längst nicht alle fertig gestellt und benutzt worden waren.

Die Entstehung der Aggersborg wird wie die der anderen Ringburgen in die Zeit um 980 datiert, also in die Regierungszeit des dänischen Königs Harald Blauzahn, der sie zur Sicherung seiner Herrschaft anlegen ließ. Ein älteres unbefestigtes Dorf auf diesem Gelände musste, wie die archäologischen Untersuchungen ergeben haben, eingeebnet werden, um Platz für die Burg zu schaffen.

Das ehemalige Dorf bestand aus 8 Langhäusern und mehr als 100 Grubenhäusern, die alle Ost-West ausgerichtet waren, ohne Herdstellen, aber stets mit einem kräftigen Pfosten, der einen Dachfirst getragen haben dürfte. Diese Siedlung kann nicht unbedeutend gewesen sein, davon zeugt der Fund eines Langhauses von 41 m Länge, mit 9 Räumen. In einem der Pfostenlöcher fand man einen Goldring, der ins 10. Jahrhundert datiert wird. Vermutlich residierte hier ein lokaler Häuptling. Das Dorf wurde um 700 gegründet, bestand also fast 300 Jahre, ehe es der Burganlage Platz machen musste.

Die Lage direkt am Fjord war ohne Zweifel von großer strategischer Bedeutung: Man konnte sowohl den Schiffsverkehr auf Aggersund und Limfjord kontrollieren wie auch den Landverkehr, der hier im Zuge des Heerweges an der schmalsten Stelle den Fjord überwand. Militärisch war die Aggersborg wahrscheinlich auf Norwegen ausgerichtet. Denn nicht weit entfernt, im Raum westlich von Fjerritslev, bestand damals mit dem so genannten Sløjkanal* noch eine direkte Seeverbindung vom Limfjord nach Norden zur Nordsee. Das war die Hauptverbindung zwischen den streitbaren Nordjüten und den ebenso eigensinnigen Norwegern, die beide von den dänischen Königen in Schach gehalten werden mussten.

Anfang des 12. Jahrhunderts änderten sich die Strömungs-Verhältnisse der Nordsee, wodurch sich die Zufahrten zum Limfjord im Norden und im Westen schlossen. Damit wurden die wichtigen Seewege gesperrt, und die Aggersborg wurde zur Kontrolle der Handelsrouten nicht mehr gebraucht. Ihre militärische Bedeutung hatte

SERVICE
Ausstellungsgebäude mit Informationen über Burg und Wikingerzeit. Freier Zugang. Ausstellung geöffnet 1. April bis 1. Nov. 9.30-17.00 Uhr.
de.wikipedia.org/wiki/Aggersborg
Parkplatz und WC.

WEGWEISER
Auf der Hauptstraße 29 von Fjerritslev aus nach Süden oder von Aars aus nach Norden. Abzweigung nördlich der Limfjord-Brücke im Ort Aggersund nach Westen, dem Wegweiser zur Kirche und Aggersborg folgend.

die Burg aus unbekannten Gründen bereits bald nach Harald Blauzahns Tod verloren. Stattdessen wurde ein stattlicher Königshof unterhalb der Burg am Wasser erbaut, damit die Königsmacht den Limfjord nach wie vor im Blick behalten konnte.

Der Königshof wurde im Zusammenhang mit dem Aufstand gegen König Knud den Heiligen 1086 zerstört, als Knud für die geplante Rückeroberung Englands in Jütland militärische Hilfe und Gelder einforderte. Die Verhandlungen in Børglum* in Nordjütland scheiterten, Knud musste fliehen. Wie der Odenseer Mönch Ælnoth um 1120 in seiner Schilderung von Knuds Leben berichtet, griffen die erbosten Nordjüten Knud und sein Gefolge an, die vermeintlich im Königshof übernachteten. Aber der clevere Knud hatte sich selbst mit wenigen Getreuen in einem bescheidenen Hof abseits einquartiert, wodurch er überlebte und weiter fliehen konnte. In Odense* auf Fünen ereilte ihn dann allerdings doch das Schicksal.

Wenig später wurde der Überlieferung zufolge ein neuer Königshof am Limfjord erbaut, aber auch er wurde mehrfach in Brand gesteckt und geplündert. Erst 1579 kam er aus königlichem Eigentum als „Aggersborggård" in privaten Besitz. Die Anlage des jetzigen Hofes stammt von 1758.

Aggersborg Kirke
Runeninschrift

Die neben der Aggersborg gelegene Kirche ist einen Besuch wert. Ihr steinerner Chor entstand vor dem Jahr 1150, das zugehörige Langhaus war zunächst aus Holz und wurde erst um 1250 durch einen Steinbau ersetzt. Herausragend ist eine Runeninschrift, die erst 1977 anlässlich einer Kirchenrenovierung in der linken Wand entdeckt wurde. Ihr Wortlaut: »*Gott (erhalte) Thorlich aus Häre (= der Name eines norwegischen Bauernhofs). Bleibe dort. Peter S(val)e hat mich geschrieben. Amen*«.

Die Inschrift stammt also aus christlicher Zeit und ist möglicherweise ein Hinweis auf die damals bereits nicht mehr funktionierende Verbindung zwischen Limfjord und Nordsee, also nach Norwegen.

WEGWEISER
Die Kirche liegt direkt nördlich neben der Aggersborg, westlich der Hauptstraße 29 am Thorupvej.

IX. Ost-Jütland

Hjarnø
Schiffssetzungen

Am Südostende der kleinen Insel im Horsens Fjord ist ein wikingerzeitlicher Begräbnisplatz. Ursprünglich waren hier über 20 Schiffssetzungen, von denen nur noch die Hälfte übrig ist, und nur 6 haben noch den größten Teil ihrer Steine. Die meisten sind klein und auch aus kleinen Steinen gesetzt, nur die größte besteht aus hohen Steinen. In 3 Schiffssetzungen fanden sich bei Grabungen Spuren von Brandgräbern, eisenzeitliche Scherben und die Reste eines Schwertes.

Schiffsförmige Anordnungen von Steinen stellten symbolisch das Schiff dar, mit dem der Verstorbene ins Totenreich reiste. In der Regel wurden sie nur für bedeutende Personen errichtet. So soll auch in den Schiffssetzungen von Hjarnø einer Legende zufolge ein König namens Hjarne mit seinen Kriegern begraben sein, nachdem sie alle im Kampf um die Herrschaft gefallen waren. Ein typisches Wikinger-Schicksal. Ein König mit dem Namen Hjarne ist allerdings auch aus alten Sagenzeiten nicht bekannt.

Funde auf der Insel bereits aus der Steinzeit deuten darauf hin, dass Hjarnø frühzeitig gute Lebensbedingungen bot und kontinuierlich besiedelt war. Inmitten der Schiffssetzungen, die auch unter dem Namen „Kalvestene" bekannt sind, wurden in den vergangenen Jahren Überreste eines Bootshauses entdeckt, das der Wikingerzeit zugeschrieben wird. Solche „skibsnauster" sind selten erhalten, es gibt sie auch in Harre Vig* am Limfjord.

SERVICE
Fähre Hjarnø – Snaptun, Überfahrt ca. 5 Min., Tel. 30 70 23 45.
Info Insel: *www.hjarnoe.dk* Fähre: *www.hjarnø.dk//Sejlplan.html*

WEGWEISER
Von Horsens oder Juelsminde auf die Landstraße 459, Abzweigung in Glud zur Küste nach Snaptun zur Fähre. Ca. 30 Überfahrten pro Tag. Die Schiffssetzungen liegen am Südzipfel der Insel. An der Hauptstraße (Hovedvejen) nach rechts. Hinterm Campingplatz nach rechts Richtung Odden bis zum Ende der Straße am Wasser, von dort 250 Fußweg nach Osten.

Kanhave Kanal
Kanalbau

Die Insel Samsø vor der jütischen Ostseeküste spielte zur Zeit der Wikinger eine herausragende Rolle: In den isländischen Sagas wird sie als Schauplatz von kriegerischen Auseinandersetzungen genannt, und im Mittelalter gehörte Samsø als einzige dänische Insel ganz der

Krone. Diese Bedeutung hängt mit der strategischen Lage der Insel zusammen und mit einem der interessantesten Bauwerke der Wikingerzeit: mit dem Kanhave Kanal. Er durchtrennte die Insel an der schmalsten Stelle und erlaubte es den Wikingern, die Hauptschifffahrtswege beiderseits der Insel zu kontrollieren.

Die Kanaltrasse wurde 1960 und noch mal in den 1970er und 1990er Jahren erforscht. Nach Ausweis einer dendrochronologischen Untersuchung verwendeter Bauhölzer wurde der Kanal im Jahr 726 gebaut, fällt also in die Zeit, in der auch der Bau des Danewerks* im Süden der jütischen Halbinsel begann. Beides Schutz- oder Abwehr-Maßnahmen, deren Bau bereits vor der Wikingerzeit begann, vermutlich im Zusammenhang mit der expansiven Politik der südlichen Nachbarn, des Frankenreichs. Ob es König Harald Hildetand war, der diesen Weitblick hatte, oder ein lokaler Häuptling, ist ungeklärt.

SERVICE
Samsø Turistbureau, Langgade 32, Tranebjerg, DK-8305 Samsø, Tel. 8659 00 00. *www.visitsamsoe.dk*
Samsø **Museum**, Museumsvej 5, Tranebjerg, DK-8305 Samsø, Tel. 8659 21 50. Geöffnet: Apr. tägl. 10_14 Uhr, Mai bis Okt. tägl. 10–16 Uhr. Eintritt. Shop. *www.visitsamsoe.dk/oplevelser/okomuseum-samsoe/*
Fähre von Hov (Jütland): Samsø Rederi, Sælvig 64, DK-8305 Samsø, Tel. 7022 59 00. *www.samsoelinien.dk* Oder: *www.tilsamsoe.dk/*
Fähre von Kalundborg (Seeland) nach Ballen: SamsøFærgen, DK-3700 Rønne. *daenemark-faehren.de* Deutsche Tel. 03821/709 44 22

WEGWEISER
Von Sælvig aus auf der Hauptstraße (Havvejen) nach Norden Richtung Nordby, bis zur Straßenkreuzung an der schmalsten Stelle der Insel, dort rechts. Der Kanal ist ausgeschildert. Parkplatz auf der Westseite.

Etwa 500 m lang und 11 m breit war der Kanal, die Böschungen waren mit Pfählen und Holzbohlen verkleidet. Der Aushub vom Bau wurde neben der Trasse abgelagert. Der Wasserstand dürfte nicht sehr hoch gewesen sein, Schätzungen zufolge bis zu 1,25 m, was für die flachen Wikingerschiffe allerdings völlig ausreichte. Durch Versandung und allgemeine Landhebung blieb der Kanal jedoch nicht für längere Zeit mit Wasser gefüllt.

Der Kanhave Kanal verband den ausgezeichneten Naturhafen des Stavns Fjords im Osten der Insel mit der Bucht des Mårup Vig auf der Westseite. Die geschützten Gewässer des Stavns Fjord waren Hafen- und Sammelplatz für die Wikingerflotten. Von hier aus konnten sie rasch die Insel durchqueren, um Fahrzeuge abzufangen, die gegenüber an der Westküste segelten. Auf diese Weise waren Handelsverkehr und Seeräuberei auf dem Großen wie auf dem Kleinen Belt gut zu kontrollieren (oder selbst auszuüben).

Bei klarem Wetter hat man vom der 26 m hohen Spitze auf der kleinen Insel Hjortholm im Stavns Fjord eine weite Sicht bis an die Küsten Jütlands und Seelands. Nicht von ungefähr gab es auf dem Hügel zur Wikingerzeit einen Ausguck- und Wachposten, worauf die Reste einer Wallanlage hinweisen. Samsø hatte schon allein durch diese geographischen Bedingungen eine überregionale Bedeutung, die bereits früh erkannt und genutzt wurdet. Im Økomuseum sind u. a. Illustrationen zu sehen, die zeigen, wie der Kanal in Betrieb aussah.

Gylling
Runenstein

Die Inschrift auf dem Runenstein in der Kirche erstreckt sich über drei Seiten des Steins. Sie lautet: »*Toke, Thorgils Sohn, errichtete diesen Stein zum Gedenken an ... den Guten, und Risbiik, seinen Bruder.*« Die Zufügung eines Beinamens, wie hier „der Gute", ist auf Runensteinen selten, und der Name Risbiik ist ungewöhnlich. Der Stein wurde 1839 beim Bau einer Scheune in der Erde gefunden.

WEGWEISER
Gylling liegt dicht am äußeren Horsens Fjord, südlich der Straße 451 nach Odder. In Hundslund nach Osten abbiegen, über die Margueritroute nach Gylling. Die Kirche ist am südwestlichen Ortsrand.

Tamdrup
Königskirche

Diese Kirche, westlich von Horsens, fällt aus dem Rahmen: Ihre Größe verrät, dass sie nicht als gewöhnliche Gemeindekirche angelegt wurde. Sie liegt auf einer Hügelkuppe, von der aus man einen weiten Blick rundum hat. Die ursprüngliche Basilika vom Ende des 11. Jahrhunderts wurde in spätgotischer Zeit umgebaut. Sie hatte wahrscheinlich Vorgänger aus Holz, ähnlich wie in Jelling*, denn man hat bei Untersuchungen unter der Kirche Reste von Begräbnissen gefunden, die älter als der Steinbau sind.

In der Umgebung westlich der Kirche von Tamdrup sind mehrere wikingerzeitliche Häuser entdeckt worden, darunter nicht nur Grubenhäuser, sondern auch größere Bauten. Südlich der Kirche liegt ein großer Hof namens Bisgård, also Bischofshof, der auf eine alte Verbindung mit dem Bischofssitz in Aarhus hinweist.

Bedeutender ist allerdings eine andere alte Beziehung: In der Kirche wurden 7 vergoldete Reliefplatten aus der Zeit vom Ende des 12. Jahrhunderts gefunden. Sie bebildern die legendäre Bekehrung von König Harald Blauzahn durch Bischof Poppo von Haithabu* im Jahr

965. Darunter sind auch die berühmte Darstellung von Harald im Tauffass und eine Szene, in der Poppo einen glühenden eisernen Handschuh trägt, um den noch heidnischen Harald vom Christentum zu überzeugen (siehe Poppostein* im Raum Schleswig).

Diese Platten waren zusammen mit 22 anderen, die biblische Motive zeigen, auf einem Renaissance-Predigtstuhl in der Kirche aufgenagelt. 1870 wurden sie entdeckt. Die sieben historischen Platten saßen vermutlich auf einem Reliquienschrein, der aber nicht erhalten ist. Die Originale der vergoldeten Platten sind seit 1873 im Dänischen Nationalmuseum in Kopenhagen, Kopien sind in der Kirche an der Vorderseite des Altars angebracht worden.

Während der zeitgenössischen Anfertigung der Platten gab es offensichtlich Unklarheiten in der Auffassung von den Ereignissen: Auf der Platte mit der Taufszene ist Poppo durch einen besonderen Umhang als Erzbischof ausgewiesen, auf einer anderen Platte tritt er nur als Bischof auf. Diese Unterschiede dürften mit der Unsicherheit über die Person Poppos zusammenhängen. Denn der historisch fassbare Bischof Poppo wirkte erst Jahrzehnte nach der Taufe Haralds, und er residierte sicher nicht in Haithabu*. König Haralds Taufe fiel wahrscheinlich in die Zeit des zweiten Bischofs von Haithabu namens Marco. Ob Marco selbst oder möglicherweise ein beauftragter Kleriker namens Poppo die Taufe vollzogen hat, steht dahin.

Die Kirche von Tamdrup könnte als eine Art Hauptkirche im Auftrage des Königs gebaut worden sein. Ein weiterer Bezug auf Harald Blauzahn findet sich nur 15 km weiter nördlich auf einem Runenstein in der Kirche von Sønder Vissing*.

SERVICE
Tamdrup Kirke, Tamdrup Kirkevej 1, Lund, DK-8700 Horsens. Geöffnet Mo.–Do. 8–15.45, Fr. 8–14.45 Uhr. Oder Absprache mit Mette Kristensen, Tel. 7565 40 68/2966 23 10. www.tamdrupkirke.dk

WEGWEISER
Tamdrup Kirke liegt 8 km westlich von Horsens, am einfachsten zu erreichen über die Hauptstraße 52 Richtung Brædstrup – Silkeborg. Am Kreisel in Vinten nach Westen abbiegen auf die Landstraße Nørre Snedevej. Die Kirche liegt weithin sichtbar südlich der Straße.

Sønder Vissing
Runensteine

Die Kirche von Sønder Vissing birgt ein königliches Geheimnis: Es steckt in der Inschrift eines Runensteines. Der Kirchenbau stammt aus dem 12. Jahrhundert. Der geheimnisvolle Stein stand zusammen mit einem weiteren bis 1830 an der Mauer des Kirchhofes, der größere soll zuvor bei einem Grabhügel gestanden haben, der jedoch schon 1830 verschwunden war. Der traditionelle Stein im Eingang der Kirche trägt die Inschrift: »*Toke machte diese Denkmäler zum Gedenken an seinen Vater Abe, einen klugen Mann.*«

Auf dem Geheimnis umwitterten Runenstein an der Rückwand des Kirchenschiffes heißt es: »*Tove ließ dieses Denkmal errichten, Mistives Tochter, zu Ehren ihrer Mutter, Ehefrau Haralds des Guten, Gorms Sohn.*« Tove war die Tochter des Obotritenfürsten Mistivoi von der südlichen Ostseeküste. Die Art der Formulierung hat jedoch Anlass zu erheblichen Zweifeln gegeben, wer nun als Haralds Ehefrau gemeint ist: Tove selbst oder ihre Mutter.

Nach üblicher Ansicht, die auch vom dänischen Nationalmuseum vertreten wird, gilt Tove als Frau des dänischen Königs Harald Blauzahn, der etwa von 940 bis 987 erst in Jelling* und später in Roskilde* residierte. Er heiratete die Slawin Tove in zweiter oder dritter Ehe, nach oder möglicherweise auch neben der Dänin Gunhild und der Schwedin Gyrid. Auf diese Weise gewann er Toves Vater, den Slawenfürsten Mistivoi, als Bundesgenossen gegen seinen großen Gegner im Süden, den deutschen Kaiser Otto II.

Die Eheschließung mit Tove war 974, als Harald selbst bereits getauft war (um 965) und die Christianisierung in Dänemark kräftig förderte. Die verwandtschaftliche Beziehung zum Slawenfürsten Mistivoi macht verständlich, warum Harald später im Kampf gegen seinen aufsässigen und heidnischen Sohn Sven Gabelbart in die slawische Stadt Jomsburg*, höchst wahrscheinlich Wolin*, an der südlichen Ostseeküste flüchtete (siehe die Schlacht bei Helgenæs*).

Nach einer neueren, nicht unproblematischen Deutung der Historiker Birgit und Peter Sawyer könnte als Ehefrau Haralds auch Toves Mutter gemeint sein. Immerhin zwei vom Fach: Peter Sawyer war Professor im englischen Leeds, seine schwedische Frau Birgit lehrte an der Universität Trondheim mittelalterliche Geschichte.

Wenn tatsächlich Toves Mutter gemeint ist, hätte Harald die ehemalige Frau von Mistivoi geheiratet, weil sie sich vom Slawenfürsten oder der sich von ihr getrennt hätte. Also eine Ehe aus Staatsräson. Zweifellos lebte Mistivoi aber zu der Zeit noch, denn er führte einige Jahre später den Slawenaufstand an. Tove wäre in diesem Fall Haralds Stieftochter. Und mit dem Runenstein hätte sie ihre Besitzansprüche an das Erbe von Mutter und Stiefvater dokumentiert.

Ob Stieftochter oder Frau: Warum Tove an dieser Stelle, weitab von Haralds Königshof in Jelling* und noch viel weiter entfernt vom heimatlichen Pommern, zum Gedenken an ihre Mutter einen Runenstein setzen ließ, ist rätselhaft. Von Tove und ihrer Mutter ist nichts weiter bekannt. Auf dem Stein sind schalenförmige Vertiefungen, er dürfte also ursprünglich ein Kultstein vom Ende der Steinzeit bzw.

Anfang der Bronzezeit gewesen sein. Es bleibt offen, ob Tove oder den wikingerzeitlichen Runenmeistern dieser kultische Bezug bekannt war.

Auf jeden Fall muss diese ganze Gegend Ostjütlands eine besondere Anziehungskraft für christliche Missionierung gehabt haben, vor allem für Aktivitäten der Benediktiner: In Vissing gab es seit etwa 1200 ein Benediktinerinnen-Kloster, im östlich benachbarten Ort Voer bestand seit 1150 ein Benediktiner-Kloster, südlich von Skanderborg lag Ringkloster, wieder ein Benediktinerinnen-Kloster, nördlich des Sees Mossø lag das Zisterzienser-Kloster Øm (seit 1172) und nordöstlich von Øm das Benediktiner-Kloster Veng, dessen Kirche bereits vor 1100 gebaut worden war.

Nur 15 km südlich von Vissing liegt die ehemalige Königskirche von Tamdrup*, in der vergoldete Relieftafeln entdeckt wurden, die Szenen aus der Zeit der Christianisierung zeigen, darunter auch die Taufe von König Harald Blauzahn.

SERVICE
Sønder Vissing Kirke, Gl. Ryvej 9, Sønder Vissing, DK-8740 Brædstrup. Geöffnet Di.–Sa. 9–17 Uhr, So. 12–16 Uhr.

WEGWEISER
Sønder Vissing liegt östlich der Hauptstraße 52. Etwa auf halber Strecke zwischen Horsens und Silkeborg auf die 453 nach Osten abbiegen. Die Kirche ist nördlich der Ortsmitte an der Straße nach Gammel Rye.

Fregerslev
Reitergrab

In Dänemark wird er respektvoll als der „Wikinger von Fregerslev" bezeichnet. Hinter diesem Titel verbirgt sich ein bedeutender Krieger, der ums Jahr 950 in einem Kammergrab im Ort Hørning zwischen Skanderborg und Aarhus bestattet worden war. Im Frühjahr 2017 wurde die ca. 4,5 x 2,9 m große Grabkammer untersucht. Wertvollste Fundstücke waren die vergoldeten metallischen Beschläge eines Pferdezaumzeugs, wie sie nur im Besitz einer hochstehenden Persönlichkeit sein konnten.

Das Grab am Rand des Ortsteils Fregerslev von Hørning war bereits im Jahr 2012 zusammen mit zwei weiteren kleineren Grabkammern entdeckt, jedoch damals nicht weiter untersucht worden. Mit seinen Funden gilt dieses Kriegergrab jetzt als eines der reichsten Gräber der Wikingerzeit in Dänemark. Die Funde wurden ins Museum Skanderborg gebracht. Ähnliche Fundstücke sind auch aus den Reitergräbern von Bienebek* und Langballigau* im Raum Schleswig bekannt.

Die dänischen Archäologen rätseln noch über die Identität des Zaumzeug-Besitzers. Könnte er ein Vertrauter von Wikingerkönig Gorm gewesen sein, dem Vater von Harald Blauzahn? Gorm residierte in Jelling*, wo er nach seinem Tod im Nordhügel begraben und erst später auf Veranlassung von Harald in die Jellinger Kirche umgebettet worden war.

Die Beziehung zwischen Gorm und seiner Frau, Königin Thyra, soweit sie bisher u. a. aus den Runeninschriften von Læborg* und Bække* bekannt ist, lässt auch die Vermutung zu, dass der Wikinger von Fregerslev eher ein Rivale von Gorm war. Also jemand mit einem eigenem Machtbereich oder entsprechenden Ansprüchen. In diesem Fall könnten die wertvollen Verzierungen des Zaumzeugs auch ein Bündnisgeschenk des Königs gewesen sein.

SERVICE
Museum Skanderborg, Adelgade 5, DK-8660 Skanderborg,
Tel. 8652 24 99. Geöffnet Moi.–So. 10–17 Uhr, 13–16 Uhr.
www.museumskanderborg.dk und *www.vikingfregerslev.dk/forside-12*

WEGWEISER
Hørning liegt östlich der Autobahn E45. Abfahrt 51 (Skanderborg N), weiter über die 511 nach Süden, abbiegen auf die 170 nach Hørning. Am Kreisel vor dem Ort links auf den Herredvej, bis zur Kreuzung mit dem Fregerslevvej. Auf dem Neubaugelände im nordöstlichen Winkel zwischen beiden Straßen war das Grabungsgebiet.

Sjelle
Runenstein mit Maskengesicht

Ein schlanker Runenstein mit einem Maskengesicht. Er steht im Waffenhaus der Kirche von Sjelle. Vorher lag er, wie so mancher andere Runenstein nach der Wikingerzeit, im Kirchenboden. Sein originaler Standort ist unbekannt. Die Inschrift ist nicht mehr ganz vollständig: »*Freystein errichtete diesen Stein zum Andenken an Gyrd, seinen Gefolgsmann, Sigvalds Bruder, Tveggja ... auf Heide.*« Das vorletzte könnte ein Name sein.

Über der Inschrift prangt oben auf dem Stein das Maskengesicht mit starren runden Augen und Schnauzbart, ähnlich der berühmten Maske auf einem Stein im Museum Moesgård (siehe Aarhus*). Viele Generationen haben den Stein abgetreten, so dass seine Inschrift nur noch schwer zu lesen ist.

WEGWEISER
Sjelle liegt westlich von Aarhus an der Nebenstraße (Borumvej), die von der Hauptstraße 26 an der Abfahrt 47 der E45 in Richtung Silkeborg abzweigt. Die Kirche ist am westlichen Ortsrand, am Præstegårdsvej.

Sporup
Runenstein

Der Runenstein in der Kirche von Sporup südlich von Hammel wurde erst 1966 bei Restaurierungsarbeiten entdeckt. Er wird in die Zeit um 1000 datiert und zeigt über der Inschrift noch die Kontur einer etwas unförmigen Schlange. Der Text: »*Thorkil Svidbalke errichtete diesen Stein zum Andenken an seinen Vater Toke, der (zusammen mit ... Schiff besaß)*«. Der letzte Teil ist verstümmelt, die Beziehung zu einem Schiff ist Interpretation. Einer der wenigen Steine, auf denen außer dem Namen auch ein Beiname genannt wird. Was allerdings Svidbalke bzw. Svindbakke bedeutet, ist unklar, möglicherweise etwas wie „Unruhestifter" (so die Universität Uppsala).

WEGWEISER
Sporup liegt südlich dicht an der Hauptstraße 26 zwischen Aarhus und Viborg. Kurz hinter der Kreuzung mit der Landstraße 457 zweigt nach Süden der Sporup Kirkevej ab. Die Kirche liegt am Kirkevej.

Haldum
Begräbnisplatz

Stellen Sie sich am Kreisverkehr im Ort vor den Friedhof, an die Südwest-Ecke zum Kreisel hin, dann haben Sie links und südlich der Friedhofsmauer einen ehemaligen wikingerzeitlichen Begräbnisplatz vor sich. Auch wenn Sie davon nichts mehr sehen.16 Gräber aus dem 10. Jahrhundert sind hier im September 2004 vom Moesgård Museum bei Straßenbauarbeiten für den Kreisel freigelegt worden. Ihre exklusive Ausstattung deutet auf Angehörige der Oberschicht.

Zwei Gräber hatten eine hölzerne Grabkammer, was auf sozial höheren Rang der Bestatteten hinweist, zwei weitere enthielten Beschläge und Schlösser von Kästchen, wie sie nur im Besitz von Vornehmen waren. In einem Grab wurde eine Streitaxt gefunden, in einem weiteren Grab eine seltene Brosche aus Bronze, das in gleicher Art auch aus Schweden und Großbritannien bekannt ist.

Die Kirche selbst stammt aus der Zeit um 1100. Sie war ursprünglich von mehreren Grabhügeln umgeben, die in die Bronzenzeit um 1300 v. Chr. datiert werden. Da es während der Wikingerzeit gemäß päpstlicher Anordnung üblich wurde, christliche Kirchen auf oder direkt neben heidnischen Plätzen zu errichten, dürften die Grabhügel der Grund für den Kirchenbau gewesen sein. Zuvor allerdings waren sie Ausgangspunkt für die Anlage des wikingerzeitlichen Bestattungsplatzes. Die Kontinuität als heiliger Ort blieb also erhalten, auch wenn das nicht Absicht der Kirche war.

Die bedeutendsten Funde sind die Beschläge für ein Kästchen, das in seiner Konstruktion ein ähnliches Gegenstück im berühmten „Schrein von Bamberg" hat: Der ist ca. 26 x 26 cm groß, aus Eichenholz und mit 16 gravierten Plättchen aus Walrossbein belegt, die durch kupfervergoldete Beschläge gehalten werden. Die Muster sind im so genannten Mammen-Stil gefertigt, der nach der berühmten silberverzierten Axt aus Mammen* benannt ist. Auch der „Schrein von Bamberg" ist ein nordisches Stück Kunsthandwerk, das jedoch auf verschlungenen Wegen im süddeutschen Bamberg gelandet war.

Bamberger wie Haldumer Kästchen dienten vermutlich zur Aufbewahrung persönlicher Dinge. Welche herausragende Persönlichkeit in Haldum ein solch ausgefallenes Requisit mit ins Grab bekam, ist nicht bekannt.

SERVICE
Haldum Kirke, Haldumvej 11, DK-8382 Hinnerup.
Info (Englisch): *en.wikipedia.org/wiki/Haldum*

WEGWEISER
Haldum liegt nordwestlich von Aarhus an der Gablung der Straßen 511 aus Skanderborg und 505 von/nach Aarhus. Abfahrt 46 (Aarhus N) von der E 45 Richtung Hinnerup. Kirche und Friedhof sind östlich am Kreisel.

Aarhus
Handelsplatz

Die Stadt bietet Einmaliges: 1100 Jahre alte Wikingerspuren mitten in der Stadt im Keller einer modernen Bank. Aarhus (seit 2010 wieder statt Århus) gilt nach Ribe* als die zweitälteste Stadt Dänemarks, ihre Ursprünge gehen bis in die Zeit um 770 zurück. Sie entstand an der Mündung eines Flusses in die Ostsee, der heute jedoch überdeckt ist. Aus der Lage leitete sich der Name „Aros" ab, d. h. „Aumündung". Allerdings war diese Lage untypisch für die Wikingerzeit, da die Siedlung nicht versteckt am Ende eines Fjordes oder an einem Fluss im Hinterland lag, sondern ungeschützt direkt an der Küste.

Erstmals erwähnt wurde die Stadt 948 als Bischofssitz neben Ribe* an der Westküste und Haithabu* bei Schleswig. Vermutlich bestand der Bischofssitz jedoch anfangs nur auf dem Papier: Erzbischof Adaldag von Hamburg*-Bremen ernannte Bischöfe für die drei Orte, um sich durch untergeordnete Kleriker anderen Erzbischöfen als gleichrangig zu erweisen. Die ersten Bischöfe dürften in Wahrheit in Bremen residiert haben, und es ist zu bezweifeln, dass sie ihre Bischofssitze überhaupt jemals gesehen haben.

Aarhus war der zentrale Handelsplatz in Ostjütland. Ähnlich den zeitgleichen Handelsplätzen von Haithabu* und Birka (bei Stockholm) war auch Aarhus von einem Halbkreiswall umgeben, in dessen Schutz sich die Stadt entwickelte. Der Wall war ca. 4 m hoch, nach außen durch einen Graben gesichert und umfasste eine Fläche von etwa 4 ha, die selbst in besten Zeiten weniger als 1000 Menschen beherbergte. Die Einwohner lebten in Häusern aus Holz mit Lehmbewurf oder in kleinen Grubenhäusern, deren Boden in die Erde eingetieft war. Ende des 11. Jahrhunderts wurde der umwallte Raum zu eng, die Siedlung dehnte sich nach Westen aus.

Für die Befestigung der Stadt gab es gute Gründe, immer wieder geriet sie zum Zankapfel. So kämpften 1043 zwei Könige vor Aarhus, der Norweger Magnus, der erst ein Jahr zuvor dänischer König geworden war, und sein dänischer Statthalter Sven Estridsson, der von seinen Gefolgsleuten nach der siegreichen Schlacht von Lürschau* bei Schleswig zum König ausgerufen worden war. Die beiden Rivalen lieferten sich am 18. Dezember 1043 vor der Stadt eine Seeschlacht. Eine endgültige Entscheidung fiel jedoch erst 4 Jahre später nach der Schlacht bei Alsted* auf Seeland: Magnus stürzte zu Tode.

Um 1050 wurde Aarhus vom norwegischen König Harald Hårdråde überfallen, der inzwischen Magnus als norwegischer König nachgefolgt war, wobei u. a. die Kirche in Flammen aufging. 1132 diente Aarhus als Kriegshafen, und für 1158 berichtet der Chronist Saxo Grammaticus noch von Wikingerüberfällen. 1183 wurde Aarhus von „Heiden" heimgesucht, wahrscheinlich Wenden, denn Norweger und Schweden waren zu dieser Zeit bereits Christen. Während die Siedlungen von Haithabu* und Birka die Wikingerzeit nicht überlebten, überdauerte jedoch Aarhus als bewohnter Ort bis heute. Es war gerade die offene Lage direkt am Meer, die den Fernhandel und damit die kontinuierliche Entwicklung des Platzes förderte.

Bei Ausgrabungen seit den 1960er Jahren sind unter der heutigen Stadt zahlreiche Spuren der Wikingersiedlung entdeckt und freigelegt worden. Verlauf von Wall und Graben können heute noch an der Ecke der Straßen „Volden" (Wall) und „Graven" (Graben) verfolgt werden. Teile des Walls und der Straße, die daneben verlief, hat man an Ort und Stelle erhalten, 3 m unter der Oberfläche der modernen Stadt im Keller einer Bank, dicht bei der Domkirche. In der Bank gibt es außerdem eine Ausstellung mit Fundstücken, insbesondere Haushaltsgegenstände, die Rekonstruktion einer Werkstatt und vor allem: ein Stück der ältesten gepflasterten Straße Dänemarks, auf der noch über 1100 Jahre alte Wagenspuren zu sehen sind.

Die einstige Kaufmannssiedlung und die zugehörigen Hafenanlagen sind erst zum Teil erforscht. Nachgewiesen sind bisher Handwerker wie Kammhersteller, Holzschnitzer, Goldschmiede etc. Für ausgedehnten Handel sprechen importierte Schleifsteine, Kochkessel aus norwegischem Speckstein, Tongefäße von der südlichen Ostsee,

Mahlsteine aus der Eifel. Es gab sogar eine eigene Münzprägung, bezeugt für die Jahre ab 1020. Sie geht ebenso wie die von Lund* in Schonen auf König Knud den Großen zurück.

In der Vor Frue Kirke (Frauenkirche), gerade außerhalb der alten Wälle von Aarhus, ist der älteste erhaltene Kirchenraum Dänemarks: eine Gewölbe-Krypta, errichtet aus Kalktuff-Steinen im späten 11. Jahrhundert. Sie war Teil der einstigen Sct. Nicolai-Kirche, von der alle anderen Spuren verschwunden sind. Die heutige Kirche ist aus Ziegelsteinen erbaut und gehörte zu einem Dominikaner-Kloster. Die Krypta geriet in Vergessenheit und stürzte schließlich ein. In den 1950er Jahren wurde sie wieder entdeckt und restauriert. Pfeiler und Mauern des Original-Bauwerks sind noch sichtbar.

Mehrere Runensteine wurden in Aarhus gefunden, sie stehen heute in der Runenhalle des Museums Moesgård. Zwei sind von besonderer Bedeutung, weshalb sie hier mit aufgeführt werden, obwohl sie nicht mehr am originalen Platz sind. Einer der berühmtesten Runensteine Dänemarks ist der „Maskenstein" (für Runologen: Aarhus 4). Er wurde 1850 im Fundament der Aarhus Wassermühle (im heutigen Mølleparken) entdeckt. Die alte königliche Mühle wurde erstmals 1286 erwähnt. Das etwas bedrohlich anmutende Bild der Gesichtsmaske, die heute das Logo des Museums Moesgård ist, sollte vermutlich gegen böse Geister schützen, ähnlich wie der Stein von Sjellebro*.

Der Text auf der Rückseite: »*Gunulv und Øgot und Aslak und Rolf errichteten diesen Stein für ihren Kameraden Ful. Er fand den Tod ... als die Könige kämpften*«. Die Inschrift wird in die Zeit um 1000 datiert,

SERVICE
Vikingernes Aros, Museum im Keller der Nordeabank, Skt. Clemenstorv 6, DK-8000 Aarhus. Geöffnet während Banköffnungszeit: Mo.–Fr. 10.15–16, Do bis 17 Uhr. Eintritt frei. *www.vikingemuseet.dk*
Vor Frue Kirke, Frue Kirkplads, Mo.–Fr. 10–16 Uhr, Sa. 10–14 Uhr.
Mølleparken, Møllegade 1, DK-8000 Aarhus C. Freier Zugang
Turistinformation Aarhus, Pakhus 13, Nordhavnsgade 4, Tel. 8731 50 10.
Moesgård Museum, Moesgård Allé 15, DK-8270 Højbjerg, Tel. 8739 40 00. Geöffnet Di. 10–17 Uhr, Mi./Do. 10–21 Uhr, Fr.–So. 10–17 Uhr, Mo. geschl. Parkplatz. Museumsshop. Eintritt. Café und Restaurant (Zutritt auch ohne Eintritt). *www.moesgaardmuseum.dk/*

WEGWEISER
Autobahn E 45 oder von Djursland her über die Marguerit-Route auf der Hauptstraße 15. Parken Sie Ihren Wagen außerhalb der Altstadt und durchstreifen Sie Aarhus zu Fuß. Wegweiser mit der Aufschrift „Den Gamle By" gelten nicht der Altstadt, sondern dem Freilichtmuseum für Kleinstadtkultur mit Häusern aus den letzten 500 Jahren.
Nach Moesgård verlassen Sie Aarhus auf der Straße 451 nach Süden, direkt an der Ostsee entlang, in Richtung Odder. Das Museum ist ausgeschildert. Oder per Bus 18 oder 100 ab Stadtmitte Aarhus (ganztägig).

dürfte sich also auf die berühmte Seeschlacht von Svolder am 9. September 1000 beziehen, in der König Sven Gabelbart von Dänemark und König Olof Eriksson (der „Schoßkönig") von Schweden gemeinsame Sache gegen den norwegischen König Olav Tryggvason machten und ihn besiegten. Der Ort ist heute nicht mehr genau lokalisierbar, er wird an der südlichen Ostseeküste vermutet, im Greifswalder Bodden oder in der Odermündung. Mit beteiligt waren dabei auch die legendären Jomswikinger aus der Jomsburg*.

Im Fundament der Frauenkirche von Aarhus wurde 1905 ein Runenstein mit einer etwas längeren Inschrift entdeckt (offiziell: Aarhus 6), dessen originaler Standort in der Nachbarschaft war. Er wird nach dem Namen des Geehrten auch „Asser-Saxe-Stein" genannt. Die Inschrift verläuft in Bändern über 2 Seiten: »*Toste und Hove errichteten zusammen mit Fredbjørn diesen Stein für Asser Saxe, ihren Kameraden, einen wohlgeborenen Dreng. Er starb als der redlichste der Männer. Er besaß ein Schiff zusammen mit Arne*« Dreng bezeichnet einen jungen Mann von Rang, meist einen Krieger.

Die meisten Funde von Aarhus und Umgebung sind im **Moesgård Museum** an der Ostseeküste 10 km südlich der Stadt ausgestellt. Der schöne, über 200 Jahre alte Herrenhof Moesgård inmitten weiter Buchenwälder ist schon allein wegen seiner reizvollen Lage sehenswert. Seit 1970 beherbergt er ein Museum für Vor- und Frühgeschichte Dänemarks, von der Steinzeit bis zur Wikingerzeit. 2014 wurde er durch einen Neubau mit großem, begehbaren Pultdach ergänzt.

Zu den Funden aus der Wikingerzeit gehören 5 Runensteine, meist aus dem Gebiet von Aarhus, der geköpfte Sklave, den man in einem Grab in Lejre* auf Seeland gefunden hat, Waffen und Schmuck. Attraktion ist der „Mann von Grauballe", eine 2000 Jahre alte Moorleiche aus der Eisenzeit. Außerdem im Freilichtmuseum rekonstruierte Häuser und ein Nachbau der Stabkirche von Hørning*, Teile der Holzkonstruktion des Danewerks in der Nähe von Schleswig. Am letzten Wochenende im Juli findet am Strand von Moesgård ein Wikingermarkt statt, mit Buden, Schiffsrepliken, Essen und Trinken, Spaß und Spiel. Dann gibt's kaum Parkplätze.

Lisbjerg
Kirche & Heiligtum

Ein Ort mit herausragenden archäologischen Befunden; zurzeit entwickelt er sich allerdings zu einer Vorstadt von Aarhus. Wo heute die romanische Kirche steht, war zur Wikingerzeit ein großer Hofkomplex, wahrscheinlich der Sitz eines lokalen Häuptlings. Erste Spuren fand man 1989 beim Abriss eines älteren Hauses neben der Kirche. Das entdeckte Hofgelände war ca. 170 x 110 m groß und von einem Zaun umgeben. Als 1994 der Fußboden der Kirche erneuert werden sollte, stieß man darunter auf Reste der Hofgebäude und auf den hölzernen Vorgängerbau der heutigen Kirche, die gut 100 Jahre jünger ist als der Wikingerhof.

Weitere Ausgrabungen deckten die Geschichte des Platzes auf und förderten eine Sensation zutage. Beim Umbau des wikingerzeitlichen Gehöftes ums Jahr 1000 wurde das hallenartige Hauptgebäude abgerissen und an seiner Stelle wurde eine kleine Holzkirche errichtet. Bei der Ausgrabung fand man große Mengen von bemaltem Kalkputz, was bedeutet: Die Wände der hölzernen Stabkirche waren innen mit Kalkmörtel verputzt und mit farbigen Malereien verziert. Vorbild dafür waren die Steinkirchen im europäischen Süden.

Der Ersatz des großen heidnischen Hallenbaus durch eine kleine Kirche verrät: Kulthandlungen wurden in heidnischer Zeit offensichtlich bereits zum Teil in Hallen (vom Häuptling) und nicht mehr nur unter freiem Himmel abgehalten. Diese Tradition setze man in der Wikingerzeit beim Wechsel zum Christentum fort, indem man an Stelle der Halle auf demselben Platz eine Kirche errichten ließ, erst aus Holz, später genau darüber aus Stein. Also muss auch der Bauplatz, nicht nur die Funktion von Bedeutung bewesen sein.

Ebenfalls eine Sensation ist der goldene Altar von Lisbjerg. Im Gegensatz etwa zu deutschen Kirchen stellte man in Dänemark die Bildplatten für die hölzernen Altäre nicht aus reinem Gold her, sondern begnügte sich mit vergoldetem Kupfer, das für die Gläubigen edel aussah, aber nicht so kostbar war. Diebstahl und Umschmelzen lohnten sich nicht. Viele der goldenen Altäre Dänemarks stammen aus Kirchen in Jütland und dort wiederum aus der Umgebung von Aarhus (so auch in der Kirche von Tamdrup*), weshalb in Aarhus ein Herstellungszentrum vermutet wird.

Der Lisbjerger Altar ist der älteste Dänemarks, sein Holz wird einer dendrochronologischen Analyse zufolge in die Zeit um 1135 datiert. Er wurde bereits 1867 vom Dänischen Nationalmuseum erworben und wird dort ausgestellt. Von den Ausgrabungen in Lisbjerg ist nichts mehr zu sehen, aber die Vergangenheit ist noch zu erspüren: Stellen Sie sich mitten ins Kirchenschiff, dann haben Sie die damalige Zeit der Wikingerhalle, der hölzernen Kirche und der spätwikingerzeitlich-heutigen Kirche direkt unter Ihren Füßen.

SERVICE
Lisbjerg Kirke, Bymandsvej 26, Lisbjerg, DK-8200 Aarhus. Di.–Fr. 10–16 Uhr.

WEGWEISER
Lisbjerg liegt nördlich von Aarhus an der Straße 180 Richtung Ødum und Randers. Etwa 1 km nach Überquerung der Schnellstraße 15 nach rechts abbiegen, über den Bymandsvej zur Kirche.

Dragsmur
Schleppstelle

Achtung bei der Anfahrt: Auf der schmalen Landzunge von Mols nach Helgenæs* passieren Sie im ansteigenden Gelände „Ryes Skanser", Befestigungen des Generals Olaf Rye aus dem deutsch-dänischen Krieg von 1848/50. Die eigentliche Attraktion liegt jedoch unauffällig davor, an der niedrigsten und schmalsten Stelle, die zur Wikingerzeit noch 100 m schmaler war als heute. Hier gab es eine Schleppstelle, wo die Schiffe über Land gezogen wurden, um die Fahrt rund um die windige Südspitze bei Sletterhage zu ersparen.

Die Funktion dieser Schleppstelle ist praktisch erprobt: Das Museum Ebeltoft und das Vikingeskibsmuseet Roskilde* wiesen im Juni 1996 in einem archäologischen Experiment nach, dass an dieser Stelle ein Wikingerschiff von seiner Besatzung in nur 30 Minuten über Land von einer Bucht in die andere gezogen werden konnte. Versuchsobjekt war der Nachbau eines 17,5 m langen Kriegsschiffes aus dem Fund von Skuldelev* im Roskilde-Fjord, das mit 30 Mann Besatzung und Ballast immerhin gut 5 Tonnen wog.

33 Männer und Frauen schleppten das Schiff namens „Helge Ask", natürlich ohne Ballast und Besatzung, auf untergelegten Hölzern, die gut mit Fett eingeschmiert waren, ohne Probleme über Land. Mit 4 Islandpferden im zweiten Versuch ging es in der Hälfte der Zeit. Was die Schleppstelle ersparte, bewies der zweite Teil des Experimentes: Über 9 Stunden brauchten die freiwilligen Wikinger, um vom Fährhafen Ebeltoft in die Bucht Begtrup Vig westlich von Dragsmur zu rudern. Bei Benutzung der Schleppstelle hätte sich die Reisezeit auf 3,5 Stunden verringert, inklusive Aus- und Einladen des Ballasts.

Der Name „Dragsmur" hat, ähnlich wie die Silben Dræ- oder Drej- in vielen dänischen Ortsnamen, mit dem Wort „drage" für ziehen zu tun; ein Hinweis also auf Schleppstrecken für Schiffe. Der zweite Teil des Namens gilt einer niedrigen Mauer aus Feldsteinen, die hier quer über die Landzunge verläuft. Sie trennt Helgenæs von Mols. Ihre Funktion ist ebenso wenig geklärt, wie die Frage, ob die Schleppstelle in der überlieferten Schlacht von Helgenæs* (siehe rechts) eine Rolle gespielt hat.

SERVICE
Info Dragsmur und Helgenæs: *da.wikipedia.org/wiki/Helgenæs* (dänisch)
Info Mols Berge: *de.wikipedia.org/wiki/Nationalpark_Mols_Bjerge*

WEGWEISER
Dragsmur und Helgenæs liegen südlich der eiszeitlichen Mols Berge (Nationalpark). Sie erreichen Dragsmur auf der Margueritroute, die von der Straße 15 ab Ronde oder der Straße 21 ab Ebeltoft abzweigt. Die wikingerzeitliche Schleppstelle ist an der schmalsten Stelle der Landzunge.

Helgenæs
Schlachtort

„Jütlands Nasentropfen" wird die Halbinsel im Süden von Djursland genannt, wegen ihrer Form auf der Landkarte. Der Name Helgenæs bedeutet jedoch „Heilige Landspitze", ähnlich wie bei Helnæs* an der Südspitze von Fünen. Und ebenso wie dort gibt es auch auf Helgenæs dafür einen guten Grund: Noch bis in die Wikingerzeit hinein soll auf dem 99 m hohen Ellemandsbjerg den nordischen Göttern geopfert worden sein.

Aber außer Resten von Siedlungen, etwa bei Stødov und Gammeltoft, gibt es hier keine sichtbaren Spuren mehr aus der Wikingerzeit. Aber eine unsichtbare: Helgenæs war der Schauplatz für das letzte Kapitel einer dramatischen Story, von der mehrere frühmittelalterliche Autoren berichten. Nach Darstellung des dänischen Geschichtsschreibers Saxo Grammaticus um 1200 wurde einer der berühmtesten Wikingerkönige, Harald Blauzahn (siehe Jelling* in Südjütland), auf Helgenæs in der Schlacht gegen seinen eigenen Sohn Sven Gabelbart tödlich verwundet.

Weiterhin erzählt die phantasievolle Saga von den so genannten Jomswikingern, d. h. von den Wikingern aus Jumne bzw. der Jomsburg*, also wohl Wolin*, dass Sven im Königreich seines Vaters „heerte", mithin Raubzüge im eigenen Land machte. Allerdings entstand diese Saga im frühmittelalterlichen Island, wo man drastische Geschichten aus alter Zeit besonders schätzte.

Gemäßigter berichtet der deutsche Kleriker Adam von Bremen, dass Sven sich zum Anführer unzufriedener Dänen gemacht hatte, darunter viele Großgrundbesitzer, die unter Haralds Herrschaft gezwungen worden waren, das Christentum anzunehmen. In Wahrheit dürfte ihnen die Herrschaft des Königs nicht gepasst haben, da sie ihre eigene Macht verringerte.

Es kam zum offenen Kampf zwischen Vater und Sohn. Davon berichten neben Saxo und Adam auch Aufzeichnungen aus dem Jahr 1040 von einem unbekannten Mönch in Flandern. Eigentlich ging es in dessen Geschichte um Königin Emma von der Normandie, die Frau von Knud dem Großen, der damals König von England, Dänemark und Norwegen zugleich war. Knud wiederum war der Sohn von Sven Gabelbart. Eigentlich also eine Familiengeschichte.

Nach dem Bericht des unbekannten Mönches trafen die Heere von Vater und Sohn zunächst auf Seeland aufeinander, wobei Harald eine Niederlage erlitt. Er soll sich ins wendische Jumne (Jomsburg*) zurückgezogen haben, in den Herrschaftsbereich seines Schwiegervaters an der südlichen Ostseeküste, denn Harald hatte die Tochter des wendischen Fürsten Mistivoi geheiratet (siehe Sønder Vissing*). Mit einer Flotte kehrte er dann zurück und jagte die Aufrührer.

Der Überlieferung zufolge hat Haralds Flotte die Schiffe von Sven Gabelbart in eine Bucht gedrängt, wo es dann zur Schlacht kam. Das soll bei Helgenæs gewesen sein, in der Bucht Begtrup Vig auf der Westseite. Die Entscheidung allerdings fiel an Land. Dort traf nach Saxos Schilderung der tödliche Pfeil eines Heckenschützen den König, ausgerechnet, als er gerade in einer Kampfpause im Gebüsch ein großes Geschäft erledigte. Zwar konnte Harald noch ins wendische Jumne gebracht werden, ins Reich seines Schwiegervaters, aber dort starb er, Adam von Bremen zufolge an Allerheiligen, wohl im Jahr 987.

Haralds Leichnam wurde in die von ihm erbaute Kirche von Roskilde* überführt, und sein Sohn Sven Gabelbart wurde König. Entgegen der Darstellung der Kleriker Adam von Bremen und Thietmar von Merseburg war Sven aber wohl kein schlechter Herrscher, sondern äußerst erfolgreich. Er besiegte den norwegischen König Olaf Tryggvason und herrschte mit Hilfe von Statthaltern auch über Norwegen. 1013 machte Sven sich sogar zum König von England. Sein Sohn Knud der Große konnte auf diesen Eroberungen aufbauen. Der unbekannte flandrische Mönch bezeichnet Sven sogar als den „glücklichsten aller Könige seiner Zeit".

Von diesem einstigen Geschehen ist auf Helgenæs nichts mehr zu sehen. Aber es bleibt der Blick auf die Bucht Begtrup Vig bis nach Aarhus, etwa von der Seebrücke in Kongsgårde („Königshof") aus, nicht weit vom schmalen Isthmus. War es hier, wo König Harald sein Schicksal ereilte? Eine großartige Aussicht auf die Mols Berge und bis nach Samsø bietet der Ellemandsbjerg, und auch der Südzipfel Sletterhage mit dem alten Leuchtturm von 1894 lohnt den Besuch.

SERVICE
Info: *de.wikipedia.org/wiki/Helgenæs*
Tourist Info: *www.visitdjursland.de/de/visitdjursland.de*

WEGWEISER
Helgenæs liegt südlich der eiszeitlichen Mols Berge (Nationalpark). Anfahrt über die Margueritroute von der Straße 15 ab Ronde oder der Straße 21 ab Ebeltoft. Kongsgårde liegt auf der Nordwestseite an der Straße, die weiter über Stødov nach Sletterhage zum Leuchtturm führt.

Kolind
Runenstein

Der Runenstein in der Kirche von Kolind gibt mehr preis als üblich. Die Inschrift nennt den Beruf desjenigen, der den Stein setzen ließ, und sie verrät auch mehr vom Schicksal des Verstorbenen: »*Toste, Asveds Smid, errichtete diesen Stein zum Gedenken an seinen Bruder Tue, der im Osten den Tod fand.*«

Das Wort „Smid" bezeichnet generell einen Handwerker, womit auch ein Steinmetz oder Runenmeister gemeint sein kann; jedenfalls grundsätzlich jemand von Ansehen in der wikingerzeitlichen Gesellschaft. Wenn Toste sich als „Smid" eines anderen darstellt, muss dieser andere in der sozialen Ordnung noch höher stehen. Tostes Bruder Tue schließlich könnte ein Krieger gewesen sein, der vermutlich auf einem Wikingerzug nach Osten starb. Ob damit Südschweden oder Russland gemeint ist, steht dahin. Hinweise auf den Osten als Ziel von Wikingerzügen sind selten.

WEGWEISER
Kolind liegt mitten in Djursland, von Aarhus aus über die Straße 15, von Randers aus über die 21 zu erreichen. Hinter Rønde nach Nordosten abbiegen (Frellingvej). Die Kirche steht östlich des Bahnhofs.

Rimsø
Runenstein & Hügelgrab

Er ist einzigartig in Dänemark, der Runenstein auf dem Friedhof von Rimsø. Nicht nur, weil er wahrscheinlich noch an seinem originalen Standort steht und dann auch noch auf einem Grabhügel, sondern besonders deshalb, weil seine Inschrift verschlüsselt ist. Er steht neben der Kirche. Sie ist eine von über 100 dänischen Kirchen, die direkt auf oder neben einem heidnischen Grabhügel errichtet wurden.

Die Kirche wurde ca. 1150 erbaut. Bis 1875 war der Runenstein in die südliche Kirchenwand nahe am Boden eingelassen, dann wurde er auf den wikingerzeitlichen Grabhügel neben der Kirche gesetzt, zwar auf einen neuzeitlichen Sockel, aber eben wahrscheinlich wieder an seinen ursprünglichen Platz.

Die Inschrift des Steins wird in Zeit um 900 datiert, und sie ist die einzige dänische Inschrift mit Wörtern, die rückwärts gelesen werden müssen. Eine Verschlüsselung, damit der Text nicht einfach von jedem, der nur ein wenig Ahnung von Runen hatte, entziffert werden konnte, insbesondere natürlich nicht von bösen Zauberern.

Sein Wortlaut: »*Thure, Enrades Bruder, errichtete diesen Stein zum Gedenken an seine Mutter und ... was das Schlimmste ist für den Sohn.*« Abgesehen vom Schluss, der durch den fehlenden Text nicht ganz klar ist, eine traditionelle Runeninschrift. Vermutlich sollten die letzten Worte den Kummer über den Tod der Mutter ausdrücken.

WEGWEISER
Rimsø liegt nordwestlich von Grenaa. Über die Margueritroute ab Grenaa über Veggerslev oder von der Hauptstraße 16 abzweigen auf die Landstraße 547, in Glesborg nach Osten auf dem Rimsøvej nach Rimsø. Die Kirche steht am westlichen Ortsrand, am Toresvej nach Emmelev.

Virring
Runenstein

Bis 1865 diente der Stein am Eingang der Kirche von Virring als Schwelle, dann wurde er im Innern aufgestellt. Seine Inschrift: »*Germund, ... machte dieses Denkmal zur Erinnerung an Sasser. Star errichtete den Stein zu Ehren des Toten. Thor weihe diese Runen*«. Die unleserliche Textstelle dürfte den Namen dessen angegeben haben, mit dem Germund verwandt war.

Die getrennten Hinweise auf ein Denkmal und den Stein legen nahe, dass es sich um zwei verschiedene Dinge handelte. Wie in Gunderup* in Nordjütland könnte auch hier mit dem Denkmal eine Schiffssetzung oder ein Grabhügel gemeint sein. Von einem Grab ist jedoch nichts bekannt, der Stein stand ursprünglich in der Umgebung.

WEGWEISER
Virring liegt ca. 12 km östlich von Randers, südlich der Hauptstraße 16 nach Grenaa. Kurz hinter der Abzweigung der Hauptstraße 21 zweigt die kleine Straße Virringvej nach Süden ab nach Virring.

Øster Alling
Runenstein

Der Runenstein steht im Waffenhaus der Kirche, am südlichen Talrand des Flusses Alling. Noch bis 1856 diente er, wie viele andere, als Schwellenstein an der Eingangstür. Ursprünglich soll er auf einem Grabhügel im Nachbarort Oustrup gestanden haben. Seine Inschrift: »*Thore errichtete diesen Stein zum Gedenken an Fastulf Myge.*«

Meistens wurden Runensteine von Verwandten errichtet, da es auch um die Bekanntgabe von Erbansprüchen ging. In diesem Falle dürfte ein Kampfgefährte oder Handelspartner den Stein gesetzt haben. Eher selten ist die Zufügung des Beinamens, wobei die Bedeutung von „Myge" nicht geklärt ist. Es könnte „der Fügsame" bedeuten.

WEGWEISER
Øster Alling liegt östlich von Randers halbwegs zwischen den Straßen 16 und 21. Zufahrt von der 21 über Vester Alling. Die Kirche ist mitten im Ort.

Sjellebro
Stein mit Maskengesicht

Mitten auf der grünen Wiese in Djursland steht ein Stein mit einem maskenähnlichen Gesicht, nahe der Brücke, auf der die Straße 21 von Randers* nach Ebeltoft den Fluss Alling kreuzt. Das Gesicht zeigt einen geflochtenen Bart und hat runde, starre Augen. 1951 wurde der Stein entdeckt, er lag mit dem Gesicht nach unten an derselben Stelle. Archäologische Ausgrabungen in den 1950er Jahren haben belegt, dass es dicht beim Stein schon seit Jahrtausenden eine Passage über den Fluss Alling gab.

Die Untersuchungen durch das Moesgård Museum förderten auf der feuchten Wiese beidseits des Flusses stein- oder bohlenbelegte Wege zu Tage, die ständig ausgebaut und verbessert worden waren. Bereits um die Zeitenwende gab es einen mit Steinen befestigten Weg. Am Anfang der Wikingerzeit, im Jahr 752, legte man einen Weg aus Holzschwellen an. Um 1000 dann baute man eine neue, stabilere Konstruktion aus Pfählen und Eichenbohlen und im Anschluss daran eine Holzbrücke, die über den Fluss führte.

Der Maskenstein datiert aus der Zeit um 1000. Seine Steinritzung im so genannten Mammen-Stil (benannt nach dem Ort südöstlich von Viborg*) war ursprünglich mit leuchtenden Farben bemalt, ähnlich dem berühmten Maskenstein, der heute im Moesgård Museum bei Aarhus* steht. Wahrscheinlich sollte er mit seiner magischen Kraft böse Mächte vertreiben und die Reisenden auf ihrem Weg über die Brücke schützen. Der Stein ist inzwischen angewittert, aber die Ritzung ist noch gut zu erkennen.

SERVICE
Parken und Info westlich der Brücke. *da.wikipedia.org/wiki/Sjellebrostenen*

WEGWEISER
Der „Sjellebrostenen" steht mitten auf der Wiese dicht an der Landstraße 21 von Randers nach Ebeltoft, ca 6 km nach der Abweigung von der 16, unmittelbar südlich der Brücke über das Flüsschen Alling.

Hørning
Kirche & Grabhügel

Die Kirche mit dem hübschen Dachreiter hat's in sich oder besser: unter sich. Bei Restaurierungsarbeiten 1887 fand man unter dem Chor ein Stück Eichenplanke in einer Form, wie sie verwendet wurde, um die senkrechten Holzplanken einer urtümlichen Stabkirche zusammen zu halten. Eine Seite der Planke zeigt eine geschnitzte, sogar noch farbig bemalte, verschlungene Schlangenfigur, im so genannten Urnes-Stil, benannt nach der berühmten Stabkirche von Urnes in Norwegen am Sognefjord.

Bei weiteren Untersuchungen im Jahr 1960 kam die ganze Wahrheit ans Licht: Unter dem Kirchenfußboden wurden die Reste einer Holzkirche gefunden, zu der die Eichenplanke einst gehört hatte – eine Stabkirche, wie es sie heute noch in Norwegen, aber schon seit Jahrhunderten nicht mehr in Dänemark gibt. Langhaus und Chor waren einst ca. 10 m lang und 4,5 m breit. Der Bau wird in die Zeit um 1060 datiert. Ein sehenswerter Nachbau dieser Stabkirche steht im Museum Moesgård bei Aarhus*. Die Planke wird im Nationalmuseum in Kopenhagen gezeigt, sie gehört als einziges Zeugnis für die einstigen dänischen Stabkirchen zu den wichtigsten wikingerzeitlichen Fundstücken Dänemarks.

Die zweite Sensation: Die Holzkirche war auf einem Grabhügel der Wikingerzeit errichtet worden, der für den Kirchenbau gezielt eingeebnet worden war. Der Durchmesser des Hügels wird auf etwa 20 m und die Höhe auf etwa 3 m geschätzt.

Unter dem westlichen Teil des Langschiffes fand man eines der seltenen aus senkrechten Planken gebauten Kammergräber. Der Sarg enthielt Skelettreste einer offensichtlich vornehmen Frau, worauf unter anderem ein silbernes Kleid hinwies, das mit Glasperlen geschmückt war. Vor dem Sarg standen ein kleiner Eichenholztisch mit hoher Kante, der älteste seiner Art in Skandinavien, und eine Waschschüssel aus Bronzeblech mit feinem Ornament. Das Grab ist in der Zeit ums Jahr 1000 angelegt worden.

Der Bau der Kirche direkt über dem wikingerzeitlichen Grab ist ein handfester Beleg dafür, dass die frühen christlichen Kirchen gezielt auf heiligen heidnischen Plätzen errichtet wurden, wozu in der Vorstellung der Wikinger auch ein Grab zählte. Von all dem ist nichts mehr zu sehen, aber der Platz hat eine eigene Atmosphäre bewahrt.

Ein Runenstein mit dem Namen Hørning stammt nicht von hier, sondern aus dem Ort gleichen Namens südlich von Aarhus*. Er steht heute im Museum Moesgård.

WEGWEISER
Hørning liegt westlich der Hauptstraße 21 von Ebeltoft nach Randers, nicht weit von der Kreuzung mit der Straße 16. Die Kirche ist am südlichen Ortsrand direkt an der Straße nach Virring.

Stenalt
Runenstein

Einer der wenigen dänischen Runensteine, die nicht in einer Kirche oder in ihrem Umkreis stehen: Der Stein ziert den Park des Herrenhauses Stenalt. Allerdings ist er nicht mehr vollständig, denn eine Skizze von 1636, verfertigt vom dänischen Altertumsforscher Ole Worm, beweist, dass der Stein später beschädigt wurde. Auch zu Worms Zeit hatte er im Park des Herrenhofes gestanden.

1913 wurde der Stein auf einem zum Gut Stenalt gehörenden Bauernhof aufgefunden, und der Gutsherr, Hofjägermeister Bruun, ließ ihn wieder im Park auf einem Sockel aufstellen. Mittlerweile ist er angewittert, aber die Inschrift ist noch lesbar: »*Osur, Stufs Sohn, ließ diesen Stein errichten zum Gedenken an Broder, seinen Sohn.*«

> **WEGWEISER**
> Stenalt liegt östlich von Randers, im Landzipfel zwischen Ostsee und Randers Fjord. Fähre zwischen Mellerup und Voer, kurz dahinter in Richtung Ørsted liegt am Stenaltvej das Herrenhaus (Stenalt Land Og Skovbrug).

Dalbyover
Runenstein

Eine Verwandtschaftsbezeichnung, wie sie auf Runensteinen selten vorkommt, offenbart der Stein im Waffenhaus der Kirche von Dalbyover. Er wurde 1882 in der Friedhofsmauer entdeckt. Allerdings fehlt ihm die Spitze und damit ein Teil des Textes: »*Tue, Kitus Sohn, errichtete (diesen Stein zu Ehren von ?)..., seinem Kameraden, Thorgnys Pflegesohn.*«

Normalerweise werden Blutsbeziehungen angegeben. Wenn das hier anders gehandhabt wurde, war diese Beziehung wichtiger. Vielleicht, weil Thorgny ein herausragender Mann war, so dass durch die Beziehung zu ihm die eigene Person aufgewertet wurde.

> **WEGWEISER**
> Dalbyover liegt östlich der Straße 507 von Randers nach Hadsund. In Stangerum abbiegen auf die Straße 531 nach Osten. Oder von Süden über die 531 und Fähre bei Udbyhøj. Die Kirche ist links am Ortseingang.

Spentrup
Runenstein mit Bild

Durch das Bild eines Schiffes fällt der Runenstein im Waffenhaus der Kirche von Spentrup aus dem Rahmen. Der Stein war in der nordwestlichen Ecke des Kirchenschiffs in die Wand eingemauert und wurde 1884 entdeckt und ausgebaut.

Übrig geblieben ist nur noch ein Fragment von 54 cm Länge. Die Inschrift ist stark verstümmelt: »*...(= Name) (ritzte) diese Runen ... lange lebe.*« Über dem Text ist ein stilisiertes Schiff eingeritzt, mit Mast und Takelage, aber ohne Segel. Die Zeichnung kann die Fahrt ins Jenseits symbolisieren oder ebenso gut ein Hinweis darauf sein, dass der Verstorbene Schiffseigner oder Steuermann war.

> **WEGWEISER**
> Spentrup liegt nördlich von Randers, zwischen E 45 und Straße 507. Autobahn-Abfahrt 38 (Purhus) nach Osten, über Asferg, oder von der 507 vor Mejlby nach Westen abbiegen. Die Kirche ist im Ort am Hastrupvej.

Lem
Runenstein

Der Runenstein im Waffenhaus der Kirche von Lem wurde 1957 entdeckt. Er war in die Treppenstufen zum Friedhof eingesetzt worden, wobei seine Inschrift, wie auch bei vielen andere Runensteinen, beschädigt wurde. Der Name des Aufstellers ist nicht mehr lesbar: »...(errichtete) diesen Stein (zum Gedenken an) Urik, seinen Bruder«. Der Stein wird in die Zeit um das Jahr 1000 datiert

WEGWEISER
Lem liegt östlich der Straße 507, ein paar Kilometer nördlich von Randers. Die Kirche ist nördlich der Hauptstraße Lemvej.

Randers
Flussübergang, Handelsplatz, Runenstein

Die Stadt entstand an der Mündung der Gudenå, des größten Flusses Dänemarks, in den schmalen Randers Fjord. Der Platz war bereits lange vor der Wikingerzeit Verkehrsknotenpunkt, eine Furt führte hier im Zuge des Handelsweges zwischen Nord- und Südjütland durch den Fluss Gudenå.

Für die Boote der Wikinger war der Fluss schiffbar (heute noch ist er ein Eldorado für Kanu-Touren), und neben der Furt entstand eine Schiffslände. Auf diese Weise entwickelte sich Randers zu einem Handelsplatz, der um 1080 bereits so bedeutend war, dass die Könige hier Münzen prägen ließen.

Die gesamte Landschaft beiderseits der Gudenå (d. h. „Gott geweihter Fluss") muss zur Wikingerzeit von besonderem Reiz gewesen sein. Davon zeugen noch heute viele erhaltene Runensteine, Hügelgräber und Siedlungsspuren. Durch zahlreiche Aufschüttungen ist die Landschaft in und um Randers allerdings stark verändert worden, von der Wikingerzeit ist heute nichts mehr zu sehen.

Funde diverser Grabungen im Stadtgebiet und auch aus dem westlich benachbarten Over Hornbæk* werden im ehemaligen Kul-

SERVICE
Museum Østjylland, Randers, Stemannsgade 2, DK-8900 Randers, im Kulturhuset. Tel. 8712 26 00. Geöffnet: Di.–So. 10–16 Uhr. Eintritt frei. Museumsshop und Café. *www.museumoj.randers.dk*
Info Randers und Umgebung: *www.visitranders.dk/danmark/visitranders*

WEGWEISER
Zufahrt von der Autobahn E 45, Abfahrt 42 von Süden und auf der Straße 180 in die Stadt oder Abfahrt 40 von Norden und auf der Straße 16, die Marguerit-Route ist, ins Zentrum. Das Museum liegt östlich der Kirche.

turhistorisk Museum Randers gezeigt, das heute ein Teil des neu formierten Museums Østjylland ist. Darunter auch 5 Runensteine aus Randers und Umgebung.

Einer dieser Steine, von Runologen als „Randers 2" bezeichnet, dürfte nicht weit von seinem ursprünglichen Standort entfernt sein: Er wurde 1910 beim Abriss eines alten Hauses in der Straße Vestergrave gefunden, südwestlich des Museums. Er war in zwei Stücke zerschlagen. Später wurde er wieder zusammengesetzt, zunächst im Garten des Museums und dann im Museum selbst aufgestellt. Seine Inschrift: »*Toke errichtete diesen Stein zum Andenken an Thorsten, seinen Bruder, und Inge, seinen Vater.*«

X. Central-Jütland

Over Hornbæk
Gräberfeld

Unter dem heutigen Sportplatz von Over Hornbæk, am Stadtrand von Randers*, war einer der größten Bestattungsplätze des wikingerzeitlichen Dänemarks, mit über 110 untersuchten Gräbern (Kinder, Frauen und Männer) aus der Zeit um 800 bis 1000. Allerdings ist die Landschaft rund um Randers* durch zahlreiche Aufschüttungen stark verändert worden, von der Wikingerzeit ist hier nichts mehr zu sehen. Jedoch gibt es in der weiteren Umgebung im Flusstal der Gudenå noch zahlreiche Grabhügel und Siedlungsspuren aus Steinzeit, Bronze- und Eisenzeit. Funde von Over Hornbæk werden im Museum Østjylland in Randers* gezeigt, u. a. Waffen, Fibeln, Glasperlen, Messer, Steigbügel etc.

SERVICE
Museum Østjylland, Randers, Stemannsgade 2, DK-8900 Randers, im Kulturhuset. Tel. 8642 86 55. Geöffnet: Di.–So. 10–16 Uhr. Eintritt frei. Museumsshop und Café. *www.museumoj.randers.dk*

WEGWEISER
Over Hornbæk liegt an der Straße 503 westlich der Autobahn. Der Sportplatz (Idrætsplads) ist nördlich der Straße zwischen E 45 und Bebauung.

Grensten
Runenstein

Die Erfolgsgeschichte eines ganzen Lebens verbirgt sich hinter der Inschrift des Runensteins in der Kirche von Grensten. Der Stein diente im Mittelalter als Schwellenstein am Eingang. Wie auch in anderen Orten mussten also die christlichen Kirchenbesucher beim Eintritt in die Kirche die heidnischen Symbole mit Füßen treten oder über sie hinweg schreiten. Später wurde der Stein durch einen neuen Fußboden im Waffenhaus verdeckt. 1847 wurde er entdeckt, erst an die Friedhofsmauer platziert, dann 1899 außen an der Kirchenmauer aufgestellt. Neuerdings steht er im Eingangsraum.

Seine Inschrift lautet: »*Toke Smid errichtete diesen Stein zur Erinnerung an Revle, den Sohn von Eske, Björns Sohn. Gott helfe ihren Seelen*«. Die Inschrift endet ungewöhnlich mit einem Muster aus Spiralen. Das kann auf die Kreativität des Runenmeisters zurückgehen, könnte aber auch eine tiefere Bedeutung haben. Ungewöhnlich ist auch die Aufreihung von drei Generationen: Revle, Vater Eske und Großvater Björn.

Das Wort „Smid" bedeutet nicht Schmied, sondern ist eine allgemeine Bezeichnung für einen Handwerker, z. B. auch für einen Steinmetz oder einen Runenmeister. Es wird angenommen, dass dieser Toke Smid derselbe Runenmeister ist, der den Runenstein von Hørning* südlich von Aarhus* errichtete. Dieser Stein wird ebenfalls in die Zeit um 1000 datiert. Er steht heute im Museum Moesgård bei Aarhus*. Seine Inschrift: »*Toke Smid errichtete diesen Stein zum Andenken an Thorgil, Gudmunds Sohn, er gab ihm Gold und Freiheit.*«

Danach wäre der Runenritzer Toke Smid ein Sklave gewesen, dem sein Herr Thorgil die Freiheit geschenkt oder sie ihm mit Gold erkauft hätte; möglicherweise in Verbindung mit seinem eigenen und vielleicht auch Tokes Übertritt zum Christentum. Denn Christen war es durch kirchliche Konzile mehrfach, wenn auch mit mäßigem Erfolg, untersagt worden, andere Christen als Sklaven zu halten oder zu handeln. Da nicht jeder einfach einen Runenstein errichten konnte, muss Toke, der Freigelassene, es außerdem noch zu einem angesehenen Mann gebracht haben.

SERVICE
Grensten Kirke, Grensten Byvej 2, DK- 8870 Langå. Geöffnet Mo.–Fr. 9–16 Uhr, So. 12–16 Uhr.
Info Kirche und Runenstein: grenstensogn.dk/index_files/Page708.htm

WEGWEISER
Grensten liegt südlich der 525 (Randersvej) zwischen Randers und Langå. Abbiegen nach Osten auf den Grenstenvej. Die Kirche ist rechts am Byvej.

Langå
Runenstein

Im Städtchen Langå sind in früheren Zeiten 6 Runensteine bzw. deren Fragmente gefunden worden. Aber nur ein Stein steht heute noch im Ort vor der Kirche. Ein weiterer Runenstein ist im Museum in Randers gelandet, die anderen sind verschwunden, zum Teil auch auf dem Umweg über Kopenhagen, wo sie dem großen Stadtbrand von 1728 und der nachfolgenden Aufbauzeit zum Opfer fielen. Immerhin waren ihre Inschriften aufgezeichnet worden und sind damit der Forschung erhalten geblieben.

Der verbliebene Runenstein von Langå wurde 1861 in einem Tümpel südlich des Ortes gefunden, als ein Steinmetz nach Steinen für eine Brücke über den Fluss suchte. Als er die Runenzeichen entdeckte, soll er den Stein aus Angst gespalten haben, er könnte ihm sonst

WEGWEISER
Langå liegt an der Straße 525 von Randers nach Bjerringbro. Kirche und Friedhof sind mitten im Ort an der Kreuzung der Straße 525 mit der 587.

weggenommen werden. Der örtliche Pfarrer rettete das Bruchstück von 1,50 m Höhe, es liegt jetzt auf der Seite neben dem Waffenhaus.

Die unvollständige Inschrift: »...(errichtete) diesen Stein (zum Andenken an) seinen Bruder, einen hochwohlgeborenen Thegn«, also einen Anführer oder Häuptling.

Laurbjerg
Runenstein

Der Runenstein im Waffenhaus der Kirche von Laurbjerg gehört mit zu den ältesten in Dänemark, er wird ins 9. Jahrhundert datiert. Erstmals erwähnt wurde er um 1690, damals stand er auf dem Friedhof. Bereits 1856 wurde er ins Waffenhaus versetzt.

Die Inschrift steht auf der rechten Schmalseite und ist vergleichsweise kurz: »*Bulnods wahrer Stein, Ville (ritzte die Runen?)*«. Das bedeutet: Der Stein wurde zum Gedenken an Bulnod errichtet, und Ville dürfte der Name des Runenmeisters sein. Die Formulierung „wahrer Stein" wird verstanden als „verlässlicher" oder „besonders geschützter" Stein.

Links auf dem Stein sind schalenartige Vertiefungen. Ähnlich wie u. a. der Runenstein von Sønder Vissing* dürfte also auch dieser Stein ursprünglich ein Kultstein aus der späten Steinzeit oder frühen Bronzezeit gewesen sein. Wobei auch in diesem Fall offen bleibt, wie weit dem wikingerzeitlichen Runenmeister dieser Bezug bekannt war.

WEGWEISER
Laurbjerg liegt südwestlich von Randers an der Hauptstraße 46 nach Silkeborg. Die Kirche ist östlich der Straße 46 und südlich der 587.

Vejerslev
Runenstein

Der schmale hohe Runenstein steht vor dem zugemauerten Eingang in der Südwand der Kirche, die Anfang des 11. Jahrhunderts gebaut wurde. Die Inschrift auf dem Stein beginnt rechts unten am Fuß, also kann der Stein ursprünglich nicht aufrecht gestanden haben, sondern bedeckte vermutlich ein Grab. Die Runen zeigen bereits Einfluss der lateinischen Sprache, folglich handelt es sich um einen spätwikingerzeitlichen Runenstein. Sein traditioneller Text: »*Iver ritzte diese Runen zum Gedenken an Skalme, seinen Bruder.*«

WEGWEISER
Vejerslev liegt an der Hauptstraße 46 von Randers nach Silkeborg, ca. 3 km vor der Krezung mit der 26 (Kongensbro). Die Kirche ist nördlich der Straße.

Grathe Hede
Schlachtfeld, Wallanlage, Heerweg mit Furt

Ein idyllischer Platz in einem Wiesental mit bedeutungsträchtiger Geschichte: Auf dem Heidegelände der Grathe Hede und besonders an einem Wall mit dem Namen „Kong Knaps Dige" fand 1157 die Entscheidungsschlacht zwischen zwei konkurrierenden dänischen Königen statt – zwischen Sven, der später nach dem Schlachtfeld auf der Heide den Beinamen „Grathe" bekam, und Waldemar, der als „der Große" in die Geschichte einging. Mit dieser Schlacht endete eine Jahrzehnte lange Kette von Morden, Blutrache und Bürgerkrieg.

Der Name Kong Knaps Dige gilt einem eisenzeitlichen Erdwall, dessen Funktion ebenso wenig geklärt ist wie sein Name. Einen König namens „Knap" gab es nicht. Der Wall wird auch „Kongsnap" genannt; es könnte also ähnlich wie beim dänischen Ausdruck „knap og nap", was „mit Müh und Not" bedeutet, etwas gemeint sein wie: Der Könige Not. Nämlich der Kampf zweier Könige um die Krone.

Ähnlich wie der Wall von Grimstrup Krat* bei Esbjerg wird auch Kong Knaps Dige als Sperrwerk angesehen, das den Jütischen Heerweg* abriegelte, der hier den Fluss Haller Å durchquerte. Eine Art Kontrollstelle also. Der Wall verläuft parallel zum Fluss, der heute nur noch ein Rinnsal ist, und einst war er von einer Palisade gekrönt. Vor dem Wall sind noch Räderspuren zu sehen, die zur ehemaligen Furt führen. Die Anlage von Wall und Graben wird in die späte Eisenzeit um ca. 500 n. Chr. datiert.

In der Schlacht von 1157 rückte dieser Wall in den Brennpunkt der Geschehens. Denn auf beiden Seiten hatten die Gegner ihre Truppen aufgestellt: König Waldemar im Süden, König Sven im Norden. Dazwischen, direkt am Kong Knaps Dige, entwickelte sich die Schlacht. Ihren Namen bekam sie später allerdings nach der Landschaft Grathe Hede, auch Gråhede genannt, also „graue Heide".

Angefangen hatte die ganze gewalttätige Geschichte ein Viertel Jahrhundert zuvor, als Magnus, der Sohn des dänischen Königs Niels, seinen Cousin Knut Lavard ermordete, den beliebten Jarl (Herzog) von Schleswig, weil der ihm den Thron hätte streitig machen können. Das war 1131 in Haraldsted* auf Seeland. Daraufhin hatte Knut Lavards Bruder Erik Emune kaltblütig Rache genommen: Er etablierte sich als König in Schonen und schlug dort das Heer von Magnus und Niels 1134 in der Schlacht von Foteviken*. Magnus und seine Anhänger fielen, Niels wurde kurz darauf in Schleswig ermordet, und auch Erik Emune, der Rächer, starb drei Jahre später durch Mörderhand auf dem Thingplatz von Urnehoved* in Südjütland.

Jetzt zog die nächste Generation in den Kampf: Sven, der Sohn Erik Emunes, und Knud, der Sohn des Mörders Magnus, kämpften um die Macht in Dänemark. Der deutsche Kaiser Friedrich Barba-

SERVICE
Info-Tafeln am Kong Knaps Dige und Hinweis für telefonische Info.
Info über die Schlacht: da.wikipedia.org/wiki/Slaget_på_Grathe_Hede

WEGWEISER
Grathe Hede liegt westlich der Hauptstraße 13 (Alborgvej) ca. 2 km südlich von Nørre Knudstrup. Wagen abstellen: Entweder auf der Ostseite (**Richtung Norden**) an der Kreuzung mit dem Haugevej nach Osten Richtung Vinderslev, die Hauptstraße überqueren und gegenüber auf dem Weg ca. 500 m bis zum Querweg nach rechts zur Haller Å. Oder an der Westseite (**Richtung Süden**) vom Parkplatz hinter Nørre Knudstrup aus dem Weg nach Westen am Hof vorbei folgen; es ist die Trasse des alten Heerweges.

rossa, der sich als Lehnsherr Dänemarks betrachtete, unterstützte zwar Sven, aber das half nicht weiter, denn jetzt mischte sich noch Waldemar als dritter Bewerber mit ein – der Sohn des ermordeten Knud Lavard. Wie sein Vater war auch er Jarl (Herzog) von Schleswig. 10 Jahre wogte der Streit hin und her, kein Kampf brachte eine Entscheidung. Schließlich versuchten Adel und Kirche den Konflikt zu lösen, indem sie die drei Kontrahenten zur Aufteilung des Königreichs drängten.

Sven, Knud und Waldemar fanden sich zu einem Meeting zusammen, wahrscheinlich auf Lolland, und brachten tatsächlich eine Einigung zustande: Sven sollte Schonen erhalten, Knud Seeland mit Fünen, und Waldemar wurde Jütland zuerkannt. Die gütliche Einigung hielt ganze drei Tage. Dann, beim Festgelage am 9. August 1157 im Königspalast von Roskilde*, griffen Svens Anhänger zu den Waffen und stürzten sich auf Svens Konkurrenten. Knud wurde ermordet, Waldemar jedoch wurde zwar am Oberschenkel verwundet, konnte aber entwischen und sich ins heimische Jütland retten. Zusammen mit ihm flüchtete sein Vertrauter, der Kleriker Absalon, der später unter König Waldemar erst Bischof von Roskilde* und schließlich Erzbischof von Lund* wurde.

Sven musste sich schließlich in Jütland seinem Gegner stellen. Am Kong Knaps Dige auf Grathe Hede kam es am 23. Oktober 1157 zur Schlacht. Das Ergebnis: Die Jüten unter Waldemar siegten, Sven mit seinen Truppen von Seeland und Schonen wurde besiegt. Er selbst fand den Tod – allerdings erst nach der Schlacht; er wurde auf der Flucht erschlagen (siehe rechts). Waldemar wurde König und herrschte 25 Jahre lang als Waldemar der Große über das dänische Reich, das unter ihm zur Großmacht wurde.

Wall, Wegespuren, Furt und Heerweg sind heute noch zu sehen, und über die Schlacht kann man sich am Ort per Mobiltelefon informieren lassen. Die Spuren der Schlacht führen sogar bis ins Nationalmuseum nach Kopenhagen: Dort werden zwei Axtblätter gezeigt, die auf dem Schlachtfeld Grathe Hede gefunden wurden.

Grathe Stenen
Königsgrab & Tatort

Mitten auf den Feldern nördlich der Kirche von Grathe ragt ein Schwert aus Granit über 3 m hoch in den Himmel. Es markiert das Grab von König Sven Grathe, der hier nach der Schlacht auf der Grathe Hede* 1157 den Tod fand. Einst stand an dieser Stelle eine steinerne Kapelle; sie soll der Überlieferung zufolge von König Waldemar, dem Sieger der Schlacht, für seinen getöteten Gegner erbaut worden sein. Die Säule zum Gedenken an Sven ist allerdings neueren Datums, der Dichter Thor Lange ließ sie 1892 errichten.

Die Granitsäule steht auf dem Gelände vom Hof Grågård, wo König Sven vor der Schlacht mit seinem Heer das Lager aufgeschlagen hatte. Der damalige Herr des Hauses war allerdings Anhänger von Waldemar und hatte sich dessen Heer angeschlossen, war also nicht zu Hause. Die Überlieferung berichtet, dass Sven die Gelegenheit nutzte: In der Nacht vor der Schlacht zwang er die zu Hause gebliebene junge Bauersfrau in sein Bett.

Nachdem am nächsten Tag sein Heer geschlagen worden war, suchte Sven sein Heil in der Flucht, jedoch vergeblich – er wurde gefangen. Der Bauer vom Grågård, der inzwischen vom Schicksal seiner Frau erfahren hatte, erkannte Sven und nahm an Ort und Stelle Rache: Er schlug ihm mit seiner Streitaxt den Kopf ein. Das soll unmittelbar südöstlich des heutigen Hofes gewesen sein. Svens Leichnam wurde auf dem Gelände des Grågård-Bauern begraben.

SERVICE
Hof: Grågårdvej 29, DK-8620 Kjellerup. Info-Tafel vor dem Gedenkstein.
Info über die Schlacht: da.wikipedia.org/wiki/Slaget_på_Grathe_Hede
Ingemanns Spruch an der Grathe Kirke, Haugevej 51, DK-8620 Kjellerup.

WEGWEISER
Von der Hauptstraße 13 nach Osten in den Haugevej Richtung Vinderslev (Margueritroute). Nach ca. 500 m links in den Grågårdvej, nach ca. 800 m zweigt rechts die Auffahrt zum Grågård ab. Wagen an der Straße abstellen und zu Fuß über das Hofgelände. Oder langsam über das Hofgelände fahren und Wagen am P-Platz dahinter parken. 300 m Fußweg zur Säule.

Später wurde neben dem Grab die steinerne Kapelle errichtet. Wahrscheinlich ersetzte sie einen älteren Holzbau, wie es ihn in ähnlicher Form häufiger entlang des Jütischen Heerweges* gab. Nach der Reformation 1536 wurde die Kapelle aufgegeben und verfiel, die Ruinen waren noch bis gegen Ende des 19. Jahrhunderts zu sehen. Ihre Steine wurden ebenso wie früher die Steine von Schiffssetzungen weiter verwendet. Einige Quadersteine fanden auch beim Bau der Kirche von Grathe Verwendung, die 1917 neben einem bronzezeitlichen Grabhügel errichtet wurde.

Das Fundament der Kapelle wurde 1891 vom Dänischen Nationalmuseum ausgegraben. Nördlich neben der Kapelle fand man ein Grab mit den Resten eines 30- bis 40-jährigen Mannes, dessen Hinterkopf eingeschlagen war – König Sven Grathe. Ein Bronzemesser zum Weihrauchschneiden, das 1856 in der Ruine gefunden worden war, stammt aus der Zeit um 1250, heute ist es im Nationalmuseum. 2015 wurden die Grundmauern der Kapelle erneut aufgespürt und vom Museum Silkeborg untersucht. Ersten Befunden zufolge glich die Kapelle eher einer Kirche mit Schiff und Chor.

Das tragische Schicksal von Sven Grathe und der hoffnungsvolle Regierungsantritt von Waldemar nach Jahrzehnten des Bürgerkriegs bewegte Jahrhunderte später noch die dänische Literatur. Aus dem Bestseller „Waldemar der Sieger" des Dichters B. S. Ingemann von 1826 stammt der Spruch auf einem Quaderstein über dem Eingang der Grathe Kirke: „Auf Grathe Hede singt jetzt die Lerche, in Dänemark ist Morgenröte."

Viborg
Thingplatz

Kein Meer in unmittelbarer Nähe, aber dennoch seit frühester Zeit einer der wichtigsten Orte Dänemarks: Viborg war Thing- und Kultplatz. Zur Wikingerzeit bestand noch eine Wasserverbindung über Flüsse und Seen zum Mariagerfjord bei Hobro, im Verlauf einer Rinne, die von Schmelzwässern der eiszeitlichen Gletscher ausgespült worden war. In Viborg liefen Wege aus allen Richtungen zusammen, darunter auch der alte Jütische Heerweg*, der von hier aus auf zwei Routen nach Norden zu den Übergangsstellen am Limfjord führte.

Wie Viborgs Name verrät („Ve" bedeutet heilig), war der Ort ein kultischer Mittelpunkt, zu dessen Opferfesten sich die Bewohner aus dem gesamten nördlichen Jütland einfanden. Die Geschichte Viborgs lässt sich bis ins 8. Jahrhundert zurückverfolgen, sie ist durch archäologische Funde dokumentiert.

Seit alters her kam in Viborg die Ratsversammlung der freien waffenfähigen Männer zusammen, ähnlich wie an den anderen großen Thingplätzen. Mit dem Thing hängt Viborgs Funktion als Königsstadt zusammen: Hier wie auf den anderen Landsthingen von Ringsted* auf Seeland, Odense* auf Fünen oder Lund* in Schonen wurden die dänische Könige gewählt und gekrönt, hier wurde ihnen gehuldigt. Die letzte Huldigung in Viborg war 1655, als sich der spätere König Christian V. dem Volk präsentierte.

Vom Thing in Viborg wurde 1042 auch Magnus der Gute, als er bereits König von Norwegen war, zum dänischen König gewählt. Ein Jahr später bekam er jedoch Konkurrenz: Sein Statthalter in Dänemark, Sven Estridsson, der Neffe von König Knud dem Großen, wurde ebenfalls auf dem Thing in Viborg von seinen Anhängern zum König ausgerufen, nachdem er als Heerführer in der Schlacht von Lürschau* bei Schleswig die Wenden besiegt hatte. Von den Chronisten wird Sven allerdings meist als Aufrührer bezeichnet. Ob strahlender Sieger oder Aufrührer – es folgte ein mehrjähriger Krieg, der erst mit dem Tod von Magnus endete (siehe Alsted* auf Seeland).

Seit 1065 war Viborg Bischofssitz, aber erst 1133 war der Bau des Doms benutzbar, der die bestehende ältere Kirche ersetzte. Fertig wurde er erst um 1250. Daneben entstand ein Bischofshof. Vor der Reformation entwickelte sich Viborg zum religiösen Zentrum Jütlands, mit 25 Kirchen und Klöstern. Davon ist wenig geblieben; den Dom gibt es zwar noch, aber 1863 war er so baufällig, dass er bis auf die romanische Krypta abgerissen wurde. Der jetzige Dom wurde 1876 vollendet, er ist Europas größter Granitdom.

SERVICE
Viborg Domkirke, Domkirkepladsen, Sct. Mogensgade 4. Geöffnet Mai bis Sept. Mo.–Sa.11–17, So. 12–17 Uhr. Okt. bis Apr. Mo.–Sa. 11–15 Uhr, So.12–15 Uhr. www.viborgdomkirke.dk/
Viborg Museum, Hjultorvet 4, DK-8800 Viborg, Tel. 8725 26 10. Geöffnet Juli bis 15. Aug. tägl. 11–17 Uhr, 16. Aug bis Juni Di.–Fr. 13–16 Uhr, Sa./So. 11–17 Uhr. Eintritt. viborgmuseum.dk
Visit Viborg, Tingvej 2A, DK-8800 Viborg, Tel. 8787 88 88. www.visitviborg.dk

WEGWEISER
Viborg ist auf vielen Straßen zu erreichen. Eine gute Wahl ist die Marguerit-Route von Süden oder Osten her. Ansonsten über die Hauptstraßen 12, 13, 16 und 26. Von Norden kommt man meist über die 13 und den Indre Ringvej. Der Weg zum Dom mitten in der Stadt ist ausgeschildert.

Viborg war nicht nur Kultplatz, sondern auch überregionaler Handelsort, wovon u. a. Funde fremder Münzen zeugen. Die Stadt wurde durch zahlreiche Brände immer wieder zerstört, Spuren aus der Wikingerzeit sind im Stadtbild daher nicht mehr erhalten. Der einstige Thingplatz lag dicht beim Dom, der wiederum an der Stelle des alten heidnischen Heiligtums errichtet worden war. Ein modernes Denkmal markiert den einstigen Versammlungsplatz. Eine Reihe von Funden der Wikingerzeit wird im Museum ausgestellt, allerdings nicht zusammengefasst, sondern nach Themen im Museum verteilt.

Von Viborg aus verlief der uralte Überlandweg, der Jütische Heerweg*, nach Süden, kreuzte im Raum Schleswig das Danewerk*, die Grenze des alten dänischen Reiches, und führte weiter bis an die Elbe (siehe Süd-Jütland). Der Weg kann noch heute per Rad oder zu Fuß über weite Strecken verfolgt werden, von Viborg nach Silkeborg oder Vejle und darüber hinaus. Karten und Informationsmaterial gibt es in den Turistbureaus.

Asmild
Runenstein

Ein heidnischer Runenstein für jeden christlichen Kirchenbesucher sichtbar – das gab es einst in der St. Margarethen Kirche in Asmild, gegenüber von Viborg* auf der östlichen Seeseite. Sie ist eine der ältesten Steinkirchen Dänemarks, gebaut um 1060 aus Feldsteinen und Quadern. Ihr Grundriss erinnert an einen Dom, und in der Tat diente sie als Bischofskirche, bis der Viborger Dom gebaut und benutzbar war. Neben der Kirche lag die Wohnung des Bischofs, und drum herum entstand ein Augustiner-Nonnen-Kloster, das inzwischen längst verschwunden ist.

Der Runenstein war im Winkel zwischen Nordturm und Nordwand einen halben Meter über dem Boden eingesetzt, so dass jeder, der die Kirche durch das Nordportal betrat, den Stein sehen musste. Für den Einbau war er oben und unten gekürzt worden, wodurch Textteile verschwanden. Dass ausgerechnet dieser Runenstein für den Bau verwendet wurde, obwohl genügend andere große Steine in der Umgebung zur Verfügung gestanden hätten, deutet auf die Absicht hin, den Stein für jedermann sichtbar zu machen. Ob zur Erinnerung oder als Abschreckung, in jedem Fall ein Mahnmal an heidnische Zeiten. 1950 wurde der Stein im Zuge von Ausgrabungen durch das Nationalmuseum aus der Mauer entfernt. Jetzt steht er im Waffenhaus.

Seine Inschrift erstreckt sich über zwei Seiten: »*Thorgund, Tochter von Thorgot, Sohn des Thjodulv, errichtete den Stein zum Gedenken an Bose, ihren Mann, ein Tidende Mann ... Tochter.*« Die letzten Worte sind verstümmelt. Ungewöhnlich, dass nicht nur der eigene Name und der des Vaters genannt wird, sondern auch noch der vom Großvater, von Thjodulv.

Über die Familie von Bose hingegen erfahren wir nichts. Auch der Begriff „Tidende Mann" ist nicht enträtselt, er bezeichnet eine besondere Funktion. Möglicherweise besteht eine Verbindung zu einer bekannten Nobel-Familie. Erzbischof Asser († 1137) und Bischof Sven von Viborg († 1152) gehörten beide zur so genannten Thorgunna-Familie. Thorgund, die den Runenstein errichten ließ, könnte mithin deren Vorfahrin sein.

SERVICE
Asmild Kirke, Vinkelvej 16, Overlund, DK-8800 Viborg. Tel. 8667 36 16. Geöffnet Apr. bis Sept. Mo.–Fr. 8–15 Uhr. In den Wintermonaten müssen Sie vom Küster öffnen lassen. *www.asmildkirke.dk*

WEGWEISER
Asmild liegt am Ostufer des Søndersø, Viborg gegenüber. Die Kirche liegt südlich der Straße Randersvej, die aus Viborg nach Osten hinausführt. Nach rechts auf den Vinkelvej abbiegen zum Parkplatz.

Einen anderen Bischof ereilte in der Kirche sein Schicksal: Am Morgen des 20. Oktobers 1133 wurde Bischof Eskil von Viborg vor dem Altar ermordet. Es gilt als sicher, dass die Täter von König Erik Emune beauftragt worden waren, weil Eskil 2 Jahre zuvor König Niels und dessen Sohn unterstützt hatte, der Eriks Bruder Knud Lavard, den Herzog von Schleswig, ermordet hatte (siehe Haraldsted*). Und noch ein Bischof hat in Asmild Geschichte geschrieben: Bischof Gunnar schrieb hier 1241 die erste schriftlich festgehaltene Gesetzessammlung Dänemarks auf, das „Jyske Lov", das Jütische Recht.

Mammen
Hügelgrab

Ein Gedenkstein an der Straße von Bjerringbro nach Mammen ist alles, was von einem der berühmtesten Fundplätze der Wikingerzeit geblieben ist – von einem prächtig ausgestatteten Kammergrab, dessen Grabbeigaben Maßstäbe setzten. Das einstige Hügelgrab von Bjerringhøj ist noch als flache Erhebung auf der Wiese zu erkennen, der Gedenkstein steht gegenüber auf der östlichen Straßenseite.

Der Grabhügel wurde 1868 geöffnet. Er war unversehrt und barg einen vornehmen Toten in einem Eichenbrettersarg, mit exklusiver Kleidung und wertvollen Grabbeigaben. Die Bauhölzer für das Grab stammen von Bäumen, die nach dendrochronologischer Datierung in den Jahren 970/71 gefällt wurden.

Der Häuptling von Mammen ruhte auf Daunenkissen und trug einen Mantel mit aufgenähten Stickereien, golddurchwirkte Seidenmanschetten und ein Stirnband aus Seide. Zur Ausstattung gehörten u. a. ein Bronzekessel und, vor allem, zwei Streitäxte, von denen eine mit reicher Silber- und Goldeinlage versehen war. Die feinen verschlungenen rankenförmigen Ornamente auf dem eisernen Axtblatt gaben den Namen für einen eigenen Kunststil der Wikingerzeit, den „Mammen-Stil". In diesem Stil ist auch eine Seite des großen Jelling-Steins (siehe Jelling*) gestaltet.

Die Grabbeigaben sind im Dänischen Nationalmuseum in Kopenhagen, Repliken werden im Gudenådalens Museum in Bjerringbro gezeigt. Silbertauschierte Äxte waren keine Gebrauchsgegenstände, sondern Statussymbole für herausragende Persönlichkeiten. Ebenso fallen die Kleidungsteile von Mammen aus dem Rahmen, sie vermittelten der Forschung wesentliche Erkenntnisse über Techniken zur Anfertigung wikingerzeitlicher Kleidung.

Angesichts dieser Ausnahmefunde, der zeitlichen Einordnung und des auch in Jelling* vertretenen Kunststiles wird der Häuptling von Mammen dem Kreis um König Harald Blauzahn zugeordnet, der in Jelling residierte. Nicht weit vom Mammen-Grab muss die einstige

SERVICE
Gudenådalens Museum, Vestre Ringvej 5, DK-8850 Bjerringbro,
Tel. 8668 82 88. www.gudenaadalens-museum.dk/
Geöffnet Mai bis Aug. Di./Mi.+ Sa./So. 14–17 Uhr, Sept. bis Nov. nur So.
14–17 Uhr, Dez. bis Apr. nach Absprache. Eintritt. Runensteinpark.

WEGWEISER
Mammen liegt südöstlich von Viborg, an der Nebenstraße, die von der Straße 525 (Margueritroute) westlich von Bjerringbro nach Norden abzweigt, vorbei an der Kirche von Bjerring. Der Grabhügel von Bjerringhøj liegt auf der Höhe vor Mammen, westlich der Straße

fürstliche Residenz gelegen haben, sie wird in der wikingerzeitlichen Siedlung bei der Kirche von Mammen am Dalsgårdsvej vermutet.

Die Anhöhe mit dem Hügelgrab war zur Wikingerzeit noch durch ein breites Flusstal von der Siedlung getrennt. Diese deutliche Trennung von Siedlung und Gräbern durch einen Fluss entsprach der Glaubenswelt der Wikinger, in welcher ein Wasserlauf namens Gjoll das Land der Lebenden von dem der Toten trennt.

Bjerring
Runenstein mit Maskengesicht

Erst 1996 wurde der Runenstein bei Renovierungsarbeiten in der Kirche von Bjerring südöstlich von Viborg entdeckt. Er hatte am Nordportal der Kirche als Schwelle und Fundament für die Säulen gedient, wurde also bereits beim Bau der Kirche Ende des 12. Jahrhunderts in dieser Funktion eingesetzt. Dabei war er oben und unten etwas gekürzt, worden und auch beim (gottlob unvollendeten) Versuch, ihn mit Hilfe mehrerer Löcher zu teilen und damit handlicher zu machen, wurden Textteile beschädigt.

Zudem wurde der Stein noch dadurch strapaziert, dass er als Schwelle ständig betreten wurde. Dies übrigens mit Absicht: Der Runenstein als Schwelle machte es für die christlichen Kirchenbesucher geradezu erforderlich, die heidnischen Symbole mit Füßen zu treten. Inzwischen ist der Stein im Waffenhaus aufgestellt.

Der Text weist durch die Beschädigungen Lücken auf: »*Thorgun, Karlungs Tochter, errichtete diesen Stein zum Gedenken an Thore, ihren Ehemann, Tholfs Sohn, bei…, aber Tofi der Smid, sein Gefolgsmann, ritzte die Runen. Der Stein … von seinem Platz, aber …*«. Auf der Rückseite des Steins ist ein maskenhaftes Gesicht eingeritzt, von dem allerdings durch die alte Bearbeitung nur noch die untere Hälfte erhalten ist. Die Rückseite ist nur mit Hilfe eines Spiegels einsehbar, da der Stein dicht an der Wand steht.

Das Wort „Smid" bedeutet nicht Schmied, sondern ist eine allgemeine Bezeichnung für Handwerker, z. B. auch für einen Steinmetz.

Der verstümmelte letzte Satz »...*von seinem Platz*...« dürfte Teil einer Fluchformel gewesen sein, wie sie auch auf anderen Steinen vorkommt, etwa in Skjern* (siehe unten). Dabei wurde demjenigen Unglück angedroht, der den Stein beschädigte oder von seinem Platz entfernte und auf diese Weise das Andenken beschädigte. Der Stein von Bjerring wird in die 2. Hälfte des 10. Jahrhunderts datiert und wird in Zusammenhang mit dem Grab von Mammen* gesehen.

Wikingerzeitliche Funde aus der Gegend, insbesondere vom Grab in Mammen*, werden im Gudenådalens Museum im benachbarten Bjerringbro gezeigt, darunter auch eine Kopie der berühmten Mammen-Axt. Im Hof des Museums ist ein „Runenstein Park" mit Repliken von Runensteinen aus der Umgebung eingerichtet worden.

SERVICE
Gudenådalens Museum, Vestre Ringvej 5, DK-8850 Bjerringbro,
Tel. 8668 82 88. www.gudenaadalens-museum.dk
Geöffnet Mai bis Aug. Di./Mi.+ Sa./So. 14–17 Uhr, Sept. bis Nov. nur So. 14–17 Uhr, Dez. bis Apr. nach Absprache. Eintritt. Runensteinpark.

WEGWEISER
Bjerring liegt südöstllich von Viborg an der Straße 525, die von Rødkærsbro Richtung Randers führt, unmittelbar vor dem größeren Bjerringbro. Die Kirche von Bjerring ist 800 m nördlich der Straße. Das Museum in Bjerringbro liegt an der Hauptdurchgangsstraße 525.

Hjermind
Runenstein mit Bild

Früher standen zwei Runensteine dicht bei einander in dem kleinen Ort nördlich von Bjerringbro. Erstmals erwähnt wurden sie 1627. Der eine wurde Mitte des 17. Jahrhunderts nach Kopenhagen geschafft, wo er aber im Zuge des großen Brandes von 1728 spurlos verschwand. Immerhin existiert noch eine Zeichnung von ihm. Der zweite Runenstein fällt wegen seiner Schiffszeichnung aus dem Rahmen.

Der Stein wurde Anfang des 19. Jahrhunderts vom Pfarrer des Ortes erneut entdeckt, er war in der Erde eingegraben. Sein ursprünglicher Standort soll bei einem Grabhügel gewesen sein, dessen genaue Lage jedoch nicht mehr lokalisierbar ist. Seit 1824 steht er im weiträumigen Garten hinter dem alten Pfarrhof, in dem schon der Märchendichter H. C. Andersen zu Besuch war. Das Gelände ist privat, der Zugang zur Besichtigung des Steins ist jedoch gestattet. Gegebenenfalls fragen Sie bitte.

Die Inschrift wird ans Ende des 10. Jahrhunderts datiert. Sie lautet: »*Tholf ließ diesen Stein zum Gedenken an seinen Bruder Rade errichten, einen hochwohlgeborenen Dreng.*« Das Wort „Dreng" bezeichnet

SERVICE
Pastorat Hjermind, Tingstedvej 12, DK-8850 Bjerringbro, Tel. 8668 15 98.

WEGWEISER
Hjermind liegt nördlich von Bjerringbro an der Straße 575. Kirche und Pfarrhof sind abseits der Hauptstraße. Der Pfarrhof liegt nicht direkt neben der Kirche, sondern an der Straße nach Hjorthede, am Tingstedvej Nr. 10/12, einfach zu erkennen am Gedenkstein für Andersen und einer Baumplas- tik an der Straße. Der Runenstein steht im Park hinter dem Pfarrhof, dem mittleren Gebäude. Zugang auf der linken Seite.

einen jungen Mann von Rang, einen Krieger. Auf der Rückseite des Steins ist ein stilisiertes Schiff eingeritzt, dessen Umriss jedoch von der Konstruktion der bekannten wikingerzeitlichen Schiffsfunde abweicht: Der Steven ist nicht rund, sondern spitz. Solche Schiffe sind auch von anderen Bildern bekannt.

Dieser Stein war schon früher ein Objekt der Bewunderung: Ein Gedenkstein, im Garten neben der Straße, weist auf den Besuch von König Frederik IV. im Jahre 1826 hin. Ein weiterer Gedenkstein direkt an der Straße erinnert daran, dass sich der Dichter H. C. Andersen 1859 während seiner Jütland-Reise im Pfarrgarten von Hjermind aufhielt. In dessen beschaulicher Atmosphäre soll er sein Lied „Jütland zwischen zwei Meeren" vollendet haben, das zu einer Art jütischer Nationalhymne geworden ist.

Ulstrup Slotspark
Runenstein

Im Garten von Schloss Ulstrup steht ein Runenstein, der Anfang des 17. Jahrhunderts im Gelände zwischen der Straße und dem Fluss Gudenå gefunden wurde. Aus derselben Zeit stammt auch die hübsche dreiflügelige Schlossanlage. Der Garten ist privat, die Besichtigung sollte vorher telefonisch vereinbart werden. Die Inschrift des Steins ist angewittert und zum Teil zerstört: „»... *errichtete diesen Stein zum Andenken an seine Skipper Thire und Tue*«. Der unbekannte Stifter hat also seine Schiffsführer überlebt und geehrt. Von Runen-Spezialisten wird dieser Stein dem Ort Sønder Vinge* zugeordnet (siehe rechts) und als „Sønder Vinge Nr. 1" bezeichnet.

SERVICE
Ulstrup Slot, Ulstrup Skovvej 20, DK-8860 Ulstrup, Tel. 4025 70 62.
www.ulstrupslot.dk

WEGWEISER
Der Schlosspark ist nördlich von Ulstrup und Gudenå an der Straße 525 von Bjerringbro nach Randers, an der Kreuzung mit der Marguerit-Route.

Sønder Vinge
Runenstein

Dem mannshohen Stein in der Kirche auf dem Hügel erging es wie vielen Runensteinen: Er diente als Fundament im Kirchenboden, sogar mit der Runenseite nach oben. Erst 1866 wurde er vom damaligen Pfarrer entdeckt. Später wurde er außerhalb der Kirche aufgestellt, dann kam er unter Dach ins Waffenhaus. Ein nötiger Umzug, denn er ist verwittert, die Inschrift ist schwer lesbar und umstritten.

Der Stein wird ins letzte Viertel des 10. Jahrhunderts datiert. Unter Runologen gilt er als „Sønder Vinge Nr. 2", der Stein Nr. 1 steht im Ulstrup Slotspark* (siehe links). Vom Gutsverwalter des Schlosses Ulstrup erhält man auch den Schlüssel für die Kirche von Sønder Vinge, die normalerweise geschlossen ist.

Der Runentext ist lang und enthält mehr als die üblichen Formulierungen: »*Øde der Bryde (?) errichtete diesen Stein zum Gedenken an Urøke und Kade, seine zwei Brüder. Ein abartiger Mensch und ein Sejdræte ist, wer dieses Denkmal zerstört*«. Harte Worte. Ein „sejdræte" ist ähnlich wie ein Sejdkarl (siehe Skjern*) ein Mensch, der sich böser Mächte bedient. Der letzte Satz ist eine Fluchformel, die den Stein und das Andenken an die Geehrten schützen sollte.

Das Wort Bryde dürfte einen Verwalter bezeichnen. Da Øde diese Funktion heraushebt und sich nicht etwa durch Nennung seines Vaters näher beschreibt, muss die Tätigkeit als Bryde bedeutsamer gewesen sein als seine Abstammung. Ähnlich wie der Bryde, der den Runenstein von Randbøl* in Süd-Jütland errichtete, könnte Øde auch ein Verwalter königlicher Güter gewesen sein. Da er zudem gleich zweier Brüder gedenkt, sie also vermutlich auch beerbt, dürften die auch zeitgleich gestorben sein, wahrscheinlich auf einem Kriegszug.

SERVICE
Sønder Vinge Kirke, Kirkebakken 13, DK-8860 Ulstrup. Nicht immer geöffnet. Schlüssel vom Pastorat, Hagenstrupvej 1, 8860 Ulstrup. Oder vom Gutsverwalter vom Ulstrup Slot, Ulstrup Skovvej 20, werktags 9–16 Uhr.

WEGWEISER
Sønder Vinge liegt ca. 1 km nördlich der Straße 525 von Bjerringbro Richtung Randers. In Ulstrup nach Norden abbiegen auf die Marguerit-Route.

Skjern
Runenstein mit Maskengesicht

Einer der seltenen Runensteine mit einem Maskengesicht steht an der Kirche von Skjern am Talrand der Nørreå. Er ist zudem von einem langen Runentext umgeben und hat sogar noch eine weitere

Inschrift auf der Oberseite. Der Stein hatte einst als Fundament für die Treppe im Schloss Skjern gedient. Das war im 14. Jahrhundert erbaut und bereits im 17. Jahrhundert wieder zerstört worden.

1843 wurde der Stein entdeckt, als man Teile der Ruine (Skjern Voldstedt) südlich der Kirche abtrug. Er wurde auf dem Friedhof an der Kirche aufgestellt, zusammen mit einem Runenstein-Fragment (Skjern 1 genannt), das um 1830 in der Kirchmauer entdeckt worden war. Auf ihm sind nur Namen zu lesen: »*Osbjørn ... sein ... Haralds...*«.

Die Inschrift auf dem Maskenstein (Skjern 2) ringelt sich um die Maske in der Mitte und lautet: »*Sasgerd, Finulvs Tochter, errichtetet diesen Stein zu Ehren von Odinkar, Osbjørns Sohn, dem bedeutenden und seinem Herrn treu ergebenen Mann. Ein Sejdkarl ist derjenige, der diese Worte beschädigt*«. Der Begriff „Sejdkarl" ist starker Tobak und bezeichnet einen grundschlechten Menschen, einen Bösewicht oder miesen Zauberer. Der letzte Satz ist eine Fluchformel, die den Stein und damit das Andenken des Verstorbenen schützen sollte.

Einem ähnlichen Zweck könnte das maskenhafte Gesicht mit den runden Augen und dem geflochtenen Bart inmitten der Inschrift gedient haben. Es sollte vermutlich erschrecken und zugleich schützen. Ähnliche Maskengesichter sind bekannt vom Runenstein Aarhus 4, der im Museum Moesgård bei Aarhus* steht, und vom Sjellebro*-Stein in Djursland. Dort sollte der Stein eine Furt durch den Fluss Alling Å schützen. Mag sein, dass auch der Maskenstein von Skjern die alte Furt durch die Nørreå sichern sollte.

Schrift und Bild auf dem Maskenstein sind fein gearbeitet, Sasgerd und (vermutlich) ihr Mann Odinkar waren mithin keine gewöhnlichen Leute. Wer der Herr war, dem Odinkar treu ergeben war, ist offen. Es könnte auch sein König gewesen sein, insbesondere Harald Blauzahn, was die erhaltenen Namen auf dem Runenstein-Fragment (Sjern 1) nahe legen.

WEGWEISER
Skjern Kirke liegt westlich von Randers, an der Kreuzung von 503 und 575, nördlich der Nørreå (Gl. Randersvej 18). Gammel Skjern Voldsted ist weiter südlich an der Margueritroute, die hinter der Skjern Bro nach Süden abzweigt. Bei Voldstedet 8 führt ein Weg nach Osten in die Wiesen.

Ålum
Runensteine & Bildstein

Gleich vier Runensteine stehen in Ålum auf heiligem Boden: Zwei im Waffenhaus der Kirche, die um 1200 gebaut wurde, und zwei draußen an der Mauer. Alle vier wurden aus der Umgebung hierher gesetzt, der originale Standorte ist nur von einem Stein bekannt. Die beiden Steine in der Kirche wurden 1843 entdeckt, die beiden anderen ca. 50 Jahre später. Kirche und Ort liegen am Nordrand des fruchtbaren Nørreå-Tals, das Randers und Viborg verbindet. In der Gegend sind zahlreiche Spuren der Wikinger erhalten.

Im Waffenhaus stehen die kleineren Steine. Die Inschrift auf dem lesbaren Stein (für Runologen: Ålum 1): »*Tole errichtete diesen Stein zu Ehren von Ingeld, seinem Sohn, einem wohlgeborenen Anführer. Dieses Denkmal ...*«. Der zweite Stein (Ålum 2) ist nur noch das Bruchstück eines großen Steins, es wurde 1843 im Boden gefunden. Die verbliebene Inschrift ist nicht zu deuten.

SERVICE
Ålum Kirke, Dalen 8, Ålum, DK-8900 Randers, Tel. 8645 40 19.
Info: *da.wikipedia.org/wiki/Ålum_Kirke* (Verweis auf Ålum-stenene)
Für Randers und Umgebung: *www.visitranders.dk*

WEGWEISER
Ålum liegt an der Landstraße 503, die von Skjern nach Randers führt. Die Kirche ist östlich der Straße, die nach Süden nach Vester Velling führt

Die beiden Steine auf dem Friedhof an der Kirchenmauer haben mit einem Fürsten oder Großbauern namens Vigot zu tun. Der größere, über 2 m hohe Stein (Ålum 3) trägt die Inschrift: »*Vigot setzte diesen Stein zum Gedenken an seinen Sohn Esge. Gott helfe seiner Seele wohl*«. Auf der Rückseite ist ein Bild, was sehr ungewöhnlich ist, es zeigt einen berittenen Krieger mit Schild und Lanze. Der Text verweist ins Ende der Wikingerzeit, als das Christentum in Dänemark Fuß gefasst hatte. Der Stein wurde Ende des 19. Jahrhunderts mit der Bildseite nach oben am Fuße des Kirchhügels gefunden, das wird als originaler Standort angesehen.

1902 tauchte der Stein Ålum 4 auf, als die Friedhofsmauer erneuert wurde. Er ist ca. 1,50 m hoch. Der Text der Inschrift: »*Thyre, Vigots Frau, ließ diesen Stein zum Gedenken an Thorbjörn errichten, Sibbes Sohn, ihrem Geschwisterkind, den sie mehr liebte als ihren eigenen Sohn*«. Auf beiden Vigot-Steinen sind die Inschriften in einem spiralförmigen Band angeordnet, auf den Steinen in der Kirche verlaufen sie senkrecht.

Die verwandtschaftlichen Beziehungen sind ebenso interessant wie ungeklärt. War der Esge vom ersten Vigot-Stein auch Thyres Sohn? Wenn ja, warum liebte sie ihren Neffen Thorbjörn mehr als Esge? War Esge auf einem Heerzug umgekommen? Hat Vigot mit dem Stein Ansprüche angemeldet, die sein Sohn erworben hatte? Vielleicht auf einen Anteil der Beute von Wiking-Fahrten?

Die Rückseite des großen Vigot-Steins ist arg strapaziert, nachdem Kirchgänger wahrscheinlich Jahrhunderte lang über ihn hinweg geschritten sind. Das Ritter-Bild ist folglich nur noch schwer zu erkennen, wenn die Konturen nicht farbig nachgezogen worden sind, wie es vermutlich zur Wikingerzeit üblich war. Ein direkter Zusammenhang zwischen Bild und Inschrift ist nicht ersichtlich; möglich jedoch, dass Esge ein Krieger war. An der Südseite des Turms sind maskenhafte Gesichter aus den Steinquadern herausgearbeitet.

Vester Velling
Grabstein

Er ist eine Ausnahme: Der Runenstein in der Mauer der Kirche von Vester Velling ist einer der ganz wenigen, die eindeutig als Grabstein zu identifizieren sind. Allerdings steht er eben nicht mehr am Grab, dessen Platz ist nicht bekannt. Der Stein wird ins 12. Jahrhundert datiert, also ein romanischer Grabstein aus christlicher Zeit. Bereits Anfang des 19. Jahrhunderts wurde er erstmals erwähnt.

Der Stein ist quer ins Mauerwerk der Südwand des Kirchturms eingebaut. Er trägt die Runeninschrift »*Loddens Grab*«. Darunter ist ein St. Georgs-Kreuz auf einem Schaft aus doppelt geflochtenen Schnüren, die in einer Art Fuß enden; möglicherweise ein Prozessionskreuz in einem Halter.

WEGWEISER
Vester Velling liegt westlich von Randers und südlich von Ålum an der 503. Oder zu erreichen über die 525 von Ulstrup her. Die Kirche steht am östlichen Ortsrand im Kirkevej.

Øster Bjerregrav
Runensteine

Im Eingang der Kirche von Øster Bjerregrav diente ein heidnischer Runenstein als Schwelle, über die Christen zum Gottesdienst schritten. Erst 1884 wurde er entfernt, und dabei entdeckte man darunter noch einen zweiten Stein. Beide wurden zunächst neben der Kirchenmauer aufgestellt, der kleinere kam inzwischen ins Waffenhaus, der große blieb draußen. Wo in der Umgebung die Steine ursprünglich standen, ist nicht bekannt. Sie werden beide ans Ende des 10. Jahrhunderts datiert.

Die Inschrift des größeren Steines: »*Tove errichtete diesen Stein in Erinnerung an ihren Ehemann Tomme, einen wohlgeborenen Thegn. Er ... Tvegge Hen.*« Der letzte Satz ist nicht vollständig lesbar, er endet mit einem Namen, dem noch ein Beiname zugefügt ist: „Hen" könnte, ähnlich wie beim dänischen König Harald Hen, etwas wie „Schleifstein", also „weich" bedeuten. Der Begriff „Thegn" bezeichnet einen sozial Höhergestellten, einen Anführer oder Fürsten.

Auch der kleinere Stein wurde einst von einer Frau für ihren Mann errichtet, der ebenfalls ein Anführer oder Fürst war. Der Text: »*Gyde errichtete diesen Stein zum Gedenken an Thorbjørn, ihren Ehemann, einen sehr wohlgeborenen Thegn. Und Thord ritzte diese Runen*«. Zwei Frauen ehrten zwei Thegn. Da die Funktion als Thegn etwas Besonderes war und nur wenigen zukam, ist anzunehmen, dass die beiden Geehrten nicht zur gleichen Zeit lebten bzw. starben.

WEGWEISER
Øster Bjerregrav liegt westlich von Randers an der Hauptstraße 16 nach Viborg. Die Kirche steht am nördlichen Rand des Ortes.

Borup
Runenstein

Eine der jüngsten und interessantesten Entdeckungen unter den dänischen Runensteinen: Erst 1995 wurde dieser Stein in der Kirche von Borup bei der Renovierung des Fußbodens entdeckt. Er hatte, wie auch Runensteine in anderen Orten, beim Bau der Kirche als Fundament und Schwelle eines Eingangs gedient. Später war die Tür zugemauert worden und damit war der Stein gleichsam unsichtbar geworden. Jetzt steht er im Waffenhaus.

Vermutlich war der Stein nicht nur deshalb zum Bau verwendet worden, weil er groß und flach war. Denn immerhin war er mit der Schriftseite nach oben eingebaut, also einst für die Kirchenbauer und die Dorfältesten, die Runen lesen konnten, auch lesbar. Möglicherweise sollten die christlichen Kirchenbesucher, indem sie die heidnischen Symbole unter ihren Füßen hatten, über sie triumphieren können. Oder aber man wollte Familien-Erinnerungen so eng wie möglich mit der Kirche verbinden, um den vorangegangenen Generationen nachträglich den Weg zur Erlösung zu ermöglichen.

Die Inschrift: »*Asi errichtete diesen Stein zum Gedenken an Thorgot, seinen Vater, Boves Sohn, den höchst edlen Thegn.*« Thegn bezeichnet einen Noblen oder Anführer.

Auffällig ist die Ähnlichkeit zwischen dem Namen des Vaters, Bove, und dem Ortsnamen Borup. Borup ist ein so genannter torp-Name, d. h. er besteht aus zwei Teilen: dem Namen eines Mannes und der Endung -torp (auf Deutsch „Dorf"), die sich im Laufe der Jahrhunderte zu -trup, -drup oder -rup wandelte.

Solche Siedlungen wurden in der Wikingerzeit und im frühen Mittelalter von bereits bestehenden Orten aus neu angelegt, und zweifellos war der Mann, dessen Name dann Teil des Ortsnamens wurde, auch derjenige, der die neue Siedlung initiiert oder entscheidend mit gestaltet hatte.

SERVICE
Borup Kirke, Borup Byvej 83, DK-8900 Randers. Falls die Kirche nicht geöffnet ist, müssen Sie nach dem Küster suchen: Im Borup Kirkevej 1, gegenüber der Kirche, ggf. nach Voranmeldung unter Tel. 8644 35 48.

WEGWEISER
Borup liegt nördlich von Randers, östlich der Autobahn E 45. Autobahn-Abfahrt 39 (Randers . Oder von Randers aus über die Straße 180, abbiegen nach Osten auf dem Borup Byvej. Die Kirche liegt an der Kreuzung im Ort nördlich des Byvej.

Dänische Forscher nehmen deshalb an, dass der Ortsname Borup und der Runenstein mit einander zu tun haben, dass nämlich Thorgots Vater Bove es war, der Mitte des 10. Jahrhunderts Borup gegründet hatte. Und deshalb hieß der Ort „Boves torp". Das fügt sich zu der Tatsache, dass Thorgot als Thegn bezeichnet wird, als Anführer, ob nun auf lokaler Ebene oder als Gefolgsmann des Königs. Einer der seltenen Fälle, in denen die Runeninschrift und lokale Begebenheiten erkennbar eng zusammenhängen.

Svenstrup
Runenstein

Eine Ausnahme unter den Runensteinen Dänemarks: Nicht nur, weil er außerhalb von Kirche und Friedhof zu finden ist, sondern auch deshalb, weil es kein roher, sondern ein bearbeiteter Feldstein ist, dünn wie ein moderner Grabstein. Er steht östlich vom Ort Svenstrup beim Gut Kjellerup. 1964 wurde er beim Pflügen auf dem Gelände einer verlassenen mittelalterlichen Kirche ca. 200 m weiter südlich gefunden. Von der Kirche ist nichts mehr zu sehen.

Die Inschrift des Steins, datiert auf das Ende des 10. Jahrhunderts, ist nicht einfach zu verstehen: »*Thorgund/Thorgot (Frau oder Mann) errichtete diesen Stein zum Gedenken an ihren/seinen Vater Asved. Welch Kummer, er wurde betrogen mit Ildes Söhnen*«. Der Name desjenigen, der den Stein aufstellen ließ, ist nicht eindeutig lesbar, es bleibt also ungewiss, ob es eine Frau oder ein Mann war.

Auch die Mitteilung selbst verweist auf ungeklärte Ereignisse. Eindeutig ist, dass Asved nicht mehr lebt und dass es vermutlich im Zusammenhang mit seinem Tod nicht fair zuging. Ob er bei Alltagsgeschäften oder im Kampf betrogen wurde, ob er zu Hause oder auf einem Wikingerzug umkam, bleibt offen.

WEGWEISER
Gut Kjellerup liegt südlich von Mariager an der Straße nach Gassum. Oder von der E 45 Abfahrt 38 (Purhus) über Asferg und Gassum. Der Stein steht an der Zufahrt vom Randersvej zum Gut, dicht am Ufer des Kjellerup Sø.

Vester Torslev
Runenstein

Der Runenstein steht im Waffenhaus der Kirche von Vester Torslev. Er wurde 1870 in einem Graben nördlich des Glenstrup Sees gefunden und wird in die zweite Hälfte des 10. Jahrhunderts datiert. Seine Inschrift ist traditionell: „Hala, Litus Sohn, errichtete diesen Stein zu Ehren seines Bruders Asulv." Über der mittleren der drei Runenreihen ist ein Kreuz eingeritzt.

WEGWEISER
Vester Torslev liegt ein paar Kilometer östlich von Glenstrup am Ende des Glenstrup Sees. Die Kirche ist westlich der Straße.

Glenstrup
Runenstein

Dieser Runenstein teilt das Schicksal vieler anderer nach der Wikingerzeit: Er musste mehrfach umziehen. Bis Mitte des 19. Jahrhunderts hatte er einen Platz in der Mauer der damals längst verlassenen Kirche des nahen Ortes Handest, vermutlich nicht weit von seinem originalen Standort. Dann wurde er dort entfernt und als Eckstein in einem Schuppen verwendet. Als man 1877 die Runenzeichen entdeckte, wurde er dem Nationalmuseum geschenkt. Das ließ den Stein im Waffenhaus der Kirche von Glenstrup aufstellen.

Die Inschrift ist in einem hufeisenförmigen Band angeordnet: »*Toke setzte diesen Stein zum Gedenken an seinen Vater Ufla, einen hochwohlgeborenen Thegn*«. Das Wort „Thegn", also Anführer oder Fürst, steht auf der Oberseite. Auf der Rückseite des Steins sind die Umrisse von einem Hirsch und einer Hirschkuh eingeritzt. Tiere, die in der nordischen Mythologie mit dem Gott Frey verbunden werden. Der Männername Ufla ist ungewöhnlich, seine Bedeutung unklar. Vielleicht hängt er mit Ulf, d. h. Wolf, zusammen.

Der Westteil der Kirche ist romanisch und war einst Teil eines Benediktiner-Klosters, das bereits Anfang des 12. Jahrhunderts gegründet wurde. Es besaß mehrere Kirchen in der Umgebung, u. a. auch Handest, Vester Tørslev und Svenstrup, außerdem Höfe und Mühlen. Anfang des 15. Jahrhunderts verfiel es, wechselte mehrfach die Ordenszugehörigkeit, und schließlich wurden die Klostergebäude bis auf die Kirche abgerissen.

WEGWEISER
Glenstrup liegt dicht an der Autobahn E 45. Abfahrt 37 (Handest) auf die 180 Richtung Süden, in Handest nach Osten bis Glenstrup. Die Kirche ist am Glenstrup Søvej östlich der Straße.

XI. Himmerland

Hobro
Runenstein

Die Stadt ist nicht nur Station auf dem Weg zur Wikingerburg Fyrkat, sondern beherbergt auch einen bemerkenswerten Runenstein. 1627 stand er auf dem Friedhof, jedoch war er alten Berichten zufolge bereits 1368 beim Bau der Kirche vorhanden. Als die Kirche wegen Baufälligkeit abgerissen werden musste, wurde der Stein 1851 erst vor der neuen Kirche aufgestellt, dann in deren Waffenhaus gebracht. 1925 kam er in die Vorhalle des heutigen Hobro-Museums.

Die Inschrift des Steins wird in die Zeit um 1000 datiert und verläuft in einem hufeisenförmigen Band: »*Thore errichtete diesen Stein zum Andenken an Karl den guten, seinen Gefährten, einen sehr wackern Dreng*«. Mit Dreng wird ein junger Mann von Rang bezeichnet, häufig ein Krieger. Nahezu einzigartig ist, dass es im schwedischen Ås am Vänersee (Västergötland) einen Runenstein gibt mit fast gleich lautendem Text, nur der Zusatz „der gute" fehlt. Er ist in eine Ecke der Kirche von Ås eingemauert.

In Hobro zeigt die Inschrift Merkmale, wie sie in Västergötland, aber nicht in Dänemark üblich sind. Folglich wird der Text so interpretiert, dass Thore und Karl schwedische Wikinger waren, die an einem Kampf im Raum Hobro teilnahmen, wobei Karl getötet wurde. Sein überlebender Gefährte ließ Runensteine in Hobro ebenso wie in seiner schwedischen Heimat errichten. Um welchen Kampf es bei Hobro ging, ist nicht bekannt. Allerdings ist die Wikingerburg Fyrkat nicht weit entfernt.

SERVICE
Hobro Museum, Vestergade 21-23, DK-9500 Hobro, Tel. 9982 41 70. Geöffnet Mai bis Sept. Di.–So. 12–16 Uhr. Eintritt. *nordmus.dk/hobro-museum*
Turistbureau, Sdr. Kajgade 10, DK-9500 Hobro. *www.visitmariagerfjord.dk*

WEGWEISER
Margueritroute oder Autobahn E 45, Abfahrt Nr. 35 (Hobro), 36 (Onsild) oder 37 (Handest), Richtung Hobro Centrum. Der i-Ausschilderung zum Turistbureau folgen, das dicht beim Rahaus am Hobro Fjord liegt.

Vikingecenter Fyrkat
Ringburg & Wikingergehöft

Eine Anlage wie aus dem Bilderbuch: Fyrkat westlich von Hobro ist die kleinste von fünf bekannten Ringburgen aus der Zeit des dänischen Königs Harald Blauzahn. Sie misst nur 120 m im Durchmesser gegenüber 134 m von Trelleborg* und 240 m der Aggersborg*. Die Burg liegt auf einem Landvorsprung, der sich in das breite Flusstal der Onsild Å hinausschiebt, das wiederum eine Fortsetzung des Mariager Fjords ist. Fyrkat wurde im Zuge der Ausgrabungen, die 1977 abgeschlossen wurden, rekonstruiert mit Wallgräben und Wall, Häuser-Pfosten und Wegenetz sind durch Betonpfähle markiert.

Der Wall war ursprünglich 3 m hoch und wie ein riesiger mit Erde gefüllter Holzkasten mit Palisadenwänden an den Außenseiten gebaut. Nach Nordwesten und Südosten war er durch einen ca. 8 m breiten Graben geschützt. Die vier Tore in allen vier Himmelsrichtungen waren wie in den anderen Ringburgen durch diagonale Wege aus Holzbohlen verbunden, wodurch der Innenraum in gleich große Viertel aufgeteilt war. In jedem Viertel standen vier Langhäusern, angeordnet in Karree-Form um einen inneren Hof.

Die Häuser waren vom gleichen Typ wie die von Trelleborg*, hatten die typischen gebogenen Längswände, eine große Mittelhalle mit steinerner Feuerstelle und zwei kleinere Räume an den Giebelseiten. Ein Haus wurde am Aufgang zur Burg rekonstruiert. Jedes Haus hatte Platz für 50 Mann, aber wie die Untersuchungen erwiesen, waren nicht alle bewohnt, viele Gebäude dienten als Schmieden, Lagerhäuser, Ställe oder Werkstätten für Handwerker wie Gold- und Silberschmiede etc. Die Besatzung dürfte insgesamt nur ein paar Hundert Personen betragen haben.

Ein Friedhof nordöstlich der Burg mit heidnischen wie christlichen Gräbern von Männern, Frauen und Kindern bezeugt, dass die Krieger zum Teil ihre Familien mit dabei hatten. Ein Frauengrab enthielt Schmuckstücke baltischen Ursprungs, die Tote war in einen Wagenkasten gebettet worden, wie man dies von reichen Wikingergräbern in anderen Orten Jütlands oder aus Haitabu* kennt. Offensichtlich eine vornehme Frau.

Fyrkat ist wie die anderen Ringburgen um 980 errichtet worden. Ob König Harald Blauzahn diese Festungswerke generell zur Sicherung seines Herrschaftsbereiches anlegen ließ oder als Mobilisierungszentren für besondere Unternehmungen, wie etwa im Falle Fyrkats zur Sicherung gegen norwegische Wikingerscharen, steht dahin. Auf jeden Fall war auch Fyrkat, wie die anderen Ringburgen, per Schiff erreichbar. Möglicherweise bestand über das wikingerzeitliche Flusssystem sogar eine Verbindung zum Limfjord. Außerdem konnte von Fyrkat aus der Jütische Heerweg* kontrolliert werden.

Die Anlage der Ringburg folgte dem gleichen exakten Muster wie die der anderen. Allerdings machte nur eines der 4 Tore Sinn, die anderen drei führten ins Nichts. Man hatte offenbar den königlichen Auftrag, eine Burg mit 4 Toren zu bauen, streng nach Vorgabe ausgeführt, ohne das Muster den örtlichen Gegebenheiten anzupassen.

Auch Fyrkat fungierte nicht nur als Militärlager, sondern nach Ausweis der Lagerhäuser, Werkstätten etc. auch als Handelsplatz. Aus unbekannter Ursache, vielleicht bei Kämpfen, brannte die Burg Anfang des 11. Jahrhunderts ab und wurde nicht wieder aufgebaut.

Nicht weit von der Ringburg entfernt wurde Anfang der 1990er Jahre mit der Rekonstruktion eines Wikingergehöfts begonnen, das aus Langhäusern, Ställen, Werkstätten etc. besteht. Vorbild sind u. a. Funde aus Vorbasse* in Südjütland. Inzwischen ist es zum Besucherzentrum „Vikingecenter" geworden, und natürlich gibt es auch einen Shop. In den Sommermonaten können hier Schulklassen und Touristen wie Wikinger leben und arbeiten.

In der Zeit von Ende Mai bis Mitte Juni finden in Fyrkat alljährlich Wikingerspiele statt. Informationen über Fyrkat und die Wikingerzeit in Himmerland bietet auch das Hobro Museum.

SERVICE
Vikingecenter, Fyrkatvej 37 B, DK-9500 Hobro. Tel. 3199 06 67.
Ringburg und Wikingergehöft. Geöffnet: Apr./Mai 10–16 Uhr, Juni bis Aug. 10–17 Uhr, Sept. 10–15 Uhr. Kombi-Eintritt inkl. Wikingergehöft. Museumsshop. Restaurant in der Wassermühle außerhalb.
Vikingecenter und **Vikingegården,** knapp 1 km vor der Ringburg. Rekonstruiertes Großbauerngehöft mit 9 Häusern aus Vorbasse. *www.fyrkat.dk* und *nordmus.dk/vikingecenter-fyrkat*
Fyrkatspillet, Wikingerschauspiel, Ende Mai/Anfang Juni, zwei Wochen lang, im rekonstruierten Wikingerhaus. Eintritt. *www.fyrkatspillet.dk*
Hobro Museum, Vestergade 21-23, DK-9500 Hobro, Tel. 9851 05 55. Geöffnet Mai bis Sept. Di.-So. 12–16 Uhr. Eintritt. *nordmus.dk/hobro-museum*

WEGWEISER
Margueritroute oder Autobahn E 45, Abfahrt Nr. 35 (Hobro), 36 (Onsild) oder 37 (Handest), in die Stadt. Dort von der 180 nach Westen auf Adelgade, Sonder Alle, Onsildgåde und Fyrkatvej der Ausschilderung folgen. Am Ende der Straße liegt die Burg, etwa 1 km davor das Vikingecenter.

Klejtrup
Runenstein

Einer der wenigen Runensteine Dänemarks, die in der Neuzeit nicht in einer Kirche oder auf einem Friedhof aufgestellt wurden, sondern mitten in der Landschaft. Er steht westlich von Hobro, dicht am Nordufer des Klejtrup Sø bei einer kleinen Brücke. Seine Inschrift lautet: »*Und in Erinnerung an Åmundes Enkel*«. Der Stein ist nicht beschädigt, die Inschrift also vollständig. Sie muss deshalb an eine andere Inschrift anknüpfen, vermutlich an die eines zweiten Steines irgendwo in der Nachbarschaft.

Der Stein am See wurde 1987 beim Pflügen entdeckt, nicht weit vom jetzigen Standort. Allerdings hatte er zuvor lange im Wasser gelegen, da der Wasserstand des Sees früher höher war. Der See war bereits im 11. Jahrhundert künstlich aufgestaut worden, um eine Wassermühle zu betreiben. Erst 1942 wurde der Wasserstand gesenkt. Dicht beim Stein sind Holzreste gefunden worden, vermutlich Teile eines Landungssteges, der nach einer C^{14}-Datierung in der Zeit um 1150 errichtet worden war.

Es wird angenommen, dass der Runenstein als Baumaterial für die Steinkirche von Klejtrup am südlichen Ufer des Sees dienen sollte, jedoch beim Transport per Boot ins Wasser fiel und nicht wieder gehoben wurde. Der originale Standort des Steins wird nahe der Fundstelle vermutet, am Weg, der hier einen Bach kreuzt. Furten und Brücken waren bevorzugte Plätze zur Aufstellung von Runensteinen, denn hier waren sie von jedem Passanten zu sehen. Vom vermuteten zweiten Runenstein ist nichts bekannt.

WEGWEISER
Klejtrup liegt südlich der Straße 579 (Skivevej) von Hobro nach Moldrup. Links ab nach Süden Richtung Klejtrup, nach ca. 1 km nach links (Osten) in den Søvej, vorbei am Gehöft bis zum nächsten Bauernhof Søholt. Dahinter ist der Weg sehr eingewachsen, also Wagen am Ende des Hofgeländes abstellen und ca. 200 m zu Fuß bis zur Brücke über die Klejtrup Bæk, vor der rechterhand der Runenstein steht.

Skindersbro
Brücke

Reste einer wikingerzeitlichen Brücke sind im Flusstal der Simested Å gefunden worden, dicht an der Hauptstraße von Hobro nach Skive. Beiderseits des Flusses zeugen Hohlwege, die an den Uferhängen zum Fluss hinab führen, davon, dass es hier bereits seit langer Zeit einen Flussübergang im Zuge einer Landverbindung gibt. Eine Reihe von Hügelgräbern begleitet wie beim Jütischen Heerweg* die alte Straße und auch das Flusstal.

Beim Bau der modernen Betonbrücke hat man am östlichen Flussufer, direkt nördlich des Neubaus, Reste einer Holzbrücke gefunden, deren älteste Teile nach dendrochronologischer Untersuchung etwa auf das Jahr 990 datiert werden. Entsprechend den archäologischen Untersuchungen wurde die Brücke im 11. und 12. Jahrhundert mehrfach repariert, und sie stand auch Mitte des 17. Jahrhunderts noch an dieser Stelle: Wallensteins Truppen haben sie im 30jährigen Krieg 1627 benutzt.

Zur Wikingerzeit soll König Knud der Heilige auf seiner Flucht nach Süden diese Brücke passiert haben, als er 1086 nach der ge-

WEGWEISER
Skindersbro liegt an der Straße 579, halbwegs zwischen Moldrup und Virksund. Die alte Holzbrücke war unmittelbar nördlich des modernen Betonbaus. In Vester Tostrup von der Hauptstraße auf den Tingvej Richtung Ulbjerg abbiegen. Die Straße führt über die moderne Brücke.

platzten Verhandlung mit den jütischen Häuptlingen von Børglum* über Aggersborg* nach Viborg* und weiter nach Odense* auf Fünen flüchtete. Heute ist die weiträumige Landschaft mit der verschilften Flussniederung der Simested Å, mit Wald und Heide, in der zahlreiche Hügelgräber liegen, von besonderem Reiz.

Farsø
Runenstein mit Bild

Der Runenstein im Waffenhaus der Kirche von Farsø fällt aus dem Rahmen, denn er gehört zu den wenigen, die ein Bild zeigen, wenn auch nur eine einfache Zeichnung. Der 1,80 m hohe Stein wurde erst 1955 bei der Renovierung der Kirche entdeckt.

Seine Inschrift: »*Toste und Asbjørn errichteten diesen Stein zu Ehren ihres Bruders Tue*«. Unter dem Text ist ein stilisiertes Schiff eingeritzt. Für das Bild gibt es zwei mögliche Erklärungen: Entweder soll es, ähnlich den bekannten Schiffssetzungen, das Gefährt symbolisieren, mit dem der Tote ins Jenseits reist. Oder es zeigt an, dass der Tote ein Schiffseigner oder Steuermann war.

WEGWEISER
Farsø liegt an der Straße 187 von Nibe/Sebbersund zum Hvalpsund, und die Marguerit-Route von Vitskøl her (von der 533) führt durch den Ort. Die Kirche liegt direkt westlich der Hauptstraße Nørregade am Søvej.

Flejsborg
Runenstein

Die Inschrift auf dem Runenstein im Waffenhaus der Kirche von Flejsborg ist nicht mehr vollständig lesbar. Der Text: »*Thorkil errichtete diesen Stein zu Ehren seines Vaters ... Sohn*«. Die unleserliche Stelle dürfte den Namen des Großvaters von Thorkil enthalten. Der Stein wurde 1851 unter dem Glockenturm entdeckt.

WEGWEISER
Flejsborg liegt nordwestlich von Aars. Zu erreichen über die Straße 187, mit Abzweigung in Vester Hornum nach Norden, oder über die Hauptstraße 29, mit Abzweigung in Gatten nach Westen. Flesborg Kirke liegt an der Straße nach Gatten.

Vitskøl
Kloster

Der imposante Bau an der verwehten Limfjordküste ist die Folge eines Konflikts zwischen konkurrierenden Königen und markiert zugleich das endgültige Ende der Wikingerzeit in Dänemark. Auslöser war letztlich ein misslungener Mordanschlag. Dem war der Versuch vorausgegangen, Dänemark unter drei Thron-Bewerbern aufzuteilen, und das endete blutig: Sven Grathe brachte auf der Feier zur gütlichen Einigung im Königshof von Roskilde* seinen Mitbewerber Knud Magnusson um. Der zweite Konkurrent, Waldemar, konnte mit Mühe verletzt entkommen.

Nachdem Waldemar, später der Große genannt, in der Entscheidungsschlacht gegen Sven auf Grathe Hede* gesiegt hatte und König geworden war, schenkte er aus Dankbarkeit ein Stück Land am Limfjord den Zisterziensern. Am 1. April 1158 begann der französische Abt Henri mit 22 Mönchen und zahlreichen Laienbrüdern den Bau. In Danisierung des lateinischen „vitae schola" (Schule des Lebens) wurde das Kloster „Vitskøl" genannt.

Nach der Reformation 1536 fiel das Kloster erst an die Krone, dann kam es in Privatbesitz und wechselte mehrfach den Besitzer. Seit 1935 diente es als Hochschule, Jugendzentrum und schließlich seit 1992 als Teil eines Berufsausbildungsprogramms für junge Menschen, die schwer Einstieg in den Arbeitsmarkt finden.

Ein Teil der alten Gebäude steht noch, von der großen mittelalterlichen Kirche sind noch die Grundmauern hinter den neuzeitlichen Flügeln erhalten. Erhalten ist auch der historische Garten, der dem berühmten Klostergarten von St. Gallen in der Schweiz nachempfunden ist, mit Apotheker- und Kräutergarten. Ihm verdankten die mittelalterlichen Mönche ihren Ruf als Heilkundige. Heute wird der Garten auch von den Jugendlichen betreut.

Außerdem hat sich Vitskøl Kloster mittlerweile zu einem Tagungs- und Veranstaltungs-Center im „königlichen" Stil entwickelt, inklusive Übernachtung und Verpflegung. Kirchenruine und historischer Garten sind im Sommer für Besucher zugänglich, die Innenräume jedoch nur, sofern keine Veranstaltung stattfindet. Im Herbst finden auch Mittelaltertage statt.

SERVICE
Vitskøl Kloster, Viborgvej 475, DK-9681 Ranum, Tel. 9666 3636. Besichtigung von Kirchenruine und Garten: Von Mai bis 1. Sept. täglich 10–17 Uhr, Eintritt. *www.vitskol-kloster.dk* (kein ø)

WEGWEISER
Vitskøl liegt südlich von Løgstør an der Limfjordstraße 533, die hier zugleich Margueritroute bis über den Hvalpsund hinaus ist.

Sebbersund
Handelsplatz

Der Zufall half mit: Beim Bau eines Hauses wurde 1990 ein bis dato unbekannter wikingerzeitlicher Handelsplatz am Limfjord entdeckt. Er lag auf einer Landzunge, die sich ins Gewässer des Nibe Bredning erstreckt, am nordwestlichen Rand des heutigen Ortes Sebbersund. Der Platz wurde um das Jahr 700 gegründet und bestand bis zum Anfang des 12. Jahrhunderts. Anfangs war Sebbersund nur während des Sommers bewohnt, später siedelten Handwerker und Händler sich hier auf Dauer an. Der Ort entwickelte sich zu einer Stadt, die in ihren besten Zeiten rund 6,5 Hektar groß war.

Die Siedlung bestand den archäologischen Befunden nach aus über 150 Grubenhäusern, für die jeweils eine Grube ausgehoben wurde, deren Boden den Fußboden des Hauses bildete. Drüber legte man ein Satteldach. Wurde ein Grubenhaus verlassen, benutzte man es als Abfallgrube. Heute wachsen auf solchen Flächen aufgrund der dickeren Humusschicht Gras oder Feldfrüchte besser, und infolge dieses üppigeren Bewuchses sind die Grundrisse der verschwundenen Häuser von oben, aus der Luft oder auch vom 31 m hohen Sct. Nicolai Bjerg, deutlich zu erkennen.

Um das Jahr 1000 wurde am südlichen Rand dieser Siedlung die erste Kirche aus Holz gebaut. Die Konstruktion bestand wie die der norwegischen Stabkirchen aus Pfosten, die in die Erde eingegraben waren. Die Kirche dürfte da. 13 m lang und ca. 5 m breit gewesen sein. Im späten 11. Jahrhundert wurde sie von einem 20 m langen Bau aus Stein abgelöst, der auf dem Gipfel des Berges errichtet wurde. Diese Kirche war Sct. Nicolai gewidmet, dem Schutzheiligen für Handel, Seefahrt und Fischerei. Sie wurde erst 1880 abgerissen, als man Material für den Bau des Straßendamms über den Sund brauchte.

Um die alte Kirche am Fuß des Hügels herum befand sich der Friedhof mit schätzungsweise 1000 Gräbern. Die Toten sind nach Geschlechtern getrennt begraben worden, Männer südlich und Frauen nördlich der Kirche, alle jedoch in ost-westlicher Richtung mit dem Kopf im Westen. Die meisten hatten ein „Kissen" aus Grassoden unter dem Nacken, so dass der Tote gegen Osten und die Auferstehung Christi blicken konnte. Da es sich um christliche Gräber handelte, bekamen die Toten keine Grabbeigaben mit.

Ein einziges Grab fiel aus dem Rahmen, es war aus Stein gebaut und lag dicht bei der Kirche. Darin lag das Skelett eines alten Mannes, vermutlich eines Geistlichen. Er war Untersuchungen zufolge nur etwa 1,60 m groß und hatte sich zu Lebzeiten nicht nur von Fisch ernährt wie die anderen Bestatteten. Deshalb wird er als Fremder aus dem Süden angesehen, möglicherweise war er sogar Erzbischof Unni von Hamburg*-Bremen, von dem man weiß, dass er „klein von Wuchs, aber groß an Witz" war und dass er im Jahre 936 durch Jütland reiste und auch in diesem Jahr starb. Möglicherweise war sogar der erste Bischofsitz Nordjütlands nicht in Vestervig*, sondern hier in Sebbersund.

Nach den Ergebnissen der Ausgrabungen Mitte der 1990er Jahre durch das Ålborg Historiske Museum war Sebbersund ein bedeutender Handelsplatz, wo Importwaren aus Norwegen und England gehandelt und für den Weitertransport in Gegenden am östlichen Limfjord umgeladen wurden. Dabei spielte die alte Wasserverbindung vom Limfjord nach Norden zur Jammerbucht und weiter bis nach Norwegen eine entscheidende Rolle. Diese Sløjkanal* genannte Verbindung lag im Raum westlich von Fjerritslev.

In Sebbersund war eine Vielzahl von Handwerkern beschäftigt, die ihre Werkstätten mitten in der damaligen Siedlung um einen Marktplatz herum hatten. Hier wurde Eisen verarbeitet, Bronze gegossen, Schmuck aus Silber und Gold hergestellt und vieles mehr. Die Waren wurden an die Bewohner der Siedlungen am gesamten Limfjord abgesetzt. Sebbersund dürfte als Handelsplatz der Vorgänger von Aalborg gewesen sein.

Anfang des 12. Jahrhunderts wandelte sich das Klima, der Wasserstand fiel, die Strömungs-Verhältnisse änderten sich, und als Folge schlossen sich die Zufahrten des Limfjordes im Westen bei Agger und der Sløjkanal im Norden, wodurch die wichtigsten Schifffahrtswege nach England und Norwegen versperrt wurden. Der Handel ging ein, der Salzgehalt des Fjordes sank, und die Fischerei änderte sich. Das war das Ende des wikingerzeitlichen Handelsplatzes Sebbersund.

In einem kleinen Ausstellungsgebäude nördlich des ehemaligen Grabungsgeländes wird über die Siedlung, die Ausgrabung und Bedingungen der Wikingerzeit informiert. Daneben ist ein Grubenhaus rekonstruiert, wie es in Sebbersund ausgegraben wurde.

SERVICE
Informationsgebäude, geöffnet 1. April bis 30. Sept., Picknicktische
Store Ajstrupvej 12 B. *www.vikingebyen.dk*, Button *Udgravning*
Verein Vikingebyen Sebbersund, DK-9240 Nibe
Sebbersund Bürgerverein: *www.sebbersund.dk/s-vikingeby.html*
InfoCenter Nibe, Løgstørvej 2, DK-9240 Nibe, Tel. 9835 1062.

WEGWEISER
Sebbersund liegt an der Marguerit-Route von Aalborg nach Løgstør, 4 km westlich des Städtchens Nibe an der Landstraße 567. Die Grabungsflächen liegen nordwestlich der heutigen Siedlung Sebbersund, unterhalb eines Hügels, an der Straße Store Ajstrupvej. Etwa 200 m weiter nördlich ist das Informationshäuschen.

Skivum
Runenstein

Es muss eine herausragende Persönlichkeit von ganz Dänemark gewesen sein, an die der Runenstein im Waffenhaus der Kirche von Skivum erinnert. Denn die Inschrift lautet: »*Mutter Thyre und die Söhne Odinkar und Gudmund, diese drei errichteten dieses Denkmal zu Ehren von G...K..., dem Hudske. Er war der beste und erste der Landmänner in Dänemark*«. Der Text gibt Rätsel auf.

Der Stein wird auf etwa 920 datiert. Klar ist, dass Mutter und Söhne zusammen jemanden ehren, dessen Name allerdings nicht mehr leserlich ist. Ob es der zugehörige Vater ist, bleibt offen. Der Beiname „Hudske" ist ungeklärt, dürfte jedoch angesichts eines so gerühmten Menschen etwas Positives, eine Auszeichnung, bedeuten.

Auch der Begriff „Landmann" ist unklar, er ist als Rangbezeichnung aus der Wikingerzeit unbekannt. Es dürfte kaum ein einfacher Bauer oder Landmann gemeint sein, sondern eher jemand, der eine Landschaft vertrat, etwa gegenüber einem Häuptling oder dem König. Dann könnte dieser Mann eine Art Statthalter gewesen sein, ein Fürst von Himmerland, dieser alten Heimat des Volksstammes der Kimbern zwischen Limfjord und Mariager Fjord.

WEGWEISER
Skivum liegt südlich der Straße 187 von Nibe nach Farsø. In Vegger nach Süden abbiegen. Die Kirche ist mitten im Ort am Skivumvej nach Aars.

Giver
Runenstein

Um einen bedeutenden Mann geht es auch in der Inschrift auf dem Runenstein in der Kirche von Giver. Der Text lautet: »*Kale errichtete diesen Stein zum Gedenken an seinen Vater, einen mächtigen wohlgeborenen Thegn*«. Der Begriff „Thegn" bedeutet soviel wie Anführer oder Fürst. Kale dürfte mit dem Stein angezeigt haben, dass er von seinem Vater Besitz oder auch eine soziale Funktion geerbt hatte.

Der Stein wurde 1895 bei Reparaturarbeiten entdeckt, er hatte als Schwelle unter der nördlichen, zugemauerten Tür gedient. Die Runeninschrift wird auf den Beginn des 11. Jahrhunderts datiert. Sie verläuft in vier senkrechten Reihen, ist allerdings stark verwittert. Auf der Rückseite des Steins sind schalenartige Vertiefungen, die aus der Stein- oder Bronzezeit stammen dürften.

WEGWEISER
Giver liegt ca. 4 km südlich von Skivum. Oder von Aars über die 535, von der nach Norden über Gundestrup. Die Kirche ist nördlich des Ortes.

Aars
Runenstein

Auf einem kleinen Hügel neben der Kirche von Aars wacht ein Runenstein über ein Geheimnis. Seine Inschrift: »*Asser errichtete diesen Stein zu Ehren seines Herrn Valtoke. Der Stein verkündet, dass er lange dastehen werde. Er soll von Valtokes Wacht künden*«. Der Stein wurde möglicherweise von einem freigelassenen Sklaven errichtet, der mit dem Text klar machte, dass seine Freilassung rechtens und von seinem Herrn gewollt war, und dieses garantiert im Namen Valtokes der Stein, solange er steht.

Eine andere Möglichkeit wäre, dass Asser kein Sklave, sondern Gefolgsmann eines sozial Höhergestellten war. Der erste Wortteil „val" von Valtoke bedeutet „Kampf" (wie im Deutschen noch heute in „Walstatt"), demgemäß könnte Valtoke ein herausragender Krieger, ein Anführer gewesen sein. Aber auch dann müsste er dem Errichter des Steins etwas hinterlassen haben, was es erforderlich machte, dass der Stein noch lange über die Rechtmäßigkeit wacht. Der erwähnte Valtoke war möglicherweise Toke Gormsson, also ein Sohn von König Gorm dem Alten und damit ein Bruder von Harald Blauzahn (siehe Hällestad* in West-Schonen).

Das Vesthimmerlands Museum zeigt archäologische Funde aus den Mooren der Umgebung. Darunter auch eine Replik des weltberühmten Silberkessels, der im nahen Gundestrup (östlich der Straße 29) gefunden wurde, eine mit Kampfszenen und Götterporträts versehene keltische Opferschale aus der Kimbernzeit von etwa 100 v. Chr. Das Original ist im Nationalmuseum in Kopenhagen.

SERVICE
Vesthimmerlands Museum, Søndergade 44, DK-9600 Aars, Tel. 9862 35 77. Geöffnet Mai bis Aug. Di.–So.11–17 Uhr, Sept. bis Apr. Di.–So. 13–17 Uhr. Eintritt. *www.vesthimmerlandsmuseum.dk*
Aars Turistbureau, Himmerlandsgade 113, DK-9600 Aars, Tel. 9862 51 99.

WEGWEISER
Aars liegt an der Hauptstraße 29. Die Kirche ist mitten im Ort, nördlich der Himmerlandsgade. Zur Kirche auf der Anhöhe rechts ab (Nibevej).

Kongens Tisted
Runenstein

Ein Runenstein, der nicht in der Kirche oder an der Kirchenmauer steht, sondern im Garten des Pfarrhofs, in einer Nische des östlichen Steinwalls. Sein Text: »*Asgot, Thyrgods Sohn, errichtete den Stein zum Gedenken an seinen Bruder Esge*«. Der Stein stand bis 1847 auf einem Hügel bei Lille Rørbæk, etwas südlich dicht an der E 45.

Auf dem Weg von Aars nach Kongens Tisted passieren Sie das **Moor von Borremose** (nördlich der Kreuzung der Straßen 29 und 13). Zur Zeit der Kimbern, bevor sie um etwa 100 v. Chr. nach Süden zogen und halb Europa in Aufregung versetzten, war am Südrand des Moores auf einer Insel im Sumpf eine Festung mit Wall und Gräben (östlich der Straße 29). Ihre Reste existierten später noch weiter als Bauernsiedlung. In den Jahren 1946 bis 1948 wurden im Moor 3 Moorleichen gefunden. Die Wälle sind wieder aufgeworfen, die Hausstellen markiert. Das Gelände ist frei zugänglich.

WEGWEISER
Kongens Tisted liegt an der Hauptstraße 29 von Aars nach Hobro, kurz hinter der Kreuzung mit der Hauptstraße 13. Kirche und Pfarrhof sind östlich der Straße, abbiegen auf den Elbergvej und links in den Esgevej.

Ravnkilde
Runenstein

Am Südrand des Rold Skov, des größten geschlossenen Waldgebietes Dänemarks, steht ein Denkmal für eine Königin: ein Runenstein auf einem riesigen Grabhügel am Rande des Friedhofs von Ravnkilde. Der Text: »*Asser, der Verwalter, Kugges Sohn, ritzte diese Runen zum Gedenken an Königin Asbod*«. Die Inschrift fällt aus dem Rahmen, denn sowohl die Berufsbezeichnung als auch die Erwähnung einer Königin sind selten.

Allerdings ist eine Königin namens Asbod unbekannt. Die Könige dieser Zeit, Harald Blauzahn und seine Nachfolger, hatten keine Frau mit diesem Namen. Wahrscheinlich war Asbod eine vornehme Frau, eine Herrin, die Frau eines regionalen Häuptlings oder Angehörige einer Herrschersippe. Da der Verwalter Asser den Stein gesetzt hat und nicht Asbods Mann oder Sohn, dürfte er von Asbod etwas geerbt haben, war also wohl auch als Verwalter für ihre Güter zuständig.

Der Stein wurde 1859 vor dem Eingang der Kirche entdeckt und zunächst auf dem Friedhof aufgestellt. Später bekam er seinen Platz auf einem vorgeschichtlichen Grabhügel. Er wird ans Ende des 10. Jahrhunderts datiert, seine Inschrift zeigt schwedische Einflüsse. Asbods Name erscheint auch auf einem Runenstein in Schweden. Auf der Rückseite des Steins sind viele schalenförmige Vertiefungen, er war also ursprünglich ein älterer Kultstein.

WEGWEISER
Ravnkilde ist von Kongens Tisted zu erreichen, über Mejlby Richtung Rold Skov. Oder von der Autobahn E 45, Abfahrt 33 (Haverslev), nach Osten Richtung Arden und die zweite Straße (Skaarupvej) rechts ab. Kirche und Friedhof sind mitten im Ort an der Bygaden.

Suldrup
Runenstein

Der Runenstein steht vor dem Waffenhaus der Suldrup Kirche, die außerhalb der Ortsbebauung liegt. Er wurde 1895 auf dem Friedhof gefunden und wird in die Zeit um 1000 datiert. Seine Inschrift ist traditionell, allerdings zum Teil unleserlich. Zu entziffern ist: »*Rysk errichtete (diesen Stein zum Gedenken an?) seinen Bruder Ofeig*«.

WEGWEISER
Suldrup liegt dicht an der E 45, ist aber am besten über die Hauptstraße 13 zu erreichen. Abbiegen nach Norden über Sønderup nach Suldrup. Die Kirche ist am Nordrand, am Verggerbyvej, Eingang vom Dalumvej.

Ferslev Kirke
Runenstein

Kurz und klar ist die Botschaft des Runensteins in der romanischen Kirche von Ferslev. Er ist quer in der nordwestlichen Wand des Waffenhaus, d. h. der Vorhalle, eingemauert. Seine Inschrift: »*Toke, Lutaris Sohn, setzte diesen Stein zum Andenken an seinen Sohn Åste*«. Drei Generationen: Großvater Lutari, Vater Toke und sein Sohn Åste sind auf dem Stein aufgeführt, und der jüngste, Tokes Sohn, ist der Geehrte, der Tote.

Der Name Lutari kommt, soweit bekannt, nirgendwo sonst vor. Es wird vermutet, dass er mit dem fränkischen Namen Lothar zusammenhängt. Damit wäre der Stein ein Beleg für den kulturellen Austausch mit dem christlichen Süden.

WEGWEISER
Ferslev liegt südlich von Aalborg an der Autobahn E 45, Abfahrt 29 (Svenstrup). Auf die Straße 180, kurz nach Süden und gleich wieder nach links/Osten auf den Bonderupvej. Die Kirche ist am Byvej (Rævedalsvej 1).

Gunderup
Runensteine

Zwei Runensteine, jeder weit über 2 m hoch, stehen im Waffenhaus der Kirche von Gunderup. Sie haben nichts miteinander zu tun, ihre ursprünglichen Standorte waren in der Umgebung des Ortes. Auf dem einen Stein (von Runologen als Gunderup 2 bezeichnet) ist die Fläche für die Runen geglättet. Die Inschrift ist kurz und konventionell: »*Eystein setzte diesen Stein zu Ehren seines Vaters Asulv*«. 1627 wurde der Stein in der Kirchenscheune von Gunderup gefunden. Wegen der ältlichen Form seiner Runen wegen wird er ins 9. Jahrhundert datiert. Die Schreibweise deutet auf einen norwegischen oder schwedischen Runenmeister hin.

Auf dem höheren Stein (Gunderup 1) steht ein halber Roman: *»Toke errichtete diesen Stein und machte dieses Denkmal zum Gedenken an seinen Stiefvater Abe, einen wohlgeborenen Thegn, und seine Mutter Tove. Sie liegen beide in diesem Hügel. Abe gönnte Toke seine Güter nach sich selbst«.* Die Bezeichnung „Thegn" gilt einem herausragenden Menschen, einem regionalen Anführer oder einem Mann des Königs. Der Stiefvater des Steinsetzers war also ein sozial Höhergestellter und hinterließ („gönnte") seinem Stiefsohn mit Absicht ein anständiges Erbe, das dieser wiederum mit der Inschrift auf dem Stein klar für sich in Anspruch nahm.

Der Stein hat offensichtlich vor oder auf einem Grabhügel gestanden. Das soll der Überlieferung zufolge südlich von Gunderup gewesen sein, auf einem Feld zwischen den Orten Fjellerad und Håls. 1852 wurde der Stein auf dem Friedhof von Gunderup entdeckt, 1895 wurde er ins Waffenhaus versetzt.

Der zusätzliche Hinweis auf das „Denkmal" könnte allerdings auch einer Schiffssetzung gegolten haben, die jedoch nicht mehr lokalisierbar ist. In jedem Fall einer der seltenen unmittelbaren Bezüge eines Runensteins auf ein zugehöriges Grab in unmittelbarer Nähe. Falls die Kirche geschlossen ist, wenden Sie sich ans Kirchenbüro.

SERVICE
Kirkekontoret, Gunderupvej 1, Gunderup, DK-9260 Gistrup,
Tel. 9833 35 52. Geöffnet Mo.–Fr. 9.30–13 Uhr, Do. auch 15.30–18 Uhr.
www.gunderup-noevling-gistrup.dk/kirkerne/gunderup-kirke

WEGWEISER
Gunderup liegt ca. 10 Kilometer südlich von Aalborg an der Straße 507. Abfahrt 26, nach Osten auf die 507 und am Kreisel nach Süden. Die Kirche ist östlich der Straße. Eigene Zufahrt vom Hadsund Landevej mit Parkplätzen auf dem Gelände.

XII. Nord-Jütland

Lindholm Høje
Gräberfeld & Siedlung

Der beeindruckendste Friedhof der gesamten europäischen Wikingerzeit. Er liegt hoch über dem Wasser am Nordufer des Limfjordes, gegenüber der Stadt Aalborg. Das Areal umfasst mehr als 800 Gräber, die noch ganz oder zum großen Teil sichtbar sind, aus der Zeit von ca. 400 n. Chr. bis zur Jahrtausendwende, darunter zahlreiche Stein- und Schiffssetzungen. Einst war das Gelände nicht nur Friedhof, sondern auch eine ausgedehnte Siedlung mit Ackerflächen, von denen noch 1000 Jahre alte Pflugspuren erhalten sind.

Weitere frühgeschichtliche Siedlungen wurden nahebei in Hvorup gefunden, nordöstlich von Lindholm, darunter allerdings nur wenige Spuren aus der Wikingerzeit. Damals war der Limfjord Hauptverkehrsader: Der Handelsverkehr zwischen Friesland und England einerseits und Schweden bzw. dem Baltikum andererseits verlief durch den Limfjord unterhalb von Lindholm Høje, und auch der Seeweg nach Norwegen führte hier durch. Dazu kam die Übergangsstelle für den Landverkehr im Zuge des Heerweges*, der hier in seinem östlichen Zweig den Limfjord querte. Aus dieser Lage resultierte eine überregionale Bedeutung des Platzes.

Bereits seit Ende des 19. Jahrhunderts war das Gräberfeld auf dem Hang bekannt. Von 1952 bis 1958 wurde das gesamte Gelände ausgegraben. Dabei wurden auch ein frisch gepflügter Acker aus der Wikingerzeit, über den noch Wagenspuren verliefen, sowie große Teile der zugehörigen Siedlung freigelegt. Nach Beendigung der Ausgrabungen wurde das Gräberfeld mit Gras eingesät, aus dem heute Tausende von Steinen ragen.

Die ältesten Gräber oben auf dem Hügel und die jüngsten unten am Hang sind gewöhnliche Erdgräber, die nicht durch Steinsetzungen eingegrenzt sind. Die übrigen knapp 700 Gräber sind Brandgräber, bei denen der Verstorbene vor Ort verbrannt worden war. Die meisten sind von Steinsetzungen umgeben, dreieckige, ovale oder schiffsförmige. Außerdem gibt es auch Brandgräber unter kleinen Erdhügeln oder solche ohne jegliche Markierung. Männergräber sind in erster Linie von dreieckigen oder schiffsförmigen Steinsetzungen umgeben, Frauengräber hingegen von ovalen oder kreisförmigen Steinsetzungen.

Der Inhalt der Brandgräber wurde zwar durch die Hitze bei der Verbrennung stark in Mitleidenschaft gezogen, dennoch konnten viele Gegenstände geborgen oder identifiziert werden. Aus den Funden geht hervor, dass Lindholm Høje keine gewöhnliche Ackerbau treibende Siedlung war. Man hat zwei Siedlungen lokalisiert, die vermutlich jedoch nur verschiedene Entwicklungsphasen desselben Ortes waren, der mehrmals verlegt wurde, ähnlich wie etwa in Vorbasse* in Südjütland und anderen Dörfern. Wahrscheinlich gibt es noch weitere Teile der Gesamtsiedlung, die nur noch nicht alle entdeckt worden sind. So fehlen noch Spuren der Siedlung, die zur ältesten Phase des Friedhofs gehört.

Nördlich des Gräberfeldes, unter dem heutigen Parkplatz und dem benachbarten militärischen Schießstand, wurden Teile einer großen Siedlung mit Langhäusern, Grubenhäusern und Brunnen ausgegraben. Jedes Gehöft bestand aus Wohnhaus, Wirtschaftsgebäuden und Arbeitshütten und war von einem Palisadenzaun umgeben. Die einzelnen Höfe sind mehrfach erneuert worden und haben dabei auch ihre Standorte verändert. Datierungen von Knochen, Tongegenständen und Handwerksgeräten zeigen, dass diese Siedlung etwa zwischen 700 und 900 n. Chr. bestand.

Das Gräberfeld wurde kurz vor der Wende des ersten Jahrtausends unter Flugsand begraben. Zu dieser Zeit wurde die Siedlung nochmals verlegt und auf der Kuppe der Flugsand-Düne über dem Gräberfeld angelegt. Auch diese Siedlung hat sich über viele tausend Quadratmeter erstreckt, wovon nur ein Teil ausgegraben wurde. Die Funde zeigen, dass diese Siedlung bis ins 12. Jahrhundert bewohnt war. Danach gab es dann keine Siedlung mehr in Lindholm Høje. Nach den Ausgrabungen wurden die Pfosten von einstigen Häusern und Zäunen auf dem Gräberfeld und östlich davon mit Betonklötzen markiert.

Südlich des Gräberfeldes, am Fuß des Hanges, kam unter einer Flugsandschicht von 1 m Höhe ein wikingerzeitlicher Acker zum Vorschein, der unmittelbar nach dem Pflügen unter Flugsand verschüttet worden war. Die Furchen sind noch heute zu sehen. Das Feld war mit einem Streichbrettpflug bearbeitet worden, der die Erdschollen nicht nur aufbrach, sondern sie wendete. Ein Beweis dafür, dass im

SERVICE
Lindholm Høje Museum, Vendilavej 11, DK-9400 Nørresundby,
Tel. 9931 74 40. Geöffnet: Apr. bis Okt. Di.–So. 10–17 Uhr, Nov. bis Mrz.
Di.–So. 10–16 Uhr. Eintritt. Zum Gräberfeld stets freier Zugang.
nordmus.dk/lindholm-hoje-museet
Museums-Shop. Cafeteria mit Aussichts-Terrasse neben dem Museum.

WEGWEISER
Von Süden auf der E 45 durch den Limfjord-Tunnel, Ausfahrt 21 (Nørresundby), nach Westen durch Nørresundby Richtung Aalborg Flughafen, abzweigen auf die Marguerit-Route nach Norden. Oder auf der Straße 180 über die Limfjordbrücke, nach links auf der Straße 55 Richtung Aabybro und nach ca. 2 km rechts in den Viaduktvej der Ausschilderung folgen. Von Aabybro her ebenfalls über die 55, dann links in den Viaduktvej.

Laufe der Wikingerzeit in Dänemark ein neuer fortschrittlicher Pflugtyp entwickelt wurde. Außerdem benutzte man bereits Stalldünger und jätete Unkraut, so dass man einen 12- bis 20-fachen Ernteertrag erzielen konnte, während man zuvor nur das Drei- bis Vierfache dessen erntete, was man ausgesät hatte.

1992 entstand das neue Museum von Aalborg Historiske Museum am Rande des Gräberfeldes, eine Stiftung der Zementfabrik Aalborg Portland zu ihrem 100-jährigen Bestehen. Die umfassende Ausstellung präsentiert archäologische Funde der Ausgrabungen und gibt anschauliche Bilder davon, wie die Menschen der Wikingerzeit in Lindholm zu Hause und auf Handels- und Beutezügen lebten. Jedes Jahr Ende Juni wird ein Wikingerspiel unter offenem Himmel aufgeführt, und zur selben Zeit ist ein großer Wikingermarkt.

Stentinget
Kultzentrum & Handelsplatz

Kein genau umgrenzter Platz, sondern ein weiträumiges Gelände, über einen Quadratkilometer groß. Es liegt nordöstlich von Aalborg halbwegs zwischen Klokkerholm und Hellum. Hier hat man an der Südseite eines lang gestreckten Sandrückens seit den 1980er Jahren zahlreiche Schmuckstücke aus Bronze, Silber und Gold gefunden, dazu Goldplättchen und Münzen und schließlich im Zuge von Probegrabungen auch Grubenhäuser und Langhäuser, Erd- und Brandgräber entdeckt. Nach Ausweis der Funde war die Gegend etwa seit Christi Geburt bis ums Jahr 1100 durchgehend besiedelt.

Besonders die Funde von Hacksilber, Gewichten und Tonscherben deuten darauf hin, dass auf diesem Wiesengelände beidseits der Straße eines der wenigen bisher bekannten Handels- und Handwerkszentren der frühen Wikingerzeit existierte. Und dies, obwohl Stentinget etwa 20 km von Limfjord und Ostsee entfernt lag, also nicht unmittelbar an die entsprechenden Handelswege über See angeschlossen war.

Aus dem reichen, zum Teil ausgesprochen luxuriösen Schmuck hat man, ähnlich wie etwa in Gudme* auf Fünen, auf ein Macht- und Kultzentrum geschlossen. Auch das Kultzentrum von Gudme lag nicht unmittelbar an der Ostsee, sondern war ca. 5 km vom Hafen in Lundeborg* entfernt. Die Funde von Stentinget sind im Vendsyssel Historiske Museum in Hjørring* und im Dänischen Nationalmuseum in Kopenhagen.

Die dänische Archäologie stufte Stentinget als bedeutendes „Kulturerbe-Areal" aus der Germanischen Eisenzeit und Wikingerzeit ein. Aus dieser Zeit werden nur noch zwei andere Plätze in Nordjütland als gleich bedeutende Machtzentren angesehen: Lindholm

Høje* und Sebbersund*. Die Forschung deutet die reichen Schmuckfunde als vergrabene Schätze, also Horte, die mit kultischen Zeremonien an diesen Plätzen zusammenhängen.

Der Name Stentinget galt ursprünglich steinzeitlichen Spuren westlich der Straße von Klokkerholm nach Hellum, hinter dem Hof am Ende der Zufahrtsallee (Hellumvej 77). Die zweigt gegenüber vom Grabhügel Byrhøj rechts des Hellumvej ab. Viele der Schmuckstücke sind dort gefunden worden. Im heutigen Wiesengelände des gesamten Kulturerbe-Areals verraten noch viele Grabhügel die einstige herausragende Bedeutung der ganzen Gegend, von den Wikingerspuren ist an der Oberfläche allerdings nichts mehr zu sehen.

SERVICE
Vendsyssel Historiske Museum, Museumsgade 3, DK-9800 Hjørrring, Tel. 9624 10 50. Geöffnet: 16. Juni bis August 11–16 Uhr, Sept. bis 15. Juni Di.–Fr. + So. 11–16 Uhr. Eintritt. *www.vhm.dk*

WEGWEISER
Das Areal Stentinget liegt zwischen E39 und E45, an der Landstraße von Klokkerholm nach Hellum. Abfahrt 15 (Jyske As) von der E 45 nach Klokkerholm, dort Richtung Hellum. Orientierungspunkt ist der Byrhøj rechts an der Straße, ein großer Grabhügel aus der späten Eisenzeit. 100 m weiter nördlich ragen links der Straße zwei markante Grabhügel in den Himmel.

Ejstrup
Siedlung

Nicht weit von Sæby, westlich der Autobahn E 45, wurden im Zuge von Bauarbeiten für eine Erdgasleitung 1986 Reste einer frühen wikingerzeitlichen Siedlung ausgegraben. Auf dem Gelände des Hofes Ejstrup und östlich in Richtung Autobahn fand man 5 Langhäuser, 31 Grubenhäuser mit eingetieftem Boden und diverse Einfriedungen. Das zugehörige Gräberfeld lag deutlich distanziert östlich der Siedlung. Ein Jahrzehnt später wurden daneben, dichter an der Autobahn, weitere 20 Grubenhäuser, ein Langhaus und andere Siedlungsspuren entdeckt. Von den Ausgrabungen ist nichts mehr zu sehen.

Das Gelände liegt leicht erhöht auf einem sandigen Plateau nördlich eines Nebenflusses der Sæby Å, hatte also zur Wikingerzeit Schiffsverbindung zur Ostsee. Ein paar 100 Meter weiter südlich, am Rand der breiten Talaue der Sæby Å, liegt die Volstrup Kirche. Ihr heutiger Bau in der exponierten Lage auf einem Sporn zwischen den Flüssen stammt zwar erst aus der Zeit um 1600, hatte jedoch ältere Vorgänger aus der Zeit von König Waldemar.

Darauf deutet u. a. auch der Fund von Münzen aus der Zeit um 1200 im Kirchenboden hin. Auf dem Friedhof steht eine achteckige

Grabkapelle in englischer Neugotik, die der sogenannte „Wahnsinnige Baron", Preben Krag-Juel-Vind-Arenfeldt, 1868 für sich und seine Frau errichten ließ.

Die ganze Gegend rund um Sæby ist voller frühgeschichtlicher Zeugnisse, die jedoch fast alle älter sind, also aus Steinzeit, Bronze- und Eisenzeit stammen. Sichtbare wikingerzeitliche Zeugnisse sind im nördlichsten Zipfel Jütlands erstaunlich rar. Von Sæby selbst wird vermutet, dass der Ort an der Mündung der Sæby Å zur Wikingerzeit entstand. Greifbare Belege dafür sind bisher nicht gefunden worden.

WEGWEISER
Von der E 45, Abfahrt 13 (Sæby S), auf die 180 nach Westen und gleich wieder nach Norden, vorbei an Volstrup Kirke. Hinter der Rechtskurve liegt links der Hof Ejstrup (Ousenvej 7). Die einstige Siedlung erstreckte sich auf dem Plateau beiderseits der Straße.

Jetsmark
Runenstein

Der Runenstein steht im Waffenhaus, im Eingangsvorbau, der Granitquader-Kirche von Jetsmark. Sie wurde um 1100 erbaut. Der Stein stammt bereits aus der Zeit um 1000, er wurde 1855 im Keller des Hofes Bisgård im Nachbarort Pandrup gefunden. Sein ursprünglicher Standort ist unbekannt. Die Inschrift des Steins: »*Hove errichtete den Stein zum Gedenken an seine Brüder Thorlak und Ride*«.

Schiff, Chor und Apsis dieser Kirche sind romanisch, und der ganze Bau ist, wie viele andere Kirchen an der Jammerbucht, kompakt, fast wie eine Festung. Einstmals gab es nur kleine rundbogige Fenster, die hoch über dem Boden angebracht waren, so wie das kleine Fenster in der Apsis, das noch original ist Die Kalkmalereien im Kirchenschiff, aus der Zeit um 1450, gehören mit ihren drastischen, volkstümlichen Bildern zu den sehenswertesten ganz Dänemarks. Sie sind einen Umweg wert.

WEGWEISER
Jetsmark Kirke liegt nördlich von Aabybro, westlich der Hauptstraße 55, an der Straße Kvorupvej zwischen den Orten Pandrup und Kås.

Hune
Runenstein

Der nördlichste erhaltene Runenstein Dänemarks steht an der Jammerbucht – im Turmraum der Kirche von Hune. Sie stammt aus der Zeit um 1100. Die Inschrift: »*Hove, Thorkil und Thorbjørn errich-*

teten diesen Stein zum Gedenken an Radulv, den Findigen, ihren Vater«. Der Stein war der Überlieferung zufolge 1627 am Eingang aufgestellt worden und wurde später in den Turmraum umgesetzt. Ursprünglich stand er in der Nachbarschaft der Kirche.

Ungewöhnlich für dänische Runentexte ist die Nennung eines Beinamens. Zwar liebten es die Wikinger, den Menschen kennzeichnende Beinamen zu geben (wie z. B. Harald „Blauzahn" oder Sven „Gabelbart"), aber solche Namen tauchen nur selten auf Runensteinen auf. Wichtiger war es, durch Namensnennung von Vater, Bruder oder Mann verwandtschaftliche Beziehungen darzustellen, da die Runensteine meist auch Erbansprüche dokumentieren sollten.

WEGWEISER
Hune liegt an der Jammerbucht vor dem Ferienort Blokhus. Die Kirche ist nördlich der Straße 559 (Vesterhavsvej) am Kirkevej, am Ortsrand.

Jonstrup
Thingplatz

An einem Hügel an der Straße 55 nördlich der Kirche von Saltum war der Thingplatz für die Landschaft um Saltum, Hune, Jetsmark und Åby. Hier tagte noch bis 1688 das Ting für den „Hvetbo" genannten Bezirk (dänisch „Herred") der Landschaft Vendsyssel. Ein Gedenkstein auf der steilen Flanke des 5 m hohen Hügelgrabes, das aus Bronze- oder Eisenzeit stammt, erinnert daran. Der Hügel trägt den Namen Tinghøj, und der nördlich gelegene Hof heißt „Tinghøjgård". Ein charakteristischer wikingerzeitlicher Thingplatz: Das Grab wahrte die kultische Verbindung zu den Vorfahren, und der Hügel bot den Rednern ein erhöhtes Podium.

WEGWEISER
Saltum liegt an der Hauptstraße 55 Richtung Løkken. Der Tinghügel ist ca. 1 km nördlich der Kirche auf der westlichen Straßenseite.

Børglum
Königshof & Bischofssitz

Weithin sichtbar auf einem Hügel über der Ebene erhebt sich Børglumkloster wie eine Burg. Seit Anfang des 10. Jahrhunderts war Børglum Königshof, und der wiederum ging auf ein noch älteres lokales Machtzentrum zurück. Um 1130 wurde der Platz zum Bischofssitz anstelle von Vestervig*, das damals als Bischofssitz aufgegeben wurde, weil die westliche Zufahrt zum Limfjord versandete. Aus dieser Zeit stammt die mächtige Kirche, sie ist der älteste noch erhaltene Teil des erst später gegründeten Prämonstratenserklosters von Børglum. Dessen Mönche kamen aus Steinfeld in der Eifel und errichteten auch die Kirche in Vrejlev*.

Letzter Bischof vor der Reformation war Stygge Krumpen; kein demütiger Diener der Kirche, sondern ein zwielichtiger Typ, der nur seine eigene Geltung im Sinn hatte. Nach der Reformation wurde Børglum dann weltliches Gut. Burghof, Stallungen, Keller, Torhaus und der imposante Kirchenraum sind im Sommer für Besucher geöffnet. Im Juni gibt es einen Familienmarkt mit Ritterspielen, mittelalterlichem Essen etc.

Zwei Könige haben vom Königshof Børglum aus Geschichte gemacht: Lokaler Überlieferung zufolge soll König Gorm der Alte, der später in Jelling* in Südjütland residierte und Stammvater des dänischen Königshauses wurde, von hier aus mit der Unterwerfung Jütlands begonnen haben. Handfeste Belege dafür gibt es jedoch nicht.

SERVICE
Børglumkloster, Klostervej 255, Børglum, DK-9760 Vrå, Tel. 9899 40 11. Geöffnet Mai bis 2. Oktober-Hälfte tägl. 10–17 Uhr. Uhr. Eintritt. Museumsshop. Restaurant + Café Vognporten. www.boerglumkloster.dk

WEGWEISER
Børglumkloster liegt östlich von Løkken an der Landstraße 593 nach Vrå

Das zweite Ereignis hingegen ist verbürgt: Auf dem Königshof von Børglum traf im Jahr 1086 König Knud, später „der Heilige" genannt, mit den Anführern Nordjütlands zusammen, um für Unterstützung seiner geplanten Rückeroberung Englands zu werben. Denn seit 1066 war England in der Hand der Normannen, die den letzten dänischstämmigen König in der Schlacht bei Hastings besiegt hatten. Bereits 1085 hatte sich Knuds Invasionsflotte im Skibsted Fjord* des westlichen Limfjords versammelt. Jedoch kam Knud zu spät, weil er sich zu lange bei Verhandlungen mit dem deutschen Kaiser Heinrich IV. in Schleswig aufgehalten hatte. Die Flotte zerstreute sich, die Invasion Englands fiel aus.

König Knud war bereits ein christlich engagierter Wikinger, der den Apparat der Kirche für die Organisation seines Reiches nutzte. Er förderte den Klerus, reformierte das Sklavenrecht, beendete das Faustrecht und versuchte, eine Art Kirchensteuer einzuführen, um der Kirche größere wirtschaftliche Unabhängigkeit zu verschaffen. Dann jedoch machte er einen Reformschritt zu viel: Sein Vorhaben, den jütischen Häuptlingen für die Invasion Englands eine allgemeine militärische Dienstpflicht und Steuerzahlungen aufzuzwingen, stieß bei denen auf keine Gegenliebe, denn das hätte ihre traditionelle Eigenständigkeit beschnitten.

Das Meeting in Børglum platzte, es kam zum regelrechten Aufstand im ganzen Land, kräftig geschürt von Knuds Bruder Olaf (genannt: Olaf „Hunger"), der eigene Interessen hatte. Er wurde später Knuds Nachfolger als König. Jetzt aber musste Knud Hals über Kopf fliehen, suchte Schutz in der Aggersborg* am Limfjord und setzte sich, als erboste Jüten die Burg stürmten, erst nach Viborg* ab und von dort aus weiter nach Süden. In Odense* auf Fünen ereilte ihn dann doch das Schicksal: Wütende Wikinger erschlugen ihn und 17 Gefolgsleute vor dem Altar der Albani-Kirche, wo er Zuflucht gesucht hatte.

Vrejlev
Siedlung

Beim Straßenbau tauchte die Wikingerzeit wieder auf: Als im Zuge des Baus der Autobahn E 39 von Brønderslev nach Hjørring* im Jahre 2000 der Zubringer von der Landstraße 190 um Vrejlev herum verlegt wurde, entdeckte man nördlich der Kirche eine Siedlung aus der frühen Wikingerzeit. Ausgegraben wurden 5 Langhäuser, ein Wirtschaftsgebäude, 7 kleinere Grubenhäuser mit eingetieftem Boden und die Anlage eines Halbkreisgrabens, dessen Funktion noch nicht geklärt ist.

Die Kirche steht auf der Nordseite des einstigen Klosters Vrejlev, das um 1215 vom Kloster Børglum* aus als Nonnenkloster gegründet wurde. Die ältesten Teile der Kirche gehen in die Zeit um 1160 zurück, als Prämonstratenser-Mönche an dieser Stelle eine Basilika bauten. Sie brannte bereits um 1200 ab und wurde im Zuge der Klostergründung neu errichtet. Zum Kloster gehörte auch ein Wirtschaftshof, der in moderner Form noch existiert.

Anlass zum Kirchenbau und zur Gründung des Klosters dürfte ein nahe gelegener heidnischer Kultplatz gewesen sein, worauf auch zahlreiche Grabhügel östlich und nordwestlich von Vrejlev hindeuten. Von der Ausgrabung, die vom Vendsyssel Historiske Museum in Hjørring* durchgeführt wurde, ist heute nichts mehr zu sehen, das Areal ist von der neuen Straße und der angrenzenden Grünfläche überdeckt. Möglicherweise erstreckte sich die Siedlung noch bis auf das heutige Friedhofsgelände. Das ehemalige Kloster ist heute Gutsbetrieb, mit Meierei und einem neu eingerichteten Klostermarkt.

WEGWEISER
Vrejlev Kloster und Kirche (*www.vrejlev-kloster.dk*) liegen östlich von Vra, zwischen der Landstraße 190 und der Autobahn E39, Abfahrt 5 (Vrå). Die wikingerzeitliche Siedlung war nordwestlich der Kirche auf dem Gelände der Grünfläche direkt außerhalb der Friedhofsbegrenzung.

Hjørring
Thingplatz & Marktort

Auf dem heutigen Skt. Olai Plads, vor der Anhöhe mit der Skt. Olai Kirche, stehen Sie auf geschichtsträchtigem Boden: An diesem Hügel, auf dem Hjørrings Zentrum noch heute liegt, war seit der frühen Wikingerzeit bis zum Ausgang des Mittelalters der Treffpunkt für die Einwohner Nordjütlands, hier tagte das Thing der Landschaft Vendsyssel, die Ratsversammlung der freien Männer. Die regelmäßigen Zusammenkünfte vieler Menschen zogen Handwerker und Kaufleute an, Hjørring entwickelte sich zum Marktort und wurde auch kirchlicher Mittelpunkt, mit einer Reihe von Kirchen.

Der Thingplatz lag, wie auch an anderen Orten, vor der Kirche, die mit Absicht direkt neben dem heidnischen Kultplatz errichtet worden war, um die Stärke des neuen Glaubens zu demonstrieren. Der Name der Skt. Olai Kirche geht auf den norwegischen König Olav den Heiligen zurück, dessen Sohn Magnus, der von 1042 bis 1047 dänischer König war, sie erbauen ließ (siehe Viborg*). Der heutige Bau aus Feldsteinen stammt allerdings erst vom Ende des 12. Jahrhunderts; aber bei der Renovierung 1966 fand man unter dem Fußboden der Kirche Reste von Holzgebäuden, die bis in die Zeit um 1000 zurückreichen. Damit ist Skt. Olai die älteste Kirche Hjørrings.

Nur wenig jünger ist Skt. Hans ein paar hundert Meter westlich, und aus spätromanischer Zeit stammt die Kirche Skt. Catharina südwestlich von Skt. Olai mitten in der Stadt. Sie entwickelte sich zur wichtigsten Kirche Hjørrings, denn die Einwohner machten die Namenspatronin, die Märtyrerin Catharina von Alexandria, bereits im frühen Mittelalter zur Schutzheiligen von Hjørring. Vor der Stadt ist die Skt. Knuds Kapelle, bei der sich eine heilige Quelle befand, die bis ins vergangene Jahrhundert hinein aufgesucht wurde.

Ihr Alter sieht man der heutigen Stadt kaum noch an, und außer dem Platz von Skt. Olai sind Spuren aus der Wikingerzeit nicht mehr sichtbar. Aber diverse Funde, darunter Goldschmuck aus der frühen Wikingerzeit, belegen die Vergangenheit. Das Vendsyssel Historiske Museum gegenüber Skt. Catharina beherbergt eine vor- und frühgeschichtliche Sammlung auch mit Funden aus der Umgebung.

SERVICE
Vendsyssel Historiske Museum, Museumsgade 3, DK-9800 Hjørrring, Tel. 9624 10 50. Geöffnet: 16. Juni bis August 11–16 Uhr, Sept. bis 15. Juni Di.–Fr. + So. 11–16 Uhr. Eintritt. *www.vhm.dk*

WEGWEISER
Hjørring liegt im Kreuz von Autobahn E 39 Aalborg – Hirtshals (Abfahrt Nr. 3) und Hauptstraße 55/35 Løkken – Frederikshavn. Um die Stadt herum führt ein Cityring, das Zentrum (mit den Kirchen) ist ausgeschildert.

XIII. Fünen

Ørslev Kirke
Taufstein

Nicht nur die Wikinger waren praktisch veranlagt, sondern auch noch ihre Nachfolger. Davon zeugt ein bemerkenswertes Überbleibsel aus der Wikingerzeit in der frühmittelalterlichen Kirche von Ørslev, südöstlich von Middelfart: Ein Taufbecken, hergestellt aus norwegischem Speckstein. Das Becken diente in der Wikingerzeit als Kochtopf für die Zubereitung von Suppen und Eintöpfen, es wurde erst im Mittelalter auf einen Steinsockel montiert und als Taufe benutzt.

Kochtöpfe aus Speckstein waren im wikingerzeitlichen Skandinavien üblich. Speckstein gewährte eine gleichmäßige Erwärmung und hielt lange warm. Steinbrüche für Speckstein gab es vor allem in Norwegen, die Steine waren ein regelrechter Exportschlager. Denn das Material ließ sich leicht bearbeiten, war allerdings auch ähnlich empfindlich wie Keramik.

Für den normalen Wikingerhaushalt war Speckstein also eher kostbar, so dass sich nur wohlhabende Familien solch ein gutes Stück leisten konnten. Vermutlich blieb die Schüssel von Ørslev, die übrigens die größte Kochschüssel ihrer Art ist, nur deswegen unbeschädigt erhalten, weil sie viele Jahre vor täglichem Gebrauch geschützt in der Kirche stand.

WEGWEISER
Ørslev liegt abseits der Straße 313 von Nørre Aaby nach Assens, die zugleich Marguerit-Route ist. Die Kirche ist auf einer Anhöhe östlich (links) der Straße Ørslevvej Richtung Ejby.

Flemløse
Runensteine

Zwei Runensteine werden nachfolgend mit aufgeführt, obwohl sie nicht mehr an ihren originalen Plätzen auf Fünen zu finden sind, sondern seit 150 Jahren im Schlosspark von Jægerspris* auf Nord-Seeland stehen. Aber die Steine dokumentieren zusammen mit einem dritten, der ebenfalls nicht mehr an Ort und Stelle steht, eine herausragende Persönlichkeit dieser Region. Deshalb werden sie hier im lokalen Zusammenhang beschrieben.

Der Runenstein von Flemløse stand zu Beginn des 16. Jahrhunderts auf dem Friedhof von Flemløse am Fuß eines Hügels. Im 18. Jahrhundert wurde er für die Friedhofsmauer zurecht gestutzt. 1842 ließ ihn der dänische Kronprinz Frederik zu seinem Schloss Frede-

> **WEGWEISER**
> Flemløse und Voldtofte liegen nördlich der Straße 323 zwischen Assens und Haarby. Friedhof und Kirche von Flemløse sind westlich (links) der Straße Langgåde, die von Voldtofte nach Norden führt. Eingang neben dem hübschen Pastoratshaus.

riksgave südlich von Ebberup bringen; heute heißt es Hagenskov. Von dort kam der Stein über Kopenhagen nach Jægerspris* auf Seeland.

Die Inschrift enthält einen unklaren Bezug auf örtliche Gegebenheiten: »*Zu Ehren von Rodulf, welcher der Gode der Landspitzenbewohner war, steht dieser Stein. Die Söhne setzten (ihn) zum Gedächtnis, Awar machte ihn*«. Der Begriff Gode bezeichnet einen weltlichen Anführer, der zugleich auch kultische Funktionen ausübte. Das Wort „Landspitzenbewohner" macht Probleme, denn in Flemløse ist weder Meer noch See, wo es eine Landspitze hätte geben können.

Jedoch ist die Halbinsel Helnæs* an der Südwestküste Fünens nicht weit entfernt, wo ebenfalls ein Runenstein gefunden wurde, auf dem der Name „Rodulf" erscheint (siehe unten). Auch hier wird er als Gode der Landspitzenbewohner bezeichnet. Damals war Helnæs eine Insel, auf der es ebenso wie an der Küste Fünens genügend Landspitzen gab. Der Stein von Helnæs steht heute im Nationalmuseum in Kopenhagen.

Ein weiterer Runenstein wurde 1840 vor dem Eingang eines Hofes in Flemløses Nachbarort Voldtofte entdeckt. Er wird heute meist als „Flemløse 2" bezeichnet. Auch diesen Stein ließ Kronprinz Frederik zu seinem Schloss Frederiksgave bringen, von wo aus er ebenfalls 1854 seinen Weg nach Jægerspris* fand. Die Inschrift besteht nur aus einem Namen – dem des Goden »*Rodulf*«, der auch auf den Steinen von Flemløse und Helnæs* erscheint. Offensichtlich war Rodulf eine bekannte und anerkannte Größe der Region.

Helnæs
Schiffssperre & Runenstein

Zur Wikingerzeit war Helnæs eine Insel, und die weiträumige Bucht zwischen Helnæs und Fünens Küste war durch eine Schiffssperre blockiert. Es gab also etwas Wichtiges zu schützen. Die Sperre war eine technisch ausgeklügelte Konstruktion aus zwei Pfahlreihen, die in den Grund der flachen Bucht gerammt und so mit Widerhaken angespitzt worden waren, dass man sie nicht einfach herausziehen konnte. Auf der Wasseroberfläche waren schwimmende Planken mit eingearbeiteten Löchern jeweils in zwei Pfähle eingehängt, so dass sie sich mit wechselnden Wasserständen bewegen konnten.

Die Planken waren auf beiden Seiten spitz zugehauen und lagen nicht quer zur Fahrtrichtung, sondern längs, wendeten also ihre Spitzen möglichen Eindringlingen entgegen. Die Pfähle mit den Planken standen so eng, dass kein Schiff zwischen ihnen hindurch passte. Diese Sperre erstreckte sich über ca. 700 m zwischen Helnæs und der Insel Illumø. Sie stand auf einem Unterwasser-Rücken, der über Illumø hinaus weiter verläuft bis zum Hafen von Falsled. Eine Durchfahrt scheint es nicht gegeben zu haben.

Eine C^{14}-Datierung geborgener Buchenhölzer ergab u. a. das Jahr 1160. Das war die Zeit der Wendenüberfälle von der südlichen Ostseeküste und der Gegenangriffe der Wikinger, wie sie etwa von Falster und Møn (siehe Grønsund*) aus unternommen wurden. Weiteren Datierungen zufolge hat die Seesperre jedoch bereits in der zweiten Hälfte des 11. Jahrhunderts bestanden. Welchen Platz oder welche Einrichtung sie schützen sollte, ist ungeklärt.

Da zur Wikingerzeit eine Flussverbindung von der Helnæs Bucht nach Norden bestand, über Haarby Å und Holmehave Bæk bis zur Odense Å, könnte die Sperre auch eine überregionale Funktion zum Schutz des Heiligtums Odense* gehabt haben. Naturgemäß ist von der Seesperre heute nichts mehr zu sehen; nur Taucher finden auf dem Grund der Bucht immer noch Spuren der Wikingerzeit. Einige geborgene Hölzer der Sperre werden im Vikingeskibsmuseum in Roskilde* gezeigt. Heute ist Helnæs durch einen 2,8 km langen Damm mit Fünen verbunden und ein beliebtes Feriengebiet.

WEGWEISER
Am dichtesten an der Bucht mit Seesperre sind Sie am Strand unterhalb des Helnæs Campingplatzes. Dort wurden im Fahrwasser zwischen dem Landvorsprung und der Insel Ilumø die Überreste der Seesperre gefunden. Einen Blick über die ganze Bucht von Helnæs hat man auch von der gegenüber liegenden Seite, vom Fährhafen Bøjden aus oder vom Ufer hinter dem berühmten altehrwürdigen Faldsled Kro.

1860 wurde im Waldstück Hegned Skov nördlich vom Ort Helnæs, am Weg Hegningen, der vom Helnæs Byvej zum Holmegård führt, ein umgefallener Runenstein entdeckt. Man hatte bereits begonnen, ihn zu Baumaterial zu zerlegen. Der örtliche Lehrer alarmierte Kronprinz Frederik, und der ließ den Rest des 2 m hohen Steins sicherstellen. Heute ist er im Nationalmuseum. Dieser Stein hat ebenfalls mit dem Goden Rodulf zu tun, dessen Andenken in Flemløse* geehrt wird und der auch auf dem Stein von Voldtofte genannt wird (siehe oben). Den Stein von Helnæs hat dieser Rodulf selbst gesetzt, und die Runen ritzte der von Flemløse* bekannte Meister namens Awar.

Die Inschrift: »*Rodulf, der Gode der Landspitzenbewohner, errichtete diesen Stein zur Erinnerung an Gudmund, seinen Brudersohn. Er ist ertrunken. Awar machte die Runen*«. Der auch von Flemløse bekannte Begriff „Landspitzenbewohner" lässt sich durch den Namen Helnæs ganz zwanglos aufklären, denn „næs" bedeutet „Nase, Vorsprung",

Helnæs also „Heilige Landspitze". Da zudem Rodulf ein Gode war, eine Art Priester, der das religiöse Leben der Region regelte, ist davon auszugehen, dass es auf Helnæs oder im Hinterland der Helnæs-Bucht ein wie auch immer geartetes Heiligtum gab. Damit bekäme auch die Schiffssperre einen klaren Zweck: Sie sollte einen Kultplatz schützen. Ungeklärt ist nur, welchen.

Glavendruplund
Schiffssetzung & Runenstein

Dieser Platz nordwestlich von Odense gehört zu den wikingerzeitlichen Superlativen: Das Wäldchen auf einem flachen Hügel nördlich des Dorfes Glavendrup beherbergt Dänemarks größte Schiffssetzung. Als westlicher Stevenstein diente ein Runenstein mit der längsten Runeninschrift Dänemarks; allerdings steht er nicht mehr ganz exakt am ursprünglichen Platz. Im Osten des Geländes liegt ein bronzezeitlicher Grabhügel, ähnlich wie in Bække* in Süd-Jütland.

SERVICE
Info-Tafeln bei den Parkplätzen an der Straße.
Deutsche Info: *de.wikipedia.org/wiki/Runenstein_von_Glavendrup*

WEGWEISER
Von Odense über die Landstraße 327 bis kurz vor Bladstrup, abzweigen nach Westen Richtung Glavendrup, dort nach rechts Richtung Torup. Das Wäldchen liegt nördlich von Glavendrup. Parkplatz an der Straße.

Solche schiffsförmigen Gräber sollten die Fahrt übers Meer ins Reich der Toten symbolisieren. Die großen Bautasteine, die das symbolische Schiff bilden, erstrecken sich in Glavendruplund über 45 Meter Länge. Ursprünglich waren es mal ca. 60 Meter, später wurden Steine für anderweitige Bauvorhaben weggeschleppt. Innerhalb der Schiffssetzung ist ein kleines Gräberfeld lokalisiert worden, mit 9 einfach ausgestatteten Brandgräbern der Wikingerzeit.

Auf dem Weg von der Straße zur Schiffssetzung passiert man einen modernen Gedenkstein zu Ehren von Ansgar, dem „Apostel des Nordens", der einst die erste Kirche Dänemarks baute, in oder bei Ribe*. Der Gedenkstein bezeugt, dass die Kontinuität dieses Ortes als heiliger Platz bis in die moderne Zeit hineinreicht.

Der Runenstein ist mit Schalengruben aus der Bronzezeit übersät, hatte also schon zuvor eine kultische Funktion. Er trägt eine außergewöhnlich lange Inschrift von 210 Runenzeichen. Die Übersetzung: »*Ragnhild ließ diesen Stein machen zu Ehren von Alle dem Bleichen, den Goden [Priester] der Heiligtümer, dem hoch geehrten Heerführer. Alles Söhne errichteten dieses Denkmal zum Andenken an ihren Vater, seine Frau zum Gedenken an ihren Mann. Sote ritzte diese Runen zu*

Ehren seines Herrn. Thor weihe diese Runen. Zu einem Räte werde, wer diesen Stein zerstört oder wegschleppt zur Erinnerung an einen anderen«. Das Wort Räte bezeichnet einen ruhe- und heimatlos Herumirrenden, was für die Wikinger so ziemlich das Schrecklichste war, was sie sich vorstellen konnten.

Dieser Text aus der Zeit um 925 offenbart, dass Alle das Oberhaupt eines bedeutenden Wikingergeschlechts gewesen sein muss, er war Gode, also sowohl Priester wie auch weltlicher Anführer. Keines der Brandgräber deutet jedoch auf das Begräbnis einer höherrangigen Persönlichkeit, wie ein Gode es war. Vielleicht starb Alle außer Landes während eines Eroberungszuges. Denn Runensteine sind in der Regel Gedenksteine, nicht Grabsteine.

Die abschließende Fluchformel sollte, wie auch an einigen wenigen anderen Orten (u. a. Stentofte* und Björketorp* in Südschweden), den Stein und damit das Andenken an den Geehrten schützen. Der Runenritzer Sote muss übrigens ein bekannter Mann gewesen sein: Er setzte den Stein in Rønninge* östlich von Odense und soll auch die Inschrift auf dem Runenstein von Tryggevælde geschaffen haben, der ursprünglich in Hårlev* auf Seeland stand. Auch dort ließ eine Frau namens Ragnhild den Stein setzen. Sotes und anscheinend auch Ragnhilds bzw. ihres Mannes Wirkungskreise reichten also weit.

Nørre Nærå
Runenstein

Ein zwar ungewöhnlich kurzer, aber bedeutungsvoller Text steht auf dem mannshohen Runenstein in der Kirche von Nørre Nærå. 1842 wurde der Stein in der Friedhofsmauer entdeckt, zunächst ins Waffenhaus gebracht und wenig später dann in der Kirchenwand beim Chor eingemauert. Inzwischen steht er davor. Die drei Worte der originalen Inschrift werden übersetzt als: »*Thormund, verwende das Denkmal wohl*«.

Mit dem „Denkmal" dürfte das Grab und mit dem „Verwenden" die Einkehr in den Heldenhimmel des Jenseits gemeint sein. Salopp gesagt: Thormund sollte akzeptieren, dass er nicht mehr lebt. Ähnlich wie auf dem zeitgleichen Runenstein von Gørlev* auf Seeland also die Beschwörung des Toten, in seinem Grab zu bleiben und nicht als Wiedergänger die Menschen zu erschrecken.

WEGWEISER
Nørre Nærå liegt an der Straße 162 zwischen Otterup und Bogense. Von Glavendruplund aus über Bastrup nach Uggerslev zur 327, in Nørre Højrup nach rechts. In Nørre Nærå in der Linkskurve der 162 geradeaus in die Straße Kirkegyden. Die Kirche ist rechts.

Odense
Heiligtum & Thingplatz

Odenses Wikingerzeit liegt unter der heutigen Stadt. Auf der Erhebung namens Nonnebakken („Nonnenhügel") südlich der Odense-Au lag eine von vier bekannten dänischen Ringburgen. Funde von Silberschätzen mit Münzen und Schmuck im Stil von Jelling datieren sie auf das Ende des 10. Jahrhunderts, ähnlich den Ringburgen von Aggersborg* und Fyrkat* in Jütland sowie Trelleborg* auf Seeland. In der Größe war die Ringburg von Nonnebakken etwa Fyrkat gleich, sie hatte einen Durchmesser von ca. 120 m.

Die Entstehung dieser Ringburg fällt wie die der anderen in die Regierungszeit des dänischen Königs Harald Blauzahn, der sie um 980 zur Sicherung seiner Macht anlegen ließ. Ihr Name geht auf ein Nonnenkloster zurück, das allerdings erst 1182, also nach der Wikingerzeit, auf dem Hügel errichtet wurde.

Durch die moderne Bebauung ist der Wall der Ringburg, der deutlich in einem Stadtplan von 1593 und bis in 19. Jahrhundert noch im Gelände erkennbar war, heute verschwunden. Immerhin sind aber ihre Reste seit 1988 in mehreren Grabungen von Fyns Museum untersucht worden. Geblieben ist auch der Name Nonnebakken für eine Straße direkt südlich der Odense Å. Die einstige Ringburg lag also, wie auch die anderen, an einem schiffbaren Gewässer.

Odense wird erstmals 988 in einem Brief des deutschen Kaisers Otto III. als Heiligtum für den Hauptgott der Wikingerzeit, für Odin, erwähnt. Die Siedlung ist jedoch erheblich älter, Bodenfunde deuten auf die Zeit um 850 hin. Odenses Name geht auf „Odin ve" zurück, was Odins Heiligtum bedeutet. Wie dieses alte Heiligtum, das viele Menschen anzog, ausgesehen hat, ist nicht bekannt. Neben dem heiligen Platz gab es in Odense den Thing für ganz Fünen, die Ratsversammlung der freien waffenfähigen Männer, und später, im christlichen Odense, einen Markt, dessen Wurzeln die alten Opferfeste am Heiligtum waren. Unter König Knud dem Großen wurde Odense 1020 Bischofssitz, ebenso wie Lund* in Südschweden.

Der Thingplatz dürfte der germanisch-wikingischen Tradition zufolge beim Heiligtum gelegen haben, und da die christlichen Kirchen gemäß päpstlicher Anordnung stets auf oder direkt neben den heidnischen Heiligtümern erbaut wurden, ist anzunehmen, dass Heiligtum und Thingplatz in der Gegend um die alte St. Albani-Kirche waren. Die lag zwischen der heutigen St. Knuds-Kirche am Klosterbakken/Flakhaven und dem Rathaus gegenüber und ist längst verschwunden, aber ein Denkmal am Skt. Knuds Plads für König Knud markiert in etwa den Platz. Denn hier hat die Legende vom Heiligen Knud, der vielleicht gar nicht so heilig war, ihren Ursprung.

Die Story dazu: König Knud, ein Großneffe von Knud dem Großen, hatte ehrgeizige Pläne, die sich an seinem großen Vorfahren orientierten, der König von England und Dänemark zugleich gewesen war. Knud stärkte die Rolle der Kirche und vergrößerte zielstrebig die königliche Macht in Dänemark, was nicht überall auf Gegenliebe stieß. Er hatte nichts weniger im Sinn als die Rückeroberung Englands. Schließlich war es gerade erst 20 Jahre her, seit der Normanne Wilhelm der Eroberer 1066 den letzten dänischstämmigen König von England besiegt hatte und selbst englischer König geworden war.

Als Knud 1086 versuchte, für sein Ziel den dänischen Häuptlingen eine regelrechte militärische Dienstpflicht und Steuerzahlungen aufzuzwingen und damit ihre traditionellen Rechte zu beschneiden, kam es zum Aufstand. Knud wurde aus Jütland, wo er gerade für seine Pläne um Unterstützung warb (siehe Børglum*), verjagt und flüchtete nach Fünen. Aber auch hier war er nicht gelitten. Seine Gegner, zumeist hohe Adlige, die um ihre eigene Macht fürchteten, verfolgten ihn am 10. Juli 1086 bis in die hölzerne Albani-Kirche in Odense, wo er Zuflucht gesucht hatte. Vor dem Altar erschlugen sie ihn samt seinem jüngeren Bruder Benedikt und 17 Gefolgsleuten.

Vermutlich war der kirchentreue Knud zwar machtbesessen, aber nicht der Despot, als den seine Gegner ihn sahen. Jedenfalls plagte die Dänen bald nach seinem Tod das schlechte Gewissen, gefördert durch Hungersnöte in der nachfolgenden Regierungszeit von Knuds Bruder Olaf, der nicht ohne Grund den Beinamen „Hunger" bekam. Anderthalb Jahrzehnte nach seiner Ermordung wurde Knud auf Be-

SERVICE
Odense Bys Museer **Møntergården**, Møntestræde 1, 5000 Odense C,
Tel. 6551 46 01. Geöffnet Di.–So. 10–16 Uhr. Eintritt. Shop.
museum.odense.dk
Sankt Knuds Domkirke, Klosterbakken 2, DK-5000 Odense C,
Tel. 6612 03 92. Geöffnet Apr. bis Okt. Mo.–Sa. 10–17 Uhr, So. 12–16 Uhr,
Nov. bis Mrz. Mo.–Sa. 10–16 Uhr, So. 12–16 Uhr.
www.odense-domkirke.dk
H. C. Andersens Hus, Bangs Broder 29, DK-5000 Odense C,
Tel. 6551 46 01. Geöffnet Mitte Juni bis Ende Aug. tägl. 10–17 Uhr, sonst
Di.–So. 10–16 Uhr, Eintritt. *museum.odense.dk/hcandersenshus*.
Odense Turistbureau, Vestergade 2, DK-5000 Odense C, Tel. 63 75 75 20.
www.visitodense.com

WEGWEISER
Autobahn E 20, Abfahrt 53 (Westen) bis 49 (Osten). Domkirche, Stadtmuseum und Andersens Hus liegen alle nicht weit voneinander entfernt in der Stadtmitte. Für den Stadtbesuch empfehlen sich Parkhäuser/-plätze außerhalb der Innenstadt mit ihren Fußgängerzonen, etwa als im Zuge von Albanigade oder Vestre Stationsvej. Siehe: *www.odenseparkering.dk* mit Anzeige freier Plätze. Andersens Geburtshaus ist in der Straße Bangs Broder

treiben bereits seines nächsten regierenden Bruders, des Königs Erik Ejegod (der ebenfalls seinen Beinamen „der Herzensgute" nicht von ungefähr trug), vom Papst heilig gesprochen.

Der herzensgute Erik hatte 1098 als erster wikingischer König eine Reise zum Papst unternommen, auf der Ostroute über Konstantinopel und die Insel Bari nach Rom. Dort fädelte er mit Papst Urban II. einen Deal ein: Der ermordete Knud sollte zum Heiligen ernannt und das Bistum Lund* in Südschweden zum Erzbistum mit ganz Skandinavien als Kirchenprovinz erhoben werden – womit die führende Rolle von Hamburg*-Bremen in der Mission des Nordens beendet würde. Damit hatte der dänische König künftig die Politik der Kirche unter Kontrolle.

Unter Papst Urbans Nachfolger Paschalis II. war es soweit: Bischof Asker von Lund* wurde 1103 zum ersten Metropoliten erhoben, und man begann mit dem Bau des Doms von Lund, als repräsentativer Bischofskirche des neuen Erzbistums. Knud konnte als nationaler Heiliger bereits 1101 würdig in der Albani-Kirche beigesetzt werden. Erik Ejegod starb 1103 während einer Pilgerreise nach Jerusalem auf der Insel Zypern, in der Garnison der Waräger, der skandinavischen Söldner im Dienst der byzantinischen Kaiser.

An Stelle der Albani-Kirche wurde Anfang des 12. Jahrhunderts die St. Knuds-Kirche errichtet, die zum weithin bekannten Pilgerziel wurde. Der heutige Dombau ist jünger, aber Gewölbe der älteren Steinkirche sind erhalten, sie wurden 1872 entdeckt. Die helle Krypta (zugänglich für Besucher) beherbergt noch heute unter Glas die offenen, edel ausgekleideten Särge mit den Skeletten von Knud dem Heiligen und seinem Bruder Benedikt sowie Grabmäler mehrerer Könige und Königinnen. Nach der Reformation, als Heilige ihre Bedeutung verloren hatten, war Knuds Skelett verschwunden, wurde aber 1582 wieder aufgefunden.

Die Echtheit von Knuds Skelett wurde lange Zeit angezweifelt, aber Untersuchungen haben ergeben, dass Schädel und Knochen von ein und derselben Person stammen, und die kann im Rahmen der Messgenauigkeit der C^{14}-Datierung tatsächlich im Jahr 1086 gestorben sein. Außerdem fanden sich deutliche Spuren einer schweren Verletzung durch Schläge oder Hiebe im Nacken. Es dürfte sich also wirklich um Knud handeln.

Eine Ausstellung über Odense in der Wikingerzeit wird im Museum Møntergården gezeigt. Dort ist jetzt auch die Ausstellung zur Vor- und Frühgeschichte Fünens aus dem ehemaligen Museumshof Hollufgård integriert. Wenn Sie ohnehin in der Stadt sind: Odense ist die Heimat von Hans Christian Andersen, weshalb Ihnen der Märchendichter in diversen Plastiken und Figurationen in der Stadt begegnet. Das Andersens Hus informiert über sein Leben.

Bytofte
Siedlung

Wieder mal brachte der Straßenbau die Vergangenheit an den Tag: Direkt südlich der Autobahn E 20, halbwegs zwischen Odense* und Nyborg, sind Reste einer Siedlung gefunden worden, die über viele Jahrhunderte hin bestanden hat, von der Bronzezeit um 1500 v. Chr. bis ins Mittelalter hinein. Umrisse und Lage von zahlreichen Häusern, Hütten, Zäunen etc. sind wieder sichtbar gemacht geworden, indem man sie nach der Ausgrabung mit Pfählen und Wällen aus Grassoden markiert hat.

Die Ausgrabung fanden in den 1980er Jahren im Zuge der Bauarbeiten für die Trasse der Autobahn E 20 statt. Die einstigen Gebäude waren über ein großes Areal nahe dem heutigen Autobahn-Rastplatz verstreut. Ähnlich wie Østskoven* bei Esbjerg blieb die Siedlung nicht beständig an einem Platz, sondern verlagerte sich im Laufe der Jahrhunderte. Die Häuser aus der Wikingerzeit liegen am dichtesten an der Autobahn; darunter ein 28 m langes wikingerzeitliches Haus mit Stallungen, gleich nebenan ein wikingerzeitlicher Heuschober und ein Brunnen.

Fundgegenstände von den Ausgrabungen werden in Odense Bys Museer gezeigt und zum Teil auch im Vikingemuseet Ladby* (siehe rechts). Das gesamte Siedlungsgelände von Bytofte ist als Wäldchen neu angelegt worden, auch aus Baumsorten, die in früheren Zeiten in dieser Gegend vertreten waren.

SERVICE
Bytoftevænget, DK-5550 Langeskov, Info-Tafeln an den Hausumrissen
Weitere Infos im Vikingemuseet Ladby *www.vikingemuseetladby.dk/*

WEGWEISER
Bytofte liegt direkt südlich der Autobahn E 20. Abfahrt Nr. 47, Richtung Langeskov, sofort wieder rechts ab, durchs Industriegebiet entlang der Autobahn, wieder rechts über die Autobahn hinweg, dann nach links (Wegweiser) nach Bytofte. Das Gelände ist auch über einen Fußweg vom Autobahn-Rastplatz bei Rønninge (Fahrtrichtung Nyborg) zu erreichen.

Rønninge
Runenstein & Siedlung

Der Runenstein in der Kirche von Rønninge, nicht weit entfernt von der einstigen Siedlung Bytofte*, wird auf den Anfang des 10. Jahrhunderts datiert. Seine Inschrift: »*Sote errichtete diesen Stein zum Andenken an seinen Bruder Elev, den Sohn von Asgod mit dem roten Schild*«. Sote, der den Stein errichtete, dürfte derselbe gewesen sein, der auf dem Stein von Glavendruplund* die Runen ritzte. Sein Name erscheint auch auf dem Stein von Tryggevælde, der ursprünglich in Hårlev* auf Seeland stand und jetzt im Nationalmuseum ist.

Der Stein von Rønninge war schon 1627 in einer Steinbrücke im Ort entdeckt worden, verschwand dann spurlos und wurde erst 1853 weiter nördlich in Kerteminde beim Abriss eines Hauses wieder entdeckt. 1949 kam er zurück nach Rønninge, wurde erst vor und 1982 schließlich im Waffenhaus der Kirche aufgestellt. Der hübsche Backsteinbau mit Treppengiebeln liegt etwas erhöht mitten im Ort.

Der erwähnte »*rote Schild*« könnte im Gegensatz zu einem weißen Schild, der in den Wikinger-Sagas friedliche Absichten signalisiert, auf eine kriegerische Funktion hindeuten. Asgod dürfte also ein geachteter Krieger gewesen sein. Üblicherweise waren die Schilde aus Holz, hielten nicht lange und galten daher, im Gegensatz zu Schwertern, nicht als Wertgegenstände, die ihre Besitzer durchs Leben begleiteten.

In der Umgebung des Pfarrhofes von Rønninge sind seit den 1970er Jahren zahlreiche Spuren wikingerzeitlicher Besiedlung gefunden oder ausgegraben worden, darunter Hausplätze, Abfallgruben, Grubenhäuser, Keramik, Ziegel, Knochen etc. Die Funde sind zum Teil in Odense Bys Museer und im Vikingemuseet Ladby.

SERVICE
Odense Bys Museer, siehe in Odense: *www.museum.odense.dk*
Vikingemuseet Ladby, Vikingevej 123, Ladby, DK-5300 Kerteminde, Tel. 6532 16 67. Geöffnet Juni bis Aug. tägl. 10–17 Uhr, Sept. bis Dez. und Jan. bis Mai Di.–So. 10–16 Uhr. *www.vikingemuseetladby.dk*

WEGWEISER
Rønninge liegt direkt südlich der Autobahn E 20, hat jedoch keine eigene Abfahrt. Entweder von der Landstraße 160 über Langeskov oder Ullerslev Richtung Rønninge. Oder Autobahn-Abfahrt 47, Richtung Langeskov, nächste Straße (Industrivej) rechts. Durchs Industriegebiet, wieder rechts über die Autobahn hinweg, an Bytofte vorbei, an der Kreuzung links nach Rønninge, dort wieder links (Rønninge Bygade) zur Kirche.

Vikingemuseet Ladby
Schiffsgrab

Eines der internationalen Paradestücke unter den wikingerzeitlichen Funden ist im Inneren eines Hügels am Südufer des Kerteminde-Fjordes zu besichtigen: Dänemarks einziges erhaltenes Schiffsgrab aus der Wikingerzeit, nach dem nahe gelegenen Ort „Ladby-Schiff" genannt. Um das Jahr 950 wurde hier ein ausgedientes Wikingerschiff an Land gezogen, um einen Großherren oder Häuptling darin beizusetzen. Erst 1934 wurde der Grabhügel von einem archäologischen Amateur entdeckt und in den Jahren bis 1937 freigelegt und erforscht. Der ursprüngliche Eingangsbau zum Grabhügel ist in den vergangenen Jahrzehnten erweitert und in „Vikingemuseet Ladby" umbenannt worden, Fundstücke aus dem Nationalmuseum und auch aus der Umgebung wurden hinzugefügt.

Das Ladby-Schiff ruht im Gegensatz zum Schiff im Bootsgrab von Haithabu* auf seinem Kiel und es ist nahezu exakt in Nord-Süd-Richtung ausgerichtet. Der unbekannte Herrscher darin war gut gerüstet auf seine Reise ins Jenseits gegangen: Mit immerhin 11 Pferden, zwischen 5 und 20 Jahren alt, mindestens 4 Hunden und zahlreichen Gebrauchsgegenständen des Alltags, wie Reitzeug, Brettspiel, Kleidung, Essgeschirr etc.

Über dem Grab wurden nach dem Begräbnis ein Dach aus dicht schließenden Planken und darüber ein flacher Hügel errichtet. Später haben möglicherweise christliche Nachfahren des Verstorbenen das Grab wieder geöffnet, um den Leichnam in geweihtem Boden zu bestatten, in oder bei der Kirche im nicht weit entfernten Kølstrup. Die Grabbeigaben wurden dabei nicht angetastet.

Vom Schiff sind heute nur noch der exakte Abdruck im Boden und einzelne Holzteile erhalten, die Planken haben sich aufgelöst. Die Form des Schiffes ist durch viele Eisennägel deutlich erkennbar, mit denen die Planken befestigt worden waren. Das Schiff war 22 m lang, 2,9 m breit und hatte Platz für 32 Ruderer. Der Mast konnte umgelegt werden oder ein Rahsegel von ca. 70 m^2 tragen. Der Vordersteven hatte die Form eines Drachenkopfes mit eiserner Mähne, und der Hecksteven bildete die Form eines gekrümmten Drachenschwanzes. Der Anker liegt noch wie vor über 1000 Jahren im Vordersteven, und ebenso liegen noch die Pferde- und Hundeskelette auf dem Boden.

Das Schiffsgrab bietet also fast noch den Anblick wie zur Zeit seiner Entdeckung, allerdings nicht mehr unter einem Grabhügel aus Erde, sondern durch eine riesige Glasvitrine vor Witterungseinflüssen geschützt unter einer modernen begrünten Betonkuppel. Im 2007 eröffneten Neubau werden eine Ausstellung über die Ausgrabung und wikingerzeitliche Funde aus der Gegend gezeigt. Ein fahrtüch-

SERVICE
Vikingemuseet Ladby, Vikingevej 123, Ladby, DK-5300 Kerteminde, Tel. 6532 16 67. Geöffnet Juni bis Aug. tägl. 10–17 Uhr, Sept. bis Mai Di.–So. 10–16 Uhr. Eintritt. Caféteria & Shop.
www.vikingemuseetladby.dk Teil von: *www.ostfynsmuseer.dk*

WEGWEISER
Aus Richtung Odense über die Straße 165 direkt oder die 160 (Bytofte/Rønninge) zur Marguerit-Route Richtung Munkebo/Kerteminde. In Ladby Abzweigung nach Norden. Das Vikingemuseet Ladby ist ausgeschildert.

tiger Nachbau des Ladby-Schiffes mit dem Namen „Imme Gram" liegt im Jachthafen von Kalvø nördlich Appenrade in Südjütland.

Das Grab mit dem Ladby-Schiff ist nicht das einzige in der Gegend. Im Laufe der Jahre sind auf dem Höhenrücken am Kerteminde-Fjord zahlreiche Begräbnisse entdeckt worden. Das Schiffsgrab von Ladby wurde demzufolge auf einem Gräberfeld von nahen Siedlungen angelegt. Zur Wikingerzeit gab es eine Wasserverbindung vom Storebælt über den Kerteminde Fjord an Ladby vorbei zum Odense Fjord und damit auch nach Odense* bzw. zur dortigen Ringburg Nonnebakken. Eine Reihe von Ortsnamen, etwa mit dem Wort „snekke" für Kriegsschiff, deutet auf regen Schiffsverkehr über diese Verbindung hin. Die heutige Halbinsel Hindsholm war dementsprechend damals eine Insel.

Kertinge Nor
Schiffssperre

Bei Munkebo war zur Wikingerzeit eine Schiffssperre im Kerteminde Fjord. Sie lag nahe der schmalsten Stelle des Fjords. 1996 wurde die Anlage im Zusammenhang mit archäologischen Erkundungen des Ortes Snekkeled östlich Munkebo entdeckt. Untersuchungen durch Taucher ergaben einen ca. 3 m breiten Gürtel von Pfählen, die in den Fjordboden gerammt waren. Sie erstreckten sich zwischen dem Nordufer in Höhe des Klärwerks Munkebo und etwa in Richtung zum Maglebjerg am Südufer. Dieser auffällige Hügel soll Überlieferungen zufolge seit frühen Zeiten befestigt gewesen sein.

WEGWEISER
An der Straße 165 von Odense nach Kerteminde liegt in Munkebo am Fjord, Munkebovej Nr. 150, das Klärwerk (Rensningsanlæg). Westlich daneben führt ein Weg zum Fjord. Der Maglebjerg ist von hier aus zu sehen.

Fyns Hoved
Handelsplatz

Auf dem nördlichen Landzipfel der Halbinsel Hindsholm gab es zur Wikingerzeit einen saisonalen Handelsplatz. Er lag auf der flachen Ostseite von Fyns Hoved, das damals eine Insel war; noch heute führt nur ein schmaler Damm hinüber, immerhin für Autos passierbar. Der Platz lag unterhalb der Anhöhe Baesbanke, die vor West- und Südwinden schützte, andererseits aber einen weiten Blick auf den Storebælt und die Gewässer nördlich von Fünen gewährte. Es ist heute eine etwas entrückte, zauberhafte Gegend.

Der Platz ist in den 1970er Jahren entdeckt und seine Funktion aus örtlichen Funden rekonstruiert worden. Zu den Funden in der Umgebung gehören u. a. drei Eisenäxte, viele Eisennieten, wie sie zum Bau oder Reparieren von Schiffen verwendet wurden, Pfeilspitzen, Wetzsteine, Bleigewichte, Teile von Fibeln etc., außerdem rund 100 Silbermünzen meist angelsächsischer Prägung. Auf dem Handelsplatz selbst wurde wikingerzeitliche Keramik und so genannte Ostseekeramik aus dem 11. Jahrhundert gefunden.

Spuren fester Besiedlung wurden nicht entdeckt, es handelte sich hier also um einen nur jahreszeitlich genutzten Marktplatz, ähnlich wie Skuldevig* auf Seeland oder Löddeköpinge* in Schonen. Entsprechend könnte auch dieser Platz ein Verteilungscenter gewesen sein, wo Waren von größeren Handelsschiffen auf kleinere Fahrzeuge umgeladen wurden, die dann den Nahverkehr nach Nordfünen und Odense* besorgten.

WEGWEISER
Von Kerteminde auf der Landstraße 315 nach Norden, an Campingplatz und Ferienhausgebiet vorbei bis Ende des Fynhovedvej. Dort am Hang nach rechts über den Damm, an dessen Ende Parkmöglichkeiten sind. Zu Fuß dem Weg zur Ostseite folgen bis zu der Stelle, wo am Ende eines Sees linkerhand ein kurzer Pfad nach rechts an den Strand führt. In diesem Bereich der Bucht war der wikingerzeitliche Marktplatz.

Gudme
Häuptlingssitz & Kultzentrum

Sportliche Erfolge können durchschlagende Wirkungen haben: Der Wunsch des dänischen Handballmeisters GOG Gudme Svendborg, in einer neuen Sporthalle zu trainieren, führte zur Entdeckung eines einstigen Macht- und Kultzentrums. Heute ist Gudme ein harmloses Dorf im südöstlichen Fünen.

Die Siedlung nahe der Küste nördlich von Svendborg wurde im 1. Jahrhundert v. Chr. gegründet und in den folgenden Jahrhunderten immer größer und wohlhabender. Ihre Blütezeit erreichte sie im 4. Jahrhundert, aber sie überdauerte noch bis weit in die Wikingerzeit hinein. Bei den Vorbereitungen für den Bau der neuen Sporthalle in den 1980er Jahren wurde die ehemalige Siedlung entdeckt und archäologisch erforscht.

Gudme bestand aus Langhäusern des üblichen Typs, bis auf zwei, die wegen ihrer außergewöhnlichen Länge von 50 m als „Königshallen" angesehen werden. Sie sind die größten eisenzeitlichen Gebäude Skandinaviens und dürften Teil der Residenz eines überregionalen Häuptlings gewesen sein. Die Umrisse der beiden „Hallen" wurden nach der Ausgrabung mit Holzpflöcken markiert und sind somit wieder sichtbar geworden, auch von einer Aussichtsplattform.

Die Funde, die in den Häusern und der Umgebung gemacht wurden, unterscheiden sich grundlegend von denen üblicher Bauernsiedlungen: Goldverzierungen an Waffen, goldene Ringe, zerhackte Gold- und Silberstücke, kleine Figuren, die in Goldfolie geprägt waren („Goldgubber"), wie sie sonst nur mit Kultzentren der Völkerwanderung in Verbindung gebracht werden, Schmuck mit ostgotischen Motiven etc. zeugen von Reichtum und dazugehöriger Macht. Die ganze Gegend ist das Zentrum der Goldfunde in Dänemark, mit insgesamt über 10 Kilo Gold.

SERVICE
Geschlossene Aussichtsplattform am Gelände mit Informationstafeln zur Geschichte Gudmes und der Umgebung. *de.wikipedia.org/wiki/Gudme*
Svendborg Museum, Grubbemøllevej 13, DK-Svendborg, Tel. 6221 02 61. Geöffnet 14. Feb. bis 22. Dez. Di.–So. 10–16 Uhr. Eintritt. Shop.
www.svendborgmuseum.dk

WEGWEISER
Gudme liegt ca. 10 km nordöstlich von Svendborg an der Marguerit-Route, zu erreichen über die Straße 163, in Broholm Abzweigung nach links. Am Ortseingang liegt links vor der Sporthalle an der Ecke Broholmsvej/Stærkærvej die Fundstätte, weithin sichtbar durch den Aussichtsturm

Der Name von Gudme hat religiöse Bedeutung. Er wird als „Guds Hjem", d. h. Gottes Heim gedeutet. Insgesamt wird der außergewöhnliche Charakter Gudmes als ein Häuptlingssitz mit religiöser Funktion interpretiert: Ein Heiligtum, an dem anders als in den vorhergehenden Jahrhunderten statt einfacher Votivgaben jetzt kostbare Gegenstände und vermutlich auch Menschenopfer dargebracht wurden, ähnlich wie in Lejre* auf Seeland.

Außerdem war Gudme, wie die aufgefundenen Schmuckstücke zeigen, auch ein Handelsplatz mit weit reichenden Verbindungen bis nach Südeuropa und Asien. Die einstige Siedlung stand in enger Verbindung mit dem nicht weit entfernten Ort Lundeborg* an der Küste, der Hafenplatz für den Häuptlingssitz und Kultplatz Gudme war. Auch dort hat das Svendborg Museum, ebenso wie in Gudme, archäologische Untersuchungen durchgeführt.

Zwischen Gudme und Lundeborg*, östlich der Straße 163, wurde eines der größten eisenzeitlichen Gräberfelder Dänemarks entdeckt, mit über 2200 Gräbern (Møllegårdsmarken). In keinem wurden Waffen gefunden. Aus diesem außergewöhnlichen Umstand hat man geschlossen, dass in der ganzen Gegend ein besonderer Zustand des Friedens geherrscht haben muss, was wiederum mit der Bedeutung Gudmes als überregionales Heiligtum in Verbindung gebracht wird.

Lundeborg
Hafen & Handelsplatz

Schon vor der Wikingerzeit war Lundeborg Hafenplatz für den Häuptlingssitz Gudme*, der nur wenige Kilometer entfernt lag. Spuren der alten Siedlung wurden in den 1990er Jahren nördlich des heutigen Lundeborg beidseits von der Mündung der Tange Å in den Belt entdeckt. Der Platz erstreckte sich über nahezu 1 Kilometer entlang der Strandlinie und hatte seine Blütezeit etwa von 300 bis 800 n. Chr. Er diente nicht nur dem Handel, sondern war auch Hafen für die Schiffe der Besucher des religiösen Zentrums Gudme.

Offensichtlich war Lundeborg ein saisonaler Handwerker-, Handels- und Hafenplatz. Nach Ausweis der archäologischen Funde, darunter viele Eisennägel, wurden hier auch Schiffe repariert, außerdem gab es am breiten Strandwall Handwerksstätten, in den u. a. Gold und Silber, Bronze und Bernstein, Eisen und Holz, Glas und Knochen verarbeitet wurden. Von den Ausgrabungen ist heute allerdings nichts mehr zu sehen.

Lundeborg gilt als Beispiel für Handelsplätze, die sich unweit religiöser oder weltlicher Machtzentren entwickelten. Von den einstigen Aktivitäten im Bereich der Tange Å ist zwar nichts mehr zu sehen, jedoch macht die reizvolle Lage des Platzes an der Küste die frühere Bedeutung begreiflich. Der heutige kleine Hafenort ist Sportboothafen und beliebtes Ausflugsziel mit Kro, Fisch-Restaurant und dem alten Fachwerkspeicher Pakhus von 1863, mit Restaurant.

SERVICE
Lundeborg Pakhus, Havnevej 1, 5874 Hesselager, Tel 6225 25 69
Info über Ort und Hafen: *www.lundeborginfo.dk*

WEGWEISER
Lundeborg liegt ca. 5 km östlich von Gudme. In Broholm von der Straße 163 nach Osten abzweigen. An der Kreuzung in Lundeborg nach Norden in Gammel Lundeborgvej, das letzte Stück hinter dem 2. Campingplatz zu Fuß an den Strand zur Mündung der Tange Å in die Ostsee.

XIV. Süddänische Inseln

Vejsnæs Nakke
Wallanlage & Kirche, Ærø

Eine der wenigen wikingerzeitlichen Spuren auf Ærø: der Platz der einstigen Sankt Albert Kirche direkt an der Südwestküste, bei Vejsnæs Nakke. Sie wurde erst 1995 entdeckt, ausgegraben und im Grundriss rekonstruiert. Es handelt sich um einen meterhohen Halbkreiswall, der von einem bis zu 3 m tiefen Graben umgeben ist. Die ganze Anlage ist ca. 60 mal 30 m groß und wurde um das Jahr 1000 errichtet.

Ihr Zweck ist nicht geklärt, sie könnte der Verteidigung gedient haben. Jedoch gestaltete man die Wallanlage um 1300 völlig um und baute hier eine Kirche. Da christliche Kirchen in aller Regel an alten heidnischen Kultplätzen errichtet wurden, muss man auch für diese Anlage einen kultischen Hintergrund in Betracht ziehen. Darauf deuten einige Funde und Begräbnisse von enthaupteten Menschen auf dem Gelände hin, die in die Wikingerzeit datiert werden.

Die Mauern der Kirche waren bis zu 1,5 m dick. Der große Kirchenraum war von zwei Nebengebäuden flankiert. Im Boden unter dem einem fand man Tierknochen, Eisenteile, Armbrustbolzen, Keramik etc. Außerhalb der Kirche wurden ca. 60 Gräber entdeckt, von denen etwa die Hälfte Kindergräber waren. Viele Münzen belegen, dass die Kirche bis zur Reformation 1536 benutzt wurde. Danach verfiel sie und wurde als Steinbruch für andere Gebäude benutzt.

> **SERVICE**
> Info-Tafel über die Geschichte und archäologische Ausgrabungen.
> Turistbureau, Ærøskøbing Havn 4, DK-5970 Ærøskøbing, Tel. 6252 13 00.
>
> **WEGWEISER**
> Auf der Straße von Ærøskøbing nach Marstal an der Kreuzung, wo sie auf die Küste trifft, nach rechts (Südwest) abbiegen. Dort, wo der Weg Havsmarken von der Küste wegführt, parken und zu Fuß am Strand zum Wall.

Stengade
Gräberfeld mit Doppelgrab, Langeland

Auf Langeland sind bedeutende Spuren aus der Wikingerzeit gefunden worden. An erster Stelle das berühmte Doppelgrab von Stengade an der Ostküste unweit von Tranekær, in dem ein vornehmer Mann zusammen mit einem enthaupteten und gefesselten Sklaven bestattet worden war. Der Sklave war ca. 35 Jahre, sein Herr ca. 25 Jahre alt. Er war in einen Seidenkittel gekleidet und hatte eine Lanze mit Silberbeschlag als Beigabe. Ein nahezu einzigartiger archäologischer Beleg für das Begräbnis eines Mitgliedes der wikingerzeitlichen Oberklasse in Verbindung mit einem Menschenopfer.

Die konservierte Grabgrube wird heute im Langelands Museum in Rudkøbing gezeigt, das die Ausgrabungen 1972/73 durchführte. Dieser außergewöhnlicher Fund hat nur noch im zeitgleichen Grab von Lejre* auf Seeland ein Gegenstück, wo ebenfalls ein Sklave seinen Herrn in den Tod begleiten musste.

Das Doppelgrab von Stengade war eines von insgesamt 83 wikingerzeitlichen Gräbern, die man am Rande eines ehemaligen Kiesabbauhanges entdeckt und untersucht hat. Die Gräber waren überwiegend west-östlich ausgerichtet, zeigen also bereits christlichen Einfluss. In ihnen fand man u. a. arabische und angelsächsische Münzen, und überdies wurden im Gelände auch Hausplätze aus Steinzeit, Eisenzeit und Wikingerzeit lokalisiert. Ein weiteres Gräberfeld ist ca. 250 m südöstlich gefunden worden.

Ein paar hundert Meter weiter nördlich, kurz hinter der scharfen Rechts- und der folgenden Linkskurve der Straße Stengadevej, wurde in den 1970er Jahren ein ca. 500 m langes mit Steinen befestigtes Wegstück entdeckt, das sich westlich parallel zur Straße Richtung Tranekær nach Norden erstreckte. Nahe dem Nordende war bereits 1875 zwischen zwei Hügeln ein Münzfund gemacht worden, der aus englischen Münzen und Münzen des Handelsplatzes Dorestad im Rheindelta aus dem 10. Jahrhundert bestand.

Von allen Ausgrabungen ist heute nicht mehr zu sehen. Jedoch lohnt ein Besuch am Stengade Strand, nicht weit von der Stelle, wo das Doppelgrab entdeckt wurde. Der lichte Buchenwald am Ostseestrand hat Adam Oehlenschläger zu einem Gedicht veranlasst, das zur dänischen Nationalhymne wurde: „Der er et yndigt land", also „Es gibt ein anmutiges Land". Dicht bei der uralten riesigen Buche sind am Ufer die Reste mehrerer Grabhügel.

SERVICE
Langelands Museum, Jens Winthersvej 12, DK-5900 Rudkøbing, Tel. 6351 6300. Geöffnet Jul./Aug. Di.-Fr.+So. 12–17 Uhr, Apr. bis Jun. und Sep.bis Dez. Mi.– Fr+So. 12–16 Uhr. Kein Eintritt.
www.langelandsmuseum.com (auch in Deutsch)

WEGWEISER
Zum **Gräbergelände** auf der Hauptstraße 9 Richtung Spodsbjerg, kurz vor der Fähre nach links, der Marguerit-Route nach Norden folgen. Beim Hinweisschild „Løkkeby" rechts ab, an der nächsten Kreuzung links in die Slagterstræde und oben auf der Anhöhe rechts den Weg zum Kieshang. Nach **Stengade Strand** weiter auf der Straße Richtung Tranekær, vor den Häusern rechts, in der nächsten Linkskurve zwischen Knicks zweigt nach rechts der Stengade Skovvej ab. Am Waldrand den Wagen abstellen und zu Fuß 200 m zum Strand.

Kumlehøje
Grabhügel, Langeland

Der Platzname verrät, um was es geht – er bedeutet Denkmal-Hügel: Eine Landschaft nördlich von Lindelse, voller stein- und bronzezeitlicher Hügel. Mittendrin liegt dicht an der Straße 305 ein abgeflachter Gräberhügel, der zwar steinzeitlichen Ursprungs ist, aber zur Wikingerzeit erneut als Grabplatz benutzt wurde. Beim Kiesabbau fand man hier bereits Ende des 19. Jahrhunderts 6 Skelette, darunter ein wikingerzeitliches Männergrab mit Waffen und Reitzeug.

Weiterhin wurden in der näheren Umgebung die Skelette von Pferd und Hund gefunden, dazu in späteren Jahren arabische Silbermünzen von 802 und 807 (mit der Prägung des märchenhaften Kalifen Harun al Raschid), ein Bronzemesser und andere Gegenstände. Bei einer archäologischen Untersuchung im Umkreis des Hügels 1998 durch das Langelands Museum wurden weitere Gräber entdeckt, die alle ost-westlich ausgerichtet waren, also bereits aus christlicher Zeit stammen. Anhand der Beigaben konnte eins der Gräber ins 10. Jahrhundert datiert werden.

WEGWEISER
Der Grabhügel ist östlich der Landstraße 305 halbwegs zwischen Rudkøbing und Lindelse in einem Feldrain gegenüber dem Klæsøvej, der nach Westen zum Klæsøgård führt. Am Weg den Wagen abstellen, die Straße überqueren, am Feldrain zwischen zwei Feldern entlang zum Grabhügel

Guldborg Banke
Burganlage, Langeland

Auf einem weithin sichtbaren Hügel bei Illebølle war zur späten Wikingerzeit eine Burganlage. Entdeckt wurde sie bereits 1875, aber erst Untersuchungen Mitte der 1990er Jahre durch das Langelands Museum brachten Klarheit. Man hat jede Menge Waffen gefunden, Lanzen, Pfeilspitzen etc., und am Südrand des 38 m hohen Hügels viele ungeordnete Skelettreste, woraus auf eilige Bestattungen geschlossen wurde, wie sie nach Kampfhandlungen stattfinden.

Aufgefundene Münzen datieren das Geschehen in die Zeit um 1140. Pfostenlöcher und verkohlte Holzreste deuten auf eine verbrannte Tor- oder Palisadenkonstruktion. Aus dem Rahmen fällt der Fund zweier fast unversehrter Skelette, von einem Mann und einem 12jährigen Kind, neben denen Pferdeknochen lagen. Dabei könnte es sich nach Ansicht der Wissenschaftler um ein Opfer (von Gefangenen?) für die heidnischen Götter gehandelt haben. Der Mann hatte eine Pfeilspitze slawischen Typs im Arm.

Möglicherweise war also der Kampf, der offensichtlich an dieser Burganlage stattgefunden hat, ein Angriff von Wenden, deren Spuren auch auf der benachbarten Insel Lolland zu finden sind. Von der Burganlage ist heute nichts mehr zu sehen.

SERVICE
Langelands Museum, Jens Winthersvej 12, DK-5900 Rudkøbing, Tel. 6351 6300. Geöffnet Jul./Aug. Di.–Fr.+So. 12–17 Uhr, Apr. bis Jun. und Sep.bis Dez. Mi.– Fr+So. 12–16 Uhr. Kein Eintritt.

WEGWEISER
Zum Platz der ehemaligen Burganlage von der Landstraße 305 nach Osten in den Augløkkevej abbiegen, Richtung Illebølle, dabei Herslev rechts liegen lassen und in den Bjergvej einbiegen. Der bewaldete Hügel liegt rechterhand (südlich) hinter dem Hof Bjergegård. Auto am Guldborgvej vor dem Hof abstellen, den Weg ein Stück hochgehen und nach links dem steilen Pfad durchs Unterholz bergauf folgen.

Lindelse
Gräberfeld, Langeland

An einem Hügel an der Straße von Lindelse nach Bogøgården, am Südufer des Lindelse Nor, wurden bereits 1875 beim Kiesabbau mehrere Skelette gefunden. Archäologische Ausgrabungen Ende der 1980er Jahre förderten einen regelrechten Wikingerfriedhof zutage: Man fand 57 Erdgräber aus dem 10. Jahrhundert. In den Gräbern fanden sich nur wenige Beigaben – ein Messer und ein Wetzstein, Spangen und ein paar Glasperlen.

In zwei Gräbern waren die Toten in Wagenkästen bestattet, es handelte sich also wie etwa in Bienebek* im Raum Schleswig um vornehme Frauen. Einem Skelett war allerdings der Kopf abgeschlagen; möglicherweise eine Parallele zum Doppelgrab von Stengade*, wo Herr und (enthaupteter) Sklave bestattet worden waren. Die Mehrzahl der Gräber war ost-westlich ausgerichtet, es dürfte sich also um christliche Gräber handeln.

Von der Ausgrabung auf dem Feld ist nichts mehr zu sehen. Aber diese Gegend rund ums Nor hat es in sich. Zwar ist das ursprüngliche Ineinander von Land und Wasser durch Eindeichungen Anfang des 20. Jahrhunderts stark verändert, aber das Nor hat einen besonderen Reiz bewahrt, der begreiflich macht, was die Wikinger anzog.

WEGWEISER
In Lindelse nördlich der Kirche von der Landstraße 305 nach Nordwesten abbiegen Richtung Bogø, Lindø und Langø. Hinter der ersten scharfen Linkskurve liegt auf dem Feld links der Straße hinter dem Hügel das ehemalige Gräberfeld aus der Wikingerzeit.

Konabbe Skov
Schiffssetzung, Langeland

Groß ist sie nicht, aber immerhin ein sichtbares Zeugnis aus der Wikingerzeit auf Langeland – die Schiffssetzung im Wäldchen von Konabbe, nordöstlich von Humble. Sie ist ca. 13 m lang und besteht aus relativ kleinen Steinen, die nur noch wenig aus dem Waldboden herausragen. Der Stevenstein am Südende ist größer, aber umgekippt. Ein Halbkreis, der in einen der südlichen Steine eingeschlagen ist, wird auf einen späteren Versuch zurückgeführt, einen Mahlstein oder ähnliches aus dem Stein herauszuhauen.

WEGWEISER
Von Lindelse an der Landstraße 305 nach Südosten, nach Hennetved, von dort an Skovgård vorbei auf dem Kågårdsvej Richtung Kågård. Rechterhand liegt der Wald Konabbe Skov. Am Waldende führt ein Feldweg in den Wald, die Schiffssetzung liegt ca. 100 m östlich des Weges.

Ludvigshave
Grabhügel, Lolland

Mindestens 16 Grabhügel aus der Wikingerzeit sind im Forst Ludvigshave im Nordwesten von Lolland auf engem Raum erhalten. Es gibt keinen direkten Zugang, aber ein Waldweg läuft dicht daran vorbei, von wo aus man einen guten Überblick hat. Die Hügel sind recht klein, nur ca. 10 m im Durchmesser und weniger als 1 m hoch. Viele der Hügel wurden gegen Ende des 19. Jahrhunderts vom örtlichen Grundbesitzer untersucht.

Unter den gefundenen Grabbeigaben war ein ungewöhnliches, äußerst seltenes Stück vom Ende des 10. Jahrhunderts: Eine breitschneidige Axt, in deren durchbrochener Klinge von der Schneide

WEGWEISER
Halbwegs zwischen Maribo und Tårs von der Hauptstraße 9 nach Vesterborg abbiegen, über Vesterborgvej und Pederstrupvej nach Norden. Hinter dem Gutshof (Pederstrupvej 123) liegt rechts der Forst. Nach ca. 900 m, fast am Ende des Forstes, Auto abstellen, zu Fuß auf dem Weg in den Wald, rechts liegen die Grabhügel. Privatgelände, Autofahren verboten!

her ein Kreuz ragt. Solche Kreuzäxte waren zwar gebrauchsfähig, taugten aber nicht für wirkliche Kämpfe, sondern hatten eine zeremonielle Funktion, ähnlich den mit Gold und Silber verzierten Äxten Axt von Mammen* in Central-Jütland.

Der Tote, der in dem entsprechenden Grabhügel bestattet worden war, dürfte also eine herausragende Persönlichkeit gewesen sein. Das Kreuz muss allerdings nicht bedeuten, dass der Tote Christ gewesen war, grundsätzlich könnte eine Axt als Grabbeigabe auch als Symbol für den Kriegerberuf gegolten haben. Das Stück wird heute im Nationalmuseum in Kopenhagen gezeigt.

Viele Seen und Wasserläufe östlich von Straße und Forst zeugen übrigens noch heute davon, dass diese Gegend zur Wikingerzeit per Schiff erreichbar gewesen war. Folglich lagen auch die vielen Grabhügel von Ludvigshave damals, typisch für die Lebensweise der Wikinger, nicht weit vom Wasser entfernt.

Tillitse
Runenstein, Lolland

Ein einzigartiger Runenstein steht vor dem Waffenhaus der Kirche von Tillitse südlich von Nakskov. Er zeigt auf der einen Seite ein großes Kreuz und auf der anderen Seite zwei Inschriften, die aber nichts miteinander zu tun haben. Die längere (und ältere) stammt bereits aus christlicher Zeit: »*Eskil, Sulkes Sohn, ließ diesen Stein zu seinem eigenen Andenken errichten. Solange der Stein steht, wird diese Schrift daran erinnern, was Eskil tat. Christus und St. Mikael seien seiner Seele gnädig*«. Der kürzere Text: »*Toke ritzte diese Runen zu Ehren seiner Stiefmutter Thora, eine wohlgeborene Frau*«.

Eskils Stein ist der einzige Runenstein Dänemarks, den ein Geehrter sich selbst gesetzt hat. Die Sitte, sich mit einem Runenstein selbst ein Denkmal zu setzen, kam in Schweden zur Wikingerzeit häufiger vor. So ließ zum Beispiel ein Wikingerhäuptling namens Jarlabanki in der Gegend um Täby nördlich von Stockholm zu seinem eigenen Andenken vier Runensteine an einer Brücke aufstellen, die er selbst hatte errichten lassen. Jarlabanki zelebrierte offensichtlich selbstbewusst seine eigene Bedeutung für die Region.

Der Stein von Tillitse ist außerdem der einzige in Dänemark, der erneut für eine Inschrift verwendet worden ist. Häufig gibt es in Runeninschriften Schutzformeln oder Warnungen, den Stein zu entfernen oder zu verändern, wie z. B. in Glavendruplund* auf Fünen oder in Sölvesborg* in Südschweden. In diesem Fall jedoch hat ein Wikinger namens Toke keine Bedenken gehabt, einen vorhandenen Runenstein erneut zu benutzen. Auch dieser Brauch, einen Runenstein für eine weitere Inschrift zu verwenden, ist in Schweden mehrfach belegt. Man geht deshalb davon aus, dass in der Gegend um Tillitse auch schwedische Wikinger lebten (siehe auch Maribo*).

WEGWEISER
Die Kirche von Tillitse liegt östlich der Straße Maglehøjvej, die von Nakskov nach Maglehøj Strand an der Südküste Lollands führt. Die Kirche ist am Tillitsekirkvej unübersehbar am östlichen Ortsrand.

Hominde
Schiffssperre, Lolland

An der heute gradlinigen Südküste Lollands war zur Wikingerzeit eine große Bucht – der Rødby Fjord. Er erstreckte sich bis zum Ort Rødby, der seit früher Zeit Hafenplatz und Fährort zu den südlichen (holsteinischen) Küsten war, im Mittelalter sogar ein königlich privilegierter Platz. Erst nach der verheerenden Sturmflut 1872 wurde Rødby durch Eindeichungen vom Meer abgeschnitten. Als Folge baute man 5 km weiter südlich einen neuen Hafen: Rødby Havn, der Fährhafen der Vogelfluglinie. An den einstigen Fjord erinnern noch Kanäle und Gräben in der platten Landschaft.

Nahe der Siedlung Tjørnebjerg westlich von Rødby Havn wurde 1933 im Gelände eine Pfahlreihe entdeckt, die sich quer über den heutigen Wassergraben der Skarholm Rinne erstreckte – zur Wikingerzeit eine Schiffssperre im damaligen Fjord. Der Platz ist unter dem Namen Hominde bekannt. Die Anlage war ca. 6 – 8 m breit, 200 m lang und bestand aus 15.000 Eichenpfählen in mehrfachen Reihen, die durch Querbalken an der Wasseroberfläche verbunden waren. Ausgrabungen durch das Nationalmuseum 1994 ergaben zwei Bauphasen der Sperre, die erste um 930 und eine weitere um 1140.

Die spätere Bauphase hängt mit den Wendenüberfällen von der südlichen Ostseeküste zusammen, sie sperrte die Fahrrinne im Fjord, die von der Küste im Bogen nach Rødby führte. Zum Teil blieben die Wenden auch als Siedler, wie wendische Ortsnamen belegen (u. a. Tillitse). Dänische Lokalhistoriker sehen die Sperre allerdings auch als technische Handelsbarriere an, weil man fremde Kaufleute daran hindern wollte, im Ort Hoby statt in Rødby zu handeln.

Zu sehen ist von der einstigen Seesperre naturgemäß nichts mehr. Nur ein schmaler, teilweise verschilfter Graben im flachen Gelände erinnert noch daran, dass die Gegend mal völlig anders aussah. Für die archäologische Erforschung und Präsentation auf Lolland und Falster ist das Stiftsmuseum in Maribo* zuständig.

SERVICE
Lolland-Falsters Stiftsmuseum, Banegårdspladsen 11, DK-4930 Maribo, Tel. 7240 16 20. Geöffnet Do.–Fr. 10–16, Sbd. 10–14 Uhr. Eintritt.
aabne-samlinger.dk/stiftsmuseet/stiftsmuseet

WEGWEISER
Von Rødby Havn über die Straße 275, vor dem Rødby Kanal (zweiter Kanal) abbiegen nach Westen. An der Linkskurve vor der Feriensiedlung Tjørnebjerg zweigt nach links ein Weg ab. Wagen abstellen, ca. 300 m zu Fuß auf dem Klokkerholmsvej bis zu einem scharfen Wegknick. Zwischen der Erhebung und der nahen Baumreihe rechts vom Weg erstreckte sich einst die Sperre. Die Skarholm Rinne ist als verschilfter Graben zu erkennen.

Maribo
Runensteine, Lolland

Zwei Runensteine flankierten früher den Seiten-Eingang zum Stiftsmuseum in Maribo, jetzt stehen sie vor Wind und Wetter geschützt im Museum. Sie werden benannt nach den Fundorten Skovlænge und Sædinge. Beide standen längst nicht mehr an ihren originalen Plätzen, aber der hohe schmale Stein, im wenige Kilometer südlich gelegenen Ort Sædinge gefunden, vermittelt wichtige Informationen über die Geschichte Lollands zur Wikingerzeit.

Der kleinere Stein von Skovlænge wurde 1627 bei einem Grabhügel an der Ryde Å zwischen den Orten Skovlænge und Gurreby entdeckt, westlich von Maribo. Er kam erst in den Pfarrhof von Skovlænge, 1894 dann zum Maribo Museum. Seine Inschrift: »*Astrad errichtete diesen Stein zum Gedenken an Jyde, seinen Vater, einen wirklich guten Thegn*«. Das heißt, er war ein bedeutender Anführer.

Auch der originale Standort des Steins von Sædinge ist bekannt: Er wurde 1854 an einer Furt über die so genannte Tinghusrinne an der Straße zwischen Sædinge und Holeby entdeckt, also in zeittypischer Funktion an einem Weg mit Flussübergang, wo jeder ihn sah. Leider wurde er zerschlagen, vermutlich als Baumaterial. Die Bruchstücke wurden im Pfarrhof von Nebbelunde wieder zusammengesetzt, und der Stein wurde im Garten aufgestellt. 1893 wurde er zum Maribo Museum gebracht, wo er 1933 neu zusammengesetzt wurde. Dabei wurde ein fehlendes Stück nach alten Zeichnungen ergänzt.

Die Inschrift läuft in Reihen von oben nach unten, ist aber nicht mehr vollständig: »*Thorve ließ diesen Stein setzen (zum Andenken an) Krokr, ihren Gatten, und er war (damals?) der (stärkste?) aller Sondersvia und Süddänen. Leiden zehrte ihn auf, den besten der Nordmänner. Er war (damals?) der Sondersvia … Ende …*«. Über den Text wird diskutiert. Mit „Sondersvia" dürften „svia", also Schweden gemeint sein, die sich von ihrer schwedischen Heimat abgesondert, also abgesetzt hatten. Wieso sie mit Süddänen zusammen genannt werden, ist nicht klar. Das zehrende Leiden deutet auf Tod durch Krankheit hin.

Einen Bezug auf Schweden enthält auch ein weiterer Runenstein von Lolland, der im nicht weit entfernten Ort Vester Tirsted (nordwestlich von Rødby) gefunden wurde und heute im Nationalmuseum in Kopenhagen steht. Er war in der Mauer der Kirche von Tirsted verbaut und stand ursprünglich an einer Furt der Brobæk zwischen Nebbelunde und Geringe, also ähnlich platziert wie der Stein von Sædinge. Die Straße dort heißt heute noch „Runstensvej". Auf dem Weg über Ostlollands idyllische Hafenstadt Nysted gelangte der Stein 1817 nach Kopenhagen, stand zunächst auf dem Friedhof der Trinitatiskirche, bis er 1867 ins Nationalmuseum geschafft wurde.

Die Inschrift des Steins von Tirsted: »*Astrad und Hildung errichteten diesen Stein zum Andenken an Fredi, ihren Gefolgsmann. Er war ein Schrecken der Männer. Er fand den Tod in Schweden und war damals der erste in Fregirs Gefolge von allen Wikingern*«. Mit dem „Schrecken der Männer" ist ein „beutegewohnter Krieger" gemeint, und Fregir bzw. Freygeir war ein schwedischer Wikingeranführer, der um 1050 mit seiner Kriegerschar die südliche Ostseeküste und offensichtlich auch Lolland heimsuchte. Er wird auch auf 5 Runensteinen in Schweden genannt. Astrad könnte derselbe wie auf dem Skovlænge-Stein sein.

Da außer den Runensteinen von Sædinge und von Tirsted auch der nicht weit entfernte Stein von Tillitse* auf Schweden verweist, nimmt man an, dass es eine Art schwedische Kolonie auf Lolland gab, möglicherweise Angehörige oder Nachkommen von Schweden, die sich auf ihren Fahrten nach Süden hier niedergelassen hatten.

SERVICE
Lolland-Falster Stiftsmuseum, Banegårdspladsen 11, DK-4930 Maribo, Tel. 7240 16 20. Geöffnet Do.–Fr. 10–16, Sbd. 10–14 Uhr. Eintritt. *aabne-samlinger.dk/stiftsmuseet/stiftsmuseet*

WEGWEISER
Maribo liegt an der E 47 und an der Landstraße 153. Im Kreisverkehr am Ortsrand der Straße 153 folgen, sie führt geradeaus zum Bahnhof.
Skovlænge und Ryde Å sind 21 km westlich von Maribo, südlich der Straße 9 nach Tars. Auf der 275 nach Süden, rechts ab nach Skovlænge.
Der Ort **Sædinge** liegt an der Landstraße 153, dicht bei Rødby. Die Fundstelle des Runensteins war östlich der E 47, ca. 180 m östlich der Abfahrt, an der nördlichen Seite der Straße 297 (Nystedvej), gegenüber der Häuser. Die **Tinghusrinne** ist heute ein schmaler eingewachsener Graben.
Tirsted liegt westlich von E 47 und Landstraße 275. Kurz hinter Nebbelunde von der 275 abbiegen nach links (Westen) auf den Runstensvej, bis zur modernen Brücke über den Bach (Nordkanal) vorm Tirsted Kirkevej, wo der Runenstein ursprünglich an einer Furt stand.

Tågerup
Runenstein, Lolland

Der Runenstein an der Außenwand des Waffenhauses der Kirche von Tågerup wurde 1868 ein paar Kilometer südlich auf einem Feld gefunden, das zum Pfarrhof gehörte. Seine Inschrift: »*Østens Söhne errichteten diesen Stein zum Andenken an ihren Bruder Sperle, den Skipper von Asbjern Schnabel*«. Sperle war folglich Steuermann des Schiffseigners Asbjern. Und der wird, was auf Runensteinen selten zu finden ist, noch mit dem Beinamen „Schnabel" charakterisiert.

Der Stein hat eine ungewöhnliche, runde Form. Er war bereits vom Steinmetz gespalten worden, als man die Inschrift entdeckte, und wurde nachträglich an der Kirchenmauer wieder so zusammengesetzt, dass die Runenreihen waagerecht verlaufen. Er wird in die Mitte des 10. Jahrhunderts datiert. Wahrscheinlich stammt er vom selben Runenmeister wie ein anderer Stein, der in Bregninge zwischen Sakskøbing und Nysted gefunden wurde und heute im Nationalmuseum in Kopenhagen steht.

WEGWEISER
Tågerup liegt ein paar Kilometer östlich von Rødby und Autobahn E 47, an der Straße Richtung Errindlev.

Fribrødre Å
Schiffswerft, Falster

Einer der wenigen bekannten Werftplätze der Wikingerzeit lag beim Städtchen Stubbekøbing. Aus dem Fund zahlreicher Bruchstücke von Schiffsplanken und anderer Schiffsteile in einem Flusstal wurde eine Schiffswerft aus der Zeit von ca. 1025 bis 1170 erschlossen. Die Menge des Fundmaterials zeigt, dass hier Arbeiten in einer Größenordnung ausgeführt wurden, die über einen bloßen Reparaturplatz für ein paar Schiffe hinausgehen.

Der Platz lag ca. 2 km von der Ostsee entfernt im Tal der Fribrødre Å südlich von Stubbekøbing. Heute ist die Au stark verlandet, zur Wikingerzeit war das Tal zumindest im unteren Teil seeartig verbreitert und diente offensichtlich als Flottenhafen. Das Fundmaterial war weiter flussaufwärts entlang der Au verstreut, mittendrin lag der Werftplatz am schwach erhöhten westlichen Ufer, also in geschützter Lage weit genug entfernt von der See. Das Wiesengelände gehört heute zu Bauernhöfen und ist nicht ohne weiteres zugänglich. Einen guten Eindruck gewinnt man vom östlichen Talrand und am Ortsrand von Stubbekøbing.

Ortsnamen in der Gegend mit dem Wort „Snekke", das ein gebräuchlicher Ausdruck für schnell segelnde Kriegsschiffe war, deuten darauf hin, dass es sich auch um einen Hafen für Kriegsschiffe gehandelt hat. Eine ganze Reihe von Plätzen, die in der Wikingerzeit und im frühen Mittelalter geschützte natürliche Zufluchtstätten für Schiffe waren, trägt das Wort „Snekke" im Namen. Fribrødre dürfte also nicht nur eine Schiffslände mit Werft gewesen sein, sondern auch eine Art Kriegshafen. Der Grønsund* selbst zwischen den Inseln Falster, Møn und Bogø diente als Sammelplatz für Wikinger-Flotten.

Der Werftplatz liegt in einer Region, die viele Spuren slawischen Einflusses aufweist. Bei den Funden von Fribrødre Å wird das u. a. an der Verwendung von Holzzapfen zur Befestigung der Schiffsplanken ersichtlich; eine Methode, die slawische Schiffsbauer im Bereich der südlichen Ostsee anwendeten, wie z. B. in Ralswiek* auf Rügen, während die Skandinavier eiserne Nieten bevorzugten. Auch von denen wurden viele unbenutzte Exemplare an der Fribrødre Å gefunden.

Ebenso deuten Funde von slawischer Keramik und Ortsnamen (wie Korselitse, Kemnitse etc.) darauf hin, dass es auf Falster slawische Siedlungen oder Siedlungen mit größeren slawischen Bevölkerungsanteilen gab. Ein Gegenstück zur südlichen Ostseeküste, wo viele slawische Siedlungen einen skandinavischen Bevölkerungsanteil hatten. Allerdings handelte es sich dort um Kaufleute, während es auf Falster vermutlich Krieger waren. Auch der Name Fribrødre soll wendischen Ursprungs sein, von „prybrode", was „bei der Furt" bedeutet.

Eine besondere Beziehung zu den Slawen hatte einst auch Stubbekøbing: Im Hafen des damals befestigten Platzes sammelte sich 1168 zur Zeit König Waldemars die dänische Flotte zum Kriegszug gegen die Wenden an der südlichen Ostseeküste. In dessen Verlauf wurde als erstes die slawische Tempelburg Arkona* auf Rügen zerstört.

SERVICE
Stubbekøbing **Turistkontor**, Vestergade 43, DK-4800 Stubbekøbing, Tel. 5444 13 04
Museum Falsters Minder, Færgestræde 1A, DK-4800 Nykøbing F., Tel. 5484 44 00. *aabne-samlinger.dk/falsters-minder/falsters-minder* Geöffnet Do.–Fr. 10–16, Sbd. 10–14 Uhr. Eintritt. Museumsshop.

WEGWEISER
Über die E 47, Abfahrt 43, und weiter auf der Straße 293 nach Stubbekøbing. Am östlichen Ortsrand erstreckt sich rechts von der Straße Richtung Næsgård die verschilfte Niederung des einstigen Flottenhafens, die Straßenbrücke überquert hier den Abfluss der Fribrødre Å. Guter Überblick auf die verschilfte Senke vom Rodemarksvej, der von der 293 nach Süden führt und vom Hovedgårdsvej, der dort nach Westen abzweigt.

Grønsund
Flottenhafen, Falster & Møn

Die Gewässer zwischen den Inseln Falster, Bogø und Møn, insbesondere der Grønsund, dienten den Wikingern als Flottenhafen, ähnlich wie Hærvig* auf Seeland. Hier sammelten sich die dänischen Schiffe vor ihren Angriffen auf die südliche Ostseeküste, etwa auf Rügen und Fehmarn. Denn Møn geriet zeitweilig zum Zankapfel zwischen dänischen Wikingern und Wenden aus dem Gebiet des heutigen Ostholstein und Mecklenburg.

Noch um 1168 unter König Waldemar I. war der Grønsund Ausgangspunkt für Flottenangriffe auf die slawische Ostseeküste, ebenso wie der Hafen von Stubbekøbing (siehe oben Fribrødre*) und die

Bucht vor Vordingborg*. Geplant oder sogar angeführt wurden die Unternehmungen von Bischof Absalon, dem Vertrauten von König Waldemar. Die Angriffe waren die Replik auf Überfälle der Wenden, für die Møn wegen seines Reichtums ein lohnendes Ziel ihrer Piratenfahrten war. Den Wenden war die Flottenbasis im Sund ein solcher Dorn im Auge, dass sie sogar ein Landungsunternehmen auf Møn versuchten.

WEGWEISER
Den besten Blick über den Grønsund hat man von Skansepynt auf Falster, nördlich vom Næsgard an der Straße 293: Dort nach Osten abbiegen auf den Gamle Færgevej. Oder von Hårbøllebro auf Møn, südlich der Straße 287: Von der Margueritroute abbiegen Richung Fanefjord zur Küste.

Elmelunde
Kirche, Møn

Auf der Insel mit den berühmten Kreidefelsen sind nur wenige sichtbare Spuren von den Wikingern erhalten. Andererseits zeugen jedoch 20 Rundsteingräber, 60 Langsteingräber, 28 Steinkammern und 200 bronzezeitliche Hügel von einer bewegten Vergangenheit. Davon künden immerhin auch zwei zur Wikingerzeit vergrabene Schätze. Im nachwikingischen Mittelalter wurde Møn sogar zum Zentrum der Heringsfischerei auf der Ostsee.

Eines der erhaltenen wikingerzeitlichen Zeugnisse auf Møn ist die Kirche von Elmelunde, die in den Teilen um den Chor aufs Jahr 1080 zurückgeht, also in der Regierungszeit von Knud dem Heiligen erbaut wurde. Damit gehört der heute weiß gekalkte Steinbau, der als Landmarke weithin sichtbar ist, zu den ältesten Kirchen Dänemarks. Die berühmten Kalkfresken des Elmelunde-Meisters, der auch in anderen Kirchen Møns malte, stammen jedoch aus dem 15. Jahrhundert.

Östlich neben der Kirche ist ein breiter Hügel, dessen Funktion nicht eindeutig geklärt ist. Vermutlich war er ein eisenzeitlicher oder sogar wikingerzeitlicher Grabhügel, dessen abgeflachte Kuppe als

SERVICE
Elmelunde Kirke, Leonora Christines Vej 1, DK-4780 Stege. Geöffnet April bis Sept. 8–16:45 Uhr, Okt. bis Mrz. 8–15:45 Uhr.
Møn **Turistbureau**, Storegade 2, DK-4780 Stege, Tel. 5586 04 00.
Møns **Museum**, Storegade 75, DK-4780 Stege, Tel. 7070 12 36. Geöffnet Mai bis Aug. Di.–So. 10–16 Uhr, Sept. bis Apr. Di.–Fr. 10–14 Uhr, Sa./So.10–16 Uhr Eintritt. Shop. *www.moensmuseum.dk/*

WEGWEISER
Elmelunde liegt dicht an der Landstraße 287 von Stege nach Borre und Klintholm, die zugleich Marguerit-Route ist. Parkplatz vor der Kirche.

Zeremonienplatz oder als Thingplatz diente. Die frühen Kirchen wurden stets auf oder neben heidischen Kultplätzen erbaut. Möglicherweise stand auf dem Hügel im Mittelalter auch eine Burg.

In Elmelunde lebte zeitweise Bischof Absalon, der Gefährte und Vertraute von König Waldemar. Nicht der König, sondern der Bischof war es, der die Angriffe der dänischen Flotte auf die heidnischen Wenden an der südlichen Ostsee plante. Einen guten Blick in die Geschichte der Insel präsentiert Møns Museum im Empiregården, darunter Funde aus Stein-, Bronze- und Eisenzeit sowie aus der Wikingerzeit und dem Mittelalter.

Mandemarke
Steinsetzung, Møn

Zwei vergrabene Wikingerschätze wurden östlich von Klintholm Havn gefunden, in einem Waldstück westlich des Leuchtturms. Dort sind dicht an der Küste die Reste mehrerer Steinsetzungen erhalten, darunter eine mit 17 Steinen aus der späten Eisenzeit und eine aus der Wikingerzeit mit 5 Steinen, die meist einfach als Bautasteine bezeichnet werden. Bei den 5 Steinen fand man 1874 einen Gold- und Silber-Schatz, den so genannten „Mandemarke-Fund", bestehend aus mehreren Ringen.

Ein weiterer Schatz wurde 1903 ca. 200 m weiter östlich in einem ausgehöhlten Baumstamm gefunden, bei der genannten Steinsetzung mit 17 Steinen im Gelände von Busene Have mit etwa 10 vorgeschichtlichen Grabhügeln. Die Fundstücke – Thorshämmer, Ketten, Ringe, Armreifen etc. – sind im Nationalmuseum in Kopenhagen.

WEGWEISER
Von Klintholm Havn nach Osten auf dem Kraneledvej, am Ende rechts Richtung Leuchurm auf den Hampelandsvej. Auf dem geradeaus so weit es geht, Auto abstellen, zu Fuß ca. 300 m Richtung Westen bis zur **Steinsetzung** mit 17 Steinen (Fund von 1903). Die Wiese dahinter queren (Übertritte) und den Weg aufwärts im Wald bis zu den **Bautasteinen**, wo 1874 der Fund von Mandemarke gemacht wurde. Ein kurzes Stück weiter ist die Brøndeby Schanze, deren Ursprung in die Wikingerzeit zurückreicht

Timmesjø Bjerg
Burganlage, Møn

Auf der Spitze des Timmesjø Bjergs in der Hügellandschaft von Høje Møn an der Ostküste sind Überreste einer Burganlage erhalten, die von steilen Abhängen und Wällen umgeben ist. Über den Ursprung dieser Wehranlage herrscht noch keine Klarheit. Fest steht lediglich, dass ihr Bau auf die Zeit der kriegerischen Auseinandersetzungen zwischen Wikingern und Wenden zurückgeht.

Die Burg könnte der Inselbevölkerung als Zufluchtsburg gegen die Überfälle der Wenden gedient haben. Dänische Historiker halten es jedoch auch für möglich, dass die Wenden selbst nach ihrer Eroberung von Høje Møn im 11. Jahrhundert oder Anfang des 12. Jahrhunderts diese Burg bauten und für kurze Zeit besetzt hielten.

Timmesjø Bjerg liegt im Staatsforst Klinteskoven dicht bei den Kreidefelsen, die in den vergangenen Jahren durch Abbrüche schwer gelitten haben. Den einfachsten Zugang hat man vom Parkplatz am modernen GeoCenter Møns Klint (ehemals Hotel und Cafeteria Store Klint), mit Café/Restaurant, Butik, Tagungscenter, Ausstellung über die Geologie. Von hier aus Zugang zu mehreren Treppen, die zwischen den Kreidefelsen hinunter zum Strand aus Sand und Kieseln aus Flintsteinen führen. Das ganze Gelände wurde in Form eines Naturschutzfonds neu gestaltet, die Besuchsbedingungen haben sich gegenüber früheren Zeiten grundlegend geändert.

SERVICE
Parkplatz Geocenter Møns Klint, Schranke (Billet ziehen), Parkgebühr.
GeoCenter Møns Klint, Stengårdsvej 8, DK-4791 Borre, Tel. 5586 36 00. Geöffnet Apr. bis Okt. 10/11–17 Uhr, Hochsaison bis 18 Uhr. Ab Nov. bis Oster-Sbd. Winterpause. Eintritt. Restaurant. Shop. Konferenzcenter.
www.moensklint.dk

WEGWEISER
Von der Straße **vor der** Parkplatzeinfahrt führt ein gekennzeichneter Wanderweg (gelbe bzw. rote Punkte an den Bäumen) ca. 800 m nach Westen hügelaufwärts durch den Wald. Der Burghügel liegt direkt hinter einer tiefen Schlucht, der Weg windet sich um den Hügel herum aufwärts.

XV. Süd-Seeland

Vordingborg
Burg & Schiffssperre

Ein strategisch herausragender Platz an der Meerenge Storstrømmen zwischen Seeland und Falster. Hier gab es bereits zu Beginn der Wikingerzeit eine Siedlung. Aber erst für die Zeit um 1150 ist auf dem hoch gelegenen Plateau eine Burg nachgewiesen, in deren Schutz sich eine der wichtigsten Städte des mittelalterlichen Dänemarks entwickelte. Sie wurde Residenz von König Waldemar dem Großen, der hier auch 1182 starb, und vieler seiner Nachfolger. Christopher II., sein Sohn Erik, König Waldemar Atterdag und andere wurden sogar in Vordingborg gekrönt, und hier tagte damals auch der Danehof, der dänische Reichstag.

Die Burg gehörte zu einem Ring von Befestigungen und Verteidigungsanlagen auf den Inseln, die zum Schutz gegen die Überfälle der Wenden von der südlichen Ostseeküste gebaut wurden. Dazu gehörten auch Schiffssperren, die den natürlichen Hafen von Vordingborg sicherten; sie bestanden etwa seit Mitte des 10. bis zum 13. Jahrhundert. Von der Burg, einst eine der stärksten Dänemarks, sind noch große Teile der mächtigen Mauern über dem Hafen und dazu der so genannte Gänseturm erhalten.

Zur Wikingerzeit erstreckte sich das Hafenbecken des heutigen Nordhavn erheblich weiter nach Westen, möglicherweise mit einer schmalen Zufahrt westlich der Halbinsel Oringe, die um 1000 noch eine Insel war. Die Seesperren verliefen vom heutigen Roklub (Ruderclub) unterhalb der Burg hinüber nach Oringe. Untersuchungen durch Taucher seit den 1970er Jahren klärten, dass es mindestens zwei Anlagen gab: Eine wurde um 1000, die neuere mit befestigter Durchfahrt um 1160 errichtet. Die Sperren bestanden aus Reihen von Buchen-, Eichen- und Eschenpfählen, die in den Seeboden gerammt waren.

Beim Feldzug gegen die Wenden 1168 diente Vordingborgs Hafen ebenso wie der Grønsund* zwischen Falster und Møn als Sammelplatz für die Wikingerflotten vor ihren Angriffen auf das slawische Rügen

SERVICE
Danmarks Borgcenter, Slotsruinen 1, DK-4760 Vordingborg,
Tel. 7070 12 36. Geöffnet Di.–So. 10–16 Uhr. Restaurant. Shop. Eintritt.
www.danmarksborgcenter.dk/da

WEGWEISER
Vordingborg erreichen Sie am eindrucksvollsten über die Straße 153 und die lange Brücke über den Storstrømmen, weiter über Volmersgade und Færgegårdsvej. Das Hafenbecken liegt südlich der Stadt, unterhalb der Burganlage, die auch von Süden, vom Havnevej aus, zugänglich ist.

an der südlichen Ostseeküste. Heute wird das Hafenbecken von Sportboot-Anlagen beherrscht, von der Seesperre ist über Wasser nichts mehr zu sehen. Einblick in die Geschichte von Hafen und Stadt bietet Danmarks Borgcenter, das Teil des Museum Sydøstdanmark ist.

Vester Egesborg
Handelsplatz

Heute eine weite Bucht am Ufer des Dybsø Fjords mit Wiesen und Feldern. Zur Wikingerzeit lag hier, südlich von Næstved, ein großer Warenumschlagplatz mit zugehöriger Siedlung. Er bestand vom 6. Jahrhundert bis ins 10. Jahrhundert hinein und erstreckte sich über ca. 4 Hektar. Nach ersten Spuren 1960 wurde das Gelände Ende der 1990er Jahre archäologisch erforscht, einige Funde werden im Museum von Næstved gezeigt.

Man hat viele Grubenhäuser entdeckt, die als Werkstätten dienten, in denen u. a. nach Ausweis von gefundenen keramischen Webgewichten Stoffe gewebt wurden, und Ofenanlagen deuten auf Eisenverarbeitung hin. Mehrere große Langhäuser, deren Umrisse durch Pfostenlöcher markiert sind, werden als Lagerhallen interpretiert.

SERVICE
Kiosk mit Parkplatz an der Straße 22
Næstved Museum, Helligåndshuset, Ringstedgade 4, DK-4700 Næstved, Tel. 6127 77 046. Geöffnet Di.-Fr 11–18 Uhr, Sa./So. 10–15 Uhr. Eintritt. Shop. www.naestved-museum.dk

WEGWEISER
Der Aussichtspunkt auf den einstigen Handelsplatz liegt an der Straße 22 von Vordingborg nach Næstved. Parkmöglichkeit auf dem Standstreifen vor dem Kiosk, Vordingborg Landevej 29. Schräg südlich gegenüber führt ein Weg durch die Wiesen zum Hügel über dem Fjord.

Angesichts der Funde geht man von einer überörtlichen Funktion des Platzes in Zusammenhang mit einem Fürstensitz aus, der allerdings noch nicht lokalisiert worden ist. Auch der nicht weit entfernte wikingerzeitliche Weg bei Risby* könnte damit zusammenhängen. Ebenso wird ein Zusammenhang mit der Kirche im nahen Dorf Hammer vermutet. Von ihr sind Steinmetzarbeiten im wikingerzeitlichen Stil erhalten (heute im Nationalmuseum), die für eine Funktion als Herrschaftskirche sprechen. Die Ornamente der Säulenkapitele in den Apsisbogen zeigen englischen Einfluss aus der Zeit um 1050.

Das Gelände von Vester Egesborg ist in Privatbesitz und nicht öffentlich zugänglich, aber hat man einen guten Blick über die Gegend vom Hügel Stejlebanke an der Hauptstraße südlich des Ortes. Der Umschlagplatz lag nördlich des Hügels in der flachen Ebene an der

Bucht, also in typischer geschützter Lage am Fjordende. Das zugehörige Dorf lag ein Stück weiter landeinwärts, die heutige Landstraße 22 führt direkt darüber hinweg.

Risby
Befestigter Weg

Ein einzigartiger Platz, denn hier musste die moderne Autobahn einer 5000 Jahre alten Straße weichen. Bereits 1973 wurde bei Risby dicht neben der heutigen Autobahn E 47/E 55 ein befestigter Weg zur Flussüberquerung entdeckt. Er war ursprünglich ca. 2,5 m breit, hatte einen Belag aus Sand und kleinen Steinen, eingefasst mit größeren Steinen. Der freigelegte Weg stammt von etwa 950 n. Chr.

Der Fluss selbst, die Risby Å, wurde von einer Holzkonstruktion überbrückt. Darunter fand man ein Wagenrad und einen einfachen Holzschlitten. Solche Holzkonstruktionen waren die Ausnahme, denn zumeist waren die damaligen Brücken eher Dämme, erhöhte Wege aus Steinen, bedeckt mit Sand oder Geröll, um so die trockene Überquerung von Sumpfgebieten und Flüssen zu ermöglichen.

Das Flusstal bei Risby wurde offenbar als Überquerungsstelle gewählt, weil hier Sandbänke die breite und sumpfige Risby Å passierbar machten. Und das bereits lange vor der Wikingerzeit: Befestigungen zur Überquerung des Flusstals sind in Risby bereits seit ca. 3000 v. Chr. nachgewiesen. Insgesamt wurden eine steinbelegte Straße, eine Schwellenstraße, eine Holzbrücke und ca. 30 mit Reisig befestigte Wegtrassen über- und neben einander entdeckt.

Nach den Ausgrabungen schätzte man die Funde als so bedeutend ein, dass die Planungen für den Bau der Autobahn geändert wurden: Die uralte Straße bekam Vorfahrt, die Trasse der Autobahn wurde verlegt. Die wikingerzeitliche Straße wurde auf einer Länge von ca. 35 Metern rekonstruiert und öffentlich zugänglich gemacht.

WEGWEISER
Autobahn E 47/E 55, Abfahrt 39 (Bårse), auf der Landstraße 265 Richtung Næstved abbiegen. Kurz hinter der Abfahrt links in den Risbyvej Richtung Lundbygård. Unmittelbar hinter der Abzweigung liegt links in der Wiese der wikingerzeitliche Weg mit Querung der RisbyÅ.

Hårlev
Grabhügel

Auf einem riesigen Hügel mitten auf dem Friedhof von Hårlev stand der Überlieferung zufolge ursprünglich der große Runenstein von Tryggevælde. Den Namen verdankt er einem Bauernhof im südlichen Nachbarort Karise, wohin er im 16. Jahrhundert verschleppt worden war. Von dort kam er dann ins Nationalmuseum in Kopenhagen. Der Mann, der auf diesem Stein die Runen ritzte, war auch in Glavendruplund* und Rønninge* auf Fünen am Werk gewesen, er muss also eine überregionale Größe der Wikingerzeit gewesen sein.

Der Hügel in Hårlev, Kongshøj oder Hotherhøj genannt, ist 5 m hoch und lag einst innerhalb einer Schiffssetzung, von der heute jedoch nichts mehr zu sehen ist; er war also ein Grabhügel. Die Steine wurden, wie auch andernorts, zum Bau der Kirche und zur Anlage von Wegen verwendet. König Hother war allerdings kein geschichtlicher König, sondern eine Sagengestalt. Da die frühen Kirchen stets auf oder neben heidischen Kultplätzen erbaut wurden, ist davon auszugehen, dass die abgeflachte Kuppe des Hügels in der Wikingerzeit als Thingplatz oder Zeremonienplatz diente. Der Hügel ist allerdings archäologisch nie untersucht worden.

Der Stein trägt eine der längsten Runen-Inschriften Dänemarks: »*Ragnhild, Ulvs Schwester, setzte diesen Stein und errichtete diesen Hügel und dieses Schiff zum Gedenken an ihren Mann Gunnulv, einen lärmenden Mann, Nærves Sohn. Nur wenige werden geboren, die besser sind als er. Ein Räte werde, wer diesen Stein beschädigt oder ihn weg schleppt*«. Räte bezeichnet einen ruhe- und heimatlos herum irrenden Geist, was für die Wikinger so ziemlich das Schrecklichste war, was sie sich vorstellen konnten. Der lärmende Gunnulv war offensichtlich in dem heute noch vorhandenen Hügel bestattet. Mit „Schiff" ist die (verschwundene) Schiffssetzung gemeint.

Der Ort Hårlev liegt heute abseits von der Ostsee, aber zur Wikingerzeit war er von der Køge Bucht aus mit dem Schiff erreichbar, über die Tryggevælde Å, die ein paar Kilometer südlich von Køge in die Ostsee mündet. Der Unterlauf des heutigen Baches war einst einem schmalen Fjord ähnlicher als einem Fluss, und auch der weitere Bachlauf war breiter als heute, ermöglichte also Schiffsverkehr bis tief ins Land hinein. Viele heutige Orte am Flusstal haben ihre Wurzeln in der Wikingerzeit.

SERVICE
Parkplatz und Infotafeln neben der Landstraße.
Danmarks Nationalmuseum, Fredriksholms Kanal, DK-1220 København K, Eingang Ny Vestergade, Tel. 3313 44 11. Geöffnet: ganzjährig 10–17 Uhr, Mo. geschlossen. Eintritt. Cafe und Restaurant, Museumsshop.
natmus.dk

WEGWEISER
Hårlev liegt südlich von Køge an der Landstraße 209, die hier Margueritroute ist. Kirche und Grabhügel sind am östlichen Ortsrand unmittelbar neben der Straße 209. Karise liegt 5 km südlich an der Tryggevælde Å.

Borgring
Ringburg

Eine neue Ringburganlage ist westlich von Køge entdeckt worden. Die Ausgrabungen der Anlage begannen im Jahr 2014 und waren inklusive Rekonstruktionen bis Ende 2018 geplant. Dendrochronologische Untersuchungen und C^{14}-Analysen datieren das Bauwerk in das 10. Jahrhundert, also in die Regierungszeit von Harald Blauzahn. Es ist die sechste Ringburg nach Trelleborg*, Fyrkat*, Aggersborg*, Nonnebakken/Odense* und Trelleborg* in Schonen.

Die Anlage Borgring liegt im Tal der Køge Å, dicht neben der Autobahn E 47, und ihre Existenz war schon länger vermutet worden. Luftaufnahmen und Laser-Vermessungen der Landschaftsstrukturen brachten die Archäologen auf ihre Spur. Der Durchmesser der exakt kreisrunden Wallanlage beträgt 145 Meter, der Wall war bis zu 11 Meter breit und trug eine Palisade. Vor dem Wall waren Gräben und es gab 4 Tore. Zwei wurden bereits freigelegt, wobei festgestellt wurde, dass sie durch Brand zerstört worden waren.

Erste Ausgrabungen an dieser Stelle hatten bereits 1971/72 stattgefunden, aber damals wurden die Funde ins 3. Jahrhundert datiert. Die neuen Untersuchungen wurden vom spezialisierten dänischen Zentrum für Burgenforschung der Universität Aarhus mit Unterstützung der Universität York in England durchgeführt.

SERVICE
Vikingeborgen Borgring, DK- 4600 Køge, Ringstedvej 150.
Geöffnet: 1. Jun.–31. Aug., tägl. 10–16 Uhr. Eintritt. Willkommens-Center. Führungen. *www.vikingeborgen.dk*
Danmarks **Borgcenter**, DK-4760 Vordingborg, Slotsruinen 1, Tel. 7070 12 36. Geöffnet Di.–So. 10–16 Uhr. Restaurant. Shop. Eintritt.
www.danmarksborgcenter.dk/da

WEGWEISER
Von Westen über die E20, Abfahrt 33, auf die 150 (Ringstedvej) ca. 4 km Richtung Køge. Das Willkommenscenter liegt linkerhand (Norden). Von Süden auf der E47, Abfahrt 33 (Lellinge), nach links (Westen) ca. 200 m.

Nach den Erkenntnissen, die durch die Erforschung der Aggersborg* in Nordjütland gewonnen worden waren, folgte der Bau solcher Ringburgen stets einem klaren Muster, wozu nicht nur die exakte geometrische Anlage gehörte: Die Burgen waren in der Regel einen Tagesmarsch von einander entfernt, was etwa 30 bis 40 Kilometer bedeutet. Also das Ergebnis von zentraler militärischer Planung. Damit war klar, dass es neben der Trelleborg* auch im Osten von Seeland eine Ringburg geben musste.

Borgring war zur Wikingerzeit von der Ostsee aus mit dem Schiff erreichbar, denn die Køge Å war ähnlich wie die Tryggevælde Å bei

Hårlev damals breiter als heute und ähnelte streckenweise eher einem Fjord. Der Wasserstand war höher als heute, so dass die neuzeitlichen Bäche damals nicht nur von kleinen Booten befahren werden konnten. Außerdem war das Flussnetz zur Wikingerzeit weit verzweigt, so dass ein regelrechter Wasserweg von Køge quer durch Seeland führte bis zur Trelleborg* auf der Westseite.

Ringsted
Thingplatz & Kirche

Bereits in vorgeschichtlicher Zeit war Ringsted Versammlungsstätte für die Bauern der ganzen Insel bei heiligen Festen und um Recht zu sprechen, also Thingplatz, wie es Odense* für Fünen und Viborg* für Jütland war. Außerdem gab es, wie an allen Thingplätzen, ein heidnisches Heiligtum am Ort. Wahrscheinlich wurde die älteste hölzerne Kirche an der Stelle dieses Heiligtums erbaut, dem üblichen Verfahren der christlichen Missionare entsprechend.

1080 wurde eine Kirche aus Kalkstein an Stelle der hölzernen errichtet, und zwar von Bischof Svend Normand, der auch in Roskilde* eine Kirche hatte bauen lassen. Der Thingplatz lag direkt neben der Kirche, vor dem heutigen Rathaus, wo jetzt drei Steine liegen, die an das Thing erinnern sollen. Bis 1589 wurde hier die Ständeversammlung, das „Landsting", unter freiem Himmel abgehalten, erst 1805 wurde es ganz aufgehoben. Bis ins Mittelalter hinein war Ringsted eine der bedeutendsten Städte Dänemarks. Die ältesten archäologischen Funde stammen allerdings erst aus dem 11. Jahrhundert, es sind Münzen, die im Ort geprägt wurden.

Ins grelle Licht der Geschichte rückte Ringstedt durch die Bluttat im nahen Haraldsted*. Dort ließ 1131 Magnus, der Sohn des regierenden dänischen Königs Niels, seinen Cousin Knud Lavard ermorden, den damaligen Jarl (Herzog) von Schleswig, der ihm als Rivale um die Thronfolge im Wege stand. Das Drama endete vorerst in der Kirche von Ringsted mit Knuds Beisetzung. Aber der Mord zog einen Jahrzehnte langen Bürgerkrieg nach sich, der erst zu Ende war, als Knud Lavards Sohn Waldemar der Große 1157 König wurde.

SERVICE
Skt. Bendts Kirke, Sankt Bendtsgade 1, DK-4100 Ringsted. Geöffnet Mai bis Aug. tägl. 10–16 Uhr, Sept. bis Apr. tägl. 10–13 Uhr.
*www.ringstedsogn.dk/kirkerne/sct-bendts-kirke/*Info
Ringsted: *www.visitringsted.dk/vestsjaelland/oplev-ringsted*

WEGWEISER
Von Westen Autobahn E 20 Richtung Køge, Abfahrt 36, oder Hauptstraße 14 aus Norden oder Süden. Marktplatz (Torvet) und Kirche (ausgeschildert) sind mitten in der Stadt. Parkplätze am Torvet und hinter der Kirche.

Bald nach Knuds Tod breitete sich der Glaube von seiner Heiligkeit aus, ähnlich wie bei seinem Onkel Knud dem Heiligen, der in Odense* ermordet worden war. 1135 stiftete König Erik Emune, Knud Lavards Bruder, zu Ehren von Knud ein Kloster in Ringstedt neben der Kirche und sammelte Zeugnisse für die Wunder, die an Knuds Grab geschahen. Knud Lavard wurde als Förderer und Schützer der Kirche, als Verteidiger gegen die heidnischen Wenden und grundsätzlich als christlicher Märtyrer verehrt. Bereits 1169 wurde er von der Kirche heilig gesprochen.

Knuds Sohn, König Waldemar I., genannt der Große, ließ an alter Stelle eine neue Kirche bauen, die heutige Sankt Bendts Kirke (d. h. Sankt Benedikts-Kirche), in die Knud Lavards Gebeine überführt und im Hochaltar beigesetzt wurden. Sie wurde um 1180 fertig gestellt und gilt als erste Backsteinkirche Dänemarks. In ihr wurden außer Knud auch sein Sohn, König Waldemar der Große, und 25 weitere dänische Könige und Herzöge beigesetzt. Die Gräber sind markiert. Die Kirche diente über 150 Jahre als Grabkirche für die königliche Familie, bis der Dom von Roskilde* nach dem Tod von Königin Martha (1341) diese Funktion übernahm.

Einige der Gräber sind zerstört worden, als man Platz für neue Begräbnisse schaffen musste. Darunter auch das Grab der legendären Königin Dagmar, der ersten Frau von König Waldemar II. Sie starb 1212. Aus ihrem Grab stammt das „Dagmar-Kreuz", eine feine Schmuckarbeit byzantinischen Ursprungs. Sie wurde um das Jahr 1000 angefertigt und zeigt auf der einen Seite den gekreuzigten Christus, auf der anderen Seite die Jungfrau Maria. Repliken werden in Ringsteder Shops angeboten, das Original ist im dänischen Nationalmuseum in Kopenhagen.

Das Grab von Knud Lavard im Kirchenboden enthält heute allerdings nur noch spärliche Reste des Heiligen. Denn unmittelbar vor der Reformation hatten Mönche des Mutterklosters St. Denis bei Paris Knuds Skelett in Sicherheit bringen wollen und mit sich genommen. Seitdem ist es verschollen.

Haraldsted
Wallfahrtskirche & Kultstätte

Der Ortsname steht für eine Gewalttat, die bis heute nicht vergessen ist – ein Mord unter königlichen Verwandten. Er wurde Auslöser für einen 26 Jahre dauernden Bürgerkrieg. Am 7. Januar 1131 wurde im Wald des Königsgutes von Haraldsted Knud Lavard ermordet, der Herzog (Jarl) von Schleswig. Die Mörder waren von Knuds Cousin Magnus gedungen worden, dem Sohn des dänischen Königs Niels. Knuds Leichnam wurde nach der Entdeckung der Tat in die Kirche von Haraldsted gebracht, die damals bereits existierte, dann nach Ringsted* und dort in der Kirche beigesetzt.

Knud war aus königlichem Geschlecht, der Sohn von König Erik Ejegod, dem Bruder des regierenden Königs Niels. Da Knud beim Tod seines Vaters noch minderjährig war, trat sein Onkel Niels die Nachfolge an. Nach Darstellung der Chronisten war Knud eine Lichtgestalt. Er war am Hofe des Herzogs von Sachsen erzogen worden, des späteren deutschen Königs und Kaisers Lothar von Supplinburg. 1115 wurde Knud von seinem Onkel als Statthalter für die Grenzmark Schleswig eingesetzt. Mit Erfolg: Knud zwang den Wendenherrscher Heinrich in Alt-Lübeck* zum Frieden mit den Dänen.

Dann folgte der nächste Schritt auf der Leiter nach oben: Knud wurde 1129 Herrscher über die wendischen Obotriten, ernannt vom deutschen König Lothar, nachdem der Wendenherrscher Heinrich gestorben war. König Lothars Kalkül war, auf diese Weise die Slawen in Schach halten zu können, die dem deutschen wie dem dänischen Reich permanent zu schaffen machten. Knud festigte seine Position weiter, indem er die Kaufleute unter seinen Schutz stellte, Handelswege sicherte, Befestigungsanlagen bauen ließ und die planmäßige Befriedung des Landesteils Schleswig vorantrieb.

Entsprechend soll Knud 1129/30 auf dem Reichstag in Schleswig gegenüber seinem Onkel Niels, dem dänischen König, selbstbewusst als gleichberechtigter Herrscher aufgetreten sein und ihm die erwartete Ehrerbietung versagt haben. Zwar konnte diese Spannung bereinigt werden, aber Knud war inzwischen so erfolgreich und so beliebt geworden, dass er seinem Cousin Magnus die Thronfolge nach Niels Tod hätte streitig machen können. Der jedoch wollte die eigene Thronfolge zu Lebzeiten des Vaters geregelt sehen und schritt nach dem gemeinsamen Weihnachtsfest der Familie im Königshof zu Haraldsted zur Tat.

Nach dem Mord flüchtete Magnus außer Landes und machte sich auf zu König Lothar, der bereits mit einem Heer zur Strafexpedition

SERVICE
Knud Lavards Kapel, Knud Lavardsvej 35, Haraldsted, DK-4100 Ringsted, Tel. 5762 6600. Freier Zugang.
www.visitringsted.dk/knud-lavards-kapel-gdk619926
Info Dänisch: *www.nordenskirker.dk/Tidligere/Lavard_kapel/Lavard.htm*

WEGWEISER
Haraldsted liegt nördlich von Ringstedt, am Nordufer des Haraldsted Sø, der auf dem Weg über die Straße 215 Richtung Tåstrup umgangen werden kann. In Estrup rechts in den Haraldstedvej, vorbei an der Kirche (Gedenkstein) und hinter dem Ort nach links in den Knud Lavard Vej Richtung Valsølille. Nach ca. 500 Merer liegt links die Kapelle im Wiesengelände. Das Gedenkkreuz steht 300 Meter weiter links der Straße.

gegen das Danewerk* aufbrechen wollte. Magnus und sein Vater, König Niels, unterwarfen sich Lothar 1134 auf einem Hoftag in Halberstadt als Vasallen. Dadurch bekam der deutsche König die Oberhoheit über Dänemark, und mit diesem Machtzuwachs gab Lothar sich zufrieden.

Magnus und Niels allerdings nützte es nichts. Denn Knud Lavards Bruder Erik Emune sann auf Rache, Blutrache, wie sie damals üblich war: Die Bluttat musste durch eine Bluttat gerächt werden. Drei Jahre nach dem Mord kam es zum Showdown im schwedischen Schonen, wo Erik sich als König etabliert hatte. In der Schlacht bei Foteviken* besiegte Erik den Mörder Magnus und dessen Vater Niels mit Hilfe von ein paar Hundert deutschen Rittern.

Magnus und viele seiner Anhänger fielen, darunter zahlreiche Priester und sogar Bischöfe, die für den König Partei ergriffen hatten und mit in die Schlacht gezogen waren. Niels entkam, wurde aber wenig später in oder nahe Schleswig (in Burg*) von wütenden Einwohnern erschlagen, die den Mord an Knud Lavard nicht vergessen hatten. Auch Erik Emune starb nur 3 Jahre später in Südjütland durch Mörderhand. Erst mit der Schlacht auf der Grathe Hede* in Jütland zwischen Waldemar und Sven Grathe 1157 fand diese Famiiliengeschichte von Mord und Blutrache ihr Ende.

Kurz nach Knuds Mord soll an der Stelle, wo Knud auf dem Gelände des Königshofes starb, eine Quelle entsprungen sein, die schnell zum Wallfahrtsziel für viele Menschen wurde – zu einem heiligen Platz. Schließlich wurde es erforderlich, hier eine Kapelle für die Gottesdienste der Wallfahrer zu errichten. Nach der Reformation geriet der Platz in Vergessenheit und verkam, er wurde erst 1883 wieder entdeckt und vom Nationalmuseum archäologisch erforscht. Der Grundriss mit den Mauerresten ist noch erhalten und zugänglich. Nicht weit entfernt an der Straße erinnert ein neuzeitliches Kreuz an die Gewalttat. Im Ort markiert ein Gedenkstein vor der Kirche den einstigen Königshof von Haraldsted.

Fjenneslev
Runenstein

Ein Bezug auf örtliche Gegebenheiten, wie er äußerst selten vorkommt, findet sich auf dem Runenstein vor der Kirche des Ortes Fjenneslev. Er stammt vom Ende der Wikingerzeit. Der Text steht auf ungewöhnliche Weise senkrecht auf der schmalen Seite des Steins und ist kurz gefasst: »*Sasser errichtete den Stein und baute die Brücke*«.

Diese Brücke kann man mit dem nahe gelegenen Platz namens Sasserbro verbinden, wo noch heute eine Brücke den Fluss Tuel Å überquert. An der brüchigen Villa daneben prangt der Name „Sar-

WEGWEISER
Fjenneslev liegt zwischen Ringsted und Sorø südlich der Autobahn E 20, an der Straße 150. Die Kirche liegt östlich des Ortes an der Marguerit-Route, die dort auf dem Tornmarksvej nach Süden abzweigt. Von der Kirche kurz nach Süden, dann nach rechts in den Sasserbrovej bis Sasserbro und links zum modernen Nachfolger der alten Brücke über die Tuel Å.

surbro". Ursprünglich dürfte der Runenstein hier am Flussübergang gestanden haben und wurde dann erst später zur Kirche umgesetzt. 1830 wurde er beim Abriss eines Walls an der Kirche gefunden.

Runen- oder Bildsteine an Brücken und Furten sind von mehreren Orten bekannt, wie z. B. Sjellebro* in Ost-Jütland. Der Bau einer Brücke galt als verdienstvoll und würdig, besonders erwähnt zu werden. Dänische Autoren halten es auch für möglich, dass der Stein von Fjenneslev eine Art Eigentumsanzeige für den Besitzer namens Sasser war, der für die Passage seines Bauwerks Brückenzoll erhob.

Die Gegend um die Kirche von Fjenneslev wird der historischen Familie Hvide (d. h. Weiß) zugeordnet, deren berühmtestes Mitglied Bischof Absalon von Roskilde* war, der 1178 auch Erzbischof von Lund* wurde. Sein Vater war Asser Rig, und in seinem Elternhaus in Fjenneslev wuchs Absalon zusammen mit dem späteren Dänenkönig Waldemar dem Großen auf, dessen Vertrauter, Ratgeber und sogar Feldherr er wurde.

Absalon war es auch, der die Kriegszüge gegen die Wenden der südlichen Ostseeküste (siehe Arkona*) plante und sie auch selbst anführte. Absalons Vater Asser gründete im nahen Sorø* ein Kloster und ließ in Fjenneslev auf eigenem Grund um 1150 die erhaltene Kirche bauen. Ein beeindruckendes Bauwerk für den kleinen Ort.

Sorø
Kloster

Um 1140 stiftete Asser Rig, Vater des berühmten Bischofs Absalon, direkt am Sorø Sø ein Kloster für den Benediktinerorden. Assers Familie Hvide, ansässig im benachbarten Fjenneslev*, war eine der reichsten und mächtigsten im Lande, worauf auch Assers Beiname Rig („der Reiche") hinweist. 1151 wurde die Klosterkirche geweiht. Bereits 1161 machte Absalon die Anlage zu einem Kloster der Zisterzienser, die Mönche kamen aus dem Kloster Esrom, einem Tochterkloster der berühmten französischen Abtei Clairvaux.

Das Kloster entwickelte sich bald zum vornehmsten des Ordens und zum reichsten im Lande, es wurde Begräbnisstätte für die Familie Hvide, auch für Bischof Absalon selbst. Sein Grab ist in der Klosterkirche hinter dem Hochaltar. Später wurde die Kirche auch

> **SERVICE**
> Sorø **Akademi** Skole, Akademigrunden 8, DK-4180 Sorø, Tel. 5786 57 86.
> *www.soroe-akademi.dk*
> Sorø **Museum**, Storgade 17, DK-4180 Sorø, Tel. 5943 23 53.
> Geöffnet Di–Do. + So 13–16, Sa. 11–14 Uhr, Mo. + Fr. geschlossen.
> *www.vestmuseum.dk/Default.aspx?AreaID=15*
>
> **WEGWEISER**
> Von Fjenneslev führt die Landstraße 150 nach Sorø, die in die Margueritroute übergeht und auf der Storgade nach Süden zum Kloster führt.

Grablege für das Königshaus, Erik Klipping und 5 weitere dänische Könige sind hier begraben.

Die Klostergebäude brannten zweimal ab, aus der Gründungszeit erhalten ist das Torhaus mit Treppengiebel, eines der ältesten heute noch bewohnten Häuser in Dänemark. Hier schrieb der Geistliche Saxo Grammaticus (ca. 1140–1220) auf Veranlassung von Bischof Absalon seine berühmte lateinische Chronik „Gesta Danorum", also die „Taten der Dänen". Erhalten sind ferner der mittelalterliche Brunnen im Klosterhof und die Kirche mit Dachreiter, die zu den wichtigsten frühmittelalterlichen Bauten des Landes gezählt wird. Berühmt ist ihre Orgel, an der sich Topstars unter den Organisten der Welt zum „Internationalen Orgelfestival" treffen.

Mit der Reformation 1536 gingen die Ländereien und Besitztümer des Klosters in die Hand des Königshauses über. 1586 wandelte König Friedrich II. das Kloster in eine Internatsschule um, und 1623 wurde sie königliche Ritter-Akademie. Heute beherbergt das ehemalige Kloster die Sorø Akademie, die zwar einer privaten Stiftung gehört, aber ein staatliches Gymnasium ist.

Bei neuerlichen Ausgrabungen seit 1999 wurden im Bereich des Klosters diverse alte Anlagen gefunden, u. a. Hausplätze und Gräber aus der Eisenzeit und östlich vom Kloster der kanalisierte Mühlbach für die Klostermühle, der vom nördlich gelegenen Tuelsø abgezweigt wurde. Das ganze Gelände und die Kirche sind öffentlich zugänglich.

Alsted
Runenstein

Der Runenstein in der Kirche von Alsted südlich von Fjenneslev trägt eine Kreuzabbildung und stellt eine nicht ganz klare verwandtschaftliche Beziehung dar. Früher war er im Waffenhaus eingemauert, dann bekam er einen Platz am Ende des Kirchenschiffs. Er wird in die ersten Jahrzehnte des 11. Jahrhunderts datiert. Die Inschrift: *»Eskil machte diese Runen zu Ehren von Eystein und seinem Bruder Flir, Eysteins Sohn, Adelmærke«.*

Der Text wird so verstanden, dass Eystein der Vater von Flir war und damit auch von dessen Bruder Eskil, der den Stein setzen ließ. Die Bezeichnung Bruder könnte sich allerdings auch auf einen Handelsgenossen oder Kriegsgefährten beziehen. Der Zusatz „Adelmærke" ist nicht enträtselt, er dürfte eine Standes- oder Berufsbezeichnung oder ein Beiname sein. Eystein und Flir sind vermutlich auf einem Raubzug oder Kriegszug verstorben.

Alsted war auch der Schauplatz für das dramatische Ende eines Streits zwischen König Magnus und seinem Statthalter Sven Estridsson. Magnus war König von Norwegen und Dänemark zugleich geworden. Immerhin hatte er aber Sven, der eigentlich der Thronfolge näher gewesen wäre, als Jarl, also Statthalter, in Dänemark eingesetzt. Dann jedoch war Sven als erfolgreicher Heerführer von seinen Anhängern auf dem Thing in Viborg* um 1045 zum König ausgerufen worden, weil wohl die Herrschaft des Norwegers Magnus als Fremdherrschaft empfunden wurde und Magnus wenig populär war.

Der Konflikt zwischen Sven und Magnus gipfelte in einer Schlacht, von der nicht genau bekannt ist, wo sie war. In den Überlieferungen wird Alsted ebenso genannt wie Skibby am Roskilde-Fjord oder die Westküste Seelands. Fest steht nur, dass Sven besiegt wurde und floh. König Magnus setzte ihm zu Pferde nach. Bei Alsted soll's dann gewesen sein, wo überraschend ein Hase aus dem Gebüsch sprang. Magnus Pferd scheute und strauchelte, der König stürzte und verletzte sich tödlich. Auf dem Sterbebett konnte er noch Sven zu seinem Nachfolger bestimmen, dann starb er. Sven Estridsson wurde König.

SERVICE
Alsted Kirke, Alstedvej 30A, DK-4173 Fjenneslev. Geöffnet außer Mo. zu üblichen Zeiten (ca. 8–16 Uhr. Tel. 2680 80 54 *www.alsted-kirke.dk*

WEGWEISER
Alsted liegt südlich der Autobahn E 20. Abfahrt in Ringsted oder Sorø auf die Landstraße 150, in Fjenneslev auf den Fjenneslevmaglevej nach Süden abbiegen. Die Kirche ist südlich des Alstedvej

Sandby
Runenstein

In der Gegend von Sandby sind mehrere Runensteine gefunden worden. Einer ist verschollen, ein weiterer wurde der großen Sammlung des Dänischen Nationalmuseums in Kopenhagen einverleibt, und der dritte steht auf dem Friedhof von Sandby neben dem Waffenhaus. Er war als Eckstein im Kirchenschiff eingemauert und kam 1931 auf seinen heutigen Platz.

WEGWEISER
Sandby liegt südlich von Ringsted am Sandbyvej, der von der Straße 14 in Vetterslev nach Glumsø abzweigt. Die Kirche ist nördlich der Straße.

Der Stein ist nur ca. 1 m hoch und stark beschädigt, weshalb Teile des Textes unleserlich sind. Der lesbare Text lautet: »*Eskil errichtete diesen Stein zum Gedenken an seinen Bruder Tue ... , aber Kr ...*« Das verstümmelte letzte Wort könnte ein Name sein.

Borup Ris
Siedlung

Eine verschwundene Siedlung mitten im idyllischen Wald- und Wiesengelände: Am Südrand des Tystrup Sø zwischen Sorø und Næstved hat man ihre Überreste entdeckt. Seit 1951 wurden sie 32 Jahre lang vom Dänischen Nationalmuseum untersucht. Borup Ris bestand ca. von 500 v. Chr. bis 100 n. Chr. und erneut in der Wikingerzeit von ca. 700 bis 1200.

Damit ist Borup Ris das älteste dänische Dorf, das als Ganzes erforscht wurde. Man hat Hofgrundrisse, Anbauflächen etc. eingehend untersucht. Dabei wurden auch Hochäcker entdeckt, Feldstücke, die sich durch vieljähriges Pflügen über die Umgebung herauswölbten. Heute sind sie allerdings nur noch schwach zu erkennen.

Die ganze Gegend war offensichtlich bereits seit der Steinzeit geschätzt und bewohnt, wie Dolmen und Funde von Flintabfällen und Steinwerkzeugen zeigen. Von den einstigen Siedlungsphasen Borup Ris sind noch Spuren der Bebauung zu sehen, hauptsächlich in Form von Steinpackungen, die von den Fundamenten der Häuser stammen. Am nahen Bach nordöstlich des Waldweges sind zwei Wassermühlen aus der Zeit um 1100 nachgewiesen. Das ehemalige Siedlungsgelände von Borup Ris ist in Privatbesitz. Besuche auf dem Gelände nach Absprache mit dem lokalhistorischen Verein Borup Ris Venner.

SERVICE
Borup Ris Venner, DK-4250 Fuglebjerg, Tel. 5545 00 25. *www.borupris.dk*

WEGWEISER
Von der Hauptstraße 22 in Fuglebjerg nach Nordosten auf die Margueritroute abzweigen Richtung Rejnstrup. Knapp 1 km hinter dem Kastrup Herregård (rechts) liegt linkerhand zwischen Straße und See ein weites Gelände namens Dyrehave (Wildgehege), mit Herden von Rot- und Damwild. Ca. 300 m hinter dem Foldeledshuset (links) den Wagen abstellen, zu Fuß den Weg in den Wald ein paar hundert Meter nach Norden und an der Gabelung nach links. Nach ca. 150 m sind links Reste der Siedlung.

Tårnborg
Handelsplatz & Burg

Abseits der heutigen Verkehrsströme liegt verträumt am Nordostufer des Korsør Noors der Rest eines wikingerzeitlichen Handelsplatzes, der sich im Mittelalter zu einer städtischen Siedlung entwickelte. Erst Anfang des 15. Jahrhunderts wurde diese Siedlung durch das aufblühende Korsør überrundet. Sichtbare Überbleibsel der frühen Bebauung sind der 24 m hohe Burghügel und die Kirche daneben, die allerdings erst aus dem 13. Jahrhundert stammt.

Die Tårnborg (d. h. Turmburg) wurde 1164 als Festung ausgebaut und sicherte das Nordufer des Korsør Noors. Sie war Teil der Befestigungen gegen Angriffe der Wenden von der südlichen Ostseeküste. Ihre Ursprünge reichen jedoch bis weit vor die Wikingerzeit zurück. Denn der Platz hatte eine einzigartige Lage: Er war durch das Noor und seine Buchten, die heute verlandet oder Sumpfgelände sind, auf 3 Seiten von Wasser umgeben und nur über einen schmalen Geländesporn von Osten her erreichbar.

WEGWEISER
Tårnborg liegt bei Korsør am östlichen Ufer des Korsør Noor. Abfahrt 41 von der E 20, auf die Straße 277, am Kreisel auf den Tjærebyvej, in Halseby auf den Marsk Stigs Vej. Oder von Korsør Richtung Halseby und Tårnborg Kirke. Auf dem Hügel westlich der Kirche war die Siedlung.

Im Mittelalter diente Tårnborg den dänischen Königen bei Reisen über den Belt als Quartier. Mehrfach wurde die Burg von aufrührerischen Kriegerscharen erobert. 1289 nistete sich hier berüchtigte Marsk Stig Anderson ein, ein Outlaw, der geächtet worden war, weil er den dänischen König Erik Klipping ermordet hatte. Jetzt lebte er von Piraterie. Wälle und Gräben der Burg sind noch erkennbar. Vom Hügel aus hat man abseits der Welt einen weiten Blick über Noor und Sumpf, Korsør und Storebælt.

Am Ufer des Noors unterhalb vom Burghügel wurde ein Runenstein gefunden, der heute im Nationalmuseum steht. Weiter östlich erstreckt sich, vom Hügel aus deutlich sichtbar, eine Reihe aus Steinen ca. 750 m weit ins Korsør Noor hinaus. Ihr Alter und ihre Funktion sind nicht geklärt. Möglicherweise einst eine Schiffssperre als Schutz für einen Hafen unterhalb des Hügels, der zur Tårnborg gehörte.

Trelleborg
Ringburg

Sie ist die bekannteste aller wikingerzeitlichen Burgen in Dänemark, die Trelleborg westlich der Stadt Slagelse, nahe an der Küste. Und sie gilt auch unter der Bezeichnung „Typ Trelleborg" als Muster für die anderen Ringburgen. Alle wurden nach dem gleichen exakten geometrischen Grundplan errichtet, dessen Grundmaß nach Ansicht einiger Forscher erstaunlicherweise der römische Fuß gewesen sein soll.

Trelleborgs Anlage umfasst eine Hauptburg und eine vorgelagerte Vorburg, die sich über eine Landzunge zwischen zwei Wasserläufen erstrecken. Die Entstehung wird mittels dendrochronologischer Altersbestimmung der verwendeten Bauhölzer in die Zeit um 980 datiert, also in die Regierungszeit des baufreudigen dänischen Königs Harald Blauzahn, der sein Reich militärisch zu sichern suchte.

Trelleborgs Hauptburg besteht aus einem kreisrunden Erdwall mit einem Durchmesser von 134 m. Zum Land hin ist er von einem ca. 17 m breiten und 3 m tiefen Wassergraben umgeben. Der Erdwall ist 5 m hoch, war ursprünglich jedoch höher, er hatte steile Wände, die von dicken Eichenstämmen eingefasst waren, und trug Holzpalisaden. In allen vier Himmelsrichtungen war ein Tor, zwei holzgepflasterte Wege verbanden die gegenüberliegenden Tore und teilten so das Innengelände in vier gleich große Segmente auf.

In jedem dieser Viertel standen jeweils vier Langhäuser, mit den charakteristischen gebogenen Längswänden wie umgedrehte Wikingerschiffe, angeordnet in Karree-Form um einem geschlossenen Innenhof. Die Häuser waren dreigeteilt mit einer großen Mittelhalle und zwei kleineren Räumen an den Giebelseiten. Die Umrisse der Häuser sind im Gelände mit Betonblöcken markiert. Sie hatten jeweils eine Länge von 29,42 m, was 100 römischen Fuß entspricht. Schräge Pfosten an den Außenseiten stützten das Dach. Beim großen rekonstruierten Modellhaus vor dem Ringwall sind die entsprechenden Pfostenlöcher falsch gedeutet worden, daraus wurde ein überdeckter Gang (Svalgang, d. h. Laubengang) interpretiert.

Die Vorburg ist ebenfalls mit Wallanlagen gesichert. Dort befanden sich 15 parallel in einem Viertelkreisbogen angeordnete Häuser, die etwas kleiner als die in der Burg waren, und ein Friedhof mit Grä-

SERVICE
Vikingeborgen Trelleborg, Trelleborg Allé 4, Hejninge, DK-4200 Slagelse, Tel 5854 95 06. *natmus.dk/museer-og-slotte/trelleborg*
Geöffnet Juni bis Aug. 10–17 Uhr, Ende Mrz.–Mai und Sept./Okt. 10–16 Uhr, Mo. immer geschl., Winterpause Nov. bis Ende Mrz.
Kein Eintritt. Café/Restaurant im Eingangsgebäude. Museumsshop.
Markt und Werkstätten für Kinder wie Erwachsene nur im Sommer.

WEGWEISER
Abfahrt 40 B von der E 20 bei Vemmelev, auf der Straße 120 Richtung Slagelse, oder Abfahrt 40 A bei Slagelse und auf die Straße 22 ein kurzes Stück nach Norden. Dann nach links (Westen) auf den Strandvejen abbiegen und der Ausschilderung folgen.

bern für Krieger, Frauen und Kinder. Die Gräber wurden untersucht, die meisten hatten nur wenige Beigaben; möglicherweise, weil sich das Christentum ausbreitete oder weil es Gräber für einfache Leute waren. In der Umgebung sind jedoch zahlreiche Reitergräber aus der Wikingerzeit gefunden worden.

Die Lage der Trelleborg ist genauso überlegt geplant wie die bauliche Anlage selbst: dicht am Storebælt und zugleich an zwei Wasserläufen, die süd- und ostwärts nach Seeland hineinführen. Zur Wikingerzeit war der Wasserstand höher, so dass die heutigen Bäche damals nicht nur von kleinen Booten befahren werden konnten. Eine Reihe von Ortsnamen in der Umgebung mit dem Wort „Snekke", was ein gebräuchlicher Ausdruck für Kriegsschiffe war, deuten darauf hin, dass hier Kriegsschiffe beheimatet waren. Die Tudeå nördlich der Trelleborg wird als einer der wichtigsten wikingerzeitlichen Wasserwege im mittleren Seeland angesehen. Er führte bis nach Sorø*, Fjenneslev* und Alsted* und mit Anschluss über die Suså weiter nach Næstved, Ringsted* und Haraldsted* und sogar zur Køge Bucht. Ganz Seeland konnte also damals fast kreuz und quer mit Schiffen befahren werden.

Trelleborg ist die am längsten bekannte Ringburg, sie wurde bereits 1873 unter Denkmalschutz gestellt und in den Jahren vor dem Zweiten Weltkrieg vom Dänischen Nationalmuseum gründlich untersucht. Von den anderen Ringburgen sind Aggersborg* und Fyrkat* in Nordjütland ebenfalls gut erhalten, Nonnebakken auf Fünen hingegen ist unter der heutigen Stadt Odense* verschwunden. In den 1990er Jahren wurde eine fünfte Burg ähnlichen Typs in Trelleborg* im schwedischen Schonen entdeckt. Und eine sechste Ringburg schließlich ist 2014 westlich von Køge nahe der E47 lokalisiert und ausgegraben worden: der Borgring*.

Alle Ringburgen sind um die gleiche Zeit und in gleicher Weise errichtet worden. Sie gelten als militärische und administrative Zentren, die König Harald Blauzahn zur Sicherung seiner Macht anlegen ließ. Dabei legen die Standorte von Aggersborg* und Fyrkat* im Norden Jütlands nahe, dass die größere Gefahr für Haralds Reich damals von Norden gedroht haben muss, also von Norwegen her. Offensichtlich fungierten die Burgen jedoch nicht nur als Militärlager, sondern hatten auch eine Funktion als Handelsplätze, wie u. a. Ausgrabungen in Fyrkat* nahelegen, denn es wurden auch Gräber von Handwerkern, Frauen und Kindern gefunden.

Im Museet på Trelleborg hat man die Möglichkeit, durch Computeranimation, Filme, Dias, Tafeln, Modelle und die Ausstellung zahlreicher Funde einen Einblick in den Alltag der Trelleborg um das Jahr 980 zu gewinnen. Außerdem gibt es ein Café und einen Museumsshop mit Souvenirs, Büchern etc. In der Sommersaison werden für die Besucher täglich Aktivitäten angeboten, wie etwa Bogenschießen, Holz hacken, Kochen, Fischen, Spiele und verschiedene Handwerke. Außerdem findet im Sommer ein großer Wikingermarkt statt, und ähnlich wie in Fyrkat* gibt es auch in der Trelleborg jedes Jahr Ende Juli (Woche 28 und 29) ein großes Wikingerfestival.

Hortfunde auf Seeland
Silberschätze

Mehrere große Schatzfunde wurden auf Seeland gemacht, darunter auch der schwere Goldring von Tissø*. Die meisten Fundstücke sind im Dänischen Nationalmuseum. Hier die zwei berühmtesten Horte. Ihre exakten Fundplätze sind bekannt, aber nicht wichtig.

Silberschatz von Terslev

Der Hort wurde in der zweiten Hälfte des 10. Jahrhunderts in Terslev, 15 Kilometer südöstlich von Ringstedt, vergraben. Er bestand aus insgesamt 6,6 Kilo Silber, darunter 1751 Münzen, fast alle arabischen Ursprungs. Die jüngste stammt aus dem Jahr 944. Außerdem enthielt der Hort Hals- und Armreifen, Ketten und Anhänger, ein Trinkservice mit vier in nordischem Stil gearbeiteteten Bechern und eine große gehämmerte Schale, die aus Persien stammen könnte. Der Schatz wurde 1911 entdeckt. Terslev ist namensgebend geworden für Scheibenfibeln, die aufwändig in Filigran- und Granulationstechnik oder auch in einfacherer Prägetechnik hergestellt wurden. Fibeln im Terslev-Stil waren im gesamten Ostseeraum verbreitet.

Silberschatz von Sejerø

Gefunden 1858 auf der Insel Sejerø, 10 Kilometer westlich vor Nordseeland, wo er an oder unter einem Bautastein direkt am Strand vergraben worden war. Der Hort bestand aus ganzen, zerschnittenen oder halbfertigen Schmuckstücken, Münzen und Silberbarren. Insgesamt knapp 2 Kilo Silber. Darunter waren 146 Münzen dänischen, arabischen, englischen und deutschen Ursprungs. Diese Zusammensetzung gilt als typisch für die zweite Hälfte des 10. Jahrhunderts, als der Hort versteckt wurde. Die jüngste Münze wird in die Zeit um 950 datiert. Unter den Schmuckstücken sind Fibeln, Finger-, Arm- und Halsringe, Ketten und Amulette in Form eines Thorshammers, des Pendants zum christlichen Kruzifix.

WEGWEISER
Nationalmuseet, Prinsens Palæ, Ny Vestergade 10, DK-1471 København K, Tel. 3313 44 11. natmus.dk Suche: Vikingernes sølvskatte
Geöffnet: Ganzjährig Di.–So. 10–17 Uhr, Mo. geschlossen
Eintritt. Café und Restaurant. Museumsbutik.

XVI. Nord-Seeland

Reerslev
Bautasteine

Fünf Bautasteine auf einem Berg nördlich von Slagelse geben Rätsel auf. Die Steine auf dem Bøgebjerg unweit der Landstraße 225 sehen aus wie gebeugte Menschen, stammen aus der Wikingerzeit, tragen allerdings keine Inschriften oder Bilder und sind nicht in einer regelmäßigen Anordnung aufgestellt. Zwar könnte jeder Stein ohne Zusammenhang mit den übrigen errichtet worden sein, aber sie werden heute als zusammenhängende Anlage angesehen.

Im Volksmund werden die Steine „Des Schneiders falsche Zeugen" genannt. Ein 6. Stein liegt am westlichen Hang, das ist der „Schneider". Der lokalen Sage nach sollen fünf Männer in einem Rechtsstreit beim Thing auf dem Bøgebjerg Meineide gegen den Schneider geschworen haben, und deshalb ließ Gott sie zu Steinen erstarren. Der Platz gilt seit Jahrhunderten als nicht geheuer, denn der Bøgebjerg wurde als Wohnplatz von Trollen angesehen.

Leider stehen nur noch 2 Steine auf öffentlichem Gelände, die anderen daneben im Garten eines privaten Grundstücks, das einsehbar, aber eingezäunt ist. Das beeinträchtigt die optische Wirkung. Jedoch ist der Blick von der Höhe weit übers Land den Aufstieg wert.

WEGWEISER
Reerslev liegt östlich der Hauptstraße 22, nördlich von Ruds Vedby an der Landstraße 225 von Slagelse nach Norden. Zum Bøgebjerg in Reerslev von der 225 nach Westen in den Bøgebjergvej abbiegen. Parkmöglichkeit am Hang, zu Fuß auf dem Weg den Berg hoch, nach der Kurve nach links vorbei am Privatgelände. Direkt rechts dahinter stehen die Steine.

Gørlev
Runensteine

Es ist ein wikingerzeitlicher Superlativ, der im Waffenhaus der Kirche von Gørlev steht: Der große Runenstein stammt aus dem 9. Jahrhundert, hat eine ungewöhnliche beidseitige Inschrift und ist mit einem Gewicht von 5 Tonnen der zweitgrößte Dänemarks nach dem berühmten Stein von Jelling*. Er lag im Fußboden der Kirche, wo er als Sockel der Türfüllung diente. 1921 wurde er bei Bauarbeiten für eine Treppe freigelegt. Er dürfte auch ursprünglich auf dem Gelände gestanden haben, wo die Kirche gebaut wurde.

Der Stein trägt Inschriften auf beiden Seiten. Der Text auf der Vorderseite: »*Tjodvi errichtete diesen Stein zu Ehren von Odinkar. Fut-*

harken. Nutze das Denkmal wohl.« Auf der Rückseite steht: »*Thmkiissstttüüllll. Ich setzte die Runen richtig, Gunnar, Asmund ...*«. Das Wort „futharken" besteht aus den ersten Zeichen des Runen-Alphabets, vergleichbar unserem Abc, und wird als Bannungsformel gedeutet. Vermutlich sollte der Tote damit in seinem Grab festgehalten werden und nicht als Wiedergänger die Menschen erschrecken. Deshalb heißt es, ähnlich wie in Nørre Nærå* auf Fünen: »*Nutze das Denkmal*«, im Sinne von: „Bleib gefälligst in deinem Grab". Das muss allerdings nicht notwendigerweise direkt beim Stein gewesen sein.

Die merkwürdige Zeichenfolge »*Thmkiiissstttiiillll*« wurde als Zauberformel entziffert, die aus den Worten „thistil", „mistil" und „kistil" verschränkt zusammengesetzt ist. Die drei Worte bedeuten schlicht: Distel, Mistel und Kistchen. Ihr (Zauber-)Sinn allerdings bleibt im Dunkeln. Mit dem Kistchen könnte ein Sarg gemeint sein, und die Mistel und Distel dürften wohl Zauber-Kräuter bezeichnen.

Die Formel ist auch aus Schweden und Norwegen bekannt, und sie wird in einer isländischen Saga als Zauberfluch erwähnt. Wahrscheinlich sollte sie den Stein schützen. Den Abschluss der Inschrift bildet die magische Beschwörungsformel des Runenmeisters: »*Ich setzte die Runen richtig*«, was heißt: Ich habe diese Runen Wirkung gegeben. Die Bedeutung der Namen Gunnar und Asmund ist ungeklärt. Sie könnten sich auf den (oder die) Runenmeister beziehen.

Neben dem Zauber-Stein steht ein kleiner Runenstein, etwa aus der Zeit um 1000, ein konventioneller Gedenkstein. Seine Inschrift: »*Thurgot errichtete diesen Stein zum Andenken an seinen Vater Halfdan*«. Der Stein wurde 1964 in der Turmmauer gefunden.

SERVICE
Gørlev Kirke, Kirkevangen 14A, DK-4281 Gørlev, Tel. 5885 55 59. Geöffnet Apr. bis Okt. Mo.–Sa. 8–16 Uhr.

WEGWEISER
Gørlev liegt an der Hauptstraße 22 halbwegs zwischen Slagelse und Kalundborg. Östlich der Hauptstraße in der Ortsmitte ist die Kirche mit Parkplatz. Beide Runensteine stehen im Waffenhaus.

Tissø
Häuptlingssitz

Am See Tissø nordöstlich von Gørlev* bestand zur Wikingerzeit eine bedeutende Ansiedlung, deren Existenz für die Zeit vom 6. bis zum 11. Jahrhundert nachgewiesen ist. Sie lag auf einem halbinselartigen Vorsprung an der westlichen Seite des Sees. Archäologischen Untersuchungen zufolge war der Platz anfangs eine Handels- und Handwerker-Siedlung, die sich ab ca. 800 zu einem lokalen Häuptlingssitz entwickelte oder zu einer königlichen Residenz in Verbindung mit Lejre. Seinen Höhepunkt erreichte Tissø ums Jahr 1000.

Aus dieser Zeit stammt eine große Halle, die 48 m lang und ca. 13 m breit war. Sie wird wegen ihrer Größe als Häuptlings- oder Fürstenhalle angesehen. Besondere Einfriedungen daneben könnten Opferstätten gewesen sein. Der Umriss der Halle ist im Gelände mit Pfählen markiert, von den übrigen Gebäuden ist nichts mehr zu sehen. Unmittelbar nördlich der ehemaligen Halle wurde 1977 ein fast 2 Kilo schwerer goldener Halsring gefunden, der größte wikingerzeitliche Goldhalsring Dänemarks.

Auf dem Grund des Sees dicht am westlichen Ufer lagen Schwerter, Äxte und Lanzen, die vermutlich dem nordischen Kriegsgott Thyr geopfert wurden. Der Name Tissø wird auch als „Tirs Sø" gedeutet, also Thyrs See. Einige Funde von den Ausgrabungen werden im Kalundborg Museum gezeigt, der Goldhalsring ist im Dänischen Nationalmuseum in Kopenhagen. Einen guten Überblick über das Gelände hat man vom überdachten Vogelbeobachtungsturm neben dem markierten Umriss der Halle.

SERVICE
Naturpark Amosen, Bakkendrupvej 28, 4480 Store Fuglede. Tel. 30 56 66 85. Parkplatz, Toilettenhaus, Holzunterstände zum Campen, überdachte Picknickplätze, Service- und Info-Center. *naturparkaamosen.dk*
Kalundborg Museum, Adelgade 23, DK-4400 Kalundborg, Tel. 5943 23 53. Geöffnet Di–So. 10.30–16 Uhr. Eintritt. Museumsshop.
www.vestmuseum.dk/Forside-3.aspx

WEGWEISER
Der Narurpark Åmosen liegt zwischen Bakkendrup und Store Fuglede, östlich der Straße, und ist ausgeschildert. Markierter kurzer Fußweg vom Parkplatz zum Vogelbeobachtungsturm. Kurz davor links in der Wiese die ehemalige Fürstenhalle und weitere Grundrisse.

Hærvig
Flottenhafen

Von der Wikingerzeit an bis weit ins Mittelalter hinein war auf der Nordseite des Hafens von Kalundborg ein militärischer Flottenhafen. Er verdankt seine Entstehung der geschützten Lage hinter einer Landzunge, wodurch ein natürliches Hafenbecken gebildet wurde. Aus alten Aufzeichnungen ist es als Sammelhafen für Wikingerschiffe unter dem Namen „Hærvig" bekannt. Die Endsilbe -vig bedeutet Bucht, der Name also „Heeres-Bucht".

Dieser Flottenhafen hatte die gleiche Funktion wie die Bucht Skibsted Fjord* am Limfjord oder der Grønsund* zwischen Falster und Møn: Er war traditioneller Sammelplatz für Flottenverbände, die von hier aus zu Piraten- und Eroberungsfahrten aufbrachen. Die Lage hinter der Landzunge bot Schutz vor Westwinden und ein flaches Ufer zum Anlanden der Schiffe. Vermutlich hat es dort auch Gebäude gegeben, von denen jedoch heute nichts mehr zu sehen ist.

Die Burg, aus der später die Stadt entstand, wurde 1170 von Esbern Snare gegründet, dem Bruder von Bischof Absalon. Auf Grund dieses Hafens entwickelte sich Kalundborg zu einem bedeutenden Ort, der König Waldemar IV. im 14. Jahrhundert sogar als Landeshauptstadt diente. Rund um die „Vor Frue Kirche" von ca. 1160 sind sehenswerte Häuserzeilen erhalten geblieben. Wikingerzeitliche Funde aus Kalundborg und Umgegend, u. a. auch von Tissø*, werden im Kalundborg Museum neben der Kirche gezeigt.

SERVICE
Kalundborg Museum, Adelgade 23, DK-4400 Kalundborg, Tel. 5943 23 53. Geöffnet Di–So. 10.30–16 Uhr. Eintritt. Museumsshop.
www.vestmuseum.dk/Forside-3.aspx

WEGWEISER
Kalundborg erreichen Sie über die Hauptstraßen 22 von Slagelse und 23 von Roskilde oder per Fähre von Jütland oder Samsø her. Der ehemalige Flottenhafen lag am nordwestlichen Rand des heutigen Hafens, worauf noch der Straßenname Hærviggade hinweist.

Lejre
Königssitz, Opferplatz, Gräberfeld

Einer der wichtigsten Plätze der Wikingerzeit in Dänemark: Hier waren einst der Sitz der alten dänischen Könige und ein zentrales heidnisches Heiligtum. So schreiben es die alten Chronisten diesem Ort ein paar Kilometer westlich von Roskilde zu. Tiere und auch Menschen sollen der Überlieferung nach hier geopfert worden sein.

Archäologische Untersuchungen seit 1958 bei Gammel Lejre, nördlich des Dorfes Lejre, haben große Schiffssetzungen, einen Begräbnisplatz und Hausplätze freigelegt, die ins frühe 10. Jahrhundert datiert werden. Darunter eines der größten bekannten wikingerzeitlichen Häuser mit fast 50 m Länge – eine Königshalle.

Lejre war in der Wikingerzeit per Schiff über die Flussläufe im Zuge von Lejre Å und Kornerup Å vom Roskilde-Fjord her erreichbar. Der Fjord hatte damals einen höheren Wasserstand als heute, Schätzungen zufolge um bis zu 1,5 m, so dass über Lejre hinaus auch weite Bereiche Seelands von Norden her auf dem Wasserweg zugänglich waren. Die Verbindung über Flüsse reichte bis zur Køge Å, nach Ringsted*, Næstved und sogar bis zur Trelleborg*.

Dicht am einstigen wikingerzeitlichen Ufer, am Wiesenhang östlich der Straße, liegen die „Tingstenene" (Thingsteine) genannten Schiffssetzungen. Die am besten erhaltene ist 80 m lang und damit die größte ihrer Art im Lande, von der zweiten sind nur wenige Steine geblieben, und von einer weiteren steht nur noch der einzelne „Margarethestenen". Stiche aus dem 17. Jahrhundert zeigen, dass hier ursprünglich mindestens 6 Schiffssetzungen gestanden haben. Wie überall sind auch hier die Steine für den Bau von Häusern weggeschleppt worden.

Die Schiffssetzungen waren über einem großen Begräbnisplatz mit Gräbern vom 7. bis zum 10. Jahrhundert angelegt. Mehr als 50 Gräber sind untersucht worden, darunter war eines mit den Skeletten von zwei Männern, von denen der eine an Händen und Füßen gebunden und geköpft worden war – offensichtlich ein Sklave, der seinen Herrn in den Tod begleiten musste. Also das Begräbnis eines Angehörigen der Oberklasse in Verbindung mit einem Menschenopfer. Ein zeitgleiches Gegenstück zu diesem außergewöhnlichen Grab wurde in Stengade* auf Langeland gefunden.

Eine Reihe von Gräbern enthielten wertvolle Beigaben von vergoldeten Bronzebeschlägen, Riemenspangen, dazu geschmiedetes Werkzeug, Thorshämmer etc. Bei vielen Gräbern wurden Gruben mit Feuerresten, Scherben von Tongefäßen und Speiseresten gefunden, Überbleibsel der Bestattungszeremonien.

Dicht bei den Schiffssetzungen liegt der restaurierte Grabhügel „Grydehøj" (d. h. Kesselhügel) aus der jüngeren Eisenzeit, etwa nach 400 n. Chr. In ihm wurde eine umfangreiche Brandschicht mit feinen Goldfäden von kostbaren gewebten Tuchen gefunden. Möglicherweise enthalten weitere Grabhügel in der Umgebung ebenso vornehme und kostbare Grabbeigaben, wie etwa der „Ravnshøj" (Rabenhügel) oberhalb vom Grydehøj oder der „Hyldehøj" (Holunderhügel) weiter nördlich.

Ausgrabungen am Hang auf der gegenüberliegenden Talseite haben die Grundrisse von mehreren Häusern zutage gefördert, darunter ein großes Haus von der Art, wie es in der Ringburg Trelleborg* zu sehen ist, mit gebogenen Längswänden und gebogenem First. Es war 48,5 m lang, 11,5 m breit und hatte eine Fläche von 500 qm. Dieser ungewöhnlich große Bau wird als Königshalle angesehen, was zur Überlieferung in den Sagas passt, wonach der sagenhafte König Hrodvulf (Rolf) Krake in Lejre seinen Königssitz hatte. Das wäre allerdings bereits um 500 gewesen, also vor der Wikingerzeit.

Laut Chronik des Bischofs Thietmar von Merseburg vom Anfang des 11. Jahrhunderts war Lejre einst Dänemarks Hauptstadt. Alljährlich soll die Bevölkerung hier im Januar in öffentlichen Ritualen ihren Göttern Tiere und sogar Menschen geopfert haben. Einen ähn-

SERVICE
Parkplatz in Gammel Lejre und 300 Parkplätze fürs Sagnlandet.
Lejre Museum, Hestebjerggård, Orehøjvej 4B, Gammel Lejre DK-4320 Lejre, Tel. 4648 14 68. Geöffnet Apr. bis Okt. Di.–So. 11–16 Uhr, Nov. bis Mrz. So. 11–16 Uhr. Eintritt. Cafe. Shop. *lejremuseum.dk*
Gl. Kongsgård, Orehøjvej 12, DK-4320 Lejre. Geöffnet Juni bis Aug. Do.+So. 13–16 Uhr. Kein Eintritt. *lejremuseum.dk/gl_kongsgaard*
Sagnlandet Lejre, Slangeallee 2, DK-4320 Lejre, Tel. 4648 08 78. Geöffnet Mitte Juni bis Anfang Aug. tägl. 10–17 Uhr, Ende Apr. bis Mitte Juni und Anfang Aug. bis Ende Sept. Mo. geschlossen. Eintritt. Genaue Zeiten und Programme unter: *www.sagnlandet.dk*
Roskilde Museet, Sankt Olsstræde 3, DK-4000 Roskilde, Tel. 4631 65 29. Geöffnet: tägl. 11–16 Uhr, Mi.+ Fr. 11–21 Uhr Eintritt. Museumsshop. Café.

WEGWEISER
Lejre liegt 8 km südwestlich von Roskilde. Am schönsten ist die Anfahrt über die Marguerit-Route: Abfahrt 13 oder 14 der Autobahn 21, auf die Straße 155 und nach Westen auf die Ledreborg Allee. Parkplatz und Lejre Museum liegen am südlichen Ortsende von Gammel Lejre. Von dort führt ein Weg durchs Tal zu den Steinsetzungen. Zur Königshalle führt der Feldweg gegenüber vom Parkplatz die Wiesen hinauf. Zum „Sagnlandet" an der Kreuzung südlich von Gl. Lejre geradeaus, am Ende nach rechts.

lichen Bericht über heidnische Opfer, verfasst vom Kleriker Adam von Bremen, gibt es über den alten Kultplatz Gamla Uppsala nördlich der Stadt Uppsala in Mittelschweden.

Lejre dürfte tatsächlich königliche Residenz gewesen sein, zumindest für den Herrscher von Seeland, bis zur Einigung Dänemarks durch König Harald Blauzahn. Der hatte seinen Königssitz anfangs im jütischen Jelling*, verlegte ihn aber später nach Roskilde*, ein paar Kilometer nördlich von Lejre, wo er eine Kirche bauen ließ und auch begraben wurde. Lejre bekam nie eine Kirche. Zudem soll Haralds Mutter, Königin Thyra, die in Jütland lebte, aus einer begüterten Herrscherfamilie auf Seeland stammen. Ingesamt zeugen Gräber, Grabhügel und Königshalle von herausragender Bedeutung Lejres.

Von den ausgegrabenen Häusern ist in Lejre nichts mehr zu sehen, nur der Grundriss der Halle ist durch einen kleinen Wall markiert. Die Ergebnisse der Ausgrabungen werden ebenso wie viele Fundobjekte im Museum in Roskilde* ausgestellt, zum Teil auch im neuen Lejre Museum, das am südlichen Ortsende in einem historischen Bauernhaus eingerichtet worden ist. Das Skelett des enthaupteten Sklaven wird im Museum Moesgård bei Aarhus* gezeigt. Der „Gamle Kongsgård" mitten im Ort Lejre stammt aus dem 16. Jahrhundert. Er ist Museum für die Bauernkultur im 18. Jahrhundert.

Zwei Kilometer westlich von Gammel Lejre ist 1964 mit dem „Lejre Forsøgscenter" ein Archäologisches Versuchszentrum eingerichtet worden, das erste seiner Art in ganz Skandinavien. Inzwischen ist es in „Sagnlandet Lejre" umbenannt, das Land der Legenden. Kein Museum mit Ausstellungen, sondern eine Art lebende historische Feld-Werkstatt, in der historische Werkzeuge und Theorien über Hausbau etc. praktisch ausprobiert und auch vorgeführt werden. Es gibt täglich wechselnde Programme zu vorgegebenen Zeiten.

Auf dem 43 Hektar großen Gelände in landschaftlich reizvoller Umgebung mit Wald und Seen sind zahlreiche historische Häuser und Werkstätten rekonstruiert worden. Es gibt ein Eisenzeitdorf, eine Steinzeitsiedlung, einen Wikingermarktplatz, rekonstruierte Gräber etc. Das Sagenlandet kann wie ein Freilichtmuseum besichtigt und nach Vereinbarung sogar praktisch genutzt werden (zum Beispiel von Schulklassen mit Ferienaufenthalt).

Hedehusene
Runenstein

Dicht bei der Ansgarkirche in Hedehusene steht einer der ältesten Runensteine Dänemarks, er wird in die Zeit zwischen 700 und 800 datiert. Der Stein wurde 1827 beim Pflügen auf einem Feld im Ortsteil Kallerup gefunden. Zunächst wurde er an der Landstraße aufgestellt, bis er seinen Platz auf dem Friedhof von Hedehusene fand. Seine Inschrift ist kurz: »*Hornbornes, Svides Nachkomme, Stein* «. Was bedeutet: Der Stein von Hornborne. Schwer zu entscheiden, ob es ein Gedenkstein oder eher ein Grabstein ist.

WEGWEISER
Hedehusene liegt zwischen Kopenhagen und Roskilde. Kirche und Friedhof sind mitten im Ort direkt an der Südseite der Landstraße 156. Der Stein steht nahe der Friedhofsmauer.

Albertslund
Wikingercenter

Die „Vikingeby" im Vestskoven ist kein originaler Wikingerplatz, sondern besteht aus nachgebauten Häusern der Wikingerzeit, bisher sind es drei Grubenhäuser, ein Langhaus, ein Wohn- und ein Weber-

SERVICE
Vikingelandsbyen, Ledøjevej 35, DK-2620 Albertslund, Tel. 4364 20 29. Geöffnet werktags 8–15 Uhr, freier Zugang. *www.vikingelandsbyen.dk*

WEGWEISER
Albertslund liegt am Westrand von Kopenhagen. Der Platz ist westlich des Motorring 4 (Autobahn) in Risby, Abfahrt Nr. 4 (Margueritroute) in den Ledøjevej. Die „Vikingeby" ist ausgeschildert.

haus. Die Rekonstruktionen wurde 1992 als kommunales Projekt gestartet, um für Schulen und Institutionen des Ortes praktische historische Anschauung zu bieten. Inzwischen stellt man sich auch auf Touristen ein: Es gibt diverse Veranstaltungen, und der Platz kann für Gruppen-Aktivitäten gemietet werden.

Roskilde
Königshof & Bischofssitz

Das bedeutendste Machtzentrum der dänischen Könige, nachdem die Residenz vom jütischen Jelling* hierher verlegt worden war. Die Anfänge gehen auf das üppige Sprudeln von über einem Dutzend Quellen zurück („Kilde" bedeutet Quelle), die zur Anlage eines heidnischen Kultplatzes führten. Mehrere sprudeln noch heute, darunter die Maglekilde (Große Quelle) mit stündlich ca. 15.000 Liter Wasser. Die Lage des Platzes an einem schiffbaren Fjord und doch geschützt weit im Landesinnern entsprach geradezu ideal den wikingerzeitlichen Siedlungs-Vorstellungen.

König Harald Blauzahn, der das Christentum in Dänemark förderte, ließ hier auf dem Hügel über dem Roskilde-Fjord um 980 eine Kirche aus Holz errichten, die Trefoldighedskirke (Trinitatis, Dreifaltigkeitskirche), in der er später selbst beigesetzt wurde, und daneben einen Königshof. Der Roskilder Chronik zufolge soll allerdings bereits Haralds Vater, König Gorm, seine Residenz von Jelling* nach Seeland verlegt haben. Diese tatsächliche oder vermeintliche Verlegung könnte mit Gorms Frau Thyra zusammenhängen, die aus einer angesehenen Familie auf Seeland stammen soll.

Nach anderer Überlieferung ließ erst Haralds Sohn Sven Gabelbart in Roskilde eine Kirche errichten, die seine Grabeskirche wurde. Die Wahrheit dürfte nach Ansicht dänischer Historiker sein, dass Harald Blauzahn auf einem heidnischen heiligen Platz eine kleine Kirche bauen ließ, die später von seinem Sohn Sven durch eine größere Kirche ersetzt wurde.

Nach Sven bestimmte dann sein Sohn, König Knud der Große, die weitere Entwicklung Roskildes zum kirchlichen Zentrum. Er war zugleich König von England (seit 1016), Dänemark (1018) und später auch noch von Norwegen (1028).

Knud hatte in Roskilde seinen Königshof und fühlte sich so mächtig, dass er seine eigene Kirchenpolitik betrieb: 1022 ließ er für das neu gegründete Bistum Roskilde einen Kleriker namens Gerbrand vom Erzbischof von Canterbury zum Bischof weihen. Das passte jedoch Erzbischof Unwann von Hamburg*-Bremen nicht, der das Recht zur Missionierung des gesamten Nordens für sich beanspruchte. Er ließ Gerbrand auf der Reise nach Dänemark abfangen und zwang ihn zum Treueversprechen. König Knud musste sich fügen und Hamburg*-Bremen anerkennen.

Da Knud in England alle Hände voll zu tun hatte und sein Sohn Hardeknud noch zu klein war, hatte er seinen Schwager Ulf als Jarl, also Statthalter, für Dänemark eingesetzt. Aber Ulf fand offensichtlich Gefallen an der Macht und machte gemeinsame Sache mit den Königen Olaf von Norwegen und Anund von Schweden gegen Knud. In einem Seegefecht 1026 zwischen der dänischen Flotte und einer schwedisch-norwegischen Flotte vor Åhus* in Ostschonen nahm er auf der gegnerischen Seite teil. Das kostete ihn das Leben: Knud kam dahinter und ließ Ulf in Roskilde umbringen, der Überlieferung nach ausgerechnet am 1. Weihnachtstag in der Kirche.

Für das Bußgeld, das Knud gemäß den damaligen Gepflogenheiten der Wikinger für die Bluttat zahlen musste, ließ Ulfs Witwe, Knuds Schwester Estrid, um 1030 eine neue Kirche aus Stein bauen. Es ist nicht geklärt, ob dieser Bau ein weiterer Vorläufer des späteren Doms oder ob es die Sct. Jørgensbjerg Kirke dicht am Fjord war; in jedem Fall war Estrids Neubau die älteste überlieferte Steinkirche im Norden. Als Baumaterial diente der Kalkstein, der sich bei den Quellen abgesetzt hatte.

Die Ironie der ganzen Geschichte: Knuds Neffe, der Sohn seiner Schwester Estrid und des ermordeten Ulf, wurde später einer der mächtigsten und erfolgreichsten Könige Dänemarks. Entgegen üblichem Brauch wurde er jedoch nicht nach seinem Vater benannt, dessen Treuebruch gegenüber dem König als ehrlos angesehen wurde, sondern er hieß nach seiner Mutter Sven Estridsson. Auch sein Thronfolgeanspruch wurde wegen des ehrlosen Verhaltens seines Vaters zunächst nicht anerkannt, stattdessen übernahm zunächst der Norweger Magnus die Herrschaft in Dänemark. Sven wurde erst König, nachdem sein Konkurrent Magnus bei Alsted* zu Tode gestürzt war, und regierte dann fast 30 Jahre lang.

Mehr noch: Sven wurde sogar zum Begründer einer eigenen Königs-Dynastie. Fünf seiner 13 Söhne, wahrscheinlich alle nicht ehelich, folgten ihm einer nach dem anderen auf den Thron und regierten für fast sechs Jahrzehnte: Harald Hen („der Weiche"), Knud der Heilige (siehe Odense*), Olaf Hunger (während seiner Herrschaft litten die Dänen unter Hungersnöten), Erik Ejegod („der Herzensgute") und Niels (eigentlich Nikolaus). Unter ihren Nachkommen allerdings brachen Thronfolgestreitigkeiten aus, die zu einem 26 Jahre dauernden Bürgerkrieg führten (siehe Haraldsted*).

Sven Estridsson soll intensiven Kontakt mit dem deutschen Erzbischof von Hamburg*-Bremen und dessen Chronisten Adam von Bremen gehabt haben, dem er Informationen über Land und Leute für dessen „Hamburgische Kirchengeschichte" lieferte (um 1076).

SERVICE
Vikingeskibsmuseet, Vindeboder 12, DK-4000 Roskilde, Tel. 4630 02 00. Geöffnet tägl. 10 – 17 Uhr. Restaurant. Cafeteria. Shop. Eintritt. *www.vikingeskibsmuseet.dk*
Domkirche am Domkirkepladsen. Geöffnet Apr. bis Sept. Mo.–Sa. 10–18, So./Fei. 13–18 Uhr. Okt. bis März Mo.–Sa. 10–16, So./Fei. 13–16 Uhr. Eintritt. *www.roskildedomkirke.dk*
Roskilde Museet, Sankt Ols Stræde 3, DK-4000 Roskilde, Tel. 4631 65 29. Geöffnet Di.–So. 11–16, Mi. bis 18 Uhr. Eintritt. Café. Museumsshop. *www.roskildemuseum.dk*
Quellen: Maglekilde, die ergiebigste Quelle der Stadt, in einer neuen Quellfassung direkt an der Straße Maglekildestræde. Sct. Hans-Quelle, Tuttesti, auf dem Weg vom Dom hinunter zum Vikingeskipsmuseet.
Turistbureau, Stændertorvet 1, DK-4000 Roskilde, Tel. 4631 65 65. *www.visitroskilde.dk*

WEGWEISER
Zwei Ausfahrten der Autobahn 21/23 von/nach Kopenhagen liegen an der Marguerit-Route: Ausfahrt 9 führt von Osten her in die Stadt, Ausfahrt 13 von Süden her. Der Dom liegt mitten in der Stadt (ausgeschildert), das Vikingskibsmuseet direkt am Roskilde-Fjord, mit großem Parkplatz. Von dort kurzer Fußweg zum Dom.

Die darin enthaltene Beschreibung des Norden ist bis heute eine wichtige Quelle für die Wikingerforschung, wenn auch Magister Adam vieles sehr eigenwillig oder falsch dargestellt hat.

Um 1080 ließ Roskildes Bischof Svend Normand eine dreischiffige Basilika anstelle der bestehenden Kirche errichten, entweder die alte Trefoldighedskirke oder Estrids steinerner Neubau. Um 1170 gab Bischof Absalon, der Vertraute von König Waldemar dem Großen, den Auftrag zum Bau des heutigen Doms, der über 800 Jahre lang zur Grablege der dänischen Herrscher wurde. In ihm sind 38 Könige und Königinnen vom Mittelalter bis in die Neuzeit beigesetzt, darunter auch Harald Blauzahn, sein Sohn Sven Gabelbart und Sven Estridsson, alle drei in so genannten Säulen-Krypten des Chores (Hinweistafeln). Neben dem Dom lagen der Königshof, der Bischofssitz und die Domschule.

Der Königshof war Schauplatz der berüchtigten „Blutnacht" von Roskilde am 9. August 1157. Sie war der Auftakt zum letzten Kapitel eines 26 Jahre dauernden Bürgerkriegs, der nach dem Mord des dänischen Herzogs von Schleswig, Knud Lavard, ausgebrochen war (siehe Haraldsted*).

Hier die Story dazu. Drei Bewerber um die dänische Krone, alle drei mit dem Mörder und mit dem Opfer verwandt, hatten sich mühsam zusammen gerauft und das Königreich unter sich aufgeteilt: Sven Grathe, der Sohn von Erik Emune, der den Tod seines Bruders Knud Lavard bereits blutig gerächt hatte (siehe Foteviken*), erhielt Schonen; Knud Magnusson, der Sohn des Mörders von Knud Lavard, bekam Seeland und Fünen; Waldemar, der Sohn des ermordeten Knud Lavard, erhielt Jütland.

Die Einigung hielt ganze drei Tage: Beim abschließenden Festgelage im Roskilder Königspalast versuchte Sven, seine Konkurrenten ermorden zu lassen. Nur halb erfolgreich: Knud starb, Waldemar wurde zwar verwundet, konnte aber entwischen und sich nach Jütland retten. Dort kam es auf Grathe Hede* dann zur Entscheidungsschlacht, bei der Sven schließlich seinen Kopf verlor.

Roskilde entwickelte sich für ein paar Jahrhunderte zu einer berühmten Stadt. Ihre Bedeutung zur Wikingerzeit zeigt sich besonders in den berühmten Schiffsfunden im Roskilde Fjord: In der Fahrrinne bei Skuldelev*, 20 km nördlich, waren um 1080 fünf ausgediente Schiffe als Sperre versenkt worden, um die königliche Stadt gegen Überfälle von See zu schützen. Diese Sperre im Verein mit einem System von Signalfeuern zur Nachrichten-Übermittlung entlang der Fjordufer bewährte sich, Roskilde wurde nie vom Wasser her angegriffen. 1962 wurden die Schiffswracks gehoben. Sie werden im eigens erbauten „Vikingeskipsmuseet" direkt am Fjord zusammen mit vielen weiteren Funden gezeigt.

Die Skuldelev-Schiffe haben der noch jungen Marine-Archäologie erheblichen Auftrieb gegeben und dienen als Studienobjekte für die Schiffsbaukunst der Wikinger. Sie sind unterschiedlich groß und gehören verschiedenen Bautypen an. Zwei waren Langschiffe, also Kriegsschiffe, für bis zu 50 Ruderer, zwei waren Handels- oder Frachtschiffe, und das fünfte Schiff war ein Fähr- oder Fischerboot. Das größte, „Skuldelev 2" genannt, wurde ca. 1060 in Irland gebaut und für das Museum aufwändig rekonstruiert. Ein Nachbau dieses Schiffes mit dem Namen „Havhingsten fra Glendalough" ist bereits zur praktischen Erprobung nach Dublin gesegelt.

Neben dem Museum ist eine Museumsinsel mit Museumshafen, archäologischen Werkstätten und Bootswerft entstanden, dazu Cafeteria und Restaurant. Besucher können hier nicht nur Seeluft atmen, sondern von hier aus im Sommer Segeltörns auf Wikingerschiffen mitmachen. Beim Bau der Museumsinsel in den 1990er Jahren wurden noch weitere Wracks gefunden, jedoch alle aus dem Mittelalter.

Selsø
Siedlung & Handelsplatz

Ein trockener Sommer brachte die Vergangenheit an den Tag: Am Ostufer des Selsø Sø nahe beim Ort Skibby am Roskildefjord war zur Wikingerzeit eine Siedlung von ca. 50 Grubenhäusern, die bereits im 8. Jahrhundert angelegt worden waren. Sie beherbergten

Handwerker, waren aber vermutlich nur im Sommer bewohnt, ähnlich den saisonalen Handelsplätzen Sebbersund* in Nordjütland oder Löddeköpinge* in West-Schonen.

Damals war der Selsø Sø eine Bucht des Fjordes, er wurde erst durch den neuzeitlichen Straßendamm von den Buchten Bredvig und Møllebugt zu einem See abgeschnürt. Der Platz war einst also per Schiff erreichbar. Die Grundflächen der Häuser zeichneten sich im Sommer 1992 durch kräftige grüne Färbung im gelben Kornfeld ab, weil sich in den Gruben durch die Abfälle fruchtbarer Boden gebildet hatte. Heute ist von ihnen nichts mehr zu sehen.

Für jedes Haus war eine ca. 2 mal 3 bis 4 Meter große flache Grube ausgehoben worden, über der ein Reetdach errichtet wurde. Der Eingang war auf der Giebelseite. Die Häuser dienten als Wohnung und zugleich als Werkstatt für Handwerker. Nach Ausweis der Ausgrabungen wurde hier Bronzeguss, Glasherstellung, Knochenschnitzerei, Töpferei und Weberei betrieben. Internationale Handelsgüter wurden nicht gefunden, die Siedlung bediente also den regionalen Markt. Um das Jahr 1000 wurde der Platz aufgegeben.

WEGWEISER
Der ehemalige Siedlungsplatz liegt abseits der Hauptstraße 53, Richtung Norden, am Selsøvej von Skibby in Richtung Sønderby (Margueritroute). Die Siedlung erstreckte sich am Seeufer, direkt nördlich der Selsø Kirche, auf der östlichen Seite der Straße Teglværksvej in Richtung Skuldelev.

Skuldelev
Schiffssperre

Einer der berühmtesten Fundplätze der Wikingerzeit. Eigentlich müssten Sie ihn per Boot besuchen, denn er liegt mitten im Wasser: In der Fahrrinne des Roskilde Fjords, nördlich des heutigen Ortes Skuldelev, wurden zwischen 1050 und 1080 fünf ausgediente Schiffe, deren Ausrüstung entfernt und die mit Steinen gefüllt waren, als Sperre versenkt, um Roskilde* gegen überraschende Überfälle von See zu schützen. Die Blockade hängt u. a. mit den Wikingerzügen des norwegischen Königs Harald Hardråde zusammen, der auch Haithabu* überfiel.

Ende der 1950er Jahre wurden die Wracks entdeckt und 1962 im Rahmen einer großen marinearchäologischen Ausgrabung gehoben, wobei mehr als 50.000 Wrackteile geborgen werden mussten. Seit 1969 werden die Schiffe im Vikingeskipsmuseet in Roskilde* gezeigt. Sie gehören zu unterschiedlichen Bautypen: Zwei Kriegsschiffe, zwei Handelsschiffe und ein Fähr- oder Fischerboot. Man hatte für die Blockade offensichtlich auf alles zurückgegriffen, was greifbar war.

SERVICE
Info über Skuldev-Wracks:
de.wikipedia.org/wiki/Schiffsfriedhof_von_Skuldelev
Vikingeskibsmuseet, Vindeboder 12, DK-4000 Roskilde, Tel. 4630 02 00.
Geöffnet tägl. 10–17 Uhr. Cafeteria. Restaurant. Shop. Eintritt.
www.vikingeskibsmuseet.dk

WEGWEISER
Skuldelev liegt abseits der Hauptstraße 53, an der Marguerit-Route von Skibby nach Frederikssund. Im Ort vor der Kirche nach Osten abbiegen (Strandvejen) zum Skuldelev Strand. Beim Hafen am Ende der Straße Auto abstellen und zu Fuß ca. 100 m weiter auf dem Weg nach Norden. Von dort hat man den besten Blick auf die Enge des Roskilde Fjords.

Das Fahrwasser im Fjord besteht zwischen der Landzunge von Skuldelev Strand und dem gegenüberliegenden Ufer aus drei parallelen schmalen Fahrrinnen mit Wassertiefen bis ca. 3 m. Ansonsten ist der Fjord hier nur ca. 0,5 bis 1 m tief. Geborgen wurden die Wracks aus der am dichtesten unter Land gelegenen Rinne namens Peberrende, direkt hinter der Mini-Insel zwischen Landzunge und der größeren Insel Kølholm.

Die mittlere Rinne war ebenfalls mit Schiffswracks gesperrt worden, und die östliche Rinne hatte eine Art Wasserzaun. Alle drei Sperren waren durch Pfahlreihen mit einander verbunden, die sich bis zum östlichen Ufer hinüberzogen. Roskilde war per Schiff für Ortsunkundige zu der Zeit nicht mehr erreichbar.

Seesperren sind auch von anderen Orten bekannt, u. a. vom Haderslev Fjord* in Jütland, von Helnæs* auf Fünen und Foteviken* in Schonen. Die meisten waren allerdings nicht so aufwändig angelegt wie die von Skuldelev.

Ferslev
Schiffssetzung

Nördlich des Dorfes Ferslev auf Nord-Seeland liegt eine der wenigen Schiffssetzungen, die in Dänemark mitten in der Landschaft erhalten geblieben sind. Die meisten solcher schiffsförmigen Grabanlagen haben als Steinlieferanten beim Bau von Kirchen und Häusern gedient. Die Schiffssetzung von Ferslev ist 14 m lang, sie liegt auf einem kleinen Hügel inmitten eines Ackers.

WEGWEISER
Ferslev liegt westlich der Hauptstraße 53 Richtung Frederikssund, hinter Biltris auf den Nakkedamsvej nach Nordwesten abbiegen. Halbwegs zwischen Ferslev und Venslev rechts ab nach Osten auf den Egebjergvej. Links von der Straße, vor dem Hof, liegt die Schiffssetzung im Feld.

Jægerspris
Runensteine

Drei Runensteine stehen im Park des Schlosses Jægerspris. Allerdings sind alle drei weit weg von ihren originalen Standplätzen, sie wurden 1854 von Fünen hierher transportiert und im Schlosspark aufgestellt. Da Jægerspris ein beliebtes Touristenziel ist, werden sie hier mit aufgeführt, obwohl sie keine Beziehung mehr zu ihrer ursprünglichen wikingerzeitlichen Umgebung haben.

Die Geschichte von Jægerspris ist nicht ohne Pikanterie. Das Schloss geht zurück auf das 13. Jahrhundert und kam 1679 als Jagdschloss in den Besitz der dänische Könige. Frederik VII. hatte hier bereits als Kronprinz seine Sommerresidenz und verbrachte auch später hier seine Tage zusammen mit der Gräfin Danner. Die hieß eigentlich Louise Rasmussen und war die uneheliche Tochter eines Dienstmädchens. Frederik entdeckte sie als Balletteuse am Hoftheater. 1848 zog Louise bei Hofe ein und wurde zur Gräfin geadelt.

Nach Frederiks Tod 1863 erbte Gräfin Danner Schloss Jægerspris und machte daraus eine Stiftung zur Unterstützung armer Mädchen. Nach ihrem Tod wurde sie im Schlosspark in einem Grabhügel bestattet, um den herum 1930 die Runensteine aufgestellt wurden. Die Steine werden nach ihren Fundorten auf Fünen benannt (siehe dort).

SERVICE
Jægerspris, Schloss & Museum, Park, Slotsgarden 20, DK-3630 Jægerspris, Tel. 4753 10 04. Geöffnet Mitte März bis Ende Okt. Di.–So. 11–16 Uhr. Führungen. Eintritt. Café Danner. Freier Zugang zum Park.
www.kongfrederik.dk

WEGWEISER
Jægerspris liegt an der Straße 207, die kurz vor Frederikssund von der Hauptstraße 53 nach Norden abzweigt. Schloss und Park sind nördlich des Ortes Jægerspris, die Straße macht eine Kurve um das Gelände herum. Die Runensteine stehen an der Allee, die vom Schloss nach Osten führt.

Flemløse 1 stand zu Beginn des 16. Jahrhunderts auf dem Friedhof von Flemløse* auf Fünen. Im 18 Jahrhundert wurde er für die Friedhofsmauer zurecht gestutzt, und 1842 ließ ihn Kronprinz Frederik zu seinem Schloss Frederiksgave südöstlich von Assens bringen; heute heißt es Hagenskov. Von dort kam der Stein nach Jægerspris. Der Text der Inschrift: *»Zu Ehren von Rodulf, welcher der Gode der Landspitzenbewohner war, steht dieser Stein. Die Söhne setzten (ihn) zum Gedächtnis, Awar machte ihn«.* Gode bezeichnet einen weltlichen Führer, der zugleich Priester war. Der Begriff „Landspitzenbewohner" ist unklar, denn in Flemløse gibt es nichts, was nach Landspitze aussieht. Vermutlich besteht ein Zusammenhang mit der Halbinsel Helnæs* (siehe dort).

Flemløse 2 wurde 1840 vor dem Eingang eines Bauernhofes in Flemløses Nachbarort Voldtofte auf Fünen entdeckt. Auch dieser Stein wurde auf Veranlassung von Kronprinz Frederik zu seinem Schloss Frederiksgave gebracht und fand ebenfalls 1854 seinen Weg nach Jægerspris, wo er zusammen mit den beiden anderen aufgestellt wurde. Die Inschrift besteht nur aus dem Namen »*Rodulf*«, dem auch der erste Stein gilt.

Sønderby ist 1809 vom Pastor des Ortes Sønderby auf Fünen beschrieben worden, damals stand er in einer Mauer nördlich vom Schloss Frederiksgave. Kronprinz Frederik ließ auch diesen Stein zu seinem Schloss schaffen, und von dort kam er über Kopenhagen nach Jægerspris. Auch seine Inschrift besteht, wie beim Stein von Hovslund* in Süd-Jütland, nur aus einem Namen: »*Thorith*«.

Frederikssund
Wikingercenter

Der „Vikingeboplads" ist kein originaler Wikingerplatz, sondern eine nachgebaute Siedlung aus der Wikingerzeit, mit 5 Grubenhäusern, einem Langhaus und einer Anlegestelle für Wikingerschiffe. Der Platz am Sund entstand in den 1990er Jahren als kommunales Beschäftigungsprojekt. Ende Juni/Anfang Juli finden hier allabendlich Wikingerspiele statt mit bis zu 250 Mitwirkenden. Außerdem Wikingermarkt mit Wikingerleben im Sommer.

SERVICE
Vikinge Boplads, Kalvøvej 26, DK-3600 Frederikssund, Tel. 4731 06 85.
Der Platz ist ganzjährig öffentlich zugänglich. *www.vikingespil.dk*

WEGWEISER
Der Vikinge Boplads liegt südlich der Straße 53 und des Stadtzentrums im Grüngürtel beim Sportboothafen am Fjord. Der Weg ist ausgeschildert

Skuldevig
Handelsplatz

Ein saisonal besiedelter Handelsplatz an der Mündung des Isefjords. Er lag im Süden von Hundested an der Bucht Skuldevig hinter dem Landvorsprung Lynæs. Seine Gründung geht auf die geschützte Lage zurück, die an der Innenseite der Landzunge eine geeignete Schiffslände bot.

Sichtbare Spuren gibt es heute nicht mehr, aber die reizvolle Lage in der geschützten Bucht mit Blick über Fjord und Küste macht deutlich, was den Wikingern behagte. Ende der 1970er Jahre wurden hier

Kulturschichten mit einer Ausdehnung von mehr als 45.000 Quadratmeter entdeckt, die auf eine periodische Besiedlung in der Zeit vom 8. bis zum 12. Jahrhundert hinweisen. Allerdings wurden keine Anzeichen für dauerhafte Gebäude entdeckt. Herde unter freiem Himmel und flache, mit Lehm verkleidete Gruben sind alles, was von diesem saisonalen Markt rekonstruiert werden konnte. Die Gruben könnten den Fußboden von Unterständen oder Zelten darstellen, die errichtet wurden, solange der Markt stattfand.

Das Fundmaterial enthielt viele Bootsnieten, ein Anzeichen dafür, dass hier auch Schiffe gebaut und repariert wurden, ähnlich wie bei Fribrødre* auf Falster. Der Platz am Fjord war Ausgangspunkt für Handelsfahrten nach Norwegen. Belegt ist auch Fundmaterial aus Arabien, das allerdings nicht notwendigerweise auf direktem Weg nach Skuldevig gelangt sein muss. Insgesamt ist der Platz als eine Art Verteilungscenter anzusehen, wo Waren von größeren Handelsschiffen auf kleinere Fahrzeuge umgeladen wurden.

Die spärlichen Reste, die von solchen saisonalen Handelsplätzen hinterlassen wurden, sind schwer zu identifizieren. Man muss davon ausgehen, dass es viele weitere derartige Marktplätze an geschützten Orten in Skandinavien gegeben hat. Am Ufer des Roskilde-Fjords sind weitere schlichte „Strandmärkte" u. a. in Kignæs, Kræmmer Hage, Gershøj und Lyndby nachgewiesen.

WEGWEISER
Von der Hauptstraße 16 in Amager Huse nach Süden abbiegen auf die 207 nach Sølager. Dort nach rechts Richtung Lynæs/Hundested. Wo die Straße St. Karlsmindevej in einer schwachen Rechtskurve ans Ufer stößt, war am flachen Ufer zwischen den Steilhängen der Handelsplatz.

Isøre
Thingplatz

Der Landzipfel auf der westlichen Seite der Einfahrt zum Isefjord hatte herausragende Bedeutung: Hier war ein überregionaler Thingplatz, und im Schutz der Landzunge sammelten sich große Flottenverbände vor der Ausfahrt an feindliche Küsten. Dauerhaft bewohnt war der Platz nicht. Auf dem Isøre Thing wurden, wie der dänische Geschichtsschreiber Saxo Grammaticus um 1200 berichtet, Könige gewählt und gefeiert, u. a. Harald Hen (1076), Knud der Heilige (1080) und auch Niels (1104), dessen Sohn als Mörder seines Cousins einen Bürgerkrieg heraufbeschwor (siehe Haraldsted*).

Das Thing, die Ratsversammlung aller freien waffenfähigen Männer, war die höchste Institution, die wichtige Fragen für das Volk beriet. Der König konnte nicht selbstherrlich entscheiden, sondern musste sich bewähren. Zeitweilig trafen in Isøre auch feindselige Wikinger aufeinander – die „Skåninger", nämlich Dänen aus Skåne (Schonen) und von Seeland, und die „Jyder", die Dänen von Jütland. Beide Parteien gerieten zur Zeit des Konflikts zwischen Erik Emune, der in Schonen beheimatet war, und König Niels wiederholt aneinander (siehe Foteviken*).

Laut Saxo Grammaticus soll der Isøre Thingplatz auch der Ort gewesen sein, wo der deutsche Missionar Poppo um 965 auf Verlangen von König Harald Blauzahn glühendes Eisen mit bloßen Händen trug, um die Macht seines christlichen Gottes zu beweisen. Was natürlich die prompte Taufe Haralds zur Folge haben musste. Der sächsische Mönch Widukind von Corvey hingegen siedelt diesen wundersamen Gottesbeweis im Raum Schleswig am Poppostein* an. Da Saxo mit Ereignissen freizügig umging und Widukind nahezu ein Zeitgenosse von Harald war, dürfte er der Wahrheit näher sein.

Das Isøre Thing fand sich nach der Überlieferung an der Bucht zusammen, in der sich auch Wikingerflotten sammelten – im heutigen Langesø Mose. Zur Wikingerzeit, als diese Landschaft infolge des höheren Wasserstandes aus Inseln und Lagunen bestand, bildeten hier Landzungen eine geschützte Bucht mit einer schmalen Ausfahrt: der Isøre Havn. Dicht am damaligen Nordwestufer, in einem Gelände, das heute „Paradisdalen" heißt und mitten im Ferienhausgebiet liegt, soll das Thing getagt haben. Die Hügel dort formen eine Mulde wie ein kleines Amphitheater, das noch zu erkennen ist. Ein Gedenkstein markiert den Platz. Einen Eindruck, wie es hier zur Wikingerzeit ausgesehen haben könnte, vermittelt der Blick vom Strand Skansehage aus über die Fjordeinfahrt.

SERVICE
Info Isøre Thingplatz: *hundested.byethost8.com/2015/07/isoere-ting*
Fähre Hundested–Rørvig: *www.hundested-roervig.dk/web/*

WEGWEISER
Von der Hauptstraße 16 in Hundested per Fähre nach Rørvig übersetzen. Oder von Roskilde auf der Hauptstraße 21 nach Norden, bei Vig abbiegen auf die Straße 225, an Nykøbing vorbei bis Rørvig. Dort in Richtung Nørrevang/Skansehage bis zum Ende der Straße an der Badebucht. Hier den Wagen auf dem Parkplatz abstellen und zu Fuß weiter: In den dritten Weg nach Westen (Forårsvej) hinein ins Ferienhausgebiet und etwa 400 Meter zur Senke des Paradisdal mit dem Kongestenen.

XVII. West-Schonen

Fosie
Runenstein

Im Stadtteil Fosie von Malmö steht ein Runenstein, wahrscheinlich nicht weit von seinem originalen Standplatz entfernt, vor dem Haupteingang der Kirche von Fosie. Seine Inschrift: »*Asbjørn errichtete diesen Stein zum Gedenken an seinen Gefährten Dverg, einen wohlgeborenen jungen Krieger*«. Einige hundert Meter östlich der Kirche wurde am Ende eines ehemaligen, heute verlandeten Sees ein Bootsgrab gefunden, das der Wikingerzeit zugerechnet wird. Die Kirche steht inmitten eines ausgedehnten Friedhof- und Grüngeländes.

WEGWEISER
Der Stadtteil Fosie liegt im Süden Malmös, westlich der E 65. Die Kirche steht südlich des Inre Ringvägen und des Fosieby Trafikplads. Zufahrt vom Kreisel über Agnesfridsvägen und Almlunda Vägen zu Friedhof und Kirche.

Uppåkra
Herrschersitz & Kultzentrum

Bis vor ein paar Jahren ein unspektakulärer Platz, aber inzwischen der bedeutendste archäologische Fundort Schwedens. Seit Mitte der 1990er Jahre finden hier, nur 5 Kilometer südlich von Lund*, Ausgrabungen einer eisen- und wikingerzeitlichen Siedlung statt: Ein Herrschersitz, der Vorgänger von Lund* war, gegründet bereits im ersten Jahrhundert n. Chr. Unter den Funden von Uppåkra und Umgebung sind Hunderte von geprägten Goldplättchen, dazu Fibeln, Amulette, Figuren aus Silber und Bronze (darunter Gott Odin), eine Lure und vieles mehr. Insgesamt klare Zeugnisse dafür, dass Uppåkra zeitweilig die reichste Siedlung ganz Skandinaviens gewesen sein muss.

Wichtigste Entdeckung sind die Spuren eines heidnischen Tempels, der ca. 150 m südwestlich der heutigen Kirche stand, auf dem höchsten Punkt der schwach gewölbten Ebene von Uppåkra (Pavillon vor dem Hof). Ähnlich wie die nordischen Stabkirchen war er aus senkrecht in die Erde gerammten Eichenpfählen errichtet, etwa 13 x 6,5 m groß, mit leicht nach außen gebogenen Längswänden. Der Rekonstruktion zufolge hatte der Tempel einen turmartig erhöhten Mittelbau und wurde in der Zeit von ca. 500 n. Chr. bis weit in die Wikingerzeit hinein mehrfach erneuert. Im Innern soll der Rekonstruktion zufolge eine große Götterstatue gestanden haben. Das wäre ungewöhnlich, denn Götterbilder waren bei Wikingern wie Germanen nicht üblich; man verehrte die Götter an bestimmten Plätzen.

Bereits seit den 1930er Jahren war durch Bodenuntersuchungen im Zusammenhang mit Zuckerrübenanbau bekannt, dass der Boden in Uppåkra einen hohen Phospatgehalt hatte, was auf konzentrierte Urin-Ausscheidung hinweist, also auf menschliche Besiedlung und Viehhaltung. Seit 1996 wird die Umgebung der Kirche vom Archäologischen Institut der Universität Lund intensiv erforscht. Die Untersuchungen sind zwar immer noch nicht abgeschlossen, aber längst ist klar: Uppåkra war ein überregionales Zentrum religiöser und politischer Macht, Sitz eines Herrschers, eines Königs.

Der Platz endete wie Haithabu* und mancher andere: Er wurde vor dem Jahr 1000 niedergebrannt; wahrscheinlich von norwegischen Kriegerscharen im Zusammenhang mit Machtkämpfen um die Herrschaft im dänischen Reich, zu dem damals auch Schonen gehörte. Die Funktion Uppåkras ging auf das nahe Lund* über, auch hierin Haithabu* und seinem Nachfolger Schleswig nicht unähnlich. Ebenso wie Lund* war auch Uppåkra einst per Schiff erreichbar, über eine Meeresbucht bzw. einen Fluss im Verlauf der heutigen Höje Å zwischen Lund und Uppåkra. Der Wasserstand der Ostsee war während der Wikingerzeit erheblich höher als heute.

Von all dem ist im Gelände heute nichts mehr zu sehen. Sichtbar kündet von längst vergangenen Zeiten nur noch der „Storehög" genannte bronzezeitliche Grabhügel südlich der Kirche. Ein zweiter, kleinerer Hügel liegt hinter dem nahen Hof.

Informationen über Ausgrabung und Funde werden im ehemaligen Pfarrhof nördlich der Kirche präsentiert und auch im neuen archäologischen Park südlich der Kirche, auf dem Weg zum Pavillon vor dem ehemaligen Hof. Dazu gehören u. a. Rekonstruktionen von Tempel, Langhäusern, Opferplatz etc. Außerdem gibt es Sonderveranstaltungen und Führungen. Fundstücke aus Uppåkra werden zum Teil auch im historischen Museum von Lund* gezeigt.

SERVICE
Parkflächen vor der Kirche, Info-Tafeln am Eingang zum Kirchhof.
Archäologisches Center, Stora Uppåkravägen 101, S-245 93 Staffanstorp. Mai bis Aug. Mi–So. 10–16 Uhr. Café. Shop. Zugang frei. Ausstellung nördlich der Kirche im alten Pfarrhof und Neubau, Info-Pavillon am Weg südlich der Kirche. Führungen nach Vereinbarung. *www.kanbantest.se*
Historiska Museet der Universität, Kraftstorg 1, S-223 50 Lund,
Tel. 046-222 79 44. Geöffnet Di.–Fr. 11–16 Uhr, Sa./So. 12–16 Uhr. Eintritt. Shop. *www.historiskamuseet.lu.se*

WEGWEISER
Uppåkra und liegt südlich von Lund, direkt östlich der E 22. Abfahrt Lund Süd, auf der Straße 108 Richtung Süden (Trelleborg), gleich wieder rechts ab in Richtung Steffanstorp und noch mal rechts in den Stora Uppåkravägen, in Uppåkra links Richtung Kirche.

Hjärup
Runenstein

Nicht weit von Uppåkra steht im westlichen Nachbarort Hjärup ein Runenstein, der allerdings manchmal auch nach Uppåkra benannt wird. Er wird in die Zeit um 1000 datiert und trägt Runen auf Vorder- und Rückseite, zwei senkrechte Zeilen vorne, anderthalb hinten. Der Text: »*Navne ließ den Stein zum Gedenken an Toke setzen, seinen Bruder. Er fand den Tod im Westen*«. Mit dem Westen könnte Jütland ebenso gemeint sein wie Frankreich oder England.

WEGWEISER
Der Stein steht am Südrand von Hjärup in einem privaten Garten, ist aber von der Straße aus zu sehen. Von Uppåkra aus an der Kirche vorbei nach Süden, unter der E 22 hindurch, an der Kreuzung nach rechts auf den Gamla Lundvägen, am Ortsrand nach links auf den Lommavägen, zweite rechts in den Hjärupvägen. Der Stein ist auf der rechten Straßenseite (Nummer 26) kurz hinter der Abzweigung des Skolvägen.

Lund
Handelsplatz & Bischofssitz

Die älteste Stadt Schonens und zur Wikingerzeit das Zentrum der dänischen Herrschaft im südlichen Schweden. Die Spuren können bis in die Zeit von König Harald Blauzahn (ca. 958–987) zurückverfolgt werden, der Ort bestand jedoch schon vorher. Lund war der unmittelbare Nachfolger des älteren Machtzentrums von Uppåkra*, das nur 5 Kilometer südlich liegt. Entgegen der heutigen Lage abseits von schiffbaren Gewässern war Lund ähnlich wie Uppåkra einst per Schiff erreichbar, über eine Meeresbucht bzw. einen Fluss im Verlauf der heutigen Höje Å südlich der Stadt.

Ein überregionaler Handelsplatz also mit Verbindung zu den Fernhandelswegen seiner Zeit. Ausschlaggebend für diese Entwicklung dürfte gewesen sein, dass Lund bereits Thingplatz war, wo sich die freien waffenfähigen Männer der Region zur Ratsversammlung zusammenfanden. Ein Grund mehr für Haralds Sohn Sven Gabelbart, die Entwicklung des Ortes zu einem Marktplatz zu fördern. Herausragende Bedeutung erhielt Lund jedoch erst später durch seine kirchlichen Funktionen.

Die älteste nachweisbare Bebauung war in der Umgebung des heutigen Platzes Stortorget, wo Archäologen in den 1970er und 1980er Jahren neben vielen Funden von Gebrauchsgegenständen auch eine Reihe von Brunnen, Abfallgruben und Herdstellen entdeckt haben. Entlang der Hauptstraße, die in Ost-West-Richtung verlief, reihten sich Kaufmannsläden in einfachen Holzhäusern mit lehmverschmierten Flechtwänden aneinander. Lederverarbeitung war nach Ausweis aufgefundener Lederreste das Hauptgewerbe.

Für das Jahr 1020 ist ein kräftiger Aufschwung der Siedlung dokumentiert. Er ging auf Sven Gabelbarts Sohn Knud den Großen zurück, der zugleich König von England (seit 1016) und Dänemark (seit 1018) war. Knud machte aus Lund einen Königsmarkt, richtete eine Münzstätte ein und ließ dort nach englischem Vorbild und von angelsächsischen Münzmeistern, die er mit ins Land gebracht hatte, Münzen prägen.

König Knud, der mehr in England als in Dänemark zu Hause war, verdankt Lund auch seine kirchliche Bedeutung: In Knuds Gefolge kamen zahlreiche Engländer mit nach Schonen, darunter auch Missionsbischof Bernhard, den Knud zum ersten Bischof eines neu eingerichteten Bistums Lund ernennen ließ. Knuds Großneffe, König Erik Ejegod („der Herzensgute"), setzte noch eins drauf: Auf seiner Reise nach Rom 1098 zu Papst Urban II. fädelte er einen Deal ein, der darin mündete, dass Lund Sitz eines Erzbistums mit ganz Skandinavien als Kirchenprovinz wurde (siehe Odense*): 1103 wurde Bischof Asker von Lund zum ersten Metropoliten erhoben, und man begann mit dem Bau des Doms von Lund, als repräsentativer Kirche für den Bischof des neu gegründeten Erzbistums.

Diese Entwicklung verlief in starker, geradezu feindseliger Konkurrenz zu den Bestrebungen der deutschen Erzbischöfe von Hamburg*-Bremen, denen ursprünglich von Papst Gregor IV. die Missionierung des gesamten europäischen Nordens übertragen worden war. Dieser Alleinvertretungsanspruch wurde zwar vom deutschen Kaiser Heinrich IV. unterstützt, der seine eigene Macht, Bischöfe einzusetzen, beschnitten sah, aber der Papst stand auf Seiten der dänischen Könige. Denn die verbürgten die Ausdehnung des kirchlichen Herrschaftsbereiches nach Norden und damit die päpstliche Macht.

Einige Jahrzehnte später verlor jedoch auch Lund seine kirchliche Hauptrolle, als Trondheim in Norwegen, mit damaligem Namen „Nidaros", Sitz eines weiteren, neu gegründeten Erzbistums für den gesamten Norden wurde. Anfang des 12. Jahrhunderts wurde Lund kurzfristig zum Zentrum des dänischen Reiches: Erik Emune, Knuds Großneffe, setzte sich in der Fehde mit seiner Familie nach Schonen ab, ließ sich dort zum König ausrufen und machte nach seinem Sieg in der Schlacht bei Foteviken* Lund zur dänischen Hauptstadt, die er mit Wällen und Mauern befestigen ließ.

Kirchlicher Mittelpunkt von Lund war die erzbischöfliche Domkirche, die jedoch einen hölzernen Vorgängerbau hatte. Der älteste erhaltene Teil des Doms ist die Krypta, deren Decke auf 28 unterschiedlich gestalteten Säulen ruht. Sie gilt als der schönste romanische Kirchenbau ganz Skandinaviens. Sein heutiges Aussehen verdankt der Dom jedoch umfassenden Restaurierungen Ende des 19. Jahrhunderts. Allerdings ist der Dom nicht der älteste Kirchenbau Lunds: Auf dem Gelände am Kattesund dicht beim Stortorget sind Reste von sechs Kirchen gefunden worden, darunter mehrere Stabkirchen aus Holz, deren älteste, St. Drotten, bereits um 990 von Sven Gabelbart errichtet worden sein soll.

Der heutige Stadtkern von Lund liegt mithin zum größten Teil auf einem gewaltigen Schutthaufen aus dem Mittelalter, dessen Schichten bis zu 6 m mächtig sind. Diese Überreste von Alt-Lund sind intensiv erforscht und im einzigartigen unterirdischen „Drottens Museum" am Kattesund zu sehen, das die Entwicklung Lunds in der Zeit von etwa 990 bis 1350 zeigt. Darunter u. a. eine Auswertung der Untersuchung von 3500 Skeletten des einstigen Friedhofes, die zeigt, unter welchen Krankheiten die Menschen der Wikingerzeit gelitten haben. Nicht gerade glückliche Zeiten.

Viele archäologische Funde aus Lund, darunter auch Runensteine, werden im kulturhistorischen Freilichtmuseum „Kulturen" nicht weit vom Dom ausgestellt, das zu den schönsten und ältesten Freilichtmuseen in Skandinavien gehört. Es ist in den alten Stadtkern integriert, wo einst viele der ausgestellten Häuser ihren originalen Platz hatten. An der Rückseite des Doms sind das Dommuseum, mit einer Ausstellung zur Geschichte des Doms, und das Historische Museum, in dem Funde von der Steinzeit bis zur Wikingerzeit gezeigt werden.

Auf einem flachen Hügel im Park nördlich der Domkirche stehen 6 Runensteine, die von anderen Orten in Schonen hierher gebracht wurden und deshalb keine Beziehung mehr zu ihren originalen Standorten haben. Siehe Lunds Runstenskullen* (nächste Seite).

SERVICE
Domkyrkan, Kyrkogatan 4, S-222 22 Lund. Tel. 046-35 87 00
Geöffnet: Mo.–Fr. 8–18 Uhr, Sa. 9.30–17 Uhr, So. 9.30–18 Uhr. Astronomische Uhr Mo.–Sa. 12 + 15 Uhr, So. 13 + 15 Uhr. *lundsdomkyrka.se*
Turistbyrå, Botulfsgatan 1 A, S-221 00 Lund, Tel. 046-35 50 40.
Kulturen, Tegnersplatsen, S-221 04 Lund, Tel. 046-35 04 00.
Geöffnet: Mai bis Sept. tägl. 10–17 Uhr, Sept bis Apr. Di.–So. 12–16 Uhr.
Museumsshop. Café + Restaurant. *www.kulturen.com*
Historiska Museet der Universität, Kraftstorg 1, S-223 50 Lund,
Tel. 046-222 79 44. Geöffnet Di.–Fr. 11–16 Uhr, Sa./So. 12–16 Uhr.
Eintritt. Shop. *www.historiskamuseet.lu.se*
Drottens Museum, Kattesund 6, S-222 23 Lund, Tel. 046-14 13 28.
Geöffnet: Mo.–Do. 10–18 Uhr, Fr./Sa. 10–16 Uhr. Eintritt frei.

WEGWEISER
Lund liegt westlich der E 22 von Malmö nach Kristianstad. Abfahrt 20 (Malmövägen) oder 21 (Dalbyvägen) ins Zentrum. Dom, Kulturen, Historiska Museet und Drottens Museum liegen dicht beieinander mitten in der Stadt. Parkmöglichkeiten (mit Ticket) in den umliegenden Straßen.

Lunds Runstenskullen
Runensteine + Maskenstein

Im Park Lundagård nördlich von Lunds Domkirche ist ein flacher Hügel mit 6 Runensteinen. Zwar wurden sie von anderen Orten in Schonen hierher gebracht, aber sie sind eine praktische Anschauung verschiedener Formen von schwedischen Runensteinen. Dieser „Runstenskullen" genannte Hügel wurde 1868 zum 200. Geburtstag der Universität Lund vom Verein für Schonens Geschichte angelegt.

Optisch herausragend mit einem Kreuz innerhalb der Inschrift ist der Stein aus Valleberga. Er verkündet: »*Sven und Thurgot errichteten den Stein zur Erinnerung an Manne und Svenne. Gott helfe ihren Seelen wohl. Und sie sind begraben in London*«. Der Tod ereilte die Männer offensichtlich auf einem Wikingerzug.

Ein siebenter Runenstein, der 1868 ebenfalls auf den Hügel geschafft worden war, steht seit 1957 geschützt in der Eingangshalle der Universitätsbibliothek. Dieser „Lundastenen" wurde 1682 in der Ruine des Allerheiligenklosters von Lund gefunden und ist eine Ausnahme: Er ist fast 4 Meter hoch, schmal und einer der seltenen Maskensteine, ähnlich dem Stein von Skjern* in Jütland. Außer den Runen an den Schmalseiten hat er auf der Breitseite das Maskengesicht zwischen zwei Wolfs- oder Löwenköpfen.

Der Stein war zerbrochen worden, konnte aber wieder zusammengesetzt werden. Seine Inschrift: »*Thorgisl, Sohn von Asgeirr Björns Sohn, errichtete diese Steine in Gedenken an seine beiden Brüder Olafr und Ottarr, gute Landbesitzer*«.

SERVICE
Info-Tafel am Runenstein-Hügel
Universitätsbiblioteket, Helgonavägen 2, S-221 00 Lund, Tel. 046-222 91 90.
Geöffnet: Mo.–Fr. 9–19 Uhr, Sa./So. 10–15 Uhr. *www.ub.lu.se*
Die Bibliothek liegt ein paar Hundert Meter nordöstlich der Domkirche

Dalby
Königskirche

Schwedens ältester Kirchenbau aus Stein steht 11 Kilometer östlich von Lund*: Die Kirche im Städtchen Dalby ist älter als der Dom von Lund. Der ursprüngliche Bau, der jedoch im Laufe der Jahrhunderte mehrfach durch Feuer beschädigt und zudem verkürzt wurde, stammt vom Ende der Wikingerzeit, aus dem Jahr 1060. Die romanische Krypta ähnelt der des Lunder Doms.

Dalby entwickelte sich kurzfristig neben Lund* zu einem christlichen Zentrum und wurde sogar Sitz eines eigenen Bischofs. Ursache für zwei Bischofssitze dicht nebeneinander waren Differenzen zwischen Kirche und Krone: Knud der Große, König von England und Dänemark, hatte einen Missionsbischof aus England mitgebracht und damit Lund zum Bischofssitz gemacht. Das war jedoch dem Erzbischof von Hamburg*-Bremen ein Dorn im Auge, da er das alleinige Recht zur Missionierung des Nordens beanspruchte.

Knuds Neffe, König Sven Estridsson, kümmerte sich um die christliche Herrschaftsordnung in seinem Reich und sorgte für klare Verhältnisse. Er setzte um 1060 zwei Bischöfe ein: Einen in Lund* namens Henrik, ein Engländer, der auf den Orkney-Inseln Bischof gewesen war, und einen Bischof namens Egino, der aus Hildesheim kam und regelgerecht vom Hamburg*-Bremer Erzbischof ordiniert worden war.

Egino residierte in Dalby, später übernahm er auch den Bischofsitz in Lund, als dieser vakant wurde. In Dalby stiftete Egino ein Kloster und ließ mit Hilfe deutscher Steinmetze eine dreischiffige Basilika bauen. Die Krypta (für Besucher zugänglich) stammt vom Anfang des 12. Jahrhunderts, der Brunnen darin, der noch erhalten ist, wurde in der Wikingerzeit als Taufquelle benutzt.

Dank des königlichen Einflusses gilt die Heiligkreuzkirche von Dalby als Königskirche. Der Sage nach soll hier auch der dänische König Harald Hen („Schleifstein"), einer der 13 Söhne von König Sven Estridsson, begraben sein (siehe Roskilde*). Wahrscheinlich wurde in Dalby im 11. Jahrhundert eine Evangelien-Ausgabe angefertigt, das berühmte „Dalby-Booken", das vermutlich das älteste skandinavische Buch ist. Reproduzierte Seiten werden in der Kirche gezeigt, das Original ist in der Königlichen Bibliothek in Kopenhagen (weil Schonen bis 1658 zu Dänemark gehörte).

SERVICE
Helligkorskirke, Lundavägen 5, S-247 50 Dalby, Tel. 046-20 86 00. Geöffnet tägl. 9–16 Uhr ggf. Reservierung für kirchliche Veranstaltungen.
www.sydsverige.dk/?pageID=150

WEGWEISER
Dalby liegt an den Straßen 11 und 102, die Kirche auf einer Anhöhe nördlich der Straße ist nicht zu übersehen. Parkplätze hinter der Kirche.

Södra Ugglarp
Schiffssetzung

Diese Schiffssetzung östlich von Lund gehört zu den größten in Schweden. Sie steht dicht an der Straße auf dem Geländes eines Bauernhofes, ist ca. 45 m lang und besteht aus 39 Steinen. Erst 1952 wurde sie renoviert, d. h. die umgestürzten Steine wurden wieder aufgerichtet. Solche Schiffssetzungen symbolisierten im Glauben der Wikinger das Gefährt, mit dem die Gestorbenen ins Jenseits reisten. Je größer, desto bedeutender war der Tote eingeschätzt worden.

WEGWEISER
Die Schiffssetzung liegt nicht weit von Dalby südlich der Straße 11, an der Nebenstraße nach Björnstorp. Abzweigung von der 11 Richtung Genarp, ca. 2 km bis zur Schiffssetzung rechts der Straße auf dem hinteren Gelände des Södra Ugglarps Gård, Nr. 671 (gehört zu Genarp). Zutritt gestattet

Hällestad
Runensteine

Die Kirche dieses Ortes östlich von Lund ist jeden Umweg wert. Das verdankt sie drei Runensteinen, die von einer dramatischen Geschichte berichten, und ungewöhnlichen mittelalterlichen Kalkmalereien aus dem 15. Jahrhundert. Alle drei Steine sind in die Kirchenmauern eingelassen, stammen aus dem 10. Jahrhundert und standen ursprünglich im benachbarten Gelände. Für die Verwendung zum Kirchenbau mussten sie bearbeitet, also verkleinert werden.

Die Steine sind in dänischen Runen beschrieben, nur mit Linien verziert und beziehen sich auf einen Anführer namens Toke und seine Gefolgsleute. Dabei geht es um eine berühmte Schlacht, die ums Jahr 984 im damals nicht zum dänischen Einflussgebiet gehörenden Uppsala nördlich von Stockholm stattfand.

Die Inschrift auf **Stein Nr. 1**, dem Eckstein: »*Eskil ließ diesen Stein zum Andenken an Toke setzen, Gorms Sohn, der ihm ein guter Anführer war. Der flüchtete nicht bei Uppsala*«. Auf der Rückseite steht: »*Kameraden setzten für ihren Kampfgefährten den Stein auf den Hügel, geschützt durch die Runen. Sie standen Gorms Sohn Toke am nächsten*«. Gemeint ist die halblegendäre Schlacht von Fyrisvall beim heutigen Uppsala, wo der Fluss Fyriså fließt. Auf diese Schlacht um 984 bezieht sich auch die Inschrift des Steins von Sjörup* in Süd-Schonen. Damals kämpften in Uppsala der schwedische König Erik VIII. Segersäll (d. h. „der Siegreiche") und sein Neffe Styrbjörn der Starke um den Thron. Die dramatischen Ereignisse spiegeln sich in den Inschriften aller drei Runensteine von Hällestad wieder.

Hier die Story dazu: Styrbjörn („der starke Björn") wollte an die Stelle seines gestorbenen Vaters Olof Björnsson treten, der neben König Erik Mitregent in Schweden gewesen war. Aber Erik verweigerte ihm dies; nicht ganz grundlos, denn Styrbjörn war nicht nur jung und stark, sondern auch sehr ungestüm. Styrbjörn war jedoch sauer und schloss sich mit seinen Gefolgsleuten den Jomswikingern an, Freibeutern, die in der Jomsburg* an der südlichen Ostseeküste (wohl Wolin*) beheimatet waren. Styrbjörn schwang sich zum Anführer auf und machte mit seinen Schiffen die dänischen Gewässer unsicher. Schließlich segelte er mit einer riesigen Flotte, zu der auch dänische Schiffe mit dänischen Kriegern gehörten, durch den Mälarsee nach Uppsala, um den schwedischen Thron zurück zu erobern.

Damit seine Männer nicht fliehen konnten, ließ Styrbjörn seine eigenen Schiffe verbrennen. Das jedoch war den dänischen Hilfstruppen nicht geheuer, weshalb sie fast alle zurück nach Dänemark segelten. So mussten Styrbjörn und seine Jomswikinger allein gegen Uppsala ziehen, wo sie auf König Erik und seine Mannen trafen. Nach dreitägigem zähem Kampf schließlich wurde Styrbjörn tödlich verwundet, und mit ihm starben fast alle seine Gefolgsleute. Sieger Erik aber trug von jetzt an den Beinamen „der Siegreiche".

Der auf dem Stein genannte Toke war mit im Gemetzel. Die Inschrift zu seinem Andenken offenbart die besondere Beziehung zwischen Anführern und Gefolgsleuten: Toke wird von seinem Gefolgsmann Eskil gerühmt, weil er nicht wie die meisten Dänen flüchtete, sich also nicht vor der Schlacht (und mithin der Todesgefahr) in Uppsala drückte. Um klar zu machen, dass Gefolgsmann Eskil, ebenso wie die anderen, kein einfacher Mann war, weist die Inschrift auf der Rückseite des Steins darauf hin, dass sie alle Kameraden waren und damit auch Anführer Toke nur Erster unter Gleichen war. Dass sie Toke „am nächsten standen", bedeutet, dass sie als beste Kämpfer einen Schildkreis um ihren Anführer Toke bildeten.

SERVICE
Hällestad Kyrka, S-610 12 Hällestad, Tel. 046-46 20 86 00. Geöffnet 10–16 Uhr.
Info Runensteine: www.wadbring.com/historia/undersidor/hallestad.htm
Info Kalkmalereien: sv.wikipedia.org/wiki/Hällestads_kyrka,_Skåne

WEGWEISER
Torna Hällestad liegt östlich von Dalby, an der Straße nach Revinge. Oder Abzweigung von der Hauptstraße 11 und nach Norden. Die Kirche ist mitten im Ort, direkt an der Straße Byvägen. Parkmöglichkeit besser auf der Rückseite der Kirche.

Auf **Stein Nr. 2** lautet die Inschrift: »*Asgot ließ den Stein zu Ehren seines Bruders Ærre errichten, der Tokes Gefolgsmann war. Nun soll der Stein auf dem Hügel stehen*«. Mit dem Hügel ist wie in der anderen Inschrift der Grabhügel gemeint. Der erste Stein war für einen Anführer, dieser war für einen Gefolgsmann. Ein Hinweis auf den Standort, wie in dieser Inschrift, ist selten auf Runensteinen.

Auch der Text auf **Stein Nr. 3** bezieht sich auf den Anführer Toke: »*Asbjörn, Tokes Gefolgsmann, ließ diesen Stein zum Andenken an Toke errichten, seinen Bruder*«. Ob es dabei um zwei Männer namens Toke geht oder ob Toke zugleich Anführer und Bruder von Asbjörn war, ist nicht ganz klar. Mit dem Wort Bruder kann ebenso ein Waffenbruder gemeint sein.

Der mehrfach gerühmte Toke dürfte der Sohn des dänischen Königs Gorm gewesen sein, der in Jelling* in Jütland residiert hatte. Toke war also ein Bruder oder Halbbruder von König Harald Blauzahn und, soweit bekannt, viele Jahre jünger als Harald. Wahrscheinlich hatte er keine Chance zum Mitregieren gehabt (ähnlich wie Styrbjörn), sondern musste sich ein eigenes Betätigungsfeld suchen, was sein Beiname „Valtoke" nahe legt: „Val" bedeutet „Kampf" (wie im Deutschen in „Walstatt"), also etwa „Toke der Kämpfer".

Toke war offensichtlich der Heerführer der dänischen Hilfstruppen, die Styrbjörn unterstützen sollten. Denn Styrbjörn gehörte immerhin zur Familie: Er war mit der Tochter Thyra von Harald Blauzahn verheiratet, und der wiederum hatte in dritter Ehe Styrbjörns Schwester Gyrith geheiratet. Eine enge Verzahnung also zwischen dänischen und schwedischen Herrscherfamilien, die erklärt, warum dem Schweden Styrbjörn dänische Krieger zur Seite stehen sollten.

Im Gegensatz aber zum Gros der dänischen Hilfstruppen, die vor Uppsala aus Angst, im Kampf getötet zu werden, wieder zurücksegelten, floh Toke eben nicht, sondern »*kämpfte so lange, wie er eine Waffe hatte*«, wie es auf dem Runenstein von Sjörup* heißt.

Holmby
Runenstein mit Bild

Der Runenstein vor der Kirche von Holmby ist einer der wenigen mit einem Bild. Es zeigt die Umrisse eines Schiffs mit Drachenköpfen und spitzem Bug und Heck. Der Stein ist niedrig und hat eine halbrunde Form, die durch den Verlauf des Schriftbandes nachgezogen wird. Die Inschrift lautet: »*Sven errichtete diesen Stein zum Gedenken an Thorger, seinen Vater*«. Das Schiff könnte ebenso ein Symbol für die Fahrt ins Jenseits sein wie ein Hinweis darauf, dass der Vater mit Schiffen zu tun hatte.

WEGWEISER
Holmby liegt nördlich von Hällestad, an der Straße 104 Richtung Sjöbo, dicht bei Flyinge. Die Kirche ist an der Straße, der Stein vor dem Eingang.

Gårdstånga
Runenstein

Einer der älteren Runensteine Schonens steht im Ort Flyinge an der Straße 104. Er ist fast 2 m hoch und wird in die zweite Hälfte des 10. Jahrhunderts datiert. Er wird nach dem nahen Ort Gårdstånga benannt. Seine Inschrift: »*Tholv und Ulv errichteten diesen Stein zum Gedenken an Asmund Lippe, ihren Gefährten*«.

Gårdstånga werden von Runenspezialisten noch zwei weitere Steine zugeordnet, die auf dem Runensteinhügel in Lund* stehen. Die Gegend um Gårdstanga war also von Bedeutung. Darauf deutet auch die Lage der alten Kirche direkt am Fluss hin, sie war in alter Zeit von weither per Boot zu erreichen, hatte also überörtliche Funktion.

WEGWEISER
Flyinge liegt nahe der E 22 an der Straße 104 von Gårdstånga nach Sjöbo. Der Stein steht unmittelbar nördlich der Straße auf einer kleinen Grünfläche, ca. 100 m westlich vom Kreisverkehr (Gårdstångavägen 6).

Nunnäs
Schiffssetzungen

Nahe am Ostufer des Ringsjö liegt in einem Eichenhain abseits der Straße 13 zwischen Höör und Hörby ein Gräberfeld, das von der späten Eisenzeit bis in die Wikingerzeit benutzt wurde. Sichtbar sind noch 6 Schiffssetzungen, 2 Steinringe und einige Bautasteine, jedoch ohne Inschrift, so dass eine genaue Datierung nicht möglich ist.

Am nordöstlichen Rand ist ein ca. 15 m langer Hohlweg erhalten. Das Gelände namens „Grykull" liegt heute neben einem Bauernhof, der den Zugang zum See versperrt. Einige Steinsetzungen sind nahezu vollständig erhalten, von anderen sind viele Steine verschwunden, wahrscheinlich zum Häuserbau und für die nahe Kirche von Fulltofta. Mit deren Bau wurde bereits 1160 begonnen.

Nunnäs verdankt seinen Namen dem ehemaligen Benediktinerinnenkloster Bosjökloster* auf der andere Seite des Sees. Die Nonnen dürften im Sommer die reizvolle Landschaft rund um ihr Kloster und wohl auch gegenüber genossen haben, was diesem Platz am Kap Nunnäs den Namen „Nonnen-Nase" einbrachte.

SERVICE
Adresse: Nunnäs 4109, 242 94 Hörby. Info-Tafel am Rand des Geländes.

WEGWEISER
Grykull liegt abseits der Nebenstraße, die westlich der Straße 13 von Ludvigsborg nach Fulltofta führt. Ca. 1,5 km nördlich von Fulltofta abbiegen nach Westen nach Nunnäs, Wegweiser „Forsminne", bis zum Wegende.

Vätteryd
Gräberfeld mit Schiffssetzungen

Ein ganzes Feld voller Gräber und Steinsetzungen aus der späten Eisenzeit und der Wikingerzeit liegt direkt an der Straße 23 zwischen den Orten Höör und Hässleholm. Noch 375 Steine stehen auf dem mit Heide bewachsenen Gelände, es sollen mal weit über 600 gewesen sein. Das Gräberfeld ist das größte und auch am besten erhaltene in Schonen. Es wurde in der Zeit von etwa 550 bis 900 als Bestattungsplatz benutzt.

Die Steine stehen zum Teil einzeln, zum großen Teil in Form von Schiffssetzungen, die jedoch meistens wegen fehlender Steine nur noch schwer zu identifizieren sind. Über ein Dutzend Schiffssetzungen sind immerhin noch gut zu erkennen, die größte ist 25 m lang. Das Gelände ist teilweise in den späten 1950er Jahren untersucht worden, wobei eine größere Anzahl von Brandgräbern mit Grabbeigaben nachgewiesen wurde.

Zu den gefundenen Gegenständen gehören hauptsächlich Silber- und Bronze-Schmuck, Glasperlen, Keramikscherben. Zusammen mit den verbrannten Knochen und der Asche waren sie zum Teil in Gruben beigegeben, wie es in der Wikingerzeit üblich war, oder um die Steinsetzungen herum verstreut worden. Pfostenlöcher zeugen davon, dass über einzelnen Gräbern ursprünglich Holzkonstruktionen errichtet worden waren. Möglicherweise Gestelle zur Verbrennung.

Dicht bei diesen Gräbern ist ein weiteres Grabfeld mit 150 Gräbern lokalisiert worden. Die Steine, die dort standen, sind bereits entfernt worden, kurz nachdem der Bestattungsplatz außer Gebrauch kam. Die zugehörigen Siedlungen zum Gräberfeld von Vätteryd sind bisher nicht lokalisiert worden.

SERVICE
Info-Tafel am Parkplatz.
Café mit Gartenbetrieb und Picknicktischen neben dem Gelände.

WEGWEISER
Das Gräberfeld liegt nordöstlich von Höör, direkt an der Straße 23 zwischen Tjörnarp und Sösdala. Der Platz ist als „Gravfält" ausgeschildert.

Ljungarum
Schiffssetzung & Bautasteine

Eine große Schiffssetzung und viele Bautasteine stehen nicht weit von Vätteryd* am Rande des Store Mosse, des großen Moores. Der Platz liegt ein paar Hundert Meter von der Straße entfernt im Feld eines Gehöfts. Die Monumente werden in die frühe Wikingerzeit datiert.

WEGWEISER
Von der Straße 23 in Norra Mellby nach Osten abbiegen Richtung Ljungarum und Rickarum. Ca. 500 m hinter der Einmündung der Straße nach Röslöv zweigt auf der anderen Straßenseite nach Norden der Weg zum Gehöft ab. Von hier kurzer Fußweg zu Schiffssetzung und Bautasteinen.

Bosjökloster
Kirche & Kloster

Der Name täuscht: Bosjökloster ist seit fast 500 Jahren kein Kloster mehr, sondern ein Schloss, ein Schmuckstück noch dazu mit seinem schönen weitläufigen Park. Die Kirche allerdings ist alt, und ihr Platz ist noch genau derselbe wie zum Ende der Wikingerzeit, als hier der Benediktinerorden auf der Insel Bosie im See Ringsjö ein Nonnenkloster errichten ließ. Das war bereits 1080, und erst 1536, als die Reformation im dänischen Reich eingeführt wurde und damit auch in Schonen, wurde aus dem Kloster ein Schloss. Die Anlage allerdings hat sich wenig verändert.

Die erste Kirche vom Ende des 11. Jahrhunderts war ein Holzbau, die heutige Steinkirche wurde Mitte des 12. Jahrhunderts gebaut, und zwar aus dem gleichen Sandstein (aus dem nahen Höör) wie der Dom von Lund*. Der Turm entstand erst im 19. Jahrhundert. Die Apsis weist in ihrer äußeren Gestaltung eine Besonderheit auf: Schmale Sandsteinpfeiler, die ursprünglich wahrscheinlich ein Fries aus normannischen Bögen trugen. Letzte anfassbare Erinnerung aus der Gründungszeit von Kirche und Kloster dürfte die riesige 1000-jährige Eiche im Park sein.

SERVICE
Bosjökloster Slottsförvaltning, S-243 95 Höör, Tel. 0413-250 48. Geöffnet Mai bis Sept. tägl. 11–17 Uhr. Restaurant. Eintritt. **Park** geöffnet Mai bis Sept. 8–19 Uhr, Okt. bis Apr. 9–16 Uhr. *www.bosjokloster.se*

WEGWEISER
Bosjökloster liegt an der Hauptstraße 23 südlich von Höör. Die Zufahrt führt am Golfplatz vorbei zum Besucherparkplatz. Parkplatz und Besuch der Kirche sind frei, der Besuch von Schloss und Park kostet Eintritt.

Västra Strö
Runenstein, Maskenstein & Bautasteine

Eine Ansammlung von zwei Runensteinen und fünf Bautasteinen steht abseits der Straße 17 von Landskrona nach Eslöv. Sie wurden auf einer natürlichen Erhebung errichtet, die heute am Rande eines Feldes liegt. Bei den Steinen sind keine Gräber gefunden worden. Die ungewöhnliche Häufung stehender Steine deutet auf eine besondere Funktion des Platzes hin, als Kultstätte oder Versammlungsort.

Ein Runenstein trägt ein Maskengesicht und die Inschrift: »*Fader ließ diesen Stein zum Gedenken an Björn errichten, dem das Schiff mit ihm zusammen gehörte*«. Die Inschrift auf dem anderen Stein ist in zwei großen Schleifen angeordnet: »*Fader ließ diese Runen zum Ge-*

denken an seinen Bruder Asser ritzen, der den Tod auf Wikingfahrt im Norden fand «. Beide Steine sind also auf Veranlassung derselben Person errichtet worden.

Fader dürfte ein Schiffseigner und Steuermann gewesen sein, und sein Bruder Asser starb auf „Wikingfahrt", also auf Raub- und Plünderungstour. Fader und sein Bruder Asser waren offensichtlich Piraten aus Familientradition. Asser wurde dort begraben, wo er starb, im Norden, und Fader setzt ihm in seiner Heimat einen Gedenkstein. Ähnliches gilt für Faders Kompagnon Björn.

SERVICE
Infos: *de.wikipedia.org/wiki/Steinkreis_von_Västra_Strö*

WEGWEISER
Die Steine stehen nördlich der Straße 17, hinter Kirche und Schloss Trollenäs. Von der 17 abbiegen nach Norden, nächste Kreuzung nach links, Richtung Östra Karaby. Nach 200 m stehen links die Steine.

Västra Karaby
Runenstein

Der Runenstein an der Landstraße nordwestlich des Ortes Västra Karaby wird in die späte Wikingerzeit datiert. Er wird auch nach dem nahe gelegenen Platz Ålstorp benannt, ist nur 1, 20 m hoch und aus grauem Granit. Der Text der vier kurzen Runenreihen lautet: »*Hals und Fredbjörn errichteten diesen Stein zum Gedenken an Hofa, ihren Genossen* « Mit dem Wort Genosse ist kein Kriegskamerad gemeint, sondern ein Partner im Schiffs- und Handelsteam.

WEGWEISER
Der Stein wird leicht übersehen: Er steht westlich des Ortes Västra Karaby auf einem Grundstück nördlich der Straße 104 von Kävlinge in Richtung Landskrona, etwa 1 km westlich von Dösiebro, gegenüber der Abzweigung des Furuhillsvägen nach Furuhill.

Löddeköpinge
Handelsplatz

Einer der wenigen bisher entdeckten saisonalen Handelsplätze lag direkt am Øresund, bei Bjärred. zwischen Malmö und Landskrona. Ähnlich dem Platz von Skuldevig* in Nord-Seeland war er nur zeitweilig besiedelt. Er entwickelte sich am Anfang der Wikingerzeit an einem mit Steinen befestigten Landeplatz für Handelsschiffe unmittelbar an der Einmündung des Flusses Lödde Å ins Meer.

Bei Ausgrabungen in den 1960er und 1970er Jahren hat man Grubenhäuser aus dem 9. Jahrhundert gefunden, von einem Typ, wie er als Werkstatt für Handwerker oder vorübergehende Unterkunft für Händler diente – zu klein, um auf Dauer darin zu leben. Die Häuser waren nur kurze Zeit im Jahr bewohnt. Die Funde von Handelsobjekten, Keramik, Schmuck etc., weisen auf Westeuropa und den Ostseeraum. Im 10. Jahrhundert ist dieser saisonale Handelsplatz aufgegeben worden. Das Gelände war durch einen niedrigen Erdwall eingegrenzt, der zum Teil noch erhalten ist.

Im Ort Löddeköpinge selbst, ein paar Kilometer flussaufwärts, wurde eine dauerhafte Siedlung nachgewiesen, die durch die gesamte Wikingerzeit bis ins Mittelalter hinein bewohnt war. Auf dem Gelände östlich der Kirche, das zum Fluss hin abfällt, wurde ein großer Friedhof aus der Zeit seit ca. 1000 n. Chr. lokalisiert, mit ca. 2500 Gräbern und Spuren von zwei hölzernen Kirchen – einer älteren Stabkirche (vielleicht die älteste Schonens) und einer Holzkirche mit Chor und Langhaus auf einem Steinfundament.

Im Kirchenraum dieser alten Holzkirche wurden die Gräber einer ca. 40 Jahre alten Frau und eines ca. 60 Jahre alten Mannes gefunden, vermutlich die Stifter der Kirche. Von Siedlung und Holzkirchen der Wikingerzeit ist heute nichts mehr zu sehen. Infos und Anschauung durch rekonstruierte Häuser bietet das Center „Vikingatider" neben der alten Siedlungsfläche. Das Center ist noch im Aufbau, auch die alten Kirchen sollen nachgebaut werden.

SERVICE
Vikingatider, Ådalsvägen 18, S-246 35 Löddeköpinge, Tel. 046-70 62 10. Geöffnet tägl. 10–17 Uhr. Eintritt. *www.vikingatider.se*

WEGWEISER
Löddeköpinge liegt an der E 6/E 20. Zugang zum einstigen Handelsplatz von Bjärred aus, von der Siedlung Löddesnäs (ausgeschildert). Zu Fuß von der Straße Holländarehusvägen auf dem Feldweg zur Aumündung. Oder Blick aus dem Auto vom Vikhögsvägen nach Vikhög, beim Vikhög Gård. Auch von dort führt ein Feldweg Richtung Aumündung. Das **Vikingatider Center** liegt östlich der Kirche an der Straße Richtung Kävlinge.

Borgeby
Wikingerburg

Das malerische mittelalterliche Schloss an der Lödde Å steht auf wikingerzeitlichem Grund: Es ist der Nachfolger einer Ringburg aus der Zeit um 980, die möglicherweise eine weitere Burganlage sein könnte, die dem dänischen König Harald Blauzahn (ca. 958–987) zuzurechnen wäre. Darauf deuten Befunde mehrerer Ausgrabungen hin, die seit 1984 erfolgten. Von der Forschung wird Borgeby allerdings mehrheitlich (noch?) nicht als eine von Haralds Ringburgen angesehen. Die Burg wurde bereits in der Wikingerzeit durch einen Brand zerstört und ab etwa 1090 durch neuere Bauten ersetzt.

Seine Entstehung verdankt Borgeby der Lage an der Lödde Å, denn Wasserwege waren zur Wikingerzeit die wichtigsten Verkehrswege. Über die Lödde Å bestand damals Verbindung zwischen Helsingborg oder Landskrona nach Uppåkra* und Lund*, vorbei am nahe gelegenen wikingerzeitlichen Handelsplatz von Löddeköpinge*. Der Ringwall war auf einem natürlichen Plateau über dem Fluss mit weiter Sicht in die Umgebung angelegt worden und hatte einen Durchmesser von ca. 150 m. Damit war er etwas größer als die Trelleborg* an der Südküste Schonens (140 m).

SERVICE
Borgeby Slott , S-23791 Bjärred, Borgeby Slottsväg 13, Tel. 0705-24 76 34. Geöffnet Jun bis Aug. Do.–So. 11–16 Uhr. Eintritt. Café.
Kunsthistor. **Norlindmuseet** im Torturm, gehört zu Kulturen in Lund. Mai bis Sept. wechselnde Öffnungszeiten. Eintritt frei. *www.borgebyslott.se*
Borgeby kyrka, Borgeby Slottsväg 17. Siehe: *www.svenskakyrkan.se*

WEGWEISER
Borgeby Slott liegt nordöstlich der E 6/E 20, Abfahrt 22 Borgeby. Nach Norden abbiegen, nächste rechts in den Borgeby Slottsväg. Linkerhand liegt das Schloss, die Ringburg war zwischen Kirche und Schloss.

Der Wall wurde in mehreren Bauphasen errichtet, war ca. 15 m breit und von Wallgräben flankiert. Später kam die Burg vermutlich unter die Herrschaft des Erzbischofs von Lund*, was man u. a. aus aufgefundenen Münzen aus eigener Prägung geschlossen hat, die denen der Lunder Münze sehr ähnlich sind. Östlich der Burg ist die Borgeby Kyrka, heute ein Ziegelbau, der in seinen älteren Teilen auf die Zeit um 1200 zurückgeht, ursprünglich stand hier jedoch eine Holzkirche. Zwischen Kirche und heutigem Schloss lag die wikingerzeitliche Burg, von der jedoch nichts mehr zu sehen ist.

Der heutige Schlossbau muss um 1660 entstanden sein, denn zuvor war die Burg mehrfach niedergebrannt worden, erst von Schweden und zuletzt 1658 von dänischen Soldaten. Das erhaltene Torhaus stammt aus dem 16. Jahrhundert, hat aber ältere Teile. Erhalten ist auch „Börjes Turm", der vermutlich aus dem 15. Jahrhundert stammt.

Nach der Reformation kam das Schloss in den Besitz mehrerer dänischer und schwedischer Adelsfamilien. Heute ist es Museum für die Gemälde des schwedischen Malers Ernst Nordlind (1877–1952), dessen Schwiegervater das Schloss 1886 ersteigert hatte. 2007 hatte die Gemeinde Lomma das Schloss gekauft.

Himmelstorp
Steinsetzungen & Thingplatz

In der Landschaft am Kullaberg nördlich von Helsingborg sind dicht an der Ostsee einige Spuren der Wikingerzeit erhalten. In diesem beliebten Ausflugs- und Naturschutzgebiet, mit Schwedens steilster Küste, mit Laub- und Nadelwald, Heide und Klippen, gibt es mehrere große Steinsetzungen. Die größte findet sich auf einer bewaldeten Hügelkuppe oberhalb des wunderschön gelegenen Bauernmuseums Himmelstorpsgården.

Diese runde Steinsetzung wird in die frühe Wikingerzeit datiert, hat einen Durchmesser von 16 m und besteht aus 9 Steinen. Die großen Steine sind jeweils durch Lager aus kleineren Steinen fixiert, so genannte „underliggare". Der Steinring markiert ein ehemaliges Grab in der Mitte. Er nimmt die gesamte Hügelkuppe ein und war einst Thingplatz. Da an solchen Versammlungsstätten auch Recht gesprochen wurde, heißen solche Steinringe auf Schwedisch „domarring", von „dom" für Urteil. Der Domarring von Himmelstorp gilt als der am höchsten gelegene Schwedens.

Unterhalb von diesem Hügel, dicht beim Parkplatz, gibt es weitere kreisförmige Steinsetzungen mit 19 bzw. 13 m Durchmesser, außerdem eine halbkreisförmige Steinsetzung und einzelne Steine. Die ganze Gegend nicht weit vom Meer bot offensichtlich günstige Bedingungen für die Besiedlung und war seit früher Zeit bewohnt.

SERVICE
Info-Tafel unterhalb des Hügels mit der Steinsetzung.
Himmelstorps Hembygdsgård, Kullaberg, S-260 42 Mölle Bauernmuseum mit Gartenwirtschaft, Tel. 042 34 60 06. Geöffnet in der Saison mittags bis abends. *www.hembygdshistoria.se/himmelstorp/index.htm*

WEGWEISER
Von der E6 auf die Straße 112 nach Westen, in Tunneberga nach rechts auf den Kystvägen. Kurz hinter Brunnby zweigt eine Stichstraße nach Norden ab nach Himmelstorp (ausgeschildert). Vorbei am mittleren Parkplatz bis zum oberen Parkplatz am Ende der Straße, von dort aus kurzer Fußweg vorbei am Himmelstorpsgården auf den Hügel.

Hov
Gräberfeld

Hoch auf einem Hügel und weithin sichtbar liegt die Kirche von Hov. Direkt daneben ist ein Gräberfeld, das von der Bronzezeit bis in die Wikingerzeit bestanden hat. Zwei aufrecht stehende Bautasteine, drei Grabhügel und mehrere Steinsetzungen, die jedoch stark zerstört sind – das ist alles, was auf der Wiese am Hang noch sichtbar ist.

Die heutige Kirche stammt von 1839, ihr Turm jedoch steht auf einem bronzezeitlichen Grabhügel. An dieser Stelle stand bereits seit der Mitte des 12. Jahrhunderts eine Kirche. Mit dem alten Turm, der einst ein reiner Glockenturm war, ist eine lokale Sage verbunden: Die Frau eines Riesen soll vom christlichen Glockenläuten aus dem Turm heftige Ohrenschmerzen bekommen haben. Wutentbrannt schleuderte sie deshalb 2 Steine nach der Kirche (interessanterweise mittels ihres Strumpbandes), aber sie fielen auf die Wiese am Hang, wo sie aufrecht stecken blieben. Dort sind sie noch heute.

SERVICE
Info-Tafeln an der Straße und an der Friedhofsmauer.

WEGWEISER
Hov liegt im Norden der Halbinsel Bjärehalvön an der Kreuzung der Straßen 115 und 105. Unterhalb der Kirche nach Norden abbiegen, Parkplätze gegenüber der Kirche. Steine und Grabhügel sind auf der Wiese westlich der Friedhofsmauer, zu erreichen über einen Durchlass mit Trittstufen.

Tofta Högar
Gräberfeld & Kultplatz

Nicht weit von der Kirche in Hov* verbirgt sich zwischen Feldern, Wiesen und Gehöften ein Gräberfeld mit Grabhügeln, Steinsetzungen, einem Schalenstein und alten Wällen, insgesamt 21 mehr oder weniger sichtbare Zeugnisse der Vergangenheit. Das Gelände war seit der Bronzezeit bis in die Wikingerzeit hinein Begräbnisplatz und wahrscheinlich auch Kultplatz.

Bei Untersuchungen hat man in einer Wallanlage Spuren von Wandkonstruktionen und einem Dach gefunden und daraus auf einen Kultbau geschlossen. Die Nähe zu den Gräbern, die erhöhte Platzierung mit weitem Blick übers Land, die Steinsetzungen und der Schalenstein werden als Belege dafür gewertet, dass dieser Bau und damit der ganze Platz einst für religiöse Zeremonien diente.

SERVICE
Info-Tafel am Zaun um das Gelände.

WEGWEISER
Der Platz liegt abseits der Straße von Hov Richtung Norden, nach Hallavarar. Nach ca. 1,5 km dem Hinweisschild für Sehenswürdigkeiten nach links folgen in den Toftahögsvägen. Ein Übergang ermöglicht den Zutritt zum eingezäunten Gelände. Grabhügel, Steinsetzung etc. sind auf dem hinteren Teil der Wiese.

XVIII. Süd-Schonen

Fuglie
Runensteine

Zwei Runensteine stehen bei der Kirche von Fuglie. Die wurde zwar erst 1902 gebaut, hatte aber an gleicher Stelle eine romanische Vorgängerin. Der eine Runenstein steht auf einem Grabhügel im privaten Gartengelände nördlich der Kirche, er stammt aus dem 11. Jahrhundert und ist offensichtlich christlichen Ursprungs. Der Standplatz ist noch ursprünglich. Die stark angewitterte Inschrift: »*Eyndr errichtete diesen Stein zum Gedenken an Oda, seinen Bruder. Er fand den Tod auf Gotland. Gott helfe seiner Seele*«.

Der Hinweis, dass Oda den Tod auf Gotland fand, deutet auf kriegerische Ereignisse. Um welche es dabei ging, ist nicht bekannt. Gotland gilt als „Schatzinsel" der Wikinger, sie war Station auf dem Weg von Schweden über Staraja Ladoga nach Byzanz und ebenso zurück. Über 700 Schätze wurden auf der Insel entdeckt, insgesamt stattliche 15 Tonnen Silber.

Der zweite Stein steht vor dem Eingang der Kirche. Er wurde von seinem ursprünglichen Standort in der Umgebung hierher gesetzt. Die Inschrift verläuft in einem senkrechten Band von unten nach oben: »*Atti errichtete diesen Stein zum Gedenken an Torstein, seinen Sohn*«. Auf dem Stein sind schalenförmige Vertiefungen, er dürfte also bereits in der Bronzezeit als Kultstein gedient haben, ähnlich wie der Runenstein von Sønder Vissing* in Ostjütland.

WEGWEISER
Fuglie liegt östlich der E 6/E 22 von Vellinge nach Trelleborg. In Håslöv nach Osten abbiegen, über Bodarp nach Fuglie. Die Kirche ist am Ortseingang, der Grabhügel liegt gegenüber am Öns väg, der nördlich an der Kirche vorbeiführt. Die Eingangspforte zum Garten ist mit einem beschrifteten Stein vor der Mauer gekennzeichnet.

Foteviken
Schiffssperre, Schlachtfeld, Wikingercenter

Eine Halbinsel östlich von Skanör mit einem ganzen Ensemble wikingerzeitlicher Spuren: Die Einfahrt in die Bucht Foteviken war durch eine Schiffssperre gegen Überfälle gesichert. Auf der Halbinsel gab es einen Königshof, einen Hafen und einen heidnischen Kultplatz. Alles der Hintergrund dafür, dass ausgerechnet hier 1134 eine entscheidende Schlacht stattfand. Und nicht zuletzt ist Fotevikens Museum eines der interessantesten Wikingercenter Skandinaviens.

Die Seesperre riegelte am Ende der Landzunge die ca. 300 m breite Bucht von Foteviken ab. Sie wurde zweimal zu verschiedenen Zeiten angelegt bzw. verstärkt: Der Bau der älteren Sperre aus Pfahlreihen wird auf Grund dendrochronologischer Untersuchungen in die Zeit um 980 datiert und auf die Bestrebungen des dänischen Königs Harald Blauzahn zurückgeführt, seinen Machtbereich zu sichern. 150 Jahre später, im Winter 1133/34, wurden in Vorbereitung auf die Schlacht fünf mit Steinen gefüllte Schiffe und Steinpackungen in der Fahrrinne versenkt, ähnlich wie in Skuldelev* auf Seeland.

In den 1980er Jahren wurde die Anlage entdeckt und erforscht, heute ist von ihr nur noch unter Wasser etwas zu sehen. Einige Funde werden im Technik- und Seefahrts-Haus in Malmö ausgestellt. Der Nachbau eines der versenkten Schiffe liegt in der Bucht vor Fotevikens Museum vor Anker.

Fotevikens Museum erstreckt sich über ein großes Gelände, das von einem halbkreisförmigen Wall mit zwei Toren umgeben ist. Es ist keine traditionelle Ausstellung, sondern versteht sich als „Lebende Wikingerstadt", die einen Eindruck vom Leben in der späten Wikingerzeit vermittelt, mit über 20 rekonstruierten Häusern, dazu Werkstätten, Marktplatz etc., wo im Sommer auch gearbeitet, gehandelt und gelebt wird. Beim Bummeln durchs Gelände begegnen Ihnen also in der Saison überall Wikinger beim Schmieden, Netze flicken, Feuer machen, Häuser bauen, Weben, Handeln etc. Viele der Freizeit-Wikinger sind Studenten/innen, die im Sommer erproben, wie das Leben zur Wikingerzeit funktionierte.

Die Anlage geht nicht nur auf die Ergebnisse örtlicher Ausgrabungen zurück, insbesondere wurden auch die Forschungserkenntnisse von anderen Orten mit berücksichtigt. Ein Fußweg entlang der Bucht und auf den Wällen informiert an über einem Dutzend Stationen mit Erläuterungstafeln über die historischen Hintergründe der ganzen Gegend, inklusive der Schlacht.

Den archäologischen Befunden zufolge gab es eine Hafenanlage auf der Ostseite der Halbinsel, wo die Fahrrinne innerhalb der Bucht verläuft. Dort bildet eine Seitenbucht ein natürliches Hafenbecken, der Winterhafen für die Flotte. Weiter südlich, nahe dem Ende der Bucht, gab es zur Wikingerzeit einen Königshof, der noch im Mittelalter als Domäne existierte. Heute ist an dieser Stelle ein großes Einzelgehöft. Nicht weit entfernt, zwischen Lille Hammars By und dem Museum Foteviken, war zur Wikingerzeit ein Kultplatz, ein Opferwäldchen, möglicherweise sogar mit einem Tempel. Das wird u. a. aus örtlichen Flurnamen abgeleitet, die das Wort „ve" enthalten, was Heiligtum bedeutet, so wie etwa auch im Namen Viborg*.

Insgesamt ergibt Fotevikens Ensemble von Kultplatz, Königshof, Hafen und Seesperre eine Örtlichkeit von überregionaler Bedeutung,

SERVICE
Fotevikens Museum, Museivägen 24, SE-236 91 Höllviken, Tel. 040-330 800. Geöffnet Mai bis Sept. Mo.– Fr. 10–16 Uhr, Jun bis Aug. tägl. 10–16 Uhr. Eintritt. Museumsshop + Café. *www.foteviken.se* (mit Flyer auf Deutsch).
Teknikens och Sjöfartens hus, Malmöhusvägen 7A, SE-20124 Malmö, Tel. 040-34 44 38. Geöffnet Juni bis Aug. tägl. 10-17 Uhr, Sept. bis Mai tägl. 12–16 Uhr. Eintritt. Restaurant & Café. *www.malmo.se/museer*

WEGWEISER
Zum **Foteviken Museum** von der E 6/E 22 in Vellinge auf die Straße 100 Richtung Skanör. Im Kreisverkehr vor Höllviken nach rechts auf den Östra Halörsvägen. Das Museum liegt links. Die **Seesperre** war ca. 2,5 km nördlich, am Ende der Landzunge zwischen den Inseln. Die Straße nach Hammarsnäs endet vorher, also ca. 800 Meter Fußweg. In Lille Hammars By nördlich vom Museum lagen am Östra Halörsvägen Nr. 137 der heidnische **Kultplatz** und die alte **Kirche**, östlich am Buchtende war der **Königshof**,

also die Residenz eines Häuptlings oder Königs. Um all das zu sehen, inklusive Museumsbesuch, sollten Sie etwas Zeit einplanen.

Jetzt zur Schlacht von Foteviken 1134: Sie fand innerhalb königlicher Verwandtschaft statt – zwischen dem dänischen König Niels und seinem Neffen Erik Emune („der Denkwürdige"), der mit Niels und dessen Sohn Magnus noch eine Rechnung zu begleichen hatte. Anlass war eine ungesühnte Bluttat: Magnus hatte drei Jahre zuvor bei Ringsted* auf Seeland Knud Lavard ermorden lassen, seinen eigenen Cousin, der als königlicher Statthalter von Schleswig so erfolgreich und beliebt war, dass er ihm die Thronfolge nach König Niels streitig gemacht hätte. Der ermordete Knud und Erik Emune waren Brüder, Söhne von Erik Ejegod („der Herzensgute"), der wiederum ein Bruder von König Niels und auch dessen Vorgänger auf dem Thron gewesen war.

Erik Emune ließ sich in Schonen zum König ausrufen und plante kaltblütig Rache für den Mord an seinem Bruder. Am 4. Juni 1134 war es soweit: An der Bucht bei Foteviken, wo Erik seine Anhänger gesammelt hatte, kam es zum Showdown. Erik hat offensichtlich mit dem Angriff lange vorher gerechnet, denn im Winter 1133/34 hatte er die Bucht mit einer Seesperre blockieren lassen. Mit Erfolg: Niels und Magnus konnten mit ihrer Flotte nicht in die Bucht einlaufen, sondern mussten an der Seeseite der Halbinsel landen, ungefähr dort, wo heute das Wikingerreservat ist.

Wie der dänische Chronist Saxo Grammaticus um 1200 berichtet, siegte Erik Emune durch eine neue Art der Kriegsführung: 300 gepanzerte Reiter (aus Deutschland angeheuert) überrannten das zahlenmäßig weit überlegene Heer von Niels und Magnus, das in traditioneller Wikingerschlachtordnung Mann neben Mann kämpfte. Magnus und viele seiner Anhänger fielen, darunter 5 Bischöfe und 60

Priester, die Partei für Niels und Magnus ergriffen hatten und mit in die Schlacht gezogen waren. König Niels floh, wurde aber am 25. Juni bei Schleswig (wahrscheinlich Burg*) von aufgebrachten Einwohnern ermordet, die den Mord an Knud Lavard nicht vergessen hatten. Erik Emune wurde dänischer König.

Erik machte Lund* zu Dänemarks Hauptstadt und baute sie aus. Er selbst entwickelte sich jedoch zu einem herrschsüchtigen und blutrünstigen Regenten: 1135 ließ er seinen Bruder Harald Kejsa ermorden und dessen Söhne gleich mit. Denn Harald war ein Jahr zuvor noch vom flüchtenden König Niels auf dem Thing von Urnehoved* in Süd-Jütland zum dänischen Mitkönig ausgerufen worden, und jetzt hatte er Unzufriedene um sich geschart. Erik ließ ihn daraufhin beseitigen. 1137 fand schließlich auch Erik Emune selbst ein gewaltsames Ende: Er wurde auf dem Thingplatz Urnehoved* ermordet.

Albäcksåens Udlöb
Gräberfeld

Am Rande eines Golfplatzes am westlichen Stadtrand von Trelleborg* liegt ein Gräberfeld mit ca. 45 Grabhügeln und zahlreichen runden Steinsetzungen. Den archäologischen Untersuchungen zufolge handelt es sich um Erd- und Brandgräber, die Asche wurde in Gefäßen oder Gruben beigesetzt. Das Gräberfeld war viele Jahrhunderte in Gebrauch, ungefähr in der Zeit von ca. 100 v. Chr. bis 1000 n. Chr. Unter den Hügeln sind zumeist Gräber aus der Wikingerzeit. Nur wenige Grabbeigaben wurden gefunden. In einem der Hügelgräber war der Tote unter einem kleinen Boot bestattet.

In Albäcksbakken, nordöstlich der Straße, sind Erdgräber aus der späten Steinzeit und Eisenzeit gefunden worden, ein bronzezeitliches Urnengrab und zwei Massengräber aus der Wikingerzeit. Die ganze Gegend ist während der gesamten vor- und frühgeschichtlichen Zeit als Begräbnisplatz benutzt worden. Ein deutlicher Hinweis auf eine relativ dichte Besiedlung bereits in frühgeschichtlicher Zeit.

Immerhin ist Schonen der Teil Schwedens, der nach der Eiszeit und dem Rückzug des Inlandeises nach Norden als erster von Menschen besiedelt wurde. Die Landschaft hat dadurch die längste und intensivste Siedlungsgeschichte Schwedens und eine sehr große Zahl frühgeschichtlicher Relikte wie Grabhügel, Steinsetzungen etc.

WEGWEISER
Das Gräberfeld liegt an der Kreuzung der E 6/E 22 mit der Straße Kämpingvägen von Falsterbo, dicht an der Mündung (udlöb) des Bachs Albäckså in die Ostsee. Von der E 6/E 22 nach rechts in den Kämpingvägen und sofort wieder links in eine aufgelassene Zufahrt.

Trelleborg
Ringburg

Die fünfte Ringburg von der Art, wie sie von Seeland und Jütland schon seit einem Jahrhundert bekannt ist, war an der Südküste Schonens. Erst in den 1980er Jahren wurde sie beim Bau neuer Wohnblocks in Trelleborg entdeckt. Ähnlich wie Nonnebakken in Odense* auf Fünen liegen auch die Reste der Burg von Trelleborg mitten in der heutigen Stadt. Der Westteil der Anlage ist entsprechend den wissenschaftlichen Erkenntnissen (und mit etwas Phantasie) rekonstruiert worden. Seit 1995 bereichert die Palisadenanlage das Stadtbild. Das Gelände mit Grünanlage ist frei zu zugänglich.

Man nimmt an, dass an dieser Stelle schon im 7. Jahrhundert, also vor der Wikingerzeit, eine Befestigungsanlage bestanden hat, die mehrfach ausgebaut wurde. Der letzte Umbau soll nachweislich der archäologischen Altersbestimmung um 980 erfolgt sein, er fällt also ebenso wie die Errichtung der anderen Ringburgen in die Regierungszeit des baufreudigen dänischen Königs Harald Blauzahn.

> **SERVICE**
> **Trelleborgen**, Västra Vallgatan 6, S-231 45 Trelleborg, Tel. 0410-73 30 21. Parkgelände ganzjährig zugänglich, bei Veranstaltungen Eintritt. Geöffnet Mai bis Sept. Do.–Mo. 10–16 Uhr, Juni bis Aug. tägl. 10–17 Uhr. Okt. Sa./So. 12–16 Uhr. Shop und Café. www.trelleborg.se/trelleborgen
> Trelleborgs **Museum**, Stortorget 1, S-231 43 Trelleborg, Tel. 0410-73 30 45. Geöffnet Di.– So. 12–16 Uhr. Eintritt. Café.
> www.trelleborg.se/sv/uppleva-gora/kultur/trelleborgs-museum/
> **Turistbyrå**, Kontinentgatan 2, S-231 42 Trelleborg, Tel. 0410-73 33 20.
>
> **WEGWEISER**
> Die Trelleborg liegt nördlich der E 6/E 22. Dem Hinweisschild folgend vor der Kreuzung mit der Straße 108 nach Norden abbiegen, an der Västergatan nach rechts, dann wieder nach links.

Folglich wird auch die Ringburg von Trelleborg als militärisches oder administratives Zentrum angesehen, das Harald zur Sicherung seiner Macht im dänischen Reich anlegen ließ, das damals auch den Süden Schwedens umfasste. Da jedoch einige Details in der Anlage deutlich vom üblichen Muster abweichen, wird auch die Ansicht vertreten, dass die schwedische Trelleborg nicht durch Harald errichtet wurde, sondern von einem lokalen Herrscher, der sich an den Bauten seines Königs orientierte.

Die Ringburg hatte einen Durchmesser von 140 m, war also wenig größer als die Trelleborg auf Seeland, sie hatte einen 13 m breiten und 4 m hohen Erdwall mit Palisaden aus gespaltenen Eichenstämmen. Allerdings war sie nicht kreisrund, sondern leicht oval angelegt. Nach außen wurde sie durch einen Wallgraben gesichert.

Wie in den anderen Ringburgen gab es auch in der schwedischen Trelleborg Tore in allen vier Himmelsrichtungen, die durch Wege verbunden waren.

Allerdings sind hier, anders als in Dänemark, keine Spuren von Häusern gefunden worden, was nahe legt, dass diese Anlage nicht fertig gestellt wurde. Das Langhaus, das an Ort und Stelle rekonstruiert wurde, stammt vermutlich aus dem 13. Jahrhundert. Weitere Gebäuderekonstruktionen aus der Wikingerzeit sind im Bau, das neue Museumsgebäude vor der Palisade ist bereits fertig.

Jordberga
Runenstein

Der Runenstein steht im Park des weitläufigen Herrenhofes von Jordberga, der jedoch öffentlich zugänglich ist. Hier steht eine der größten Ulmen Schwedens, die aus der Mitte des 18. Jahrhunderts stammt. Der originale Standort des Steins war der Überlieferung zufolge im südlich benachbarten Källstorp, und entsprechend wird der Stein von Runenspezialisten auch offiziell Källstorp bgenannt. Er ist nur noch klein, wurde auf einen Betonsockel montiert, und der Standort ist ungepflegt.

Die Inschrift läuft über Vorder- und Rückseite. Wie sie verrät, stand der Stein einst an einer Brücke; wahrscheinlich die Brücke über den Fluss Skateholms Å, der noch heute westlich von Jordberga und Källstorp nach Süden fließt: »*Thorkil, Thords Sohn, errichtete diese Brücke zum Gedenken an seinen Bruder Vrage*«. Der Bau einer Brücke galt als verdienstvoll und war es wert, besonders erwähnt zu werden.

WEGWEISER
Jordberga liegt südlich der Straße 101 zwischen Anderslöv und Skivarp. Hinter Slättåkra in die Allee Richtung Källstorp abbiegen. Der Park ist direkt neben der Straße, Zugang beim Torwärterhaus. Der Stein liegt an einem Fußweg, der von der Parkzufahrt nach rechts über eine Holzbrücke abzweigt und parallel zur Straße verläuft. Etwa 150 m Fußweg.

Tullstorp
Runenstein mit Bildern

Einer der seltenen Runensteine, der neben der Inschrift auch Bilder zeigt, steht auf dem Friedhof des Ortes Tullstorp westlich von Skivarp. Er steht auf einem Grabhügel, ist über 2 m hoch und hat gleich 2 Abbildungen: In der Mitte, umgeben von der Runeninschrift am Rand, ein Wolf (auch mal als Löwe angesehen), mit den typischen spiralförmigen Schnörkeln der späten Wikingerzeit um 1000.

Darunter prangt ein Kriegsschiff mit spitzen Steven, Drachenköpfen, Steuerruder am Heck und einer Reihe von Schilden über der Reling. Die Inschrift ist kurz: »*Kleppir und Asa errichteten diesen Stein zum Gedenken an Ulv*«. Zwischen dem Namen Ulv, der Wolf bedeutet, und dem Bild auf dem Stein knüpfen Runologen eine Verbindung, weshalb das Tier auch eher als Wolf interpretiert wird.

WEGWEISER
Kirche und Friedhof von Tullstorp liegen südlich der Straße 101 ein paar Kilometer westlich von Skivarp, an der Straße Richtung Beddinge. Der Stein steht im oberen Teil des Friedhofs, gegenüber der Eingangspforte.

Östra Vemmenhög
Runenstein

Der mannshohe Runenstein von Vemmenhög wurde bereits 1591 entdeckt, und 1749 hat ihn der berühmte schwedische Biologe Carl von Linné besucht. Der Stein steht auf einer Wiese, neben der alten Straße mit der alten Brücke, wahrscheinlich noch an seinem ursprünglichen Standort. Er wird in die Zeit um 1000 datiert. Seine Inschrift: »*Broder errichtete diesen Stein zum Gedenken an Bose, seinen Bruder, einen bedeutenden jungen Mann*«. Broder und Bose dürften lokale Größen gewesen sein (Adel), und mit dem Stein nahe der Brücke reklamierte Broder Besitz und soziale Stellung (also Macht) seines Bruders für sich.

WEGWEISER
Östra Vemmenhög liegt an der Straße 101 westlich von Skivarp. Der Stein steht am östlichen Ende der Dorfstraße. Parkplatz bei der alten Brücke.

Västra Nöbbelöv
Runenstein

Der Stein von Nöbbelöv war bereits gespalten worden, als man die Runenzeichen entdeckte. Er wurde wieder zusammengesetzt, und die beiden Hälften lassen sich gut lesen. Heute steht er außerhalb der Friedhofsmauer. Seine Inschrift: »*Toke ließ diesen Stein errichten zu Ehren von Odge, seinem Bruder, einem sehr würdigen Thegn*«. Mit dem Wort „Thegn" wird ein herausragender Mann mit besonderer Macht bezeichnet, nach heutigen Begriffen ein Adliger.

WEGWEISER
Vestra Nöbbelöv liegt östlich von Skivarp an der Landstraße Richtung Snarestad. Der Stein steht südlich der Straßenkreuzung im Ort, an der Auffahrt zum Pfarrhaus vor der südlichen Kirchenmauer.

Sjörup
Runenstein

Eine Ausnahme unter den erhaltenen Runensteinen, denn er ist Stückwerk: Er wurde vor Jahrhunderten in 5 Stücke zerschlagen, vermutlich u. a. zum Bau der Kirche, aber die Teile wurden wieder aufgefunden und zusammengesetzt. Das 2. Stück von oben allerdings ist nicht mehr das Originalteil, denn das steckt in der alten Brücke nördlich der Straße 101 über die Skivarpså am Ostrand von Skivarp.

Der Text der Inschrift: »*Saxi errichtete diesen Stein zum Gedenken an Asbjörn, Tokes Sohn, seinen Kameraden. Er floh nicht in Uppsala, sondern kämpfte so lange, wie er eine Waffe hatte*«. Ebenso wie bei einem der Runensteine in der Kirchenmauer von Hällestad* geht es auch auf diesem Stein, mit fast dem gleichen Wortlaut, um die Schlacht bei Uppsala, bei der Toke sein Leben verlor. In Sjörup sind also dieselben Männer gemeint: Toke, der Sohn des dänischen Königs Gorm und Bruder von Harald Blauzahn, und Tokes Sohn Asbjörn.

Die Schlacht von Fyrisvall in Uppsala fand um 984 zwischen dem schwedischen König Erik Segersäll („der Siegreiche") und seinem Neffen Styrbjörn dem Starken statt. Styrbjörn soll als Anführer der legendären Jomswikinger angetreten sein, die wohl in Wolin* an der südlichen Ostseeküste beheimatet waren (siehe Jomsburg* und Helgenæs*). Styrbjörn wollte das Erbe seines Vaters Olof antreten, der Mitregent gewesen war, trachtete also nach dem schwedischen Thron. Jedoch verlor er die Schlacht und dabei auch wie die meisten seiner Gefolgsleute das Leben. Mit ihm starben auch Toke und Asbjörn, beides tapfere Kämpfer, die standhielten bis zum Tod.

WEGWEISER
Die alte Kirche von Sjörup liegt nicht weit von Västra Nöbbelöv am westlichen Ortsrand von Sjörup südlich der Straße. Der Stein steht neben der Eingangspforte zum Kirchhof vor der Feldsteinmauer.

Solberga
Runenstein

Entgegen seinem Namen ist der Stein nicht im Ort Solberga zu finden, sondern ca. 2 km westlich in Torsjö, dicht an der Straße Richtung Skivarp. Er steht auf dem Gelände des alten Herrenhofes Torsjö Gård im Schatten hoher Bäume. Der Text verläuft in einer hochge-

WEGWEISER
Torsjö Gård liegt an der Hauptstraße Skurup – Skivarp. Zufahrt bzw. Zugang von der Hauptstraße oder der Straße nach Solberga. Der Stein steht in der Nordostecke des Parks unter Bäumen links vor dem Herrenhaus.

streckten Hufeisenform: »*Bröder errichtete diesen Stein zum Gedenken an Asbjörn, seinen Bruder, der Skipper von Audh... war*«. Der letzte Name ist nicht mehr zu entziffern.

Örsjö
Runenstein

Der Runenstein im Örsjögården trägt eine traditionelle Inschrift, die in einem halbrunden Schriftband die Kontur des Steins nachzieht. Sie lautet: »*Tumi errichtete diesen Stein zum Gedenken an Hunvid, seinen Bruder, einen hoch wohlgeborenen Dreng*«. Das Wort „Dreng" bezeichnet einen vornehmen jungen Mann, einen angesehenen Krieger. Der Stein wird in die Zeit vor 1000 datiert, er hat einen Riss und ist restauriert. Allerdings sind die eingeritzten Runen nicht mehr ganz einfach zu erkennen

WEGWEISER
Örsjö liegt südlich der E 65, am südwestlichen Ortsrand von Rydsgård. Der Stein steht auf dem Gelände des Örsjögården nördlich der Kirche, unmittelbar außerhalb des Friedhofs. Zugang über den Friedhof. Fast am Ende der Friedhofsmauer steht ein kleines Hinweisschild auf die Sehenswürdigkeit, über die niedrige Mauer steigen, und Sie stehen vor dem Stein.

Rydsgård
Runenstein

Einer der wenigen Runensteine, der von einer Frau errichtet wurde. Der fast mannshohe Stein steht seit 1875 auf dem Gelände des Schlosses Rydsgård, am Nordufer des Rydsgårds-Sees, gegenüber vom Schloss. Manchmal wird der Stein auch auch nach der Gemeinde Södra Villie benannt.

Die Inschrift verläuft in zwei ineinander gesetzten Spitzbögen und lautet: »*Kata machte dieses Denkmal zu Ehren von Sven, Ballöges Sohn, ihren verehrten Mann, er war von den Thegn der vonehmste*«. Der Begriff Thegn bezeichnete ähnlich wie im alten angelsächsischen England eine sozial höhergestellte Persönlichkeit, einen Noblen oder Mann des Königs. Dementsprechend könnte Sven auch ein lokaler Herrscher gewesen sein.

WEGWEISER
Schloss Rydsgård liegt 4 km nördlich des Ortes Rydsgård. Auf der Landstraße Richtung Blentarp am Schloss vorbei, nach ca. 500 m (P-Schild) parken. Zu Fuß auf einem Waldweg nach links der roten Markierung fast parallel zur Straße ca. 300 m folgen, bis zum nördlichen Seeufer.

Sövestad
Runenstein & Bildstein

Beide Steine stehen nicht im Ort Sövestad, nach dem sie benannt sind, sondern im Park von Schloss Krageholm, das aber nicht weit entfernt ist. Ein schlanker Runenstein und ein Stein ohne Schrift, nur mit einem Bild, was äußerst selten vorkommt. Es zeigt die Umrisse eines bärtigen Mannes mit spitzer Mütze, der in der rechten Hand einen Stab mit einem Kreuz trägt. Wahrscheinlich ein Bischof.

Die Inschrift auf dem Runenstein zieht sich in Form einer Schlange in fünffacher Windung auf- und abwärts über den Stein. Der Text lautet: »*Tonna ließ diesen Stein errichten zum Gedenken an Bram, ihren Ehemann, zusammen mit seinem Sohn Asgot. Er war der beste der Großgrundbesitzer und der großzügigste mit Speisen*«. Vermutlich ließ Bram nicht nur andere an seiner Tafel teilhaben, sondern versorgte sie auch in Hungerszeiten mit Nahrung. In Epochen, die nicht mit einem so reichlichen Nahrungsangebot gesegnet waren wie das heutige Europa, eine außerordentliche Großzügigkeit.

SERVICE
Krageholm Slott, S-27195 Ystad, Tel. 0411-611 16. *www.krageholm.se*
Das Schloss ist im Tourist-Programm von Ystad, Anmeldung über Ystads Turistbyrå, Tel. 0411-57 76 81, St. Knuts Torg. *www.ystad.se/turism*

WEGWEISER
Krageholm liegt nördlich von Ystad. Von dort über die Straße 13 bis Sövestad, dort nach Westen auf den Krageholmsvägen abbiegen. Die Steine stehen im südlichen Teil des Parks auf einer Rasenfläche vor dem Schloss.

Baldringe
Runenstein

Der Stein auf dem Friedhof von Baldringe fällt durch seine Verzierung aus dem Rahmen: eine Spitze, welche die fünf Runenreihen zusammenfasst. Der Text der verwitterten Inschrift: »*Thorgisl errichtete dieses Denkmal zum Gedenken an seinen Vater Tumi Span, Froders Sohn, einen hoch angesehenen Thegn*«. Ungewöhnlich ist die Nennung eines Beinamens: „Span" könnte „Seher" bedeuten, was den Verstorbenen als herausragende Persönlichkeit qualifiziert; worauf im übrigen auch der Begriff Thegn hindeutet, der einen sozial hoch stehenden Mann bezeichnet.

WEGWEISER
Baldringe liegt nördlich von Ystad. Nach Sövestad auf der Straße 13, dort nach Nordosten abbiegen. In Baldringe nach rechts zur Kirche. Der Runenstein steht am Zaun des Friedhofs, rechts (westlich) von der Kirche.

Bergsjöholm
Runenstein

Ein schlanker hoher Stein mit drei Runenreihen steht im Park des Schlosses Bergsjöholm, in Sichtweite des roten Neubaus von 1850. Das alte, sehenswerte, zeitweise ziemlich verfallende Renaissance-Schloss aus der Zeit um 1576 liegt versteckt hinter der Anhöhe. Inzwischen wurde es teilweise renoviert. Runologen benennen den Stein nach dem Ort Bjäresjö, wo es noch einen weiteren Stein gab, der heute jedoch im Museum Kulturen in Lund* steht.

Die Inschrift des Steins in Bergsjöholm: »*Frade ließ den Stein zum Gedenken an Olaf setzen, seinen Schwager, einen hoch angesehenen Dreng*«. Das Wort „Dreng" bezeichnet einen jungen Mann von Rang, meist einen Krieger. Der Stein ist auf einem flachen Betonsockel fixiert. Er wurde vermutlich hierher versetzt, um dem Schloss-Neubau historisches Flair zu verleihen.

SERVICE
Bergsjöholm Slott, S-27193 Ystad, Tel. 0411-172 35. Das alte Renaissance-Schloss hinter dem Hügel ist frei zugänglich. Parkplatz direkt davor.
sv.wikipedia.org/wiki/Bjärsjöholm

WEGWEISER
Bergsjöholm liegt nördlich von Ystad an der E 65. Ca. 1 km nördlich von Ystad zweigt der Weg zum Schloss nach Norden ab. Die Zufahrt ist ausgeschildert (nicht auf die Auffahrt zum neuen Schloss abbiegen). Vom Parkplatz am alten Bau zu Fuß Richtung E 65, am roten Neubau vorbei, nach links in den Park. Der Stein steht ca. 100 m östlich vom Weg.

Stora Köpinge
Runenstein

Der Runenstein von Stora Köpinge steht draußen an der Kirchenwand hinter dem Chor. Sein originaler Standplatz dürfte westlich des Ortes gewesen sein, wo noch mehrere Grabhügel erhalten sind. Die verwitterte Inschrift verläuft in zwei parallelen hufeisenförmigen Bändern und endet mit einem Kringel.

Der Text lautet: »*Vreistr und Nykr und Krusa errichteten diesen Stein zum Gedenken an Abe, ihren Genossen, einen guten Dreng*«. Mit „Dreng" ist, wie in Bergsjöholm, ein junger Mann von Rang gemeint. Das Wort Genosse gilt jedoch keinem Kriegskameraden, sondern dem

WEGWEISER
Stora Köpinge liegt nordöstlich von Ystad. Auf der Straße 9 nach Osten bis zum Goldclub, dort nach Norden nach Köpingebro, rechts ab nach St. Köpinge. Die Kirche ist rechts am Ljungabrovägen Richtung Glemmingebro.

Partner in einem Schiffs- oder Handelsteam. Folglich dürften die drei überlebenden Partner den Besitz, Beute oder Handelsgut, von ihrem verstorbenen Genossen übernommen haben.

Glemminge
Runenstein

In der Friedhofsmauer von Glemminge ist einer jener seltenen Runensteine zu finden, auf denen eine Fluchformel gegen mögliche Übeltäter eingeritzt ist, die sich an dem Stein vergreifen. Die Kirche selbst stammt von 1898, die alte Kirche von ca. 1140 wurde damals in die Luft gesprengt, weil sie keine Heizung hatte und weil die Einwohner einen modernen Neubau wollten. Der Stein wurde in die rückwärtige Mauer verbannt und außen eingemauert.

Die Inschrift: »*Sven errichtete diesen Stein zum Gedenken an Tosta, den Skarpen, seinen Vater, einen sehr vornehmen Bauern. Ein elender Eidbrecher ist, wer den Stein beschädigt*«. Die Bezeichnung „Skarpe" könnte „der Schneidige" bedeuten. Die Verfluchung als „elender Eidbrecher" ist nicht harmlos, denn solche Menschen galten als ehrlos und heimatlos und mussten verloren durchs Land irren. Und das war so ziemlich das Schlimmste, was Wikinger sich vorstellen konnten.

WEGWEISER
Glemminge liegt östlich von Ystad an der Straße 9 Richtung Simrishamn. Die Kirche ist am nördlichen Ortsrand. Der Stein ist auf der Außenseite der Friedhofsmauer auf der Rückseite der Kirche, links von der Pforte.

Kåseberga
Schiffssetzung

Hollywood hätte es nicht eindrucksvoller inszenieren können: Diese international berühmte Sehenswürdigkeit (auch als schwedisches „Stonehenge" bezeichnet) liegt an der Steilküste oberhalb des kleinen Hafens von Kåseberga östlich von Ystad, mit weitem Blick über die glitzernde See. Schwedens größte Schiffssetzung, genannt „Ales Stenar", ist 67 m lang, misst an der breitesten Stelle 19 m und besteht aus 59 großen aufgerichteten Steinen, die bis zu 5 Tonnen wiegen und deren größter 3,30 m hoch ist. Was „Ale" bedeutet, ist ungeklärt. Es dürfte ein Name sein; nur: wessen?

Die Schiffssetzung war in den vergangenen Jahrhunderten durch Flugsand bedeckt, und die meisten Steine waren umgefallen. Erstmals wurde die Steinsetzung 1916 notdürftig wieder hergerichtet. Eine neuerliche Restaurierung fand 1956 statt, wobei die Steine auch von Flugsand befreit wurden. Allerdings ging man dabei mit Baggern und Förderbändern zu Werke, wodurch wichtige Spuren und historische Funde verloren gegangen sein dürften.

Spätere archäologische Untersuchungen (1998) und eine Altersbestimmung anhand des Gehaltes von radioaktivem Kohlenstoff C^{14} in aufgefundener Holzkohle lassen darauf schließen, dass die Schiffssetzung in der Wikingerzeit entstanden ist. Allerdings wurde der Untersuchung zufolge der Platz bereits 200 Jahre früher, in der Eisenzeit, von Menschen genutzt. Gefunden wurde u. a. auch eine Urne, die aus den Jahren um 600 n. Chr. stammt. Wie aus alten Aufzeichnungen und Bildern hervorgeht, gab es neben der erhaltenen Schiffssetzung ursprünglich noch zwei kleinere.

Wegen der außergewöhnlichen Größe und der prominenten Lage wird angenommen, dass diese Schiffssetzung kein Grabmonument war, sondern für kultische Zeremonien genutzt wurde. Ein kleiner Stein innerhalb der Anlage wird (allerdings ohne wissenschaftlichen Beleg) als „Opferstein" bezeichnet. Jüngste Untersuchungen legen auch eine astronomische Funktion nahe: Die Linie zwischen beiden Stevensteinen soll den Sonnenaufgang zur Winter-Sonnenwende und den Sonnenuntergang zur Sommer-Sonnenwende markiert haben.

Das Gelände ist frei zugänglich, die Steine selbst sind zeitweise wegen des ständig wachsenden Besucherstroms von einem Elektro-Zaun umgeben. Der weite Blick von der Steilküste über Ostsee und Land wäre allerdings auch ohne Schiffssetzung einen Besuch wert. Und der geräucherte Fisch am Hafen ist es auf jedem Fall.

SERVICE
Parkplätze am Ortseingang (besonders bei Hochbetrieb) und unten am Hafen.
Fisch-Räucherei, Restaurants, Kioske am Hafen unterhalb der Steilküste.
Info: *de.wikipedia.org/wiki/Ales_stenar*
Natur- und Kulturführungen, tägl. Ende Juni bis Anfang Sept. Info über Ystads Turistbyrå, Tel. 0411-57 76 81, St. Knuts Torg. *www.ystad.se/turism*

WEGWEISER
Kåseberga liegt östlich von Ystad abseits der Straße 9. In Nybrostrand nach Osten auf den Östra Kustvägen abbiegen Richtung Kåseberga und Skillinge. In Kåseberga rechts auf Ales Väg durch den Ort, der Weg zum Hafen ist ausgeschildert. Von dort ein paar Minuten Fußweg bergauf.

Gårdlösa
Siedlung und Gräberfeld

Westlich von Simrishamn ist eine Siedlung lokalisiert worden, die etwa von der Zeitenwende bis weit hinein in die Wikingerzeit bestanden hat. Man hat auf dem „Gårdlösa-Ås", einer lang gestreckten wallartigen Erhebung, die in der Eiszeit entstanden war, seit 1963 und erneut 1972 viele Wohnhäuser ausgegraben und einfache Grubenhäuser, wie Handwerker sie benutzten, dazu Öfen und Brunnen. Und auch ein zugehöriger Friedhof ist entdeckt worden, mit Bestattungen aus der gesamten Siedlungszeit. Herausragend ist ein bereits 1949 entdecktes Grab einer jungen Frau mit Schmuck aus Bronze und Silber, dazu Glasperlen und weiteres. Wegen dieser kostbaren Beigaben wird die Frau als das „Silber-Mädchen" bezeichnet. Diese Fundstücke sind im Historischen Museum in Stockholm.

SERVICE
Kultur-Pfad „Gårdlösaleden" nördlich der Straße 11 mit Info-Tafel
Österlens **Museum**, Storgatan 24, S-27231 Simrishamn. Tel. 0414-81 96 70. Geöffnet Di.– Fr. 12–16 Uhr, Sa. 10–14 Uhr. Eintritt. Museumsshop.
www.simrishamn.se/museum

WEGWEISER
Das Gräberfeld liegt an der Straße 11 Richtung Simris, nördlich des Ortes Smedstorp, ca. 800 m östlich der Kreuzung von der 11 mit der Zufahrt nach Smedstorp. Parkbucht auf der Nordseite der Straße 11. Von da aus Fußweg ins Gelände oder vom nahen Weg zu den Häusern.

Von dieser Vergangenheit sind heute noch viele Steine geblieben, darunter zwei Schiffssetzungen (eine mit nur noch 4 Steinen), mehrere Steinringe, Domarringe, von „dom" für Urteil, weil an solchen Plätzen auch Recht gesprochen wurde, und verflachte Hügelgräber. Die einstige Siedlung war unterhalb des Hügels, wo heute Kühe grasen. Wenig ist noch davon zu sehen, dass hier über viele Jahre hin eine der größten archäologischen und historischen Untersuchungen ganz Schwedens stattgefunden hat. Ein Teil der Funde wird im Österlens Museum im malerischen Städtchen Simrishamn gezeigt.

Östra Herrestad
Runenstein

Der Runenstein steht auf dem Kirchhof von Östra Herrestad direkt an der westlichen Mauer zur Straße. Er ist angewittert und ungepflegt. Die Inschrift verläuft in umgekehrter U-Form entlang der Kante des schlanken Steines. Der Text: »*Broder und Toke errichteten diesen Stein zum Gedenken an Fredulf, ihren Vater, einen hoch angesehenen Thegn*«. Mit dem Wort „Thegn" wird ein herausragender Mann mit besonderer Funktion und besonderer Macht bezeichnet, ein Nobler oder Mann des Königs.

WEGWEISER
Östra Herrestad liegt südlich der Straße 11 von Tomelilla nach Simrishamn, etwa halbwegs an der Straße zwischen Gärsnäs und Hammenhög. Kirche und Friedhof sind westlich des Herrestadsvägen.

Simris
Runensteine

Zwei Runensteine stehen auf dem Rasen vor dem Friedhof von Simris, kurz vor Simrishamn. Beide sind aus hellem Sandstein. Die Inschrift auf dem älteren Stein (Simris 2): »*Sigrev ließ diesen Stein zum Gedenken an Forkunn errichten, ... den Vater von Asulv, Knuds Dreng. Gott helfe seiner Seele*«. Der Begriff „Dreng" bezeichnet einen angesehenen, eher jungen Krieger. Der Text wird in die Zeit Anfang des 11. Jahrhunderts datiert und ist eindeutig christlich geprägt.

Ungewöhnlich ist, dass der Geehrte nicht, wie üblich, durch Nennung des Vaternamens identifiziert wird, sondern selbst Vater für einen weiteren Genannten war. Möglich, dass dieser Asulv bekannter und damit wichtiger war, vielleicht gerade, weil er Gefolgsmann eines Mannes namens Knud war, der wiederum eine bekannte höher stehende Persönlichkeit gewesen sein muss. Sollte es König Knud der Große gewesen sein, der sich häufiger in Schonen aufhielt und auch die Entwicklung von Lund* förderte, dann wäre Asulv ein Kämpfer unter und für König Knud gewesen.

Welche Beziehung Sigrev, der Errichter des Steins, zu den anderen Genannten hatte, ist ungeklärt. Wahrscheinlich hatte Forkunn ihm ein anständiges Erbe hinterlassen. Auf jeden Fall war er, wie die Inschrift offenbart, Christ und vermutlich galt das auch für den geehrten Forkunn.

> **WEGWEISER**
> Simris liegt ca. 3 km westlich von Simrishamn, dicht an der Hauptstraße 9 von Ystad nach Simrishamn. Die Steine stehen auf dem Rasen direkt außerhalb des Friedhofes neben der Kirche. Das Gelände ist frei zugänglich.

Der zweite Runenstein (Simris 1) ist etwas jünger, er wird in die 2. Hälfte des 11. Jahrhunderts datiert. Seine Inschrift: »*Björngir ließ diesen Stein zum Gedenken an Ravn errichten, seinen Bruder, Bursche bei Gunulv in Svitjod*«. Der Begriff Bursche könnte ebenfalls einen Krieger bezeichnen, allerdings niedriger in Rang und Ansehen als der oben genannte „Dreng". Gunulv jedenfalls war höher gestellt.

Svitjod schließlich war die Bezeichnung für Schweden, also für die damals nicht von Dänen beherrschte Gegend um den Mälarsee, mit den Orten Birka, Sigtuna, Uppsala etc. Folglich lebten Björngirs Bruder Ravn und dessen Herr Gunulv nicht im dänischen Schonen, wo Björngir der Stein aufstellen ließ.

XIX. Ost-Schonen & Blekinge

Ängakåsen
Gräberfeld

Nicht weit vom berühmten bronzezeitlichen Steingrab „Kungagraven" an der Hanöbucht in Ostschonen ist auf einem Wiesengelände ein Gräberfeld mit ca. 130 Steinsetzungen, von der Bronzezeit bis in die Wikingerzeit. Darunter ein großer, etwas erhöht liegender Steinring und eine ca. 65 m lange Schiffssetzung, die höchst ungewöhnlich in der Mitte geteilt ist. 1924 wurde sie aus den umgestürzten Steinen wieder hergerichtet.

Außerdem wurden mehrere Hausgrundrisse aus der Bronzezeit gefunden. Nicht weit entfernt am Ufer wurde eine alte Hafenanlage entdeckt, sie liegt heute jedoch auf privatem Gelände. Der Namensteil „kåsen" in Ängakåsen bedeutet schlicht Hafen. Die eingezäunte Wiese mit den Steinsetzungen ist durch eine Pforte an der Straße zu betreten. Allerdings gibt es an der schmalen Straße kaum Parkmöglichkeiten, man muss also ein Stück zu Fuß gehen.

WEGWEISER
In Kivik nach Osten auf den Bredarörsvägen abbiegen Richtung Kungagraven und der Ausschilderung folgen. Ca. 500 m hinter dem Steingrab liegt das Gräberfeld neben der Straße. Eine Hofzufahrt am Anfang des Geländes ist „enskild", d. h. privat. Parkmöglichkeit nur kurzfristig in der Einmündung oder erst an der Straßenkreuzung am Ende des Geländes.

Åhus
Handelsplatz

Ein saisonales Marktzentrum, das nicht ständig besiedelt war, bestand am Nordufer des Flusses Helge Å bei Åhus. Es entstand in der ersten Hälfte des 8. Jahrhunderts. Auch hier war, wie bei Loddeköpinge* an der Westküste und bei Skuldevig* auf Seeland, die Lage an einem geschützten Binnengewässer unweit der Ostsee entscheidend. Der Name Åhus geht übrigens ebenso wie der von Århus* in Jütland auf die Bezeichnung „Aos" für Flussmündung zurück.

Das wikingerzeitliche Åhus war auf Handwerk, insbesondere auf die Verarbeitung von Perlen und später auf Bronzeverarbeitung spezialisiert. Der Platz wurde mehrfach verlegt. Bei Ausgrabungen Ende der 1970er Jahre knapp 2 km westlich der Stadt hat man Silbermünzen gefunden, vom gleichen Typ, wie er im dänischen Ribe* reichlich vorkommt, wodurch die Funktion als Handelsplatz bestätigt wird. Jedoch gibt es keine Anzeichen für eine permanente Sied-

SERVICE
Åhus **Turistbyrå**, Torget 15, S-296 31 Åhus, Tel. 044-13 47 77. Mo.–Fr. 10–17, Sa. 10–14 Uhr. *www.hitta.se/åhus+turistbyrå/åhus/iVTlZ-vvvm*
Åhus **Museum**, Torget, 296 31 Åhus, Tel. 044-13 58 00. Geöffnet Juni bis Aug. tägl. 11–17 Uhr, Sept. bis Mai Di.–Fr. 12–17, Sa./So. 11–16 Uhr.
Absolut Company AB, Köpmannagatan 29, 296 31 Åhus, Tel. 044-28 80 00. Im Sommer Führungen ab 10 Uhr. *www.absolut.com/de/*

WEGWEISER
Åhus liegt südlich von Kristianstad an der Hanöbucht, Anreise über die Straßen 19/118. Parkplätze am Kai oder am Torget vor Museum & Kirche. Zu Fuß am Gästgivaregård vorbei zur Fußgängerbrücke über die Helge Å.

lung. Man hat Spuren von Hütten mit abgesenktem Boden gefunden, Grubenhäuser also, die für eine dauerhafte Besiedlung jedoch kaum in Frage kamen.

Nach 50 Jahren wurde der erste Standort verlassen, und 100 m flussabwärts wurde ein neuer Handelsplatz gegründet. Dieser Platz war ca. 10 Hektar groß und bestand von der zweiten Hälfte des 8. Jahrhunderts bis ins 9. Jahrhundert. Dann wurde auch er aufgegeben und die Siedlung wiederum an einen anderen Ort verlegt, vermutlich dorthin, wo um 1100 die heutige Stadt Åhus entstand. Ein Vorgang, wie er ähnlich auch für Bauernsiedlungen wie z. B. Vorbasse* in Süd-Jütland bekannt ist. Die zweite Niederlassung war dauerhafter als die erste, sie wies zahlreiche Gebäude auf und war offensichtlich auf Bronzeverarbeitung spezialisiert. Scherben von Tongefäßen von der südlichen Ostseeküste und aus dem Rheinland zeigen die Reichweite der Handelskontakte.

Der Ort muss von Bedeutung gewesen sein, denn im Jahr 1026 kam es hier, in der Mündung der Helge Å, zu einem Seegefecht zwischen der dänischen Flotte und einer vereinten schwedisch-norwegischen Flotte. Der Ausgang ist nicht klar, in der Überlieferung wird je nach Chronist mal der einen, mal der anderen Seite eine vernichtende Niederlage zugeschrieben. Unzweifelhaft ist jedoch, dass Jarl Ulf, der Schwager und dänische Statthalter von König Knud dem Großen, mit Schweden und Norwegern gemeinsame Sache gegen seinen Kölnig gemacht hatte. Das kostete ihn das Leben: Knud kam dahinter und ließ ihn in Roskilde* in der Kirche umbringen.

Am Ende der Wikingerzeit kam Åhus unter die Herrschaft des Erzbischof Eskil von Lund*, und im Mittelalter entwickelte die Stadt sich zu einem wichtigen Hafen. Heute ist Åhus der größte Ferienort an der östlichen Küste Schonens, mit hübscher Altstadt, ehrwürdiger Marienkirche und der Spritfabrik Absolut Vodka, die seit 2008 zu Ricard-Pernod gehört. Seit 1971 ist Åhus Teil von Kristianstad.

Der alte wikingerzeitliche Handelsplatz lag südwestlich der heutigen Stadt, südlich der Landstraße 118 Richtung Yngsjö. Man stieß auf ihn bei Bauarbeiten für das neue Stadtviertel Transval, dessen moderne Bebauung ihn heute überdeckt. Den Reiz der Lage am Fluss vermittelt ein Blick über die Helge Å von der Straßenbrücke Richtung Äspet am Südrand von Åhus oder am Hafen von der Fußgängerbrücke am Ende der Gamla Skeppsbroen.

Färlöv
Gräber, Schiffsetzungen & Runenstein

Ein wikingerzeitliches Gräberfeld und die größte Schiffssetzung Schwedens wurden 1996 beim Ausbau des Altersheimes in Färlöv entdeckt. Gefunden wurden mehrere Brandgräber mit Knochenresten von Menschen und Tieren. Darunter ein Grab mit Waffen als Beigabe; sie lagen zusammen mit der Asche von zwei Männern in einem Bronzekessel, der aus dem römischen Reich importiert worden war, und werden in die Eisenzeit datiert. Das Waffengrab wurde in der Mitte einer kreisrunden Grabanlage gefunden, die aus 15 flachen Gruben bestand.

Außerdem wurden direkt südlich des heutigen Altersheimes zwei große Schiffsetzungen freigelegt, die in die Zeit von 800 bis 900 datiert werden. Eine von ihnen ist mit einer geschätzten Länge von 80 m noch länger als die berühmte Anlage „Ales Stenar" von Kåseberga* an der Südküste. Allerdings wurden die meisten Steine bereits vor langer Zeit entfernt, vermutlich zum Bau der Bauernhöfe in der Umgebung, spätestens als das Land um 1800 parzelliert wurde; nur 28 Steine standen noch. Die Schiffsetzungen erstrecken sich innerhalb der U-förmigen Anlage bis hin zu den Fundamenten der Gebäude.

Am Rande des Gräberfeldes wurde 1997 bei der Anlage einer neuen Bepflanzung der Landstraße ein Runenstein gefunden. Er ist fast 3 m hoch, jedoch stark verwittert und musste renoviert werden, bevor er wieder am Fundplatz aufgestellt wurde. Seine Inschrift (von ca. 800) auf Vorder- und Rückseite konnte bisher nicht verlässlich entziffert werden. Einer der vielen Versuche will aus den verstümmelten Runen einen Kultspruch in semitischer Sprache herauslesen.

SERVICE
Info über Archäologie: *de.wikipedia.org/wiki/Färlöv*

WEGWEISER
Färlöv liegt nördlich von Kristianstad an der Hauptstraße 19 Richtung Broby. An der Kreuzung nach rechts, nächste Straße wieder rechts, der Ausschilderung „Almhaga" folgend, noch mal nach rechts (Grindvägen) zum Parkplatz. Das Gräberfeld war auf dem unbebauten Gelände, kenntlich an einigen herausragenden Steinen. Die Schiffsetzungen sind südlich vom Gebäude, der Runenstein steht dicht an der Straße 19.

Sölvesborg
Runenstein

Zwei Runensteine stehen in Sölvesborg, von denen der ältere eine Berühmtheit ist: Er wird nach dem Fundort Stentoften* genannt und steht im Waffenhaus der St. Nicolai-Kirche (siehe unten). Der andere Stein steht außerhalb der Kirche vor dem Waffenhaus. Er war im mittelalterlichen Kloster eingemauert und wurde 1748 entdeckt. 1875 wurde er zur Kirche umgesetzt, die aus der Zeit um 1300 stammt. Der Stein wird ins 9. Jahrhundert datiert, seine Inschrift ist in älteren Runenzeichen geritzt und nicht mehr vollständig lesbar. Der Text lautet: »*Vade schuf (dieses Denkmal?) zum Gedenken an Asmund, seinen Sohn*«.

> **WEGWEISER**
> Sölvesborg liegt an der E 22 zwischen Kristianstad und Karlshamn. Von der Autobahnabfahrt 45 oder 46 Richtung Zentrum zur Kirche, deren Treppengiebel weithin sichtbar ist. Parkplätze in den umliegenden Straßen. Der Stein steht außen an der Turmseite.

Stentoften
Runenstein

Ein heidnischer Zauberspruch in der christlichen Kirche: Er steht auf dem Runenstein im Waffenhaus der St. Nicolai-Kirche von Sölvesborg. Der Stein wurde 1823 auf einem Feld an der Straße nach Sölve östlich vom ehemaligen Schloss Sölvesborg gefunden und nach dem Fundort „Stentoften" (d. h. Steinfeld) benannt. Er ist in älteren Runen geschrieben und wird ins 7. Jahrhundert datiert. Sein mehrzeiliger, schmuckloser Text ist in der abschließenden Fluchformel gleichlautend mit dem des Runensteins von Björketorp*. Die Inschriften beider Steine dürften also etwas miteinander zu tun haben.

Der Stein ist ein Gedenkstein für einen Häuptling namens Haduwolf. Die Übersetzung der Inschrift: »*Den neuen Siedlern, den neuen Gästen schenkte Haduwolf, Hariwolfs Sohn (?), gute Jahre. Ich, Meister der Runen, mache hier Zauberrunen. Durch seine Argheit rastlos in der Fremde sterbe eines heimtückischen Todes, wer dies Denkmal zerstört*«. Die „neuen Siedler" und die „neuen Gäste" werden als Einwanderer aus Norwegen verstanden, die sich im örtlichen Herrschaftsbereich von Haduwolf niedergelassen haben.

Diese Deutung ist allerdings umstritten, es gibt auch andere Lesarten. Eine neue geht davon aus, dass die Inschrift ein Denkmal für das Tieropfer des Häuptlings war, mit dem er die Gunst der Götter für sich und sein Volk erbat: »*Mit (dem Opfer von) neun Böcken und* *neun Hengsten erreichte Haduwulf, Hariwulfs Sohn, ein gutes Jahr«.* Eine problematische Lesart insofern, als Opfergaben nichts mit Erbansprüchen zu tun haben, wie sie sich ja in Runensteinen dokumentieren sollen. Nicht umstritten ist der abschließende Fluch, rastlos in der Fremde zu sterben. Er richtete sich gegen etwaige Denkmalsschänder. Ebenso wie beim Stein von Björketorp* ist auch diese Inschrift ein Zauberspruch.

Von der Familie mit den Wolfsnamen gibt es noch weitere Runeninschriften aus der näheren Umgebung: Zur Beschwörung des Wohlstandes für sein Volk setzte Haduwolf den Stein von Gummarp, der nach Kopenhagen geschafft worden war, dort allerdings beim großen Brand von 1728 verschwand. Von der Inschrift ist eine Zeichnung erhalten. Den Runenstein von Istaby, der heute im Historiska Museum in Stockholm steht, errichtete Haduwolf wohl um 625 zum Gedenken an Hariwulf, seinen Bruder oder Sohn.

SERVICE
St. Nicolai Kyrka, Västra Storgatan 4, S-294 31 Sölvesborg, Tel. 0456-554 40. Geöffnet Mo.–Sa. 10–16 Uhr.

WEGWEISER
Sölvesborg liegt an der E 22 zwischen Kristianstad und Karlshamn. Von der Autobahnabfahrt 45 oder 46 Richtung Zentrum zur Kirche, deren Treppengiebel weithin sichtbar ist. Parkmöglichkeiten in den umliegenden Straßen. Der Stein steht im Waffenhaus.

Gudahagan
Kultplatz & Grabanlage

Dieser Platz hat noch nicht alle seine Geheimnis preisgegeben: Nahe dem Nordufer des Ivösjön, zwischen Kristianstad und Karlshamn, liegen auf einem Höhenrücken südlich des Ortes Näsum die Überreste einer ungewöhnlichen Anlage aus Steinen. Ihre Funktion ist ungeklärt, es dürfte sich aber in jedem Fall um einen vorchristlichen Kultplatz gehandelt haben.

Die Anlage ist ein viereckiges Areal, eingerahmt von Bautasteinen (ursprünglich ca. 250), mit ca. 50 m langen Seiten, von denen jedoch eine Seite fast verschwunden ist. Die Ecksteine sind über 2 m hoch, die anderen niedriger. Innerhalb der Ecksteine verläuft eine niedrige Mauer aus kleinen Steinen. Insgesamt entspricht das dem Muster eines „Ve", eines eingefriedeten heiligen Platzes. Das eingegrenzte Areal ist übersät mit liegenden Steinen, und auf der West-Seite führen zwei steingepflasterte Rampen auf die Anlage hinauf.

Der lokalen Überlieferung zufolge soll es sich um einen heidnischen Opferplatz handeln, an dem später eine der ersten christlichen

Kirchen Südschwedens entstand. Archäologische Untersuchungen konnten das weder bestätigen noch widerlegen. Grabfunde aus heute kaum noch sichtbaren Gräbern stammen aus der späten Eisenzeit und der Wikingerzeit, etwa zwischen den Jahren 400 und 1050, fügen sich also in den zeitlichen Rahmen von heidnischer Zeit bis in die Epoche der Christianisierung. Innerhalb der Anlage ist ein einzelnes Grab aus dem Hochmittelalter nachgewiesen, das die Überlieferung von einer frühen Kirche stützt.

Südlich unterhalb der Einfriedung ist eine Senke, deren Mitte noch heute versumpft ist. Sie wird als die einstige heidnische Opfergrube angesehen. Eine Parallele für eine solche Opfergrube wäre der berühmteste wikingerzeitliche Ort Schwedens: Der Platz Gamla Uppsala nördlich der Stadt Uppsala, soll sich ursprünglich ebenfalls um eine Opfergrube herum entwickelt haben, in deren unmittelbarer Nachbarschaft später eine große Kirche errichtet wurde.

WEGWEISER
Von der E 22 in Bromölla, Abfahrt 43 oder 44, nach Norden auf der Straße 116 bis zum Ort Näsum. Dort links über Axeltorpsvägen in den Ort, vor der Kirche links auf den Åskekärnavägen, dem Hinweisschild „Gudahagan" folgen. Achtung: Das Schild kann verdreht sein. Der Platz ist ca. 1 km südlich der Kirche, nicht weit vom Ivösjön, Weg nach rechts.

Nötanabben
Gräberfeld

Ein großes Gräberfeld liegt südlich von Ronneby an der Westseite der Halbinsel Gö, gegenüber von Ronneby Hamn. Es besteht aus ca. 90 Gräbern, darunter an die 20 Schiffssetzungen, zudem viereckige und runde Steinsetzungen und Bautasteine, also ohne Inschrift. Sie stammen alle aus dem Zeitraum von ca. 600 bis 1050. Die meisten sind allerdings im grasüberwucherten Gelände kaum noch sichtbar.

Archäologische Untersuchungen Anfang der 1970er Jahre förderten viele Gegenstände aus Bronze, Eisen und sogar Silberfiligran-

SERVICE
Blekinge Museum, Borgmästaregatan 21, S-371 35 Karlskrona, Tel. 0455-30 49 60. Geöffnet Jun. bis Aug. tägl. 10–18 Uhr, sonst Di.-Fr. 11–17, Sa./So. 11–16 Uhr. Shop. Café. Eintritt. www.blekingemuseum.se

WEGWEISER
Über Karlskronavägen und Hamnvägen nach Süden, vor Ronneby Hamn links ab Richtung Gö, an der T-Kreuzung rechts auf den Gövägen. Dann rechts ab auf Göhölsvägen, vorbei am Göholm B&B, nach ca. 2 km wieder rechts ab nach Norden, Richtung Byholm und Badeplatz. Vom Parkplatzrand führt ein markierter Fußweg über ca. 1,5 km zum Gräberfeld.

Arbeiten zu Tage. Funde werden im Blekinge Museum in Karlskrona gezeigt. Die Gegend um Nötanabben war bereits frühzeitig besiedelt, wie Siedlungsspuren aus der jüngeren Steinzeit und der Bronzezeit bezeugen. Mitten im alten Gräberfeld ist ein moderner Begräbnisplatz aus der Mitte des 19. Jahrhunderts, ein Cholera-Friedhof. Er gehörte zu einer Siedlung namens Byrum, die allerdings um 1930 ziemlich spurenlos verschwunden ist. Nur den Namen gibt es noch.

Björketorp
Runenstein und Kultplatz

Der Platz ist berühmt und vom Guide Michelin sogar mit 3 Sternen ausgezeichnet. Zwar birgt die Gegend um Karlskrona mit ihrem Gürtel aus Schären eine ganze Reihe von Zeugnissen der Wikingerzeit. Aber das geheimnisvollste steht bei Listerby an der E 22: Ein Ensemble aus drei Steinen, auch als „Galte Stenar" bezeichnet, was soviel wie Zaubersteine bedeutet. Zwei sind Bautasteine, also ohne Inschrift, der größte, mit über 4 m Höhe, trägt einen schmucklosen Runentext aus der frühen Wikingerzeit um 680, der vom Runenmeister selbst als Zauberspruch gekennzeichnet wurde. Dicht dabei ist ein Gräberfeld aus der Eisenzeit mit mehreren Steinsetzungen.

Die Inschrift auf der Vorderseite des Steins lautet übersetzt: *»Mächtiger Runen Geheimnis verbarg ich hier, Zauberrunen. Durch seine Argheit rastlos in der Fremde sterbe eines heimtückischen Todes, wer dies Denkmal zerstört. Dem sage ich Verderben voraus«*. Auf der Rückseite steht als Warnung gleichsam noch mal die Zusammenfassung: *»Unglücks bringende Prophezeiung«*.

SERVICE
Info: *de.wikipedia.org/wiki/Runenstein_von_Björketorp*

WEGWEISER
Die drei Steine stehen 8 km östlich von Ronneby. Von der E 22 in den Tvingvägen nach Norden abbiegen, nach etwa 300 m Parkplatz auf der rechten Seite. Kurzer Fußweg nach Osten durch den Wald zu den Steinen.

Harte Worte, deren Sinn heiß diskutiert worden ist. Die abschließende Fluchformel zur Abschreckung möglicher Denkmalsschänder ist gleichlautend auf dem Runenstein Stentoften* in Sölvesborg zu finden. Von allen verlassen in der Fremde herum zu irren und jämmerlich zu Grunde zu gehen, so wie es Ausgestoßenen damals widerfuhr, muss für die Wikinger das Schrecklichste gewesen sein, was sie sich vorstellen konnten. Deshalb die Drohung.

Die Inschrift ist ein hervorragender Beleg dafür, dass Runen nicht einfach Schriftzeichen waren, sondern auch eine magische Bedeutung hatten. Entsprechend war der Björketorp-Stein kein traditioneller Gedenkstein, sondern einer der wenigen bekannten Zaubersteine. Der Platz liegt am südlichen Ende des Höhenzugs Johannishus-Ås* mit zahlreichen Gräbern und Vorzeitdenkmälern von der Bronzezeit bis zur Wikingerzeit. Zusammen mit sieben weiteren Steinen bildet der Komplex einen Domarring (Richterring); man geht deshalb davon aus, dass der Platz kultischen Zwecken diente. Er dürfte mit der alten Thingstätte von Hjortsberga* zusammenhängen.

Johannishus-Ås
Gräberfelder, Steinsetzungen, Thingplatz

Eine Landschaft wie vor 1000 Jahren: Vom Björkestorp*-Stein aus verläuft nach Norden über ca. 8 Kilometer bis etwa zum Weiler Hillerslätt ein schmaler unregelmäßiger Höhenrücken mit zahlreichen Gräberfeldern, Steinsetzungen, einzelnen Gräbern und einem Thingplatz – das Johannishus-Åsen.

„Ås" oder auf Deutsch „Os" bezeichnet lang gestreckte wallartige Erhebungen aus Sand, Kies und Geröll, die vor Tausenden von Jahren von den Schmelzwässern der eiszeitlichen Gletscher in Tunneln unter dem Eis abgelagert wurden. Solche Oser boten der frühen Bevölkerung trockenes und einfach aufzugrabendes Gelände für ihre Bestattungen. Die vielen Gräber auf dem Johannishus-Ås dokumentieren eine intensive Besiedlung des Landes. Die Höfe lagen am Fuß des Höhenrückens, und das Vieh graste in den Talauen.

SERVICE
Info-Tafeln in Hjortsberga, Hammarskulle, Kasaskulle, Vång.

WEGWEISER
Das Johannishus-Ås erstreckt sich von der E 22 über Hjortsberga nach Norden Richtung Tving. Die Straße verläuft mal links, mal rechts des Höhenrückens. Gräberfeld **Hammarskulle**: 56°14'38.85" N, 15°25'20.90" O. Gräberfeld **Kasakulle**: 56°15'22.00" N, 15°25'37.23" O.

Der beeindruckendste Platz am Ås ist das Gräberfeld von Hjortsberga* (siehe rechts). Knapp 3 km nördlich liegt der auch als Johannishus bezeichnete Platz Hammarskulle westlich der Straße. Er umfasst ca. 60 vorgeschichtliche Monumente, von der späten Bronzezeit bis in die Wikingerzeit. Darunter eine große Schiffssetzung, von hohen Bäumen umstanden. Zugang mit Pforte von der Seitenstraße her.

Auf der Wiese an der Abbiegung (Möllerydsvägen) zum Schloss Johannishus (von 1865), ist ein „Domarring", ein Steinring, an dem Recht gesprochen wurde, bereits seit germanischer Zeit. Hier war der Thingplatz für die Bewohner von Hjortsberga, wo auch der Provinziallandtag von Blekinge tagte. Der einzig sicher bekannte Beschluss ist ein Friedensvertrag von 1505 zwischen Schweden und Dänen.

Noch 1 km weiter nördlich, bei Kasakulle, liegt ein weiteres Gräberfeld, eines der größten in Blekinge, meist mit Gräbern aus der Eisenzeit. Nördlich davon, in der Siedlung **Västra Vång**, wurde 1865 der Johannishus-Schatz gefunden, insgesamt ca. 6 Kilo Münzen (u. a. arabische und byzantinische) und wikingerzeitlicher Schmuck aus Gold und Silber. Anzusehen im Blekinge Museum in Ronneby (Info bei Nötanabben*). Ein Zusammenhang zwischen Schatz und Hafenplätzen im Schärengarten (siehe Hjorthammar*) bietet sich an.

Hjortsberga
Gräberfeld

Das größte Gräberfeld im Zuge des Johannishus-Åsen* liegt gegenüber der Kirche von Hjortsberga, die aus der Zeit von ca. 1210 stammt. In ihr wurde die älteste erhaltene Figur eines Bischofsheiligen aus dem Norden gefunden. Sie ist aus Holz, ca. 85 cm hoch und heute im Staatlichen Historischen Museum in Stockholm. Vermutlich stellt sie Nikolaus von Myra dar, der später zum bekannten Heiligen Nikolaus der Weihnachtszeit wurde.

Auf der Anhöhe hinter dem hölzernen Glockenturm erstreckt sich ein Gelände mit ca. 120 sichtbaren Steinsetzungen in Drei- oder Viereckform und Schiffssetzungen. Die Toten wurden meist mit ihrer persönlichen Habe verbrannt und dann bestattet. Die Gräber stammen aus der Zeit von etwa 700 bis 1050.

Das Gräberfeld gehörte zum Dorf Hjortsberga, das heute nicht mehr existiert. Dem Ort zugeordnet war seit früher Zeit ein Thingplatz am Johannishus-Ås*, auf dem noch bis ins 17. Jahrhundert der Provinziallandtag von Blekinge abgehalten wurde. Er liegt knapp 3 km nördlich bei der Schiffsetzung von Hammarskulle (siehe links).

SERVICE
Parkplatz und Info-Tafel gegenüber der Kirche.

WEGWEISER
Das Gräberfeld liegt ca. 3 km nördlich der E 22, westlich der Landstraße nach Tving auf dem Höhenrücken gegenüber der Kirche, Tvingvägen 28.

Hjortahammar
Gräberfelder, Hafenplatz & Schiffssperren

Hjortahammar zählt zu den größten Gräberfeldern Skandinaviens mit mehr als 120 sichtbaren Monumenten in Form von viereckigen und runden Steinsetzungen und Schiffssetzungen. Der Platz liegt südlich der E 22 zwischen Ronneby und Karlskrona an der Ostsee. Bei den Gräbern handelt es sich um Brandgräber, eine Bestattungsart, die um etwa 850 endete, also in die späte Eisenzeit und frühe Wikingerzeit verweist. In der ganzen Gegend gibt es noch weitere Gräberfelder, viele Grabhügel (auf schwedisch: Rösen), Steinringe und Schiffssetzungen. Diese Landschaft mit dem Ineinander von Land und See hatte bereits seit der Steinzeit für die Menschen einen besonderen Reiz, nicht erst für die Wikinger.

WEGWEISER
Das Gräberfeld liegt westlich des Hässlovägen, der von der E 22 nach Süden zu den Inseln Almö und Hasslö führt. Kurz vor dem Wasser liegt rechterhand ein Parkplatz mit Zugang zum Höhenrücken. In der Bucht westlich davon war der Hafen. Ein Fußweg führt vom Parkplatz zur Bucht.

Die Gräber von Hjortahammar liegen auf einem Åsen, einem schmalen eiszeitlichen Höhenrücken (ähnlich wie das Johannishus-Ås*), der hier als schmale Landzunge bis hinab zum Sund verläuft. In der Bucht westlich dieser Landzunge existierte bis ins 16. Jahrhundert hinein Hjortahammar Strand, ein Hafenplatz für Handelsschiffe, der anscheinend so bedeutend war, dass in der Wikingerzeit die Einfahrten in diese Bucht mit mehreren Schiffssperren in Form von Pfahlreihen gesichert wurden, ähnlich wie in Fjorden Jütlands und auf den dänischen Inseln. Bei früheren Ausgrabungen hat man Schiffsnägel, Eisenteile etc. gefunden, was auf Werftarbeiten hinweist.

Folglich muss es in der Umgebung auch einen Handelsplatz mit entsprechenden Siedlungen gegeben haben, die allerdings bisher noch nicht lokalisiert worden sind. Die Schiffssperren erstreckten sich von der Insel Almö, jenseits des Sundes, nach Osten zum Festland und nach Westen zur kleinen Insel Kvalmsö und weiter nach Helgeö und Torkö, sogar in mehrfacher Ausführung. Sie sperrten offensichtlich das tiefere Fahrwasser zwischen den Inseln.

Auf der westlichen Seite des Dammes nach Almö lag folglich die Hauptzufahrt zu Hjortahammar Strand. Altersdatierungen von Hölzern der Sperren mittels C^{14}-Analyse ergaben die Zeit zwischen 1000 und 1050. Der Name Helgeö bedeutet übrigens „Heilige Insel", wahrscheinlich dienten die umfangreichen Seesperren also auch dem Schutz eines Kultplatzes auf der Insel Helgø.

Karlskrona
Gräberfeld

Die heutige Stadt Karlskrona verteilt sich auf 33 Inseln bis weit in die Schärenwelt hinaus. Belebt und beliebt ist die Gegend seit Tausenden von Jahren: Davon zeugt ein großes Gräberfeld mit Schiffssetzungen, Grabhügeln und Bautasteinen von der Steinzeit bis in die

Wikingerzeit direkt an der E 22. Insgesamt besteht es aus vielen Dutzend Schiffssetzungen, rechteckigen und dreieckigen Steinsetzungen, dazwischen viele Grabhügel und stehende Steine, eingerahmt von Industrie. Vier der Schiffssetzungen sind in Kleeblattform angeordnet, was allerdings vom Boden aus nicht so einfach zu erkennen ist.

SERVICE
Informationstafel am Zugang zum Gräberfeld

WEGWEISER
Von der E 22, Abfahrt Karlskrona Zentrum, auf die 28 kurz nach Süden, am Kreisel rechts auf Lyckebyvägen und erste rechts in Gullbernavägen. Rechterhand ist das Gräberfeld. Parkmöglichkeit an der nächsten Abbiegung nach rechts. Das Gelände ist eingezäunt, Zugang über eine Treppe.

Sturkö
Runenstein

Ein unbekannter Käpitan hat sich auf dem Runenstein von Sturkö verewigt. Die Inschrift ist allerdings nur noch teilweise lesbar: »*Gudes Skipper errichtete ... den Stein*«. Der namentlich nicht genannte Skipper hat den Stein wahrscheinlich zum Gedenken an Gude errichtet, vermutlich der Eigner des Schiffes. Es dürfte ein Handelsfahrzeug gewesen sein, da die kurze Inschrift keine Hinweise auf Piraten- oder Kriegsaktionen enthält. Der Stein wird ins 10. Jahrhundert datiert.

Entgegen seinem offiziellen Namen steht der Runenstein nicht auf Sturkö, sondern auf der kleineren Insel Västra Skällö davor, immerhin am Sund zu Sturkö. Er wurde vor Jahren hierher umgesetzt von seinem originalen Platz, wobei die Inschrift jetzt dem Landbesucher zugewandt ist, während sie ursprünglich von der Wasserseite aus zu sehen war, wie es für Seeleute eigentlich selbstverständlich war.

SERVICE
Parkplatz, Rastplatz, Grillplatz, Toilette

WEGWEISER
Die Insel Sturkö liegt im Schärengarten vor Karlskrona und ist über Straßendämme mit dem Festland verbunden. Der Stein steht auf der Südseite der Insel Västra Skällö. Direkt vor der Überfahrt nach Sturkö links auf den Parkplatz und ca. 100 m Fußweg: Durch die Pforte, den Weg nach rechts, am Toilettenhaus vorbei zum Wasser.

XX. Museen über die Wikingerzeit

Holstein

Wall-Museum Oldenburg
Prof.-Struve-Weg 1, 23758 Oldenburg in Holstein, Tel. 04361/62 31 42.
www.oldenburger-wallmuseum.de
Geöffnet: Mitte März bis Okt. Di.–So. 10–17 Uhr, Juli/Aug. tägl. bis 18 Uhr Eintritt. Großer Parkplatz. Restauration, Shop.

AUSSTELLUNG
Gezeigt wird die Entwicklung von Burg und slawischer Siedlung Oldenburg mit Funden der Ausgrabungen aus den 1970er Jahren.

WEGWEISER
Autobahn A 1/E 47, Abfahrt Oldenburg-Nord, Richtung Stadt, dann rechts. Oder Abfahrt Oldenburg-Süd, zum Marktplatz in der Stadtmitte, der auch Parkplatz ist, zu Fuß an der Kirche vorbei und über den Wall zum Museum.

Pommern/Polen

Muzeum Regionalne Wolin
im. Andrzeja Kaubego, ul. Zamkowa 24, PL-72500 Wolin, Tel. 091 326 17 63.
www.muzeumwolin.pl
Geöffnet: Jun bis Aug. 9–17 Uhr, sonst Di.–So. 9–16 Uhr. Eintritt.

AUSSTELLUNG
Geschichte des wikingerzeitlichen Handelsplatzes Wollin mit vielen Funden der Ausgrabungen in den 1970er bis 1990er Jahren

WEGWEISER
Über die Insel Usedom auf der B 111 via Wolgast oder auf der B 110 via Anklam, Garz oder Ahlbeck. Weiter über Swinemünde, Straße 93 mit der Fähre Karsibor, dann die E 65 bzw. die 3. Das Muzeum Regionalne liegt links vor der alten Woliner Straßenbrücke. Von Stettin aus über die E 65.

Centrum Slowian i Wikingow
Zentrum für Slawen und Wikinger Wolin-Jomsborg-Vineta
Freilichtmuseum www.jomsborg-vineta.com (polnisch) Eintritt.
Geöffnet: Anfang Apr. bis Ende Okt. tägl. 10–18 Uhr Sa./So. 10–16 Uhr.

AUSSTELLUNG
Rekonstruierte Slawen- und Wikingersiedlung mit Umfassungswall und aufgesetzter Palisade, 4 Toren, 27 Häusern, Hütten, Werkstätten, Plankenwegen, Kai-Anlagen an der Dievenow und Booten. Während der Saison und besonders in der Zeit des Festivals (Anfang August) tägliches Leben und Treiben.

WEGWEISER
Vom Muzeum Regionalne auf der Straße Zamkowa über die alte Brücke, am Kreisel auf die 111 nach Süden, nächste Abbiegung rechts zur „Skansen".

Schleswig

Wikinger Museum Haithabu & Wikinger-Häuser
Haddeby bei Schleswig
Postanschrift: Schloss Gottorf, D-24837 Schleswig, Tel. 04621/813-222.
www.schloss-gottorf.de/haithabu
Geöffnet: Mrz. bis Okt. tägl. 9–17 Uhr, Nov. bis Mrz. Di.–So. 10–16 Uhr, Häuser im Winter geschlossen. Eintritt. Museums- und Buchshop. Restaurant. Parkplätze. Ausgeschilderter Fußweg zu den Wikinger-Häusern.

AUSSTELLUNG
Funde aus über 100 Jahren Grabung und Forschung in der einstmals größten Stadt Nordeuropas, dazu die Originale der Runensteine, die im Gelände durch Repliken ersetzt wurden, das Langschiff, das aus dem ehemaligen Hafen Haithabus geborgen wurde, und vieles mehr.

WEGWEISER
Autobahn A 7, Abfahrt Schleswig/Jagel, auf der Bundesstraße 77 Richtung Schleswig, Abzweigung auf die Bundesstraße 76 Richtung Eckernförde, vor der Kirche nach rechts, dem Wegweiser nach. Vom großen Parkplatz aus kurzer Fußweg zum Museum. Bootsverkehr zwischen Schleswig und Museum (nur im Sommer). Info: Sven Greve, Tel. 04621/36 00 85..

Danewerk Museum
Ochsenweg 5, D-24867 Danewerk, Tel. 04621/378 14.
danevirkemuseum.de/de/startseite
Geöffnet 01.03. bis 30.04. Di.–So. 10–16 Uhr, 01.05 bis 30.09. Mo.–Fr. 09–17, Sa./So. 10–16 Uhr, 01.10. bis 30.11. Di.–So. 10–16 Uhr.
01.12. bis 28./29.02. Winterpause. Eintritt. Parkplatz.
Historischer Gasthof Rothenkrug nebenan.

AUSSTELLUNG
Bau und Geschichte des Danewerks, des größten archäologischen Denkmals Nordeuropas, mit Karten, Zeichnungen, Modellen etc. Zurzeit Erweiterung zu einem „Archäologischen Park" mit Waldemarsmauer etc.

WEGWEISER
Autobahn A 7, Abfahrt Schleswig/Jagel, Richtung Westen über die Autobahn, Richtung Klein Rheide / Hollingstedt. An der 2. Kreuzung rechts, Richtung Hüsby, auf die Straße Ochsenweg. Links liegt das Museum unmittelbar vor dem Wall.

Süd- und West-Jütland

Kongernes Jelling
Gormsgade 23, DK-7300 Jelling, Tel. 04120 63 31.
natmus.dk/kongernes-jelling und www.fortidensjelling.dk
Geöffnet: Mai bis Okt. tägl. 10–17 Uhr, Jun.–Aug. Mi. zusätzl. bis 20 Uhr, Nov./Dez und Jan. bis Apr. Di.–So. 10–17 Uhr. Eintritt frei. Museumsshop und Café. Außengelände mit Markierung der Einfriedung.

AUSSTELLUNG
Multi-Media-Show über das „Jelling der Könige": Über König Gorm und Königin Thyra, die Kirche, die Grabhügel, die befestigte Burganlage, mit der König Harald Blauzahn Jelling zu seiner Residenz machte: Und Funde.

WEGWEISER
Jelling liegt an der Landstraße 442, die als Marguerit-Route aus Vejle herausführt. Eine landschaftlich interessante Alternative ist die Anfahrt über die Hauptstraße 28, Abzweigung in Skibet dem Wegweiser nach. Parkplätze in Jelling in den Straßen Vestergade, Mølvangvej und Umgebung.

Ribes Vikinger
Odins Plads 1, DK-6760 Ribe, Tel. 7616 39 60. *www.ribesvikinger.dk/de*
Geöffnet Juli/Aug. tägl. 10–18, Mi. bis 21 Uhr, sonst 10–16 Uhr, Nov. bis März Mo. geschl.
Eintritt. Parkplätze. Museumsshop und Cafeteria.

AUSSTELLUNG
Stadtentwicklung Ribes in der Wikingerzeit und die Entstehung der mehrmals verstärkten Wallanlage, dazu Funde der Ausgrabungen.

WEGWEISER
Zufahrten zur Stadt im Süden von der Hauptstraße 24 aus oder im Norden von der Hauptstraße 11/24. Das Museum liegt östlich der Ribe Å neben dem großen Kreisverkehr gegenüber vom Bahnhof. Der Weg ist ausgeschildert. Parkplatz für Besucher vor dem Museum

Ost-Jütland

Vikingernes Aros
Museum im Keller der Nordeabank, Skt. Clemenstorv 6, DK-8000 Aarhus. *www.vikingemuseet.dk*
Geöffnet während der Banköffnungszeiten: Mo.–Fr. 10.15–16 Uhr, Do. 10.15–17 Uhr. Eintritt frei.

AUSSTELLUNG
Funde der Wikinger-Siedlung, die an dieser Stelle mitten in der Stadt 1964 ausgegraben wurde, mit entsprechenden Erläuterungen

WEGWEISER
Zufahrt von der Autobahn E 45 oder von Osten über die Marguerit-Route auf der Hauptstraße 15. Am besten parken Sie Ihren Wagen außerhalb der Altstadt und gehen zu Fuß.

Moesgård Museum
Moesgård Allé 20, DK-8270 Højbjerg, Tel. 8942 11 00.
www.moesgaardmuseum.dk
Geöffnet Di. 10–17 Uhr, Mi. 10–21 Uhr, Fr.–So. 10–17 Uhr, Mo. geschl.
Parkplätze beim Museum. Eintritt. Museumsshop. Café und Restaurant (Zutritt auch ohne Eintritt möglich).

AUSSTELLUNG
Ein ehrwürdiger Herrenhof und ein beeindruckender Neubau in schönster Naturumgebung dicht an der Ostsee. Runensteine aus Aarhus, der geköpfte Sklave von Lejre auf Seeland, Moorleiche von Grauballe, rekonstruierte Häuser, Stabkirche, Teile des Danewerks bei Schleswig und vieles mehr.

WEGWEISER
Verlassen Sie Aarhus auf der Straße 451 nach Süden, an der Ostsee entlang, in Richtung Odder. Die Abzweigung nach Moesgård ist ausgeschildert. Große Parkplätze vor dem Museum. Oder in 25 Min. per Bus ab Stadtmitte Aarhus: Bybus 18 Mejlby/Elev–Moesgaard (mehrmals stündlich), Regionalbus Linie 100, Stop am Oddervej und Spaziergang durch Moesgård Allé zum Museum.

Central-Jütland und Himmerland

Museum Østjylland
Stemannsgade 2 (im Kulturhuset), DK-8900 Randers, Tel. 8712 26 00.
www.museumoj.randers.dk
Geöffnet: Di.–So. 10–16 Uhr. Eintritt frei. Museumsshop und Café.

AUSSTELLUNG
Eine Sammlung vieler Runensteine, die einen guten Überblick über ihre Entwicklung gibt, dazu Ausgrabungsfunde des Gräberfeldes von Over Hornbæk in über 40 Vitrinen, mit Waffen, Fibeln, Messern, Steigbügeln usw.

WEGWEISER
Zufahrt von der Autobahn E 45, Abfahrt 42 von Süden und auf der Straße 511 in die Stadt oder Abfahrt 40 von Norden und auf der Straße 503, die Marguerit-Route ist, ins Zentrum. Das Museum liegt östlich der Kirche.

Vikingecenter Fyrkat
Ringburg und Wikingergehöft, Fyrkatvej 37 B, DK-9500 Hobro.
Tel. 3199 06 67. Geöffnet: Apr./Mai tägl. 10–16, Juni bis Aug. 10–17 Uhr, Sept. 10–15 Uhr. *www.fyrkat.dk* und *nordmus.dk/vikingecenter-fyrkat*
Eintritt (Kombi mit Gehöft). Parkplatz. Museumsshop.
Restaurant in der Wassermühle außerhalb.

AUSSTELLUNG
Geschichte der Ringburg von 980 mit Ergebnissen der Ausgrabungen aus den 1950er Jahren, mit rekonstruiertem „Garnisonshaus" vor dem Wall. Ca. 1 km vor der Burg liegt Vikingegården, ein rekonstruiertes großes Gehöft, das wikingerzeitlichen (auch museumspädagogischen) Aktivitäten dient.

WEGWEISER
Margueritroute oder Autobahn E 45, Abfahrt Nr. 35, 36 oder 37, Richtung Hobro, südlich der Kirche nach W auf Vester Alle und Fyrkatvej, der Ausschilderung folgen. Am Ende der Straße liegt die Burg, ca. 1 km davor der Vikingegården mit dem Besuchercenter.

Nord-Jütland

Lindholm Høje Museet
Lindholm Høje Museum, Vendilavej 11, DK-9400 Nørresundby,
Tel. 9931 74 40. *nordmus.dk/lindholm-hoje-museet*
Geöffnet: Apr. bis Okt. Di.–So. 10–17 Uhr, Nov. bis Mrz. Di.–So. 10–16 Uhr. Eintritt. Zum Gräberfeld stets freier Zugang.
Museums-Shop. Cafeteria mit Aussichts-Terrasse neben dem Museum.

AUSSTELLUNG
Archäologische Funde der Ausgrabungen und anschauliche Bilder davon, wie die Menschen der Wikingerzeit in Lindholm zu Hause und auch auf ihren Handels- und Beutezügen lebten.

WEGWEISER
Von Süden auf der E 45 durch den Limfjord-Tunnel, Ausfahrt 21 (Nørresundby), nach Westen durch Nørresundby Richtung Aalborg Flughafen, Abzweigung auf die Marguerit-Route nach Norden. Oder auf der Straße 180 über die Limfjordbrücke, nach links auf der Straße 55 Richtung Aabybro und nach ca. 2 km rechts in den Viaduktvej der Ausschilderung folgen. Von Norden her ebenfalls über die 55, dann nach links in den Viaduktvej.

Fünen

Odense Bys Museer Møntergården
Møntestræde 1, 5000 Odense C, Tel. 6551 46 01. *www.museum.odense.dk*
Geöffnet Di.–So. 10–16 Uhr. Eintritt. Shop.

AUSSTELLUNG
Darstellung von Odense samt der verschwundenen Ringburg Nonnebakken in der Wikingerzeit, dazu auch die spätere Entwicklung der Stadt.

WEGWEISER
Autobahn E 20, Abfahrt 53 (Osten) bis 49 (Westen). Domkirche, Stadtmuseum und Andersens Hus liegen alle nicht weit voneinander entfernt in der Stadtmitte. Für den Stadtbesuch empfehlen sich Parkhäuser/-plätze außerhalb der Innenstadt mit ihren Fußgängerzonen, etwa im Zuge von Albanigade oder Vestre Stationsvej. Siehe: www.odenseparkering.dk mit Anzeige freier Plätze.

Vikingemuseet Ladby
Vikingevej 123, Ladby, 5300 Kerteminde, Tel. 6532 16 67.
www.vikingemuseetladby.dk
Geöffnet: Juni bis Aug. tägl. 10–17 Uhr, Sept. bis Dez. und Jan. bis Mai Di.–So. 10–16 Uhr
Eintritt. Museumsshop. Caféteria.

AUSSTELLUNG
Gezeigt wird das berühmte Ladby-Schiff im Erdhügel, außerdem im neuen Museumsgebäude Funde von Ladby sowie Informationen über das Grab und die Gegend zur Wikingerzeit.

WEGWEISER
Aus Richtung Odense über die Straße 160 oder 165, abbiegen auf die Marguerit-Route Richtung Kerteminde. In Ladby Abzweigung nach Norden. Die Strecke ist ausgeschildert.

Seeland
Vikingeborgen Trelleborg
Trelleborg Allé 4, Hejninge, DK-4200 Slagelse, Tel 5854 95 06.
natmus.dk/museer-og-slotte/trelleborg
Geöffnet: Juni bis Aug. 10–17 Uhr, Ende Mrz. bis Mai und Sept./Okt. 10–16 Uhr. Alle Mo. geschl. Winterpause Nov. bis Ende Mrz.
Eintritt. Cafeteria. Museumsshop. Im Sommer Aktivitäten und Werkstätten.

AUSSTELLUNG
Das Museum informiert über die Ringburg und zeigt Funde der Ausgrabungen, darunter Keramik, Bronzegeräte, Schmuck, Speerspitzen, menschliche Skelette und vieles mehr.

WEGWEISER
Abfahrt 40 A von der Autobahn E 20 auf die Landstraße 22, abbiegen nach Westen auf den Strandvej, der Ausschilderung folgen. Vom Storebelt her Abfahrt 40 B auf die Straße 150 Richtung Slagelese, Abzweigung nach ca. 2 km nach Norden, der Ausschilderung folgen.

Lejre Museum und Sagnlandet
Museum: Hestebjerggård, Orehøjvej 4B, Gammel Lejre DK-4320 Lejre, Tel. 4648 14 68. Geöffnet Apr. bis Okt. Di.–So. 11–16 Uhr, Nov. bis Mrz. So. 11–16 Uhr. Eintritt. Cafe. Shop. *lejremuseum.dk*

Sagnlandet Lejre: Slangeallee 2, DK-4320 Lejre, Tel. 4648 08 78.
Geöffnet Mitte Juni bis Anfang Aug. tägl. 10–17 Uhr, Ende Apr. bis Mitte Juni und Anfang Aug. bis Ende Sept. Mo. geschlossen. Eintritt.
Genaue Zeiten und Programme unter: *www.sagnlandet.dk*

AUSSTELLUNG / PROGRAMM
Das **Museum** informiert über Geschichte und Bedeutung von Gammel Lejre, über den heidnischen Stammessitz der Eisenzeit, die alten Sagen und über die mächtigen Lejre-Könige. Attraktionen sind die wikingerzeitlichen Steinsetzungen im Gelände, die große Königshalle, der alte Königshof etc.
Das **Sagnlande**t ist Freilichtmuseum und historische Feld-Werkstatt zugleich. Hier werden historische Werkzeuge zum Hausbau etc. praktisch ausprobiert und auch vorgeführt. In idyllischer Landschaft gibt es ein Eisenzeitdorf, eine Steinzeitsiedlung, einen Wikingermarktplatz, rekonstruierte Gräber etc.

WEGWEISER
Lejre liegt 8 km südwestlich von Roskilde. Abfahrt 13 oder 14 der Autobahn 21, auf die Straße 155 und nach Westen auf die Ledreborg Allee. Das Museum liegt am südlichen Ortsende von Gammel Lejre. Zum Sagnlandet an der Kreuzung südlich von Gl. Lejre geradeaus, am Ende nach rechts.

Vikingeskipsmuseet Roskilde

Vindeboder 12, DK-4000 Roskilde, Tel. 4630 02 00.
www.vikingeskibsmuseet.dk
Geöffnet: tägl. 10–16 Uhr, Sommer und Ferien 10–17 Uhr.
Eintritt. Mai bis Sept. Führungen. Segeltouren für Einzelne und Gruppen. Großer Parkplatz. Museumsshop. Restaurants. Jugendherberge.

AUSSTELLUNG
Museumsgebäude am Fjord für die Skuldelev-Schiffe, die um 1080 im Roskilde Fjord als Sperre versenkt und 1962 gehoben worden waren. Außerdem weitere Schiffsfunde, Modelle und andere wikingerzeitliche Funde. Museumshafen neben dem Museum mit Rekonstruktiionen von Wikingerschiffen, archäologische Werkstätten und Bootswerften.

WEGWEISER
Schnellstraße 21 mit zwei Ausfahrten an der Marguerit-Route: Ausfahrt 9 (Trekroner) führt von Osten her in die Stadt, Ausfahrt 13 (Ringsted) von Süden her. Das Vikingeskibsmuseet liegt direkt am Roskilde-Fjord.

Roskilde Museum

Sankt Olsstræde 3, DK-4000 Roskilde, Tel. 4631 65 29.
www.roskildemuseum.dk
Geöffnet: Di.–So. 11–16, Mi. bis 18 Uhr
Eintritt. Café. Museumsshop.

AUSSTELLUNG
Roskildes Geschichte von Steinzeit über Wikingerzeit bis zum zeitgenössischen Roskilde Festival, darunter auch Roskildes glorreiche Tage als ehemalige Hauptstadt Dänemarks.

WEGWEISER
Das Roskilde Museum liegt südlich des Grüngürtels von Byparken (Stadtpark) und Folkeparken, dicht bei Domkirke und Roskilde Palast. Vom Vikingeskipsmuseet auch gut zu Fuß zu erreichen.

Danmarks Nationalmuseet

Prinsens Palæ, Ny Vestergade 10, DK-1471 København K, Tel. 3313 44 11.
natmus.dk
Geöffnet: Ganzjährig Di.–So. 10–17 Uhr, Mo. geschlossen
Eintritt. Café und Restaurant. Museumsbutik.

AUSSTELLUNG
Gezeigt wird alles, was die Wikingerzeit in Dänemark hergegeben hat: Runensteine, Gold- und Silberfunde, Schmuck, die berühmte Mammen-Axt der silberne Becher von Jelling, Funde aus Trelleborg und Ladby auf Fünen etc. Außerdem Sammlungen in digitaler Form, u. a. über Runeninschriften.

WEGWEISER
Das Nationalmuseum liegt zwischen Schloss Christiansborg und Tivoli. Parkplätze sind rar, sinnvoller ist es, den Wagen in einem Parkhaus abzustellen und/oder mit öffentlichen Verkehrsmitteln ins Zentrum zu fahren.

Schonen

Kulturen

Freilichtmuseum Kulturen, Tegnersplatsen, S-221 04 Lund, Tel. 046-35 04 00.
www.kulturen.com
Geöffnet: Mai bis Aug. tägl. 10–17 Uhr, Sept bis Apr. Di.–So. 12–16 Uhr.
Eintritt. Museumsshop. Cafe und Restaurant.

AUSSTELLUNG

Das Gelände des kulturhistorischen Freilichtmuseums ist integriert in den alten Stadtkern von Lund, wo einst viele der ausgestellten Häuser ihren originalen Platz hatten. Die Gebäude bilden zusammen mit Straßen und Gärten eine natürliche Einheit. Dazu gehört auch der Runenstein-Hügel mit 6 Runensteinen, die 1868 anlässlich der 200-Jahr-Feier der Universität Lund aus Schonen hierher gebracht wurden.

WEGWEISER

Kulturen ist mitten in Lund, nicht weit entfernt von der Domkirche. Parkmöglichkeiten (mit Ticket) in den umliegenden Straßen. Eingang an der Store Algatan. Der Runenstein-Hügel ist nördlich der Domkirche auf der hinteren Seite des Lundagård.

Fotevikens Museum

Museivägen 24, SE-236 91 Höllviken, Tel. 040-330 800.
www.foteviken.se (mit Flyer auf Deutsch)
Zugang: Mai bis Sept. Mo.– Fr. 10–16 Uhr, Jun bis Aug. tägl. 10–16 Uhr, geöffnet jeweils 1 Std. länger. Eintritt. Museumsshop + Café.

AUSSTELLUNG

Ein archäologisches Freilichtmuseum, das eine lebende Wikingersiedlung mit 30 Häusern, Werkstätten, Händlern und Hafen aus dem Jahr 1134 nachbildet, also aus der Zeit, als in Foteviken die entscheidende Schlacht zwischen dem dänischen König Niels und seinem Neffen Erik Emune stattfand. Das große Gelände ist von einem halbkreisförmigen Wall mit zwei Toren umgeben.

WEGWEISER

Das Freilichtmuseum Foteviken liegt nördlich von Höllviken. Von der E 6/E 22 in Vellinge auf die Straße 100 Richtung Skanör. Im Kreisverkehr vor Höllviken nach rechts auf den Östra Halörsvägen. Das Museum liegt links.
Die **Seesperre** war ca. 2,5 km weiter nördlich, am Ende der Landzunge. Vom Straßenende Richtung Hammarsnäs ein Stück Fußweg. Zwischen Lille Hammars By und Museum lag an der Straße der heidnische **Kultplatz**, östlich davon war der **Königshof**.

Herrscher zur Wikingerzeit

Könige von Dänemark

710 - 770	Harald Hildetand, ließ die ältesten Teile des Danewerks anlegen
770 - 800	Sigfred (Sigurd Ring), nahm den sächsischen Anführer Widukind auf der Flucht vor dem fränkischen Kaiser Karl dem Großen auf
800 - 804	Harald I., vermutlich Bruder von Sigfred
804 - 810	Gotfred (Göttrik), vermutlich Neffe von Sigfred, wurde ermordet, seine Söhne gingen ins Exil nach Schweden
810 - 812	Hemming, Brudersohn Gotfreds, schloss 811 mit Kaiser Karl dem Großen einen Vertrag über die Eider als Grenze zwischen Dänen und Franken
812 - 813	Harald Klak („der Verzagte"), vermutlich Enkel von Harald I., regierte gemeinsam mit seinem Bruder Reginfred, wurde von Gotfreds Söhnen vertrieben, als sie aus dem Exil zurückkamen
812 - 813	Reginfred, regierte gemeinsam mit seinem Bruder Harald Klak, wurde von Gotfreds Söhnen ermordet
813 - 854	Horik I., der Ältere, Sohn von Gotfred, hatte zeitweise Mitregenten
819 - 827	Harald Klak, als Mitkönig von Gotfreds Söhnen anerkannt, später wieder vertrieben; 826 in Mainz getauft, † 844 in Friesland
854 - 873	Horik II., der Jüngere („das Kind"), Sohn oder Bruder von Horik I.
873 - 877	Halfdan, Sohn eines Anführers namens Ragnar, regierte vermutlich zusammen mit seinem Bruder Sigfred
873 - 890	Sigfred, regierte vermutlich zusammen mit seinem Bruder Halfdan
890 - 936	Olaf-Dynastie aus Schweden, möglicherweise Dänen im Exil: König Olaf († 906 ?), Olafs Söhne Gurd († 916 ?) und Knuba († 935 ?) Knubas Sohn Sigtrygg († 942)
936 - 940	Hardeknud („Knud der Harte") oder Hardegon (?), unbekannte Herkunft
940 - 958	Gorm der Alte, nach Adam von Bremen Sohn eines Häuptlings namens Hardeknud, verheiratet mit Thyra Danebod (d. h. „Dänemarks Zierde")

958 - 987	Harald Gormsson, genannt Blåtand („Blauzahn"), Gorms Sohn, gestorben in der Jomsburg (Wolin), begraben in Roskilde
987 - 1014	Sven Tveskæg („Gabelbart"), Haralds Sohn, heiratete die schwedische Königin Sigrid, begraben in Roskilde. 1013 auch König von England
1014 - 1018	Harald II., Svens Sohn
1018 - 1035	Knud der Große, Svens Sohn, bereits 1016 König von England, 1028 auch König von Norwegen
1035 - 1042	Hardeknud („Knud der Harte"), Knuds Sohn, zugleich König von England, starb bei einem Trinkgelage
1042 - 1047	Magnus der Gute, war bereits König von Norwegen
1047 - 1076	Sven Estridsson, Schwestersohn Knuds des Großen, von ihm bezog der deutsche Kleriker Adam von Bremen viele Informationen für seine „Hamburgische Kirchengeschichte" (1070)
1076 - 1080	Harald Hen (d. h. „der Weiche"), Sohn von Sven Estridsson
1080 - 1086	Knud der Heilige, Sohn von Sven Estridsson
1086 - 1095	Olaf Hunger (unter ihm gab es Hungersnöte), Sohn von Sven Estridsson
1095 - 1103	Erik Ejegod („der Herzensgute"), Sohn von Sven Estridsson
1104 - 1134	Niels (Nikolaus), Sohn von Sven Estridsson
1134 - 1137	Erik Emune („der Denkwürdige"), Sohn von Erik Ejegod, Rächer seines Bruders Knud Lavard, des Jarls (Herzog) von Schleswig
1137 - 1146	Erik Lam („der Schwache"), Enkel von Erik Ejegod
1146 - 1157	Svend Grathe, Sohn von Erik Emune, Teilkönig in Seeland und Schonen
1146 - 1157	Knud Magnusson, Enkel von Niels, Teilkönig in Jütland
1157 - 1182	Waldemar I., der Große, Enkel von Erik Ejegod

Könige von Norwegen

- 860	Halfdan der Schwarze, aus dem Geschlecht der Ynglinger
870 - 930	Harald Schönhaar († 936), erster Herrscher über ein geeintes Norwegen
930 - 936	Erik Blutaxt, Sohn von Harald Schönhaar
936 - 960	Hakon (= Hagen) der Gute, Sohn von Harald Schönhaar

960 - 970	Harald Graumantel, Sohn von Erich Blutaxt
970 - 995	Hakon der Böse, „Ladejarl", d. h. Jarl (Herzog) in Lade bei Trondheim)
995 - 1000	Olaf Tryggvason, Großenkel von Harald Schönhaar
1000 - 1015	Erik Jarl, Sohn von Hakon dem Bösen
1015 - 1028	Olaf Haraldsson, der Heilige, Nachkomme von Harald Schönhaar
1028 - 1030	Knud der Große von Dänemark, wird 1028 auch König von Norwegen
1030 - 1035	Sven, Sohn von Knud dem Großen
1035 - 1047	Magnus I. der Gute, Sohn Olaf des Heiligen, 1042 auch König von Dänemark,
1047 - 1066	Harald Hardråde („der Harte") Sigurdsson, Urgroßenkel von Harald Schönhaar, fiel beim Versuch, England zu erobern, kurz vor der Schlacht bei Hastings
1066 - 1093	Olaf Kyrre, genannt „der Stille", Sohn von Harald Hardråde
1093 - 1103	Magnus Barfuß, Sohn von Olaf Kyrre, fiel mit 30 Jahren in Irland, hatte nur illegitime Kinder
1103 - 1123	Øystein I., Sohn von Magnus Barfuß, König zusammen mit Sigurd und Olav
1103 - 1115	Olav, Sohn von Magnus Barfuß, König zusammen mit Sigurd und Øystein
1103 - 1130	Sigurd Jorsalfar („der Jerusalemfahrer"), Sohn von Magnus Barfuß, König zusammen mit Øystein und Olav
1130 - 1135	Magnus Sigurdsson, Sohn von Sigurd Jorsalfar, König zusammen mit Harald Gille
1130 - 1136	Harald Gille, Sohn von Magnus Barfuß, König zusammen mit Magnus Sigurdsson
1136 - 1155	Sigurd Munn, Sohn von Harald Gille, König zusammen mit Inge und Øystein
1136 - 1157	Øystein, Sohn von Harald Gille, König zusammen mit Inge und Sigurd
1136 - 1161	Inge Korkrygg, Sohn von Harald Gille, König zusammen mit Sigurd und Øystein
1161 - 1184	Magnus Erlingsson, Enkel von Sigurd Jorsalfar

Könige von Schweden

970 - 995	Erik Segersäll („der Siegreiche")
995 - 1021	Olof Skötkonung („Schoßkönig"), Sohn von Erik Segersäll, König der Svear und der Götar
1022 - 1050	Anund Jakob, Sohn von Olof Skötkonung
1050 - 1060	Emund der Alte, Sohn von Olof

1060 - 1066	Stenkil (d. h. „Steinkeil"), Sohn von Ragnavald von Västergötland und einer Tochter von Anund Jakob
- 1066	Erik VII., eventuell Sohn von Stenkil
- 1067	Erik VIII.
1067 - 1070	Halsten, Sohn von Stenkil (abgesetzt)
1068 - 1080	Hakon der Rote von Västergötland, Co-Regent mit König Inge I.
1068 - 1080	Inge I., der Ältere, Sohn von Stenkil, abgesetzt, weil er als Christ an den heidnischen Opferfesten in Gamla Uppsala nicht teilnehmen wollte
1080 - 1083	Sven, genannt „Blut-Sven", weil er Heide war und opferte, vermutlich Schwager von Inge I.
1083 - 1105	Inge I., wieder eingesetzt, ließ Blut-Sven ermorden
1105 - 1118	Philip, Sohn von Halsten, wahrscheinlich Co-Regent mit Inge II.
1118 - 1125	Inge II., der Jüngere, Sohn von Halsten, Philips Bruder
1125	Ragnvald Knaphövde („Kurzkopf")
1125 - 1130	Magnus I., Sohn vom dänischen König Niels mit Tochter von Inge I.
1130 - 1156	Sverker d. Ältere, Großgrundbesitzer von Östergötland, auf dem Weg zum Weihnachtsgottesdienst ermordet
1156 - 1160	Erik Jevardsson, genannt „der Heilige"
1160 - 1161	Magnus Henriksson, Sohn von Ingrid, der Enkelin von König Inge I.
1161 - 1167	Karl, Sohn von Sverker dem Älteren
1167 - 1196	Knut Eriksson, Sohn von Erik dem Heiligen

Fränkische / Deutsche Kaiser

Karolinger

751 - 768	König Pippin III.
768 - 814	Karl der Große, 800 Kaiserkrönung
814 - 840	Kaiser Ludwig der Fromme (Sohn von Karl dem Großen)

Bruderkrieg unter Ludwigs Söhnen und Reichsteilung:
- 843 – 855 Lothar I. (Mittelreich = Nordsee bis Norditalien)
- 843 – 876 Ludwig der Deutsche (Ostfranken = Deutschland)
- 843 – 877 Karl II. der Kahle (Westfranken = Frankreich)

843 - 876	Kaiser Ludwig der Deutsche (Sohn von Ludwig dem Frommen)

Ludwigs Söhne:
876 - 800 Karlmann (herrschte in Bayern und den südöstlichen Marken)
876 - 882 Ludwig III. (herrschte in Mainfranken, Thüringen, Sachsen)
876 - 887 Karl III., der Dicke (herrschte in Alemannien, Churrätien)

887 - 899 Kaiser Arnulf von Kärnten (Sohn von Karlmann)
900 - 911 Kaiser Ludwig IV., das Kind

Fränkischer Kaiser
911 - 918 Konrad I. von Franken

Sächsische Kaiser
919 - 936 Heinrich I. von Sachsen
936 - 973 Kaiser Otto I. der Große
973 - 983 Kaiser Otto II.
983 - 1002 Kaiser Otto III.
1002 - 1024 Heinrich II.

Salische oder Fränkische Kaiser
1024 - 1039 Konrad II., König (1024) und Kaiser (1027)
1039 - 1056 Heinrich III.. Herzog von Bayern (1027), König und Kaiser (1047)
1056 - 1106 Kaiser Heinrich IV.
1106 - 1125 Kaiser Heinrich V.
1125 - 1137 Lothar von Supplinburg (* 1075), Herzog von Sachsen (1106), Dt. König (1125), römischer Kaiser (1133)

Hohenstaufen
1137 - 1152 Kaiser Konrad III., Staufer, Neffe von Kaiser Heinrich V. (*1093)
1152 - 1190 Kaiser Friedrich I. Barbarossa (* 1123)
1190 - 1197 Kaiser Heinrich VI.

Erläuterungen

Adam von Bremen
Mitarbeiter des Erzbischofs Adalbert von Hamburg*-Bremen. Er starb nach 1081. Sein Werk „Gesta Hammaburgensis ecclesiase pontificum" (Hamburgische Kirchengeschichte) von 1076 stellt die Missionsgeschichte des Nordens dar und liefert Informationen (allerdings aus zweiter Hand) über Ereignisse, Personen und Sitten der Zeit. Viele Angaben sind mit Vorsicht zu genießen.

Altnordisch
Die wikingerzeitliche Sprache Skandinaviens. Es gab unterschiedliche Dialekte für Dänemark, Schweden, Norwegen und Island.

Ansgar
Benediktinermönch im französischen Königskloster Corbie und im Kloster Corvey bei Höxter, später Bischof und Erzbischof von Hamburg* und Bremen (801 – 865). Er reiste mehrfach nach Dänemark und Schweden und gilt als der „Apostel des Nordens". Seine Lebensgeschichte „Vita Ansgari" wurde von seinem Nachfolger Rimbert verfasst.

Bautastein
Gedenkstein, meist größeren Formats, z. T. auf Hügelgräbern aus der Eisenzeit, jedoch ohne Inschriften oder Bilder.

Brandgräber
Der Tote wurde verbrannt und dann in einer Urne beigesetzt oder in Form eines Knochenlagers über dem Grabbereich verstreut. Der Scheiterhaufen wurde entweder auf dem Grabplatz selbst oder an einem besonderen Verbrennungsplatz errichtet. Wenn Reste des Scheiterhaufens noch mit ins Gab gelangten, spricht man von einem Brandgrubengrab. Alle Brandgräber wurden gewöhnlich mit Steinpackungen oder einem Hügel überdeckt.

Bronzezeit
Das Zeitalter, in dem Bronze, eine Legierung aus Kupfer und Zinn, zur Herstellung von Waffen und Werkzeugen verwendet wurde. Sie umfasst üblicherweise die Zeit von ca. 2000 bis 700 v. Chr.

C^{14}-Datierung
Kohlenstoff 14 ist ein radioaktives Isotop, das ständig von allen lebenden Organismen aufgenommen wird. Wenn eine Pflanze oder ein Tier stirbt, wird diese Aufnahme beendet, und das Isotop beginnt nach

einer bekannten Gesetzmäßigkeit zu zerfallen. Es ist möglich, den Anteil von C^{14} in organischen Substanzen wie Holz oder Knochen zu messen und so zu ermitteln, vor wie vielen Jahren die Aufnahme von Kohlenstoff beendet worden, also das Leben erloschen ist.

Dendrochronologie
Auf Deutsch: Baumring-Analyse. Das Alter von Bäumen bzw. deren Hölzern kann durch das Zählen von wachstumsbedingten Jahresringen Bäume ermittelt werden, deren Breite in Abhängigkeit von den jährlichen Wetterbedingungen schwankt. Man hat von der Gegenwart aus rückschreitend mit Hilfe von unterschiedlich alten Bäumen und Hölzern eine geschlossene Kurve bis in die vorgeschichtliche Zeit ermittelt. So ist es bei entsprechendem Erhaltungszustand möglich, Holzkonstruktionen aus der Wikingerzeit aufs Jahr genau zu datieren.

Dreng
Ein vornehmer junger Mann, häufig auch schlicht ein anständiger Kerl oder ein angesehener Krieger.

Eisenzeit
Das Zeitalter, in dem Eisen das wichtigste Material zur Herstellung von Geräten und Waffen war. Es begann mit dem Ende der Bronzezeit im frühen ersten Jahrtausend v. Chr. und dauerte bis in die Völkerwanderungszeit im 5. Jahrhundert n. Chr.

Franken
Dieser germanische Volksstamm war ursprünglich östlich des Rheins ansässig, dehnte sich aber vom 3. Jahrhundert n. Chr. nach Westen aus. Nach zahlreichen Teilkönigen entstand 486 unter Merowinger-König Chlodwig durch seinen Sieg über die Römer das Fränkische Reich. Damit verlagerte sich das Schwergewicht der europäischen Geschichte vom Mittelmeerraum nach Mitteleuropa.

Friesen
Die Bewohner Frieslands, also der Küstenebenen der Nordsee und der Nordseeinseln zwischen Rheinland und Elbe. Sie waren berühmt als Kaufleute, und ihr Zentrum Dorestad (das heutige Städtchen Wijk bij Duurstede im niederländischen Rheinmündungsgebiet südöstlich von Utrecht) war häufiges Ziel von Plünderungen durch Wikinger. Friesland wurde nach seiner Eroberung durch Karl den Großen ein Teil des Frankenreiches.

Gode
Anführer einer Gemeinschaft, dessen Funktion heute meist als Priester verstanden wird. Aber er war eher ein Häuptling oder König, der

weltliche und religiöse Funktion zugleich inne hatte. Im alten Island hatten Goden die Regierungsgewalt. Der Begriff hängt seiner Herkunft nach mit dem Wort „Gott" zusammen.

Gräber
Es gab viele Formen, die Toten zu bestatten. Große Grabhügel wurden nur für bedeutende Persönlichkeiten errichtet. Zu unterscheiden sind nach der Art der Bestattung Brandgräber (der Tote wurde verbrannt), Körpergräber (der Tote wurde unverbrannt bestattet) und Schiffsgräber (der Tote wurde mit einem Schiff bestattet). Christliche Gräber waren in der Regel Körpergräber, die zudem west-ost-orientiert waren.

Helmold von Bosau
Pfarrer des Ortes Bosau am Plöner See (ca. 1120 – 1170) und Verfasser der „Chronica Slavorum" (Slawenchronik), die sich mit Siedlung und Missionierung der Slawen zwischen Ostholstein und Pommern befasst. Helmolds Quellen sind u. a. Adam von Bremen und die Lebensgeschichte Ansgars.

Ibrahim Ibn Achmed At-Tartuschi
Arabischer Diplomat und Handelsreisender aus dem reichen südspanischen Kalifat von Córdoba. Er bereiste im Auftrag des Kalifen um 965 den Norden, darunter auch Haithabu, und berichtete über die Stadt und die Sitten ihrer Einwohner.

Jarl
Altnordisch für einen Unterkönig oder königlichen Beamten, z. B. den Statthalter eines Gebietes. Aus dem Wort Jarl entstand der englische Adelstitel Earl. In Deutsch häufig als Herzog übersetzt.

Knorr
Schiffstyp, Gegenstück zu den windschnittigen Langschiffen: Knorre waren dickbauchige und entsprechend langsamere Handelsschiffe.

Körpergräber
Der Körper des Toten wurde unverbrannt bestattet. Das geschah häufig in einem Kammergrab, das aus einem stabil verkleideten Schacht bestand, in den der Tote mit oder ohne Sarg gebettet wurde. Oder er wurde in Form eines Bootsgrabes in oder unter einem Boot bestattet.

Langschiff
Der wikingische Begriff „Storskip" (eigentlich „Großschiff", auf Deutsch „Langschiff") galt einem langen schmalen, schnell segeln-

den Kriegsschiff, ca. 18 bis über 30 m lang, mit 30 bis 60 Mann besetzt. Besonders große Langschiffe hießen „Skeid".

Münzen
Münzen aus Silber wurden in einigen wikingerzeitlichen Orten seit dem Ende des 8. Jahrhunderts geprägt, anfangs meist als Nachahmung fränkischer Münzen von Karl dem Großen. Später kamen eigene Motive auf. Trotzdem dominierte in Skandinavien lange Zeit der Münzimport, meist arabischer Dirhems aus Silber.

Obotriten
Ein großer Volksstamm der slawischen Wenden, der im Raum des heutigen östlichen Schleswig-Holsteins und westlichen Mecklenburgs siedelte. Er bestand aus einzelnen Stämmen wie den Wagriern und Polaben in Holstein und den eigentlichen Obotriten in Mecklenburg.

Odin
In der religiösen Vorstellung der Wikinger war Odin der Göttervater und Herrscher über Himmel und Erde. Er war einäugig, weil er ein Auge für seine Seherkunst hergab, und wurde von zwei Raben begleitet. Odin war weise, galt aber auch als unberechenbar. In der Regel war er der Gott der Krieger und der sozial höher Gestellten.

Pfostenloch
Eine Erdvertiefung, die ausgehoben wurde, um einen Holzpfosten für Häuser o. ä. aufzunehmen. Jahrhunderte, nachdem der Holzpfosten verrottet ist, kann das Pfostenloch noch von Archäologen an der Farbveränderung des Bodens durch das zersetzte Holz etc. erkannt werden.

Rimbert
Sekretär und später Nachfolger von Erzbischof Ansgar von Hamburg*-Bremen. Er verfasste um 870 die „Vita Anskarii", eine Lebensbeschreibung Ansgars, eine bedeutende Quelle zur Geschichte Nordeuropas in der frühen Wikingerzeit und der Christianisierung. Er lebte 830 – 888.

Runen
Buchstabenzeichen einer germanischen Schrift, die aus geraden Linien besteht und für das Einritzen in Stein oder Holz ausgelegt ist. Unterschieden werden Normalrunen (auch dänische Runen genannt) und eine vereinfachte Form, die „Kurzzweigrunen" (oder schwedisch-norwegische Runen) genannt werden. Runen wurde über ihre Funktion als reine Schriftzeichen hinaus auch eine magische Bedeutung beigemessen.

Runenstein
Runensteine sind in der Regel keine Grabsteine, sondern Gedenksteine mit Runen-Inschrift. Sie spiegeln auch die Ansprüche überlebender Angehöriger oder Partner wieder. Meist stehen sie an Stellen in der Landschaft, wo sie die Aufmerksamkeit von Vorüberziehenden auf sich ziehen.

Sachsen
Dieser germanische Volksstamm war im Land zwischen Harz und Nordsee beheimatet, von der Elbe bis nahe an den Rhein. Die Sachsen gerieten in Streitigkeiten mit den Franken, da sie kein Königtum kannten und sich der Christianisierung durch Kaiser Karl den Großen heftig widersetzen.

Sagas
Altisländische Erzählungen, meist erst im 12./13. Jahrhundert festgehalten. Entstanden waren sie jedoch bereits zwischen 800 und 1100. Sie berichten nicht nur von Ereignissen aus der Zeit, als Island von Norwegen aus besiedelt wurde, sondern aus dem gesamten Norden. Berühmt ist die „Edda", eine Sammlung mit Geschichten aus der Götterwelt und Geschichten von Helden wie etwa Siegfried.

Saxo Grammaticus
Sekretär des Lunder Erzbischofs Absalon, in dessen Auftrag er in gewandtem Latein (daher der Name „Grammaticus") die „Gesta Danorum" (Die Taten der Dänen) verfasste, eine Geschichte Dänemarks von den Anfängen bis König Knud VI. Saxo lebte ca. 1140 – 1220.

Schiffsgräber
Möglich waren Feuer- und Erdbestattungen. Bei der Brandbestattung wurde der Tote mitsamt seinem Boot eingeäschert. Aber auch die ältere Sitte, in unverbranntem Zustand in einem Boot zu bestatten, lebte in der Wikingerzeit fort.

Schiffssetzungen
Steinsetzungen in Form eines Schiffsumrisses. Schiffe spielten im Leben der Wikinger eine überragende Rolle, und dementsprechend symbolisierten Schiffssetzungen das Gefährt, mit dem die Gestorbenen ins Jenseits reisten.

Silber
Der wikingerzeitliche Handel bezahlte mit Silber, anfangs mit „Hacksilber", zerstückeltem Schmuck, der gelegentlich auch in Form von Depots versteckt und von Archäologen wieder aufgefunden wurde. Etwa seit dem Ende des 8. Jahrhunderts prägte man auch Münzen

aus Silber. Hacksilber wurde nach Gewicht berechnet: Ein Pferd kostete soviel wie ein Sklave, ca. 300 Gramm, ein Schaf gab's schon für 15 Gramm Silber.

Slawen
Nachdem ein Großteil der germanischen Bevölkerung während der Völkerwanderung die Gebiete im südlichen Schleswig-Holstein, in Mecklenburg und Pommern verlassen hatte, wanderten seit dem 7. Jahrhundert Slawen ein. Ihr Ursprung wird in Zentralrussland vermutet. Die westlichen Stämme sind als Wenden bekannt.

Snekke
Ein gebäuchlicher Ausdruck für ein besonderes „Storskip", ein Langschiff, nämlich ein schnell segelndes Kriegsschiff.

Snorri Sturluson
Altisländischer Dichter, Historiker und Politiker, gilt als „Homer der altisländischen Literatur". Er lebte von 1179 bis 1241 und schrieb ein als „Edda" bezeichnetes Handbuch für Skalden (Sänger), in dem er alte nordische Überlieferungen zusammentrug. Die Edda soll zwischen 1220 und 1225 entstanden sein.

Stabkirchen
Kirchen waren in der Wikingerzeit Holzbauten, in der Regel Stabkirchen. Sie verdanken ihren Namen der Bauweise, bei der die Wände anders als bei Blockhäusern aus senkrecht gesetzten Balken errichtet wurden. Kirchen aus Stein kamen erst um 1000 auf.

Steinsetzung
Eine Anordnung von Steinen, die ein Grab markiert. Es gibt verschiedene Formen: Kreise, Dreiecke oder die berühmten Schiffssetzungen in Form eines Schiffsumrisses.

Sven Aggesen
Geschichtsschreiber und Teilnehmer an Kreuzzügen gegen die Wenden, lebte ca. 1150 – 1215. Er verfasste bereits vor Saxo Grammaticus eine Geschichte Dänemarks mit dem lateinischen Titel „Brevis Historia regum Dacie" (Kurze Geschichte Dänemarks).

Thegn
Ähnlich wie im alten angelsächsischen England ein Begriff zur Bezeichnung einer sozial höhergestellten Persönlichkeit, eines Noblen oder Mannes des Königs. Im militärischen Sinn wurde Thegn mit lateinisch *miles* übersetzt, also Soldat.

Thietmar von Merseburg
Bischof von Merseburg in der Zeit 1009 – 1018 und Verfasser einer Chronik des sächsischen Kaiserhauses, in der auch viele Bezüge zum Norden auftauchen. Thietmar lebte 975 – 1018.

Thor
In der nordischen Mythologie der Gott des Donners (germanisch Donar) und der Fruchtbarkeit. Thor war der handfeste Gott des gemeinen Mannes und der bäuerlichen Bevölkerung. Sein Symbol, der Hammer, wurde wie auch das christliche Kreuz als Amulett getragen.

Thing
Altnordische Bezeichnung für eine Versammlung, in der Regel die Ratsversammlung aller freien waffenfähigen Männer eines Gebietes. Sie war die höchste Institution, die wichtige Fragen für das ganze Volk behandelte. Sie tagte in der Regel zweimal jährlich.

Völkerwanderung
Eine Epoche von umfangreichen Wanderungen der germanischen Stämme während des 5. und 6. Jahrhunderts n. Chr. Sie wird mit dem Untergang des römischen Reiches und auch mit Klimaveränderungen insbesondere im Norden in Verbindung gebracht.

Waffenhaus
Eingangsvorbau vieler Kirchen. Er verdankt seinen Namen dem Brauch, dass alle Kirchenbesucher vor dem Betreten der Kirche hier ihre Waffen ablegen mussten.

Wenden
Sammelname für westslawische Stämme, die an der südlichen Ostseeküste zwischen Elbe und Weichsel lebten. Der westlichste Stamm waren die Obotriten und der östlichste die Pomeranen, dazwischen saßen die Ranen und Rugier auf Rügen, die Liutizen etc. Die Wenden waren von der Wikingerzeit bis ins frühe Mittelalter ein bedeutender Machtfaktor im südlichen Ostseeraum, auch als Seefahrer.

Widukind von Corvey
Sächsischer Mönch im Kloster Corvey bei Höxter an der Weser, wo er um 968 die „Res gestae Saxonicae", die Geschichte der Sachsen, schrieb. Er lebte ca. 920 – 1004.

Literatur und Quellen

ADAM VON BREMEN: Hamburgische Kirchengeschichte. Geschichte der Erzbischöfe von Hamburg. Hrsg. von Alexander Heine. Essen und Stuttgart: Phaidon 1986

ANDERSEN, Harald; Den byggeglade konge. In: Skalk, 1/2003, Højbjerg: Forlaget Wormianum 2003

ANDERSEN, H. Hellmuth: Das Danewerk im Früh- und Hochmittelalter. Dannewerk: Danevirkegården - Museum am Danewerk 1995

ANDERSEN, Sten Wulff: Bautasten og Kæmpehegn. In: Skalk, 1/ 2009. Højbjerg: Forlaget Wormianum 2009

ANDERSEN, Sten Wulff: Die Wikingerburg Trelleborg. Slagelse: Museet ved Trelleborg 1996

ANDERSEN, Sten Wulff, Mads Kähler Holst und Henrik Breuning-Madsen: Nyt fra Jelling. In: Skalk, 1/ 2010. Højbjerg: Forlaget Wormianum 2010

ARBEITSGEMEINSCHAFT OCHSENWEG e.V. (Hrsg.): Von Wegen. Auf den Spuren des Ochsenweges (Heerweg) zwischen dänischer Grenze und Eider. Flensburg: Universität Flensburg, Institut für Geographie 2002

AROS – das Århus der Wikinger. Hrsg. vom Moesgård Museum, Redaktion: Annette Damm. Højbjerg: Moesgård Museum 2006

BALDWIN, Stewart: Gorm of Denmark and his immediate predecessors based on the earliest authorities. London: Soc. genealogy. medieval 2001

BANCK, Claudia: Die Wikinger. Stuttgart: Theiss 2009

BANCK, Claudia: Auf den Spuren der Wikinger und Slawen. 36 Ausflüge in die Vergangenheit. Stuttgart: Theiss 2006

BARTH, Reinhard: Taschenlexikon Wikinger. München, Zürich: Piper 2002

BIRKMANN, Thomas, Heinrich Beck, Johannes Hoops: Von Ågedal bis Malt. Die skandinavischen Runeninschriften vom Ende des 5. bis Ende des 9. Jahrhunderts. Berlin: Walter de Gruyter 1995

BOLT-JØRGENSEN, Hendrik: Die Kirche in Vestervig. Vestervig: Kirchen-Gemeinderat 1993

BORGEN, Michael: Viking 2004. Hammel/Århus: Erantis 2004. www.Erantis.dk

BRORSSON, Torbjörn: The Pottery form the Early Medieval Trading Site and Cemeterry at Groß Strömkendorf, Wismar, Mecklenburg. Kiel: Doctoral thesis, Christian-Albrechts-Universität Kiel 2005

BRØNDSTED; Johannes: Die große Zeit der Wikinger. Neumünster: Wachholtz 1999

CARNAP-BORNHEIM, Claus von, und Martin SEGSCHNEIDER (Hrsg.): Die Schleiregion. Land - Wasser - Geschichte. Stuttgart: Theiss 2012. Ausflüge zu Archäologie, Geschichte und Kultur in Deutschland, Band 49

CHRISTENSEN, Peter Mohr, und Steen Wulff ANDERSEN: Kongeligt? In: Skalk, Heft 1/2008. Højbjerg: Forlaget Wormianum 2008

COBLENZ, Katharina (Hrsg.): 825 Jahre Christianisierung Rügens. Symposiumsbericht. Altenkirchen/Rügen: (ohne Verlag) 1993

CRUMLIN-PEDERSEN, Ole (Hrsg.): Marinarkeologisk Nyhedsbrev fra Roskilde, Nr. 18. Roskilde: Nationalmuseets Marinarkeologiske Forskningscenter 2002.

DÄNEMARKS Ur- und Frühgeschichte im Museum Moesgård. Århus: Forhistorisk Museum Moesgård 1998

DENZLER, Georg, und Carl ANDRESEN: dtv-Wörterbuch der Kirchengeschichte. München: dtv 1993

DIE ISLÄNDERSAGA. Hrsg. Walter BAETKE. Darmstadt: Wiss. Buchgesellschaft 1974

DIE SCHLEIREGION. Land - Wasser- Geschichte. Hrsg. von Claus von Carnap-Bornheimund Martin Segschneider. Stuttgart: Theiss Verlag 2012

DIE WIKINGER. Katalog zur Ausstellung im Museum für Vor- und Frühgeschichte der Staatlichen Museen zu Berlin 2014. München: Hirmer Verlag 2014

DIE WIKINGER. Krieger mit Kultur: Das Leben der Nordmänner. DER SPIEGEL Geschichte Nr. 6/2010, Hamburg: Spiegel-Verlag Rudolf Augstein 2010

DIE WIKINGER. P. M. History, 4/2003, München: Gruner + Jahr 2003

DÖRRIES, Hermann, und Georg KRETSCHMAR: Ansgar und seine Bedeutung für die Mission. Hamburg: Aug. Friedr. Velmelde Verlag 1965

DÜWEL, Klaus: Runenkunde. Stuttgart/Weimar: J.B. Metzler 2008

ELSNER, Hildegard: Wikinger Museum Haithabu: Schaufenster einer frühen Stadt. Schleswig: Archäologisches Landesmuseum der Christian-Albrechts-Universität Kiel 1993

ERIKSEN, Palle, u. a.: Vikinger i Vest. Vikingertiden i Vestjylland. Udgivet i samarbejde med Ringkøbing-Skjern-Museum, Holstebro Museum og Herning Museum. Højbjerg: Jysk Arkæologisk Selskab 2009

ERTEL, Manfred, Johannes SALZWEDEL und Matthias SCHULZ: Menschenjagd im Drachenboot. In: Der Spiegel, Hamburg, Heft 32/2000

FEIK, Joachim: Auf den Spuren der Wikinger in Dänemark. Malsch 2016. *www.wikinger-in-daenemark.de* [Beste Website für Infos über Wikinger in Dänemark]

FRITZ, Heiko, und Joachim FEIK: Midgard. Auf den Spuren der Wikinger. Norderstedt: Books on Demand 2008.

FRITZ, Heiko: Midgard. Auf den Spuren der Wikinger. Band 2: Südschweden - Skåne und Blekinge. Norderstedt: Books on Demand 2017

FLEISCHER, Jens: Jütland. 43 kulturhistorische Tagesreisen. Neumünster: Wachholtz 1983

FOLLOW THE VIKINGS. Highlights of the Viking World. Council of Europe Cultural Routes. Visby, Gotland: Viking Heritage 1996

FUND OG FORTIDSMINDER, Kulturstyrelsen København [Kultusministerium Kopenhagen] 2012. *www.kulturarv.dk/fundogfortidsminder* [Archäologische Daten für alle Fundstellen]

GOLDMANN, Klaus, und Günter WERMUSCH: Vineta. Die Wiederentdeckung einer versunkenen Stadt. Bergisch Gladbach: Bastei Lübbe 2001

GRAHAM-CAMPBELL, James: Das Leben der Wikinger. Krieger, Händler und Entdecker. München: Universitas / F. A. Herbig 1993

GRAHAM-CAMPBELL, James (Hrsg.): Die Wikinger. Von Colleen Batey, Helen Clarke, R. I. Page, Neil S. Price. München: Christian Verlag 1994

GROTE, Hermann: Stammtafeln. Europäische Herrscher- und Fürstenhäuser. Leipzig: Hahn'sche Verlagsbuchhandlung 1877

HANSEN, Henrik Jarl: Dankirke. Jernalderboplads og rigdomscenter. Oversigt over udgravningerne 1965-1970. In: Kuml, Arbog for Jysk Ark. Selskab, Arhus, Jg. 1988

HARCK, Ole, und Christian LÜBKE (Hrsg.): Zwischen Reric und Bornhöved. Die Beziehungen zwischen den Dänen und ihren slawischen Nachbarn vom 9. bis ins 13. Jahrhundert. Stuttgart: Franz Steiner 2001

HAUGE, Arild: Danske runeinskrifter fra Vikingtid. Århus 2004. *www.arildhauge.com* [Übersetzung aller Runeninschriften]

HAYWOOD, John: Encyclopaedia of the Viking Age. London: Thames & Hudson 2000

HEIDEN UND CHRISTEN. Slawenmission im Mittelalter. Hrsg. von Manfred Gläser, Hans-Joachim Hahn und Ingrid Weibezahn. Lübeck: Schmidt-Römhild 2002

HEIN, Till, Geimundr Höllenhaut und das Internet des Jahres 1000. In: marc, Die Zeitschrift der Meere, Nr. 88, Hamburg: mareverlag 2011

HERRMANN, Joachim: Wikinger und Slawen. Zur Frühgeschichte der Ostseevölker. Neumünster: Wachholtz 1985

HOFFMANN, Erich: Beiträge zur Geschichte der Beziehungen zwischen dem deutschen und dem dänischen Reich für die Zeit von 934 bis 1035. In: 850 Jahre St. Petri-Dom zu Schleswig. Schleswig: Schleswiger Druck- und Verlagshaus 1984

INGVORSEN, Leif: Jelling in der Wikingerzeit. Jelling: Jelling Bogtrykkeris Forlag o. J.

INGVORSEN, Leif: Myten om Dronning Thyra. Højbjerg: Wormianum 1988

IVERSEN, Mette: From Runestone to Runestone in Central Jutland. Viborg: Viborg Stiftsmuseum 2000

JAHNKUHN, Herbert: Haithabu. Ein Handelsplatz der Wikingerzeit. Neumünster: Karl Wachholtz 1986

JAHNKUHN, Herbert: Haithabu und Danewerk. Neumünster: Karl Wachholtz 1988, Schl.-Holst. Landesmuseum für Vor- und Frühgeschichte in Schleswig, Wegweiser Heft 2

JAHNKUHN, Herbert: Nydam und Thorsberg. Moorfunde der Eisenzeit. Neumünster: Karl Wachholtz 1990, Schl.-Holst. Landesmuseum für Vor- und Frühgeschichte in Schleswig, Wegweiser Heft 3

JOHANNESSEN, Kåre: Politikens bog om Danmarks Vikingetid. København: Politikens Forlag 2001

KAHL, Harry: Skuldelevskibene. En sejlspærring i Roskildefjord. Roskilde: Vikingeskibsmuseet 2000

KLOSE, OLAF: Dänemark. Handbuch der historischen Stätten. Stuttgart: Kröner 1982.

KRAUSE, Arnulf: Die Welt der Wikinger. Hamburg: Nikol Verlagsges. 2013

KRAUSE, Arnulf: Von Göttern und Heiden. Die mythische Welt der Kelten, Germanen und Wikinger. Stuttgart: Theiss 2010

KRAUSE, Wolfgang: Runen. Berlin: Walter de Gruyter & Co. 1993. Sammlung Göschen

KRISTIANSEN, Karsten: Fortidsminder i Århus Amt. En Guide. Århus: Århus Amt 2002

LANGE, Ingrid, und P. WERNER: Vineta. Atlantis des Nordens. Leipzig, Jena, Berlin: Urania-Verlag 1991

LAUR, Wolfgang: Runendenkmäler in Schleswig-Holstein und in Nordschleswig. Schleswig: Verein zur Förderung des Archäologischen Landesmuseums Schloss Gottorf 2006

LEJRE VERSUCHSZENTRUM, Versuche mit der Vorgeschichte 5. Lejre: Historisk Arkæologisk Forsøgscenter 1998

LEMM, Torsten: Husby in Angeln – Ein königlicher Hof der späten Wikingerzeit. In: Prähist. Zeitschrift, Bd. 89, Berlin: de Gruyter 2014, pp. 71-389.

MADSEN, Hans Jørgen: Århus und die Wikinger. Højbjerg: Forhistorisk Mus. Moesgård 1975

MADSEN, Jan Skamby: Die dänischen Wikinger. Kopenhagen: Königlich Dänisches Ministerium des Äußeren 1992

MAGNUSSON, Magnus: Die Wikinger. Geschichte und Legende. Düsseldorf: Winkler 2003, Wien: Albatros 2007

MAIXNER, Birgit: Haithabu. Fernhandelszentrum zwischen den Welten. Schleswig: Archäologisches Landesmuseum in der Stiftung Schleswig-Holsteinische Landesmuseen Schloss Gottorf 2010

MECKLENBURG, POMMERN. Handbuch der Historischen Stätten. Hrsg von Helge Bei der Wieden und Roderich Schmidt. Stuttgart: Kröner 1996

MEIER, Dietrich, Die wikingerzeitliche Siedlung von Kosel. Neumünster: Wachholtz 1994. Offa N.F. Bd. 76

MOHR, Lutz: Die Saga der Jomswikinger. Martensdorf/Niepers: Edition Pommern 2006

MÜLLER-WILLE, Michael: Das wikingerzeitliche Gräberfeld von Thumby-Bienebek. Neumünster: Wachholtz, Teil I: 1976, Offa N.F. 36; Teil II: 1987, Offa N.F. 62

MÜLLER-WILLE, Michael (Hrsg): Starigard/Oldenburg. Ein Herrschersitz des frühen Mittelalters. Neumünster: Wachholtz 2002

NAKOINZ, Oliver: Das Wrack von Schuby-Strand und der slawische Schiffbau. Jahrbuch der Heimatgemeinschaft Eckernförde Jg. 62, 2004, pp. 145-151

NOUGIER, Louis-René: So lebten sie zur Zeit der Wikinger. Nürnberg: Tessloff 1996

NYTT OM RUNER. Arbejdet ved Runologisk Laboratorium, København 1995 ff. *www.khm.uio.no/english/research/publications/nytt-om-runer*

PADBERG, Lutz E. von: Die Christianisierung Europas im Mittelalter. Stuttgart: Reclam 2009

PAGE, R. I.: Nordische Mythen. Stuttgart: Reclam 1993

PAPE, Urs: Die wahre Geschichte der Wikinger-Normannen-Engländer. Ein Geschichtsbuch mit Reisetipps. Gelnhausen: Wagner Verlag 2010

POST, Barbara, und Stefan Lipsky: Faszination Wikinger. Ein Reiseführer. Darmstadt: Theiss / Wissenschaftliche Buchgesellschaft 2017

PÖRTNER, Rudolf: Die Wikinger-Saga. München: Droemer Knaur 1974

RAABE, Ernst-Wilhelm: Das Höftland von Langballigau an der Flensburger Förde. In: Offa, Band 30, Neumünster: Wachholtz 1973, pp. 60 - 132

RADTKE, Christian: Anfänge und erste Entwicklung des Bistums Schleswig im 10. und 11. Jahrhundert. In: 850 Jahre St. Petri-Dom zu Schleswig. Schleswig: Schleswiger Druck- und Verlagshaus 1984

RAVNING Station. Ausstellung Wikingerbrücke. Vejle Museum/Museum Egtved o. J.

REALLEXIKON der Germanischen Altertumskunde. Begr. v. Johannes Hoops. 2. vollst. neu bearb. und stark erw. Aufl., Berlin, New York: Walter de Gruyter 1972 ff.

REHLÄNDER, Jens: Das wahre Gesicht der Wikinger. 100 Jahre Archäologie in Haithabu. In: GEO, Hamburg, Heft 10/1997

ROBERTS, Morgan J.: Mythologie der Wikinger. Kettwig: Athenaion Verlag 1997

ROLAND, Thomas: Vikinger ved Vester Egesborg. Næstved: Næstved Museum 2010

SAMNORDISK RUNTEXTDATABAS på Internet. Uppsala Universitet, Institutionen för nordiska språk 2014. *www.nordiska.uu.se/forskn/samnord.htm* [Sammlung aller nordischen Runeninschriften]

SAWYER, Peter (Hrsg.): Wikinger. Geschichte und Kultur eines Seefahrervolkes. Stuttgart: Konrad Theiss 2001. Hamburg: Nikol Verlagsgesellschaft 2008

SAWYER, Birgit und Peter: Die Welt der Wikinger. Die Deutschen und das europäische Mittelalter. Siedler: Berlin 2002

SAXO GRAMMATICUS: Gesta Danorum. Mythen und Legenden des berühmten mittelalterlichen Geschichtsschreibers Saxo Grammaticus. Übersetzt, nacherzählt und kommentiert von Hans-Jürgen Hube. Wiesbaden: Marix Verlag 2004

SAXO GRAMMATICUS: The History of the Danes. Oxford: Boydell & Brewer Ltd. 1998

SCHAFFT, Peter: Kulturlandschaft Eiderstedt. In: Zeitschrift für Denkmalpflege, hrsg. vom Landesamt für Denkmalpflege Schleswig-Holstein. Heide: Boyens 1997, p. 26 - 32

SCHAPER, Michael: Die Wikinger. Entdecker, Krieger, Staatengründer. Hamburg: Gruner + Jahr 2012. GEO Epoche 53/2012

SCHLESWIG, HAITHABU, SYLT. Führer zu vor- und frühgeschichtlichen Denkmälern, hrsg. vom Röm.-Germ. Zentralmuseum Mainz, Bd. 9. Mainz: Philipp von Zabern 1976

SEBBERSUND – eine Wikingerstadt. Hrsg. vom Turistforening Nibe in Zusammenarbeit mit dem Historischen Museum Aalborg. Nibe 1995

SEHENSWERTES aus dem Landkreis Ringkøbing. Geschichte, Kultur, Natur. Hrsg. vom Museumsverband Kreis Ringkøbing und Ringkjøbinger Kreistag. Ringkøbing 1994

SIMEK, Rudolf, und Hermann PÁLSSON; Lexikon der altnordischen Literatur. Stuttgart: Kröner 2007

SØRENSEN, Svend: Viborg und Umgebung. Ein kultur- und naturgeschichtlicher Führer. Hrsg. Museumsrådet und Viborg Amt. Kopenhagen: Høst & Søn 1997

SPUREN DER WIKINGER in Dänemark. Museen und Monumente. Hrsg. von der Arbeitsgruppe „Vikingerne i det dankse landskab" mit Unterstützung des dänischen Kultusministeriums und Industrieministeriums o. J.

STANGE, Manfred: Die Edda. Götterlieder, Heldenlieder und Spruchweisheiten der Germanen. Wiesbaden: marixverlag 2011

STRUVE, Karl W.: Starigard Oldenburg. Oldenburg: Stiftung Oldenburger Wall e.V. 1996

VESILIND, Priit J.: Auf den Spuren der Wikinger. In: National Geographic Deutschland, Hamburg, Heft 5/2000

VIKINGATIDENS ABC. Stockholm: Statens Historiska Museum 1995. Ny reviderad upplaga. Serien Historia i Fickformat

VINNER, Max: Mit dem Wikingerlotsen an den dänischen Küsten. Hrsg. Organisationsgruppe des Projekts „Vikingerne i det danske landskab". Roskilde: Museum Vikingeskibshallen (2005)

WIKINGER. Sondernummer des Kunstmagazins „Connaissance des Arts" zur Ausstellung im Berliner Alten Museum. Paris: Societé Francaise de Promotion Artistique 1992

WIKINGER, WARÄGER, NORMANNEN. Die Skandinavier und Europa 800 – 1200. Katalog zur XXII. Kunstausstellung des Europarates. Berlin: Staatliche Museen, Preußischer Kulturbesitz 1992

WIKINGER: Wikipedia, Die freie Enzyklopädie. *de.wikipedia.org/wiki/Wikinger*

WIKINGERZEIT: Wikipedia, Die freie Enzyklopädie. *de.wikipedia.org/wiki/Kategorie:Wikingerzeit*

WINROTH, Anders: Das Zeitalter des Nordens. Übersetzung aus dem Englischen: Susanne Held. Stuttgart: Klett-Cotta 2016.

Orts- und Platzverzeichnis

In Klammern der Hinweis auf das regionale Kapitel.
Die dänischen Sonderzeichen sind dem deutschen Sprachgebrauch
entsprechend in die Reihenfolge des Alphabets eingeordnet.
Also æ gleich ae, ø gleich ö, å gleich aa, etc.

A
Aars	210
Ådum	140
Åhus	319
Ålum	195
Aarhus	166
Aggersborg	155
Aggersborg Kirke	157
Albäcksåens Udlöb	307
Albertslund	275
Ales Stenar	315
Alsted	262
Alt-Lübeck	38
Ängakåsen	319
Ansgar Memoria	69
Arkona	49
Asmild	189

B
Baldringe	313
Barth	344
Bække	121
Bergsjöholm	314
Bienebek	78
Bjerring	191
Björketorp	325
Borgeby	300
Borgring	256
Bork Vikingehavn	140
Borup	198
Borup Ris	264
Børglum	219
Bosjökloster	298
Bro Vold	110
Burg	75
Bytofte	231

D
Dalby	291
Dalbyover	178
Danewerk	91
Dankirke	133
Dragsmur	171
Dyndved Strand	111

E
Egtved	125
Ejstrup	217
Elisenhof	102
Ellingstedt	99
Elmelunde	249
Erikstein	71

F
Färlöv	321
Farsø	205
Ferslev	281
Ferslev Kirke	212
Fjenneslev	260
Flejsborg	205
Flemløse	223, 282
Fosie	286
Foteviken	304
Frederikssund	283
Fregerslev	163
Fribrødre Å	247
Fuglie	304
Füsing	73
Fyns Hoved	234
Fyrkat	201

G
Gårdlösa	316
Gårdstånga	295
Gejlå Bro	110
Giver	209
Glavendruplund	226
Glemminge	315
Glenstrup	200
Gørlev	269
Grathe Hede	184
Grathe Stenen	186
Grensten	181
Grimstrup Krat	136
Grønsund	248
Groß Strömkendorf	42

Ortsverzeichnis

Gudahagan	323	Isøre	284
Gudme	235		
Gudsø Vig	119	**J**	
Guldborg Banke	240	Jægerspris	282
Gunderup	212	Jelling	127
Gylling	160	Jels	117
		Jetsmark	218
H		Johannishus-Ås	326
Hårlev	254	Jomsburg	53
Haderslev	115	Jonstrup	219
Haderslev Fjord	116	Jordberga	309
Haithabu	64	Jütischer Heerweg	108
Haldum	165		
Hällestad	293	**K**	
Hamburg	33	Kåseberga	315
Hammarskulle, Johannishus-Ås	326	Kanhave Kanal	158
Haraldsted	258	Karlskrona	328
Harre Vig	150	Kasakulle, Johannishus-Ås	326
Hærvig	271	Kertinge Nor	234
Hegeholz	80	Klæbek Høje	122
Hedehusene	275	Klejtrup	203
Henne Kirkeby	138	Kograben	97
Helgenæs	172	Kolind	173
Helnæs	224	Konabbe Skov	242
Hiddensee	46	Kongens Tisted	210
Himmelstorp	302	Kong Knaps Dige,	184
Hjarnø	158	Kosel	76
Hjärup	288	Krageholm, Sövestad	313
Hjermind	192	Krümwal	104
Hjørring	222	Krumwall	98
Hjortahamar	327	Kumlehøje	240
Hjortsberga	327	Kurburg	
Hobro	321		
Hochburg Haithabu	69	**L**	
Hollingstedt	100	Ladby	232
Holm	112	Langballigau	86
Holmby	295	Langå	182
Hominde	244	Laurbjerg	183
Horne	139	Læborg	120
Højstrup	152	Lejre	272
Hørdum Kirke	148	Lem	179
Hørning	176	Lembecksburg	103
Hov	302	Lindaunis	80
Hovslund	114	Lindelse	241
Hune	218	Lindholm Høje	214
Husby	85	Lisbjerg	169
Hurup	145	Ljungarum	297
		Löddeköpinge	299
		Ludvigshave	242
I			
Immervad Bro	114	Lund	288

Lunds Runstenkullen	291	Ribe Vikinge Center	133
Lundeborg	247	Rimsø	174
Lürschauer Heide	87	Ringsted	257
		Risby	254
M		Rimsø	174
Malt	118	Rødland Hede	153
Mammen	190	Rønninge	231
Mandemarke	250	Roskilde	276
Maribo	245	Rydsgård	312
Mecklenburg	39		
Menzlin	51	**S**	
Moesgård Museum, Aarhus	169	Sandby	263
Morsum Gräberfelder	105	Sædinge	246
		Schleswiger Dom-Stein	72
N		Schuby	90
Nationalmuseet	268, 336	Schubystrand	79
Nørre Nærå	227	Sebbersund	207
Nösse	106	Selsø	279
Nötanabben	324	Sejerø	268
Nonnebakken	228	Sigtryggsteine	70
Nunnås	296	Simris	318
Nybro	137	Sjelle	164
		Sjellebro	175
O		Sjørring	149
Ochsenweg	88	Sjörup	311
Odense	228	Skarregaard	151
Oldenburg	35	Skarthistein	71
Over Hornbæk	181	Skibhøj	135
Örsjö	312	Skibsted Fjord	144
Ørslev Kirke	223	Skindersbro	204
Øster Alling	179	Skivum	209
Øster Bjerregrav	197	Skjern	194
Østskoven	134	Skovlænge	246
Östra Herrestad	317	Skuldelev	280
Östra Vemmenhög	310	Skuldevig	283
		Sløjkanal	154
P		Södra Ugglarp	292
Peenemünde	57	Sölvesborg	322
Poppostein	83	Sønder Vinge	194
		Sønder Vissing	161
R		Sønderby	283
Ralswik	47	Sövestad	313
Rammedige	142	Solberga	311
Randbøl	124	Sorø	261
Randers	179	Spandowerhagen	56
Ravning Enge	125	Spentrup	178
Ravnkilde	211	Sporup	165
Reerslev	269	Staby	142
Rerik	41	Stadilø	141
Ribe	131	Starup	116

Steenodde	104	Vester Velling	197
Stenalt	177	Vestervig	146
Stengade	238	Viborg	187
Stentinget	216	Vikingecenter Fyrkat	201
Stentoften	322	Vikingemuseet Ladby	232
Stexwig	74	Vikingeskibsmuseet Roskilde	278
Stolbro Næs	111	Virring	175
Stora Köpinge	314	Vitskøl	206
Store Rygbjergstenen	124	Viöl	102
Sturkö	329	Voldtofte	223, 282
Suldrup	212	Vorbasse	123
Svenstrup	199	Vordingborg	252
		Vrejlev	221

T

Tågerup	246	**W**	
Tårnborg	265	Waldemarsmauer	95
Tamdrup	160	Wiglesdor	94
Terslev	268	Wolin	59
Thorsberg	81		
Thyraburg	96		
Tillitse	243		
Timmesjø Bjerg	250		
Tinnum	107		
Tirsted	246		
Tissø	270		
Tofta Högar	303		
Trans Kirke	143		
Trelleborg (DK)	265		
Trelleborg (SE)	308		
Tullstorp	309		

U

Ulstrup Slotspark	193
Uppåkra	286
Urnehoved	113
Usedom	58

V

Västra Karaby	299
Västra Nöbbelöv	310
Västra Strö	298
Västra Vång, Johannishus-Ås	327
Vätteryd	296
Vang	150
Varde	136
Vejen	118
Vejerslev	183
Vejsnæs Nakke	238
Vester Egesborg	253
Vester Torslev	200

ABBILDUNGEN

Titelseite:
Replik eines Wikingerhelms im Centrum Slowian i Wikingow, Wolin, Polen

Rückseite:
Großer Sigtrygg-Stein vor der Brücke übers Noor in Haithabu (Replik).
Das Original steht im Wikinger Museum Haithabu.

Kapitel-Enden:
Silberbrosche im Urnes-Stil, benannt nach dem Schnitzwerk an einer Tür der Stabkirche von Urnes am Lustrafjord (Sognefjord) in Westnorwegen. Das Schmuckstück wurde in der Wikingersiedlung von Lindholm Høje in Nordjütland gefunden. Broschen mit dem Motiv eines stilisierten Drachen waren um 1050 sehr beliebt und wurden an vielen Orten (auch in Haithabu) mittels Gußformen aus Lehm in Silber und Bronze hergestellt.

Alle Fotos: Manfred Schnell

Übersichtskarten
Manfred Schnell

Grafik Rückseite:
Tiermotiv im so genannten Jelling-Stil auf einer Silberspange, gefunden in Skaill House, Skara Brae, Orkney-Inseln, Schottland.
Zeichnung: A. G. Smith: Viking Designs, Mineola N.Y. (USA): Dover Publikations Inc. 1999